UBICACIÓN Los tucanes viven en los bosques tropicales de América del Sur.

PICOS El pico del tucán toco macho puede alcanzar 8 pulgadas de largo.

COLOR DE PIEL La piel del tucán toco es azul, tal como puede verse alrededor de sus ojos y en sus patas.

IDENTIDAD Los coloridos diseños de la cara y el pico ayudan a los tucanes a reconocerse unos a otros.

Ciencias

Tucán

Harcourt
SCHOOL PUBLISHERS

Orlando   Austin   New York   San Diego   Toronto   London

¡Visita *The Learning Site!*
www.harcourtschool.com

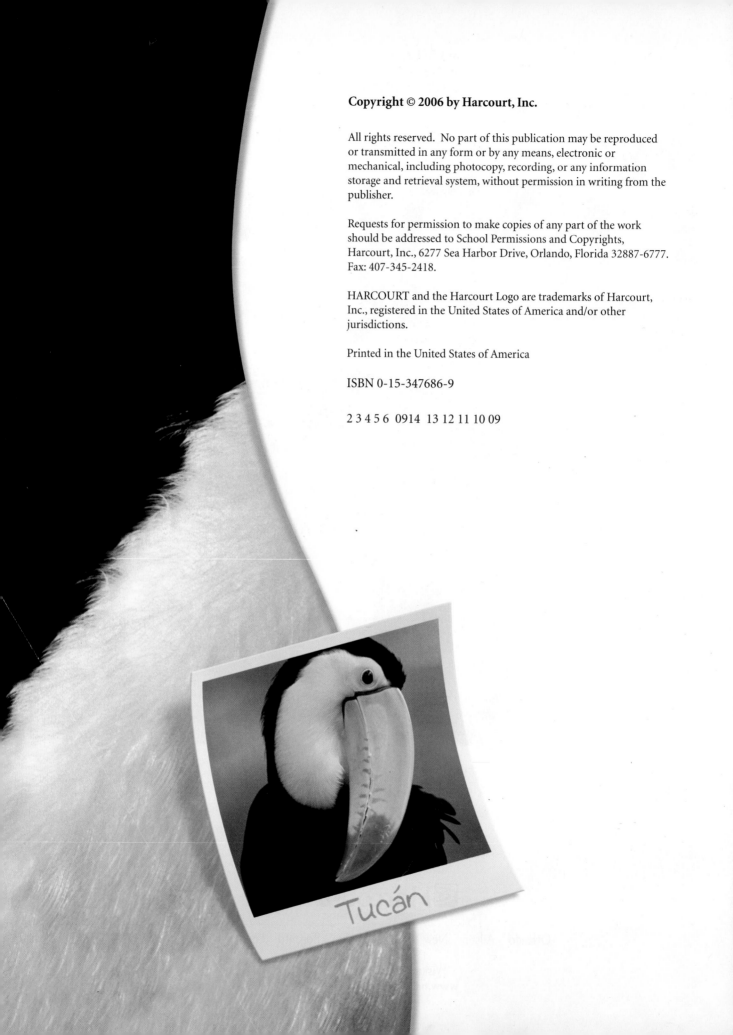

Tucán

CIENCIAS BIOLÓGICAS

Preparación para las Ciencias	**X**

Lección 1 ¿Cuáles son algunos instrumentos de examinación para Ciencias? **2**

Lección 2 ¿Cuáles son algunas destrezas de examinación para Ciencias? **10**

Lección 3 ¿Qué es el método científico? **18**

Repaso del capítulo y preparación para la prueba **24**

UNIDAD A: Seres vivos de nuestro mundo

Capítulo 1 **Tipos de seres vivos** **28**

Lección 1 ¿Cuáles son algunos tipos de seres vivos? **30**
Lección 2 ¿Cómo crecen y cambian los seres vivos? **38**
Proyectos de Ciencias **49**
Repaso del capítulo y preparación para la prueba **50**

Science Spin Weekly Reader

Tecnología
A plantar árboles en África, **46**

Personas
La asombrosa piel de tiburón, **48**

Capítulo 2 **Tipos de plantas** **52**

Lección 1 ¿Qué necesitan las plantas para vivir? **54**
Lección 2 ¿Cuáles son algunos tipos de plantas? **62**
Lección 3 ¿Cómo producen las plantas su alimento? **72**
Proyectos de Ciencias **81**
Repaso del capítulo y preparación para la prueba **82**

Science Spin Weekly Reader

Tecnología
Todo bien envuelto, **78**

Personas
En busca de la semilla de luna, **80**

Capítulo 3 **Tipos de animales** **84**

Lección 1 ¿Qué necesitan los animales para vivir? **86**
Lección 2 ¿Qué son los vertebrados? **94**
Lección 3 ¿Qué son los invertebrados? **104**
Proyectos de Ciencias **117**
Repaso del capítulo y preparación para la prueba **118**

Science Spin Weekly Reader

Tecnología
El secreto de la seda, **114**

Personas
Una niña protege a perros policía , **116**

UNIDAD B: Los seres vivos interaccionan

Capítulo 4

Dónde se encuentran los seres vivos   **122**

Lección 1 ¿Qué son los ecosistemas?   **124**

Lección 2 ¿Cuáles son algunos tipos de ecosistemas?   **132**

Lección 3 ¿Cómo subsisten los seres vivos en los ecosistemas?   **140**

Lección 4 ¿Cómo cambian los ecosistemas?   **148**

Proyectos de Ciencias   **157**

Repaso del capítulo y preparación para la prueba   **158**

Science Spin
Weekly Reader

Tecnología
Ocultas pero muy visibles, **154**

Personas
Poeta de la naturaleza, **156**

Capítulo 5

Los seres vivos dependen unos de otros   **160**

Lección 1 ¿Cómo interaccionan las plantas y los animales?   **162**

Lección 2 ¿Qué son las cadenas alimentarias?   **170**

Lección 3 ¿Qué son las redes alimentarias?   **178**

Proyectos de Ciencias   **189**

Repaso del capítulo y preparación para la prueba   **190**

Science Spin
Weekly Reader

Tecnología
¿Alimento o veneno? La cadena alimentaria, **186**

Personas
Proteger las cadenas alimentarias, **188**

CIENCIAS DE LA TIERRA

UNIDAD C: La superficie terrestre

Capítulo 6 — **Minerales y rocas** — 194

Lección 1 ¿Qué son los minerales y las rocas? — 196
Lección 2 ¿Qué tipos de rocas existen? — 204
Lección 3 ¿Qué son los fósiles? — 214
Proyectos de Ciencias — 225
Repaso del capítulo y preparación para la prueba — 226

Science Spin Weekly Reader

Tecnología
Atrapado en el charco, 222
Personas
A desenterrar rocas, 224

Capítulo 7 — **Las fuerzas que dan forma a la Tierra** — 228

Lección 1 ¿Qué son los accidentes geográficos? — 230
Lección 2 ¿Cómo cambian lentamente los accidentes geográficos? — 238
Lección 3 ¿Cómo cambian rápidamente los accidentes geográficos? — 246
Proyectos de Ciencias — 257
Repaso del capítulo y preparación para la prueba — 258

Science Spin Weekly Reader

Tecnología
La gran presa , 254
Personas
La medición de los movimientos, 256

Capítulo 8 — La conservación de los recursos — 260

Lección 1 ¿Cuáles son algunos tipos de recursos? **262**

Lección 2 ¿Cuáles son algunos tipos de suelo? **270**

Lección 3 ¿De qué manera las personas usan y afectan el medio ambiente? **278**

Lección 4 ¿Cómo pueden usarse los recursos de manera prudente? **286**

Proyectos de Ciencias **297**

Repaso del capítulo y preparación para la prueba **298**

UNIDAD D: Tiempo y espacio

Capítulo 9 — El ciclo del agua — 302

Lección 1 ¿Dónde se encuentra el agua en la Tierra? **304**

Lección 2 ¿Qué es el ciclo del agua? **312**

Lección 3 ¿Qué es el tiempo? **320**

Proyectos de Ciencias **331**

Repaso del capítulo y preparación para la prueba **332**

Capítulo 10 — Ubicación de la Tierra en el sistema solar — 334

Lección 1 ¿Cuál es la causa de las estaciones? **336**

Lección 2 ¿Cómo interaccionan la Tierra y la Luna? **344**

Lección 3 ¿Qué es el sistema solar? **352**

Proyectos de Ciencias **365**

Repaso del capítulo y preparación para la prueba **366**

CIENCIAS FÍSICAS

UNIDAD E: Investigar la materia y la energía

Capítulo 11 Propiedades de la materia — 370

Science Spin Weekly Reader

Lección 1 ¿Qué es la materia? — 372
Lección 2 ¿Qué son los estados de la materia? — 382
Lección 3 ¿Cómo cambia la materia? — 390
Proyectos de Ciencias — 401
Repaso del capítulo y preparación para la prueba — 402

Tecnología
¿Mejor que lo natural?, **398**
Personas
El padre del barómetro, **400**

Capítulo 12 La energía — 404

Science Spin Weekly Reader

Lección 1 ¿Qué es la energía? — 406
Lección 2 ¿Cómo puede usarse la energía? — 414
Lección 3 ¿Por qué es importante la energía? — 420
Proyectos de Ciencias — 429
Repaso del capítulo y preparación para la prueba — 430

Tecnología
Con pilas incluidas, **426**
Personas
Una idea muy a mano, **428**

Capítulo 13 La electricidad y los imanes — 432

Science Spin Weekly Reader

Lección 1 ¿Qué es la electricidad? — 434
Lección 2 ¿Qué son los imanes? — 440
Lección 3 ¿Cómo se relacionan la electricidad y los imanes? — 446
Proyectos de Ciencias — 455
Repaso del capítulo y preparación para la prueba — 456

Tecnología
¿Una nueva fuente de energía?, **452**
Personas
Mente matemática, **454**

Capítulo 14 El calor, la luz y el sonido — 458

Science Spin Weekly Reader

Lección 1 ¿Qué es el calor? — 460
Lección 2 ¿Qué es la luz? — 466
Lección 3 ¿Cómo se relacionan la luz y el color? — 472
Lección 4 ¿Qué es el sonido? — 480
Proyectos de Ciencias — 489
Repaso del capítulo y preparación para la prueba — 490

Tecnología
¿Semáforos en la escuela?, **486**
Personas
Rebotando en las paredes, **488**

UNIDAD F: Explorar las fuerzas y el movimiento

Capítulo 15 Las fuerzas y el movimiento   **494**

Lección 1 ¿Qué es el movimiento?   **496**
Lección 2 ¿Qué son las fuerzas?   **504**
Lección 3 ¿Cómo se mueven las ondas?   **512**
Proyectos de Ciencias   **521**
Repaso del capítulo y preparación para la prueba   **522**

Science Spin Weekly Reader

Tecnología
Levantar vuelo, **518**

Personas
Los niños toman vuelo, **520**

Capítulo 16 El trabajo y las máquinas   **524**

Lección 1 ¿Qué es el trabajo?   **526**
Lección 2 ¿Cuáles son algunas máquinas simples?   **534**
Lección 3 ¿Cuáles son algunas otras máquinas simples?   **544**
Proyectos de Ciencias   **555**
Repaso del capítulo y preparación para la prueba   **556**

Science Spin Weekly Reader

Tecnología
Saluda a ASIMO, **552**

Personas
Bicicletas y bates de béisbol, **554**

Referencias   **558**
Manual de la salud   **R1**
Manual de lectura para las Ciencias   **R16**
Manual de Matemáticas para las Ciencias   **R28**
La seguridad en las Ciencias   **R36**
Glosario   **R37**
Índice   **R44**

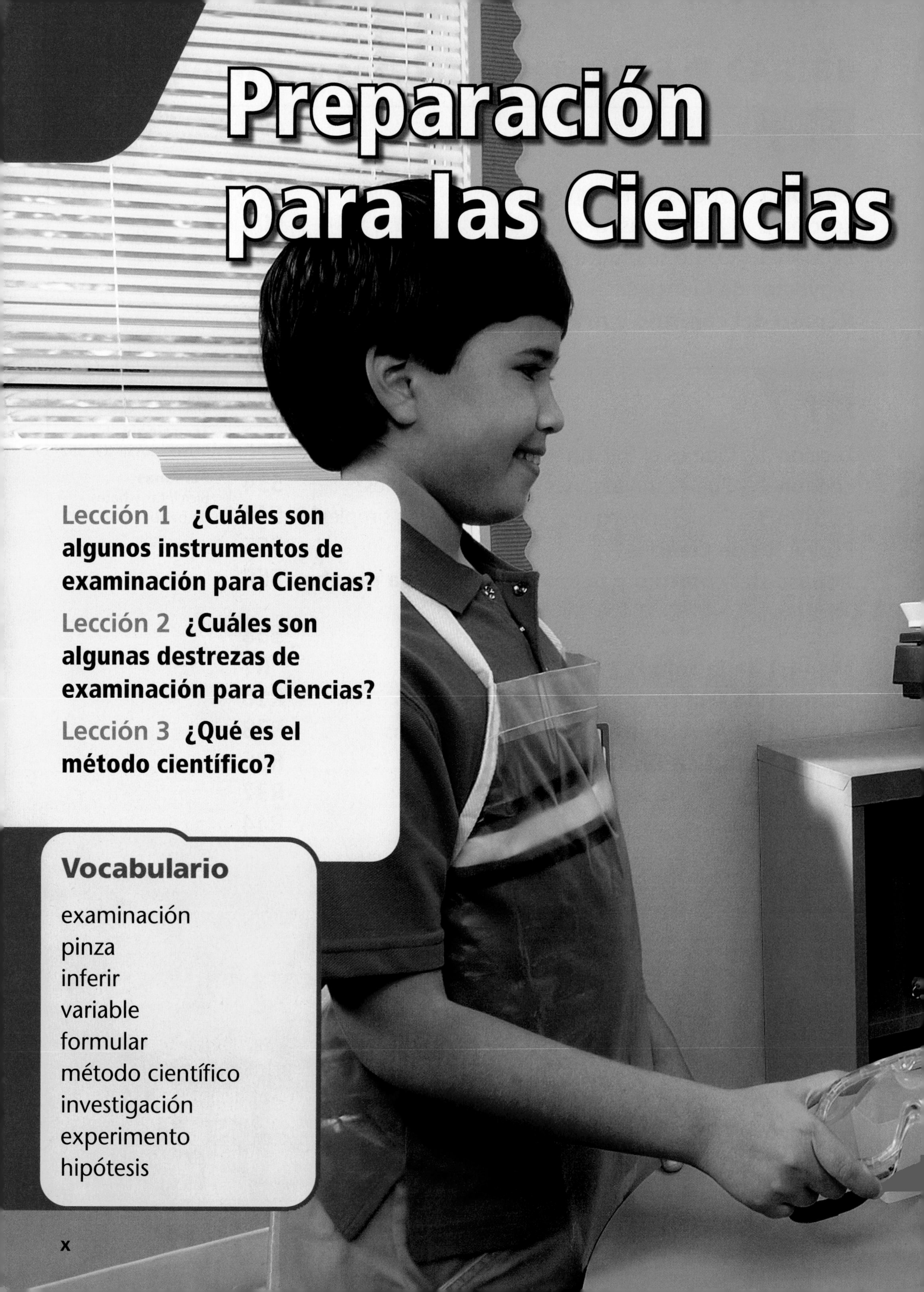

Preparación para las Ciencias

Lección 1 **¿Cuáles son algunos instrumentos de examinación para Ciencias?**

Lección 2 **¿Cuáles son algunas destrezas de examinación para Ciencias?**

Lección 3 **¿Qué es el método científico?**

Vocabulario

examinación
pinza
inferir
variable
formular
método científico
investigación
experimento
hipótesis

¿Qué te preguntas?

¿Alguna vez te has preguntado por qué las plantas son verdes o por qué existen las estaciones del año? Si es así, ¡ya estás pensando como un científico! Los científicos hacen preguntas. ¿Cómo se preparan para Ciencias estos estudiantes?

1

¿Cuáles son algunos instrumentos de examinación para Ciencias?

Datos breves

Medir Los primeros instrumentos que se usaron para medir no fueron reglas ni tazas de medir, ¡sino partes del cuerpo! De hecho, la unidad de medida que llamamos pie se basó en el largo del pie de una persona. En la sección "Investigación" aprenderás más acerca de las mediciones.

Hacer burbujas

Materiales • gafas protectoras • taza de medir (en centímetros) • agua
• recipiente grande • detergente para vajilla • varita para revolver
• pajita • recipientes pequeños • lupa pequeña

Procedimiento

① **CUIDADO: Usa gafas protectoras.** Usa la taza de medir para medir 1 L (1000 mL) de agua. Vierte el agua en un recipiente grande.

② Luego, mide 50 mL de detergente para vajilla. Agrega el detergente en el recipiente con agua y revuelve.

③ Vierte un poco de la solución de detergente para vajilla en recipientes pequeños. Usa la pajita para soplar aire en la solución. Procura no soplar demasiado fuerte ni derramar el líquido. Deberán formarse burbujas. Observa las burbujas con la lupa. Registra tus observaciones.

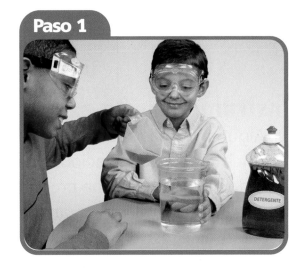

Paso 1

Sacar conclusiones

1. ¿Qué observaste acerca de las burbujas?

2. **Destreza de examinación** Los científicos usan varios instrumentos diferentes para medir cosas. En esta actividad, usaste una taza de medir para medir agua y detergente. ¿Qué instrumento de medición podrías usar para medir el tamaño de las burbujas que hiciste? Explica tu respuesta.

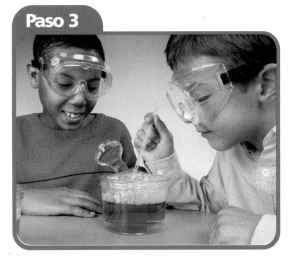

Paso 3

Investiga más

Agrega 60 mL de glicerina y 8 mL de azúcar a la solución. Sopla para hacer nuevas burbujas. Compara esas burbujas con las que hiciste antes.

VOCABULARIO

examinación pág. 4

pinza pág. 5

CONCEPTOS CIENTÍFICOS

▶ cuáles son algunos instrumentos de medición

▶ cómo se usan los instrumentos de medición

DESTREZA DE LECTURA

Destreza clave

IDEA PRINCIPAL Y DETALLES

Busca detalles acerca de los instrumentos que se usan para medir cosas.

Instrumentos de examinación

¿Alguna vez has hecho preguntas sobre algo? Si es así, hiciste una examinación. Una **examinación** ocurre cuando alguien hace una pregunta o estudia algo en detalle. En casi todas las examinaciones científicas deben usarse instrumentos para observar, medir y comparar los objetos que se están estudiando.

Lupa

Qué es: La lupa es un instrumento que se usa para amplificar, es decir, hacer que las características de un objeto se vean más grandes.

Cómo se usa: Sujeta una lupa sobre un objeto que quieras observar en detalle. Mira a través de la parte transparente de la lupa. Puedes acercar o alejar la lupa para ver el objeto con mayor claridad.

Seguridad: Algunas lupas tienen una lente de vidrio. Procura no dejar caer la lupa. Si la lupa se quiebra, no trates de recoger los pedazos. Pide ayuda a un adulto.

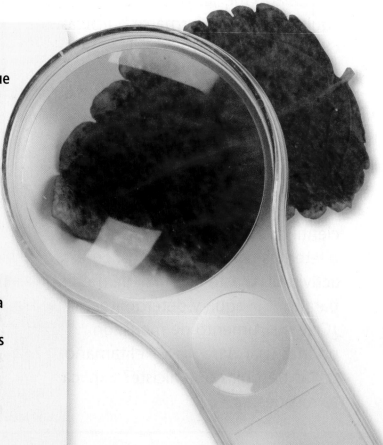

Qué es: La pinza se usa para levantar y sujetar objetos. Se parece a las tenacillas.

Cómo se usa: Coloca los extremos de la pinza alrededor del objeto que quieres sujetar. Aplica presión en los brazos de la pinza y levanta el objeto.

Seguridad: Los extremos de la pinza pueden ser puntiagudos. No acerques la pinza a tu cara y siempre límpiala después de usarla.

Caja de aumento

Qué es: Al igual que la lupa, la caja de aumento es un instrumento que sirve para amplificar, o hacer que las características físicas de un objeto se vean más grandes.

Cómo se usa: Coloca la caja de aumento sobre una superficie plana. Mira a través de la parte transparente de la caja.

Seguridad: Algunas cajas de aumento tienen una lente de vidrio. Procura no dejar caer la caja. No uses una caja de aumento que tenga la lente rajada o dañada.

Gotero

Qué es: El gotero es un instrumento que puede usarse para recoger y soltar pequeñas cantidades de líquido. Algunos goteros tienen marcas que sirven para medir el líquido.

Cómo se usa: Aprieta el bulbo del gotero. Coloca el extremo del gotero en un líquido y suelta el bulbo. Parte del líquido ascenderá al tubo del gotero. Para soltar el líquido, aprieta nuevamente el bulbo.

Seguridad: Los goteros deben limpiarse después de cada uso.

Minilab

Usar una caja de aumento

Coloca una caja de aumento sobre tu libro de texto. Úsala para ver las letras de esta página. ¿Qué observas? Ahora úsala para mirar otro objeto, por ejemplo, una hoja.

Termómetro

Qué es: El termómetro es un instrumento que mide la temperatura, es decir, lo caliente o frío que está algo.

Cómo se usa: Coloca el termómetro en el lugar donde quieres medir la temperatura. Espera unos cinco minutos. Luego, fíjate hasta dónde llega el líquido contenido en el tubo del termómetro. Usa las marcas que aparecen a lo largo del tubo para leer la temperatura.

Seguridad: Si el termómetro se rompe, no lo toques. Pide ayuda a un adulto.

Regla

Qué es: La regla es un instrumento que se usa para medir el largo, el ancho, la altura o la profundidad.

Cómo se usa: Coloca la regla sobre el objeto que quieres medir. Usa las marcas de la regla para conocer el largo, el ancho, la altura o la profundidad del objeto.

Seguridad: Muchas reglas están hechas de plástico o de madera. No uses reglas para medir objetos calientes. Eso puede provocar que el plástico se derrita o que la madera se prenda fuego.

Cinta métrica

Qué es: Al igual que la regla, la cinta métrica se usa para medir el largo, el ancho, la altura o la profundidad. La cinta métrica es útil para medir objetos curvos.

Cómo se usa: Coloca la cinta métrica a lo largo del objeto que quieres medir. Usa las marcas de la cinta para conocer el largo, el ancho, la altura o la profundidad del objeto.

Seguridad: A menudo las cintas métricas están hechas de plástico. No uses cintas métricas para medir objetos calientes.

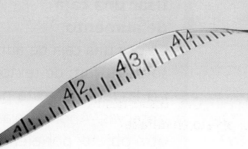

Qué es: La taza de medir se usa para medir el volumen de los objetos, es decir, la cantidad de espacio que ocupan. Las tazas de medir se usan habitualmente para líquidos y sólidos disgregados, tales como polvos.

Cómo se usa: Vierte la sustancia que necesitas medir en la taza de medir. Usa las marcas del exterior de la taza para ver qué cantidad de sustancia contiene.

Seguridad: Algunas tazas de medir están hechas de vidrio. Procura no dejar caer la taza, ya que podría quebrarse.

Báscula de resorte

Qué es: La báscula de resorte es un instrumento que mide el peso de un objeto.

Cómo se usa: Sujeta el objeto que quieres pesar en el gancho de la parte inferior de la báscula. Sujeta la báscula en alto de modo que el objeto quede colgando. Las marcas de la báscula indicarán el peso del objeto.

Seguridad: Pesa objetos en una báscula de resorte solo cuando tu maestro te lo indique.

En la examinación científica pueden usarse pinzas, reglas, básculas de resorte y otros instrumentos. Cada uno de ellos se emplea para cosas diferentes. Parte del aprendizaje de ciencias consiste en aprender a elegir los instrumentos adecuados para responder tus preguntas.

IDEA PRINCIPAL Y DETALLES ¿Qué dos instrumentos se emplean para observar un objeto en detalle?

Otros instrumentos que se usan en Ciencias

Muchos instrumentos científicos tienen usos semejantes. Por ejemplo, para medir cuánto espacio ocupa algo pueden usarse tazas de medir, cucharas de medir o probetas. De acuerdo con la cantidad que necesitas medir, elegirás cuál de esos tres instrumentos usar.

El microscopio se usa para amplificar la apariencia de un objeto. Sirve para observar cosas que son invisibles a simple vista.

Las balanzas se usan para medir la masa de los objetos. Para conocer la masa de un objeto, colócalo en uno de los platillos y equilibra la balanza agregando pesas en el otro platillo hasta compensar el peso.

 IDEA PRINCIPAL Y DETALLES ¿Cuándo necesitarías usar un microscopio?

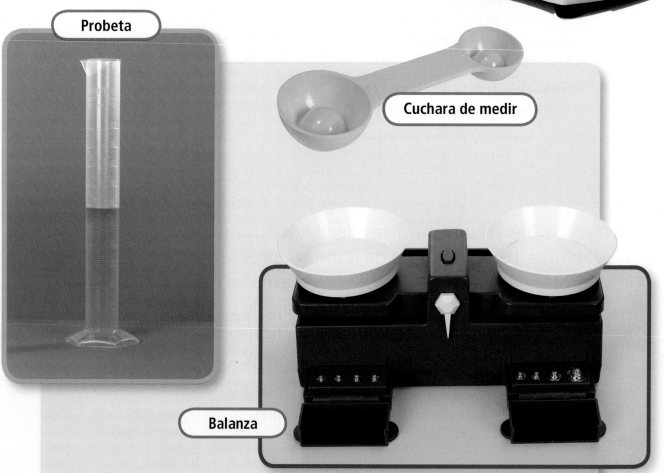

Microscopio

Probeta

Cuchara de medir

Balanza

8

1. IDEA PRINCIPAL Y DETALLES Copia y completa el siguiente organizador gráfico.

Idea principal: Hay muchos instrumentos que pueden usarse en la examinación científica.

Instrumentos que amplifican la apariencia de los objetos	Instrumentos que miden el largo	Instrumentos que miden el espacio que ocupa un objeto
A _____ **B** _____ **C** _____	**D** _____ **E** _____	**F** _____ **G** _____ **H** _____

2. RESUMIR Haz una tabla que describa la función de los instrumentos que se mencionan en esta lección.

3. SACAR CONCLUSIONES Necesitas observar en detalle una muestra de suelo. ¿Qué instrumento usarías? Explica tu elección.

4. VOCABULARIO Escribe una oración que describa cómo puedes usar una pinza en una examinación científica.

Preparación para la prueba

5. ¿Qué instrumento usarías si necesitas agregar dos gotas de colorante para alimentos en un tazón de agua?
- **A.** gotero
- **B.** pinza
- **C.** taza de medir
- **D.** cuchara de medir

Enlaces

Redacción

Redacción informativa
Tanto la regla como la cinta métrica se emplean para medir el largo. Escribe una **explicación** acerca del uso adecuado de cada uno de esos instrumentos.

Matemáticas

Medir el tiempo transcurrido
Los relojes automáticos y los cronómetros sirven para medir cuánto tiempo pasa. Usa uno de esos dos instrumentos para medir cuánto tardan cinco de tus compañeros en correr 50 metros cada uno. Registra los resultados en una tabla.

Para hallar otros enlaces y actividades, visita
www.hspscience.com

2

¿Cuáles son algunas destrezas de examinación para Ciencias?

Datos breves

Crear burbujas ¡La burbuja más grande jamás medida tenía unos 32 m (105 pies) de longitud! ¿Qué forma crees que tenía esa enorme burbuja? Haz la actividad de la sección "Investigación" para descubrir las diferentes formas que pueden tomar las burbujas.

Formas de las burbujas

Materiales
- gafas protectoras
- disco volador de plástico
- gancho de ropa metálico
- líquido para burbujas

Procedimiento

1 CUIDADO: **Usa gafas protectoras.** Usa el gancho metálico para hacer varitas para burbujas de diferentes formas. Por ejemplo, puedes hacer varitas con el extremo redondo, cuadrado o triangular.

2 Predice la forma de las burbujas que producirá cada varita.

3 Echa un poco del líquido para burbujas en el interior del disco. Hunde una de las varitas en el líquido. Usa la varita para hacer burbujas. Observa la forma de las burbujas. Repite esta actividad con todas las varitas que hiciste.

Sacar conclusiones

1. ¿Qué predijiste sobre la forma de las burbujas? ¿Fueron acertadas tus predicciones?

2. **Destreza de examinación** Los científicos usan las observaciones del mundo natural para hacer predicciones. Usa tus observaciones para predecir qué forma tendrá una burbuja hecha con una varita con forma de corazón.

Paso 1

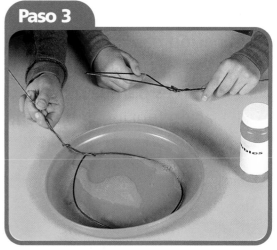

Paso 3

Investiga más

¿Cuál será la varita que hará la burbuja más grande? Haz burbujas con diferentes varitas. Mide y compara el tamaño de las burbujas.

11

VOCABULARIO

inferir pág. 13

variable pág. 15

formular pág. 16

CONCEPTOS CIENTÍFICOS

▶ cuáles son algunas destrezas de examinación

▶ cómo se usan las destrezas de examinación

DESTREZA DE LECTURA

Destreza clave

IDEA PRINCIPAL Y DETALLES

Busca detalles sobre las destrezas de examinación científica.

```
        Idea principal
       /      |      \
  detalle  detalle  detalle
```

Destrezas de examinación

Cuando los científicos tratan de responder una pregunta, usan habilidades mentales llamadas destrezas de examinación. Ya has usado algunas de esas destrezas en las actividades de la sección "Investigación". Has medido, observado, comparado y hecho predicciones. Todas estas son destrezas de examinación.

Reflexiona sobre cómo usaste las destrezas de examinación para responder las preguntas acerca de las burbujas. Usaste algunas destrezas al mismo tiempo. Eso es porque muchas destrezas de examinación funcionan bien en conjunto.

Estos estudiantes preparan una investigación. Para completarla, necesitarán usar destrezas de examinación.

Usar números

Los científicos usan números para recopilar y presentar sus datos. Comprender los números y usarlos para comunicar los resultados de las investigaciones son destrezas importantes.

Medir

Cuando mides algo, usas números. Para hacer mediciones, puedes usar instrumentos como termómetros, cronómetros, reglas, cintas métricas, básculas de resorte y tazas de medir.

Recopilar, registrar, presentar o interpretar datos

Cuando haces mediciones, estás reuniendo datos. Los datos representan información que puede presentarse a través de tablas, gráficas, diagramas y otros medios. Registrar los datos puede ayudarte a interpretar, o comprender, la información que brindan.

Inferir

Cuando **infieres**, usas los datos reunidos o tus conocimientos previos para sacar conclusiones. A menudo debes hacer inferencias para interpretar datos.

⭐ **IDEA PRINCIPAL Y DETALLES** Menciona dos destrezas de examinación y explica cómo se relacionan.

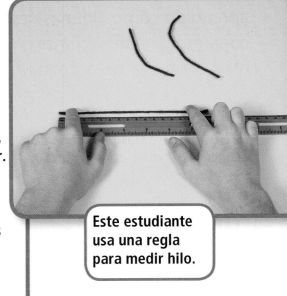

Este estudiante usa una regla para medir hilo.

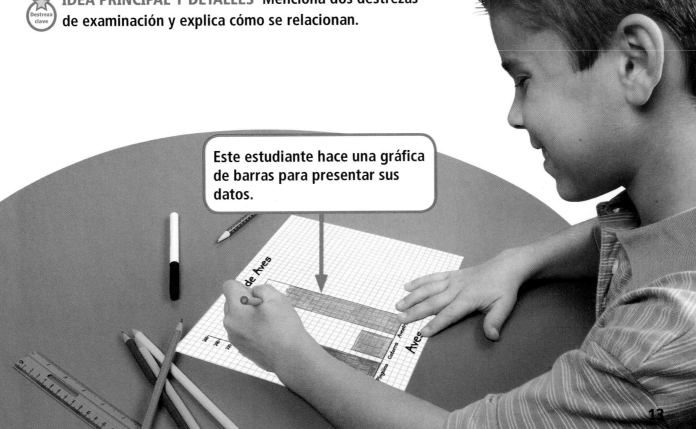

Este estudiante hace una gráfica de barras para presentar sus datos.

13

Más destrezas de examinación

Cuando haces cualquier examinación científica, usas más de una destreza de examinación. Has aprendido cómo algunas destrezas funcionan en conjunto. En las próximas páginas, leerás acerca de otras destrezas de examinación.

Este estudiante clasifica diferentes elementos. ¿Qué características toma en cuenta para hacer la clasificación? ▼

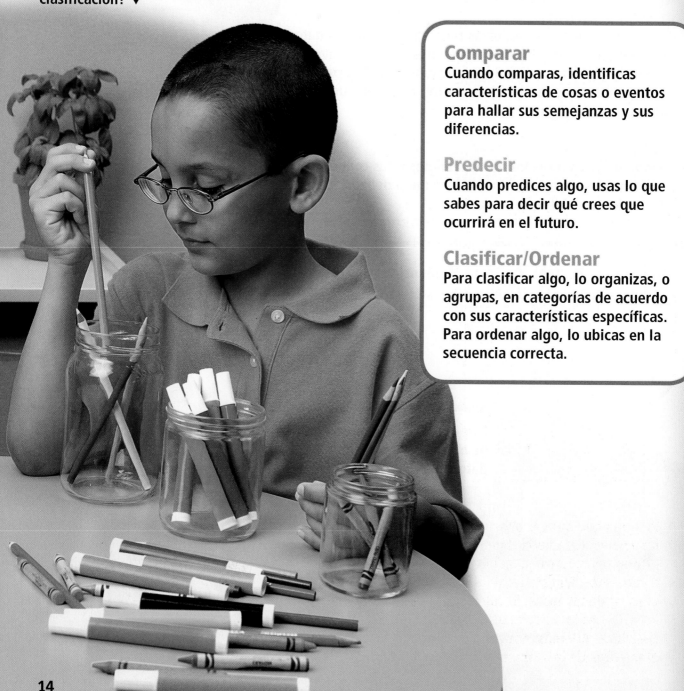

Comparar
Cuando comparas, identificas características de cosas o eventos para hallar sus semejanzas y sus diferencias.

Predecir
Cuando predices algo, usas lo que sabes para decir qué crees que ocurrirá en el futuro.

Clasificar/Ordenar
Para clasificar algo, lo organizas, o agrupas, en categorías de acuerdo con sus características específicas. Para ordenar algo, lo ubicas en la secuencia correcta.

Esta estudiante usa un cronómetro para tomar el tiempo a su compañero. Tomar el tiempo, como en este caso, implica usar una relación de espacio/tiempo. ▼

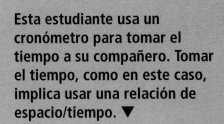

Usar relaciones de espacio/tiempo

¿Dónde estabas ayer al mediodía? Al responder esa pregunta, estás usando una relación de espacio/tiempo. De hecho, cuando señalas dónde está algo en un momento determinado, clasificas ese objeto de acuerdo con el tiempo y el espacio en que está.

Identificar y controlar variables

Imagina que quieres saber de qué color son las flores que prefieren las abejas. Para hallar la respuesta, podrías plantar rosas de diferentes colores en un jardín y contar cuántas abejas se acercan a cada rosa. En esta examinación, solo una cosa es diferente: el color de las rosas. El color de las flores es una variable. Una **variable** es lo único que se modifica durante una examinación científica. Además, necesitas asegurarte de que el resto de los elementos de la examinación se mantenga sin cambios.

Existen otras destrezas de examinación, como observar, comunicar y planear. A lo largo de este libro tendrás la oportunidad de practicar cada una de esas destrezas.

 IDEA PRINCIPAL Y DETALLES ¿Qué destrezas de examinación usarías para ordenar eventos correctamente en una línea cronológica?

Formular o usar modelos

Formular significa elaborar un plan. Formular planes puede ayudarte a mantenerte organizado y en el camino correcto. En las ciencias, a menudo se usan modelos para estudiar cosas que son demasiado grandes o demasiado pequeñas como para ser observadas fácilmente en la vida real.

Minilab

Hacer un modelo

Usa plastilina para hacer un modelo de una planta o un animal que te interese. ¿Cómo se compara tu modelo con la planta o el animal real?

Estos estudiantes construyen un modelo de volcán.

1. IDEA PRINCIPAL Y DETALLES Copia y completa el siguiente organizador gráfico.

Idea principal: Hay muchas destrezas que pueden usarse en la examinación científica.

A _____ señalar en qué se asemejan y en qué se diferencian dos cosas

B _____ indicar qué podría ocurrir en el futuro

C _____ usar datos para sacar conclusiones

2. RESUMIR Haz una lista cinco destrezas de examinación y explica para qué podrían emplearse.

3. SACAR CONCLUSIONES ¿Es posible que dos objetos estén en el mismo espacio al mismo tiempo? Ten en cuenta las relaciones de espacio/tiempo para explicar tu respuesta.

4. VOCABULARIO Elige una palabra de vocabulario de esta lección y explica su significado.

Preparación para la prueba

5. Razonamiento crítico Necesitas conocer las diferencias de estatura entre los estudiantes de tercer grado y los de segundo grado. ¿Qué destrezas de examinación deberías usar?

Enlaces

Redacción

Redacción persuasiva
¿Cuáles crees que son las tres destrezas de examinación más útiles? Escribe un párrafo que indique las tres destrezas que, en tu **opinión,** son las más útiles.

Artes del Lenguaje

Resolver un misterio
Las destrezas de examinación no solo son útiles para los científicos, también para los detectives. Escribe un cuento acerca de un detective que usa destrezas de examinación para resolver un misterio.

Para hallar otros enlaces y actividades, visita www.hspscience.com

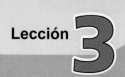

¿Qué es el método científico?

Datos breves

Arte con burbujas Para hacer arte, estos estudiantes agregaron témpera al líquido para burbujas. Pero no hace falta agregar pintura para que las burbujas sean de color. Haz la actividad de la sección "Investigación" para descubrir por qué.

Burbujas de colores

Materiales
- cinta adhesiva transparente
- tapa de plástico transparente
- líquido para burbujas
- gafas protectoras
- copo de algodón
- pajita
- cuchara
- linterna

Procedimiento

1 CUIDADO: **Usa gafas protectoras.** Usa la cinta para pegar la tapa de plástico sobre la parte de la linterna que emite luz.

2 Sujeta la linterna de modo que la luz apunte hacia arriba. Moja un copo de algodón en el líquido para burbujas. Pasa el copo de algodón por toda la superficie de la tapa. Luego, vierte una cucharada del líquido en la tapa.

3 Usa una pajita para hacer una burbuja grande. Apaga la luz y alza la linterna hasta que la tapa quede aproximadamente a la altura de tus cejas.

4 Observa la burbuja. Sumerge el extremo de la pajita en el líquido para burbujas e introduce la pajita en la burbuja grande. Sopla con mucha suavidad. Observa qué sucede.

Paso 1

Paso 4

Sacar conclusiones

1. Haz un dibujo de lo que ocurrió para comunicar tus observaciones.

2. **Destreza de examinación** Usa tus observaciones para comparar los colores de la burbuja cuando la observaste al principio con los colores que viste justo antes de que la burbuja explotara.

Investiga más

Predice cómo cambiará la actividad de "Investigación" si agregas un poco de témpera a las burbujas. **Planea y haz un experimento simple** para comprobar tus **predicciones**.

VOCABULARIO

método científico
pág. 20

investigación pág. 20

hipótesis pág. 21

experimento pág. 21

CONCEPTOS CIENTÍFICOS

▶ qué es el método científico

▶ cómo usar el método científico

DESTREZA DE LECTURA

IDEA PRINCIPAL Y DETALLES

Busca detalles sobre cómo usar el método científico.

El método científico

¿Cómo responden una pregunta o resuelven un problema los científicos? Para hacer un estudio, los científicos usan un plan organizado llamado **método científico**. El estudio que hace un científico se llama **investigación**. En esta lección aprenderás cómo puede usarse el método científico para planear una investigación sobre burbujas.

 IDEA PRINCIPAL Y DETALLES ¿Qué usan los científicos como ayuda para encontrar las respuestas que buscan?

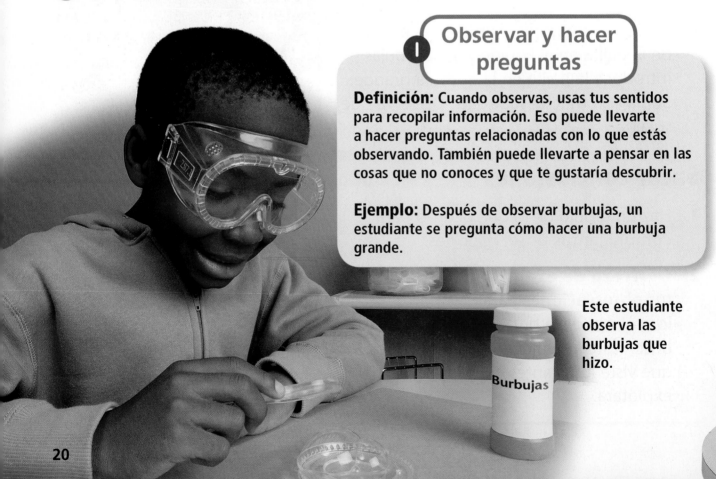

Observar y hacer preguntas

Definición: Cuando observas, usas tus sentidos para recopilar información. Eso puede llevarte a hacer preguntas relacionadas con lo que estás observando. También puede llevarte a pensar en las cosas que no conoces y que te gustaría descubrir.

Ejemplo: Después de observar burbujas, un estudiante se pregunta cómo hacer una burbuja grande.

Este estudiante observa las burbujas que hizo.

Burbujas

Este estudiante escribe su hipótesis en una oración completa.

Definición: Escribe una respuesta posible a tu pregunta. Una hipótesis es una respuesta posible a una pregunta, y puede ser puesta a prueba para saber si es acertada.

Ejemplo: El estudiante piensa que la mejor manera de crear una burbuja grande es usar una varita flexible en lugar de una varita rígida.

3 Planear un experimento

Definición: Un experimento es una prueba que se hace para descubrir si una hipótesis es acertada o no. Cuando planeas un experimento, necesitas describir los pasos, identificar las variables, hacer una lista de los materiales que necesitarás y decidir cómo recopilarás y registrarás los datos.

Ejemplo: Para comprobar sus ideas acerca de las burbujas, el estudiante hará una varita *rígida* con un limpiapipas y una varita *flexible* con un hilo.

Seguridad: Piensa en tu seguridad cada vez que planees un experimento. Revisa los pasos del experimento e incluye todo el equipamiento de seguridad necesario.

Este estudiante planea un experimento para estudiar el tamaño de las burbujas.

4 Hacer un experimento

Definición: Sigue los pasos del experimento que planeaste. Observa y mide con cuidado. Registra todo lo que ocurre. Organiza los datos para poder estudiarlos más fácilmente.

Ejemplo: El estudiante hace dos varitas del mismo tamaño, pero de materiales diferentes, y las usa para hacer burbujas. Tiene una regla para medir cada burbuja.

Seguridad: Sigue todas las instrucciones de seguridad que incluiste en el plan del experimento.

Este estudiante usa una varita flexible para intentar hacer burbujas grandes.

Sacar conclusiones y comunicar los resultados

Definición: Analiza los datos que recopilaste. Haz diagramas, tablas o gráficas para presentar tus datos. Escribe una conclusión. Describe la evidencia que usaste para determinar si tus pruebas confirmaron tu hipótesis. Indica si tu hipótesis se confirmó. Comunica los resultados.

Ejemplo: El estudiante examina los datos que recopiló y nota que la varita flexible formó las burbujas más grandes.

Este estudiante analiza los datos que recopiló.

Investiga más

Definición: Si tu hipótesis se confirmó, tal vez quieras formular otra pregunta que puedas comprobar acerca de tu tema. Si tu hipótesis no se confirmó, tal vez quieras formular otra hipótesis y ponerla a prueba con una variable distinta.

Ejemplo: El estudiante decide probar si los diferentes movimientos de su varita flexible afectan el tamaño de las burbujas.

Seguridad: Asegúrate de que tu nueva investigación sea segura para ti y para los demás.

A menudo, las observaciones que haces durante un experimento te llevan a plantear nuevas preguntas y formular nuevas hipótesis. Recuerda que aunque tu hipótesis no se confirme, puedes aprender algo.

 IDEA PRINCIPAL Y DETALLES ¿Qué parte del método científico se realiza habitualmente después de que el científico formula una pregunta?

Minilab

¡Una súper burbuja!
Pasa un hilo de 90 cm a través de dos pajitas. Ata los extremos del hilo para formar una varita para burbujas. Separa las pajitas para tensar el hilo. Sumerge la varita en líquido para burbujas y sopla. ¿Qué apariencia tienen tus burbujas?

1. IDEA PRINCIPAL Y DETALLES Copia y completa el siguiente organizador gráfico.

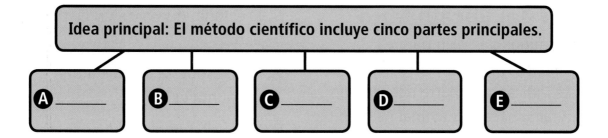

Idea principal: El método científico incluye cinco partes principales.

A ____ **B** ____ **C** ____ **D** ____ **E** ____

2. RESUMIR Diseña un organizador gráfico para presentar las partes del método científico y cómo se relacionan entre sí.

3. SACAR CONCLUSIONES Un científico formula la hipótesis de que a los gatos les gusta más el pescado que el pollo. Hace un experimento y advierte que su hipótesis no se confirma. ¿Aprendió algo el científico? Explica tu respuesta.

4. VOCABULARIO Explica cómo se relacionan las palabras *hipótesis* y *experimento*.

Preparación para la prueba

5. Tina hizo un experimento y sacó conclusiones. ¿Qué debe hacer a continuación?
   A. formular una pregunta
   B. comunicar los resultados
   C. planear un experimento
   D. formular una hipótesis

Enlaces

Redacción

Redacción informativa
Escribe un folleto **explicativo** acerca del método científico. Si lo deseas, puedes incluir ilustraciones y ejemplos en tu folleto.

Matemáticas

Hacer una gráfica de barras
Para comunicar datos suelen usarse gráficas. Repasa esta lección y cuenta el número de veces que aparecen las palabras *hipótesis* y *experimento*. Haz una gráfica de barras para presentar tus resultados.

Para hallar otros enlaces y actividades, visita
www.hspscience.com

Repaso y preparación para la prueba

Repaso del vocabulario

Usa los términos de abajo para completar las oraciones. Los números de página te indican qué parte del capítulo debes mirar si necesitas ayuda.

examinación pág. 4

pinza pág. 5

inferir pág13

variable pág. 15

formular pág. 16

método científico pág. 20

investigación pág. 20

experimento pág. 21

hipótesis pág. 21

1. Para planear y hacer un estudio científico se usa un conjunto de pasos llamado _____.

2. _____ significa sacar conclusiones acerca de algo usando los datos recopilados o los conocimientos previos.

3. Cuando alguien formula una pregunta o estudia algo en detalle, hace un(a) _____.

4. Un(a) _____ es lo único que se modifica durante una examinación científica.

5. El instrumento usado para tomar y sujetar objetos se llama _____.

6. El estudio que hace un científico se llama _____.

7. Una respuesta posible a una pregunta es un(a) _____.

8. La prueba que se hace para saber si una hipótesis es acertada o no se llama _____.

Comprueba lo que aprendiste

Escribe la letra de la respuesta correcta.

9. **IDEA PRINCIPAL Y DETALLES** ¿Cuál de los siguientes instrumentos usarías para medir la altura de un libro?

   A. taza de medir

   B. balanza

   C. regla

   D. báscula de resorte

10. Identifica el instrumento de la ilustración.

   F. pinza

   G. lupa

   H. caja de aumento

   J. microscopio

11. ¿Cuál de los siguientes instrumentos **no** se usa para medir?

   A. probeta

   B. lupa

   C. regla

   D. termómetro

12. ¿Para qué destreza de examinación es más probable que necesites usar este instrumento?

   F. formular modelos

   G. inferir

   H. interpretar datos

   J. usar relaciones de espacio/tiempo

13. **IDEA PRINCIPAL Y DETALLES** ¿Qué destreza de examinación usas cuando identificas semejanzas y diferencias entre cosas?

   A. comparar

   B. formular modelos

   C. controlar las variables

   D. predecir

14. Cuando mides, ¿qué otra destreza de examinación es más probable que uses?

   F. clasificar   **H.** predecir

   G. inferir   **J.** usar números

15. ¿Cuál de las siguientes es un ejemplo de una buena hipótesis?

   A. Las plantas crecen mejor a la luz del sol.

   B. Algunas manzanas son rojas.

   C. ¿Qué hay dentro del sol?

   D. ¿Por qué son redondas las burbujas?

16. ¿En qué paso del método científico observas y haces mediciones?

   F. Hacer un experimento.

   G. Sacar conclusiones.

   H. Formular una hipótesis.

   J. Planear un experimento.

Destrezas de examinación

17. Infiere por qué es importante para los científicos comunicarse unos a otros los resultados de sus experimentos.

18. Formula una hipótesis y planea un experimento simple para ponerla a prueba.

Razonamiento crítico

19. ¿Qué destrezas de examinación se necesitan para formular una hipótesis?

20. ¿Qué instrumentos serían más adecuados para medir la leche y el libro? Explica tus respuestas.

CIENCIAS BIOLÓGICAS

Seres vivos de nuestro mundo

Capítulo 1	Tipos de seres vivos
Capítulo 2	Tipos de plantas
Capítulo 3	Tipos de animales

Alligator Adventure

PARA: harrison@hspscience.com

DE: alex@hspscience.com

TEMA: Myrtle Beach, South Carolina

Querido Harrison:
¿Alguna vez has estado cara a cara con un reptil feroz? ¡Yo sí! Fuimos a *Alligator Adventure*. Nuestro guía nos llevó por pantanos y ciénagas para ver los aligátores de cerca. También vimos lagartos, tortugas y ranas gigantes. ¿Suena divertido, no?
Alex

Aldea Holandesa y Festival de los Tulipanes

PARA: matt@hspscience.com

DE: trisha@hspscience.com

TEMA: Holland, Michigan

Querido Matt:

Miles de tulipanes florecen en el festival anual de mi pueblo. Es algo que no te puedes perder. Después de observar las hermosas flores, da un paseo por la Aldea Holandesa. Te recordará a tu país natal.

Tu amiga por correspondencia,

Trisha

¡Experimenta!

Mantener el calor Los seres vivos responden al frío de diferentes maneras. En tu caso, puedes ponerte una chaqueta, un sombrero y guantes para mantener el calor. Pero, ¿cómo hacen los animales salvajes para mantener el calor cuando hace frío? ¿Ayuda el pelaje a que los mamíferos conserven el calor? Planea y haz un experimento para descubrirlo.

Capítulo 1

Tipos de seres vivos

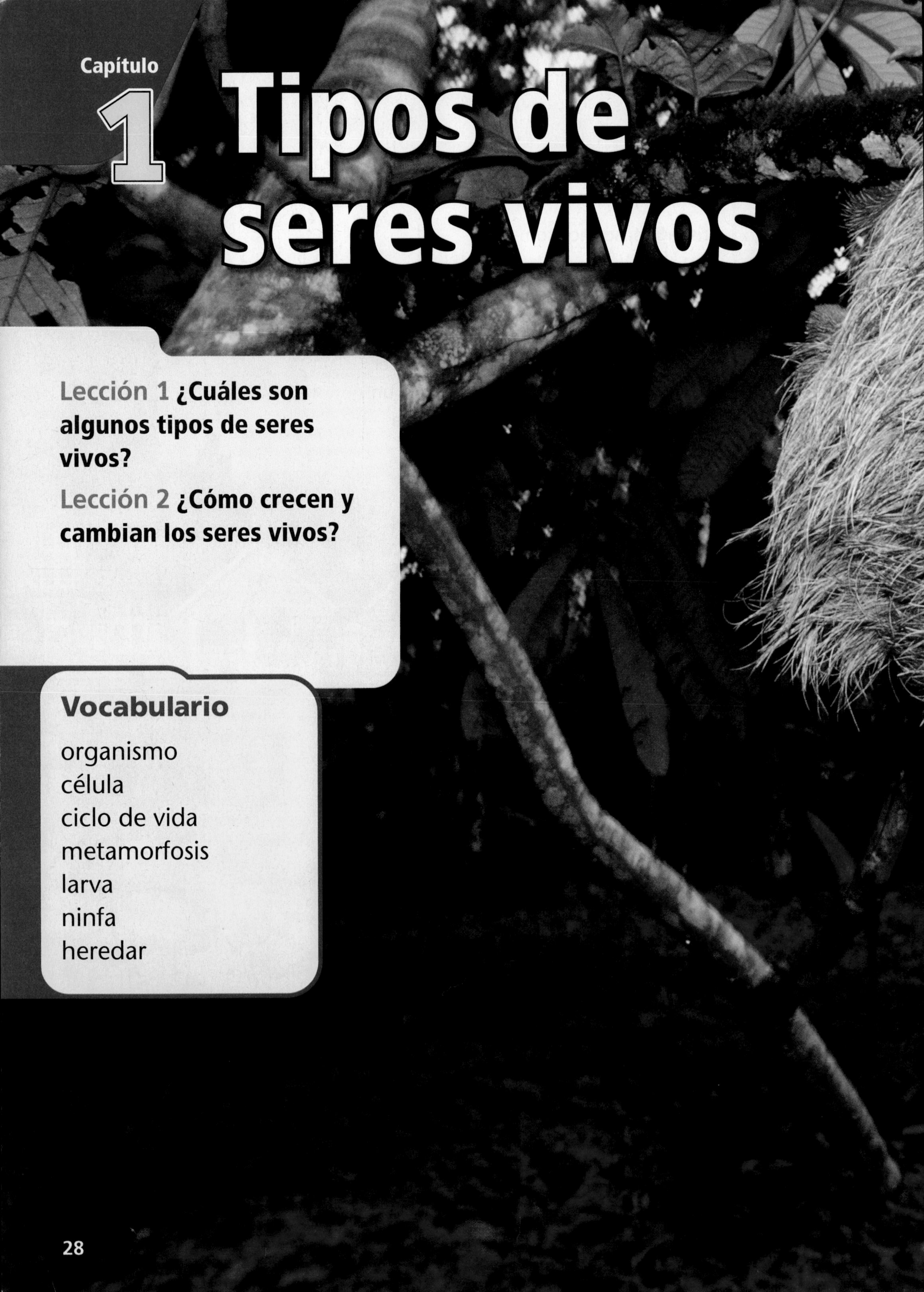

Lección 1 ¿Cuáles son algunos tipos de seres vivos?

Lección 2 ¿Cómo crecen y cambian los seres vivos?

Vocabulario

organismo
célula
ciclo de vida
metamorfosis
larva
ninfa
heredar

Este perezoso es un tipo de ser vivo. Los perezosos pasan la mayor parte de su vida colgados cabeza abajo. Solo bajan al suelo una vez por semana. ¿Por qué crees que los perezosos viven en los árboles?

¿Cuáles son algunos tipos de seres vivos?

Datos breves

Hogar dulce hogar La mayor parte de los seres vivos tienen un lugar que consideran su hogar. Los cachorros de foca comienzan su vida en las rocas cercanas al océano. Cuando crecen, viven en el océano, donde pueden conseguir alimento. En la sección "Investigación" aprenderás por qué los animales viven en determinados lugares.

Hogares para los seres vivos

Materiales • tarjetas con ilustraciones • crayolas o lápices de colores • papel

Procedimiento

① Observa las tarjetas con ilustraciones que te dio tu maestro. Divide las tarjetas en dos grupos: uno de seres vivos y otro de cosas que no tienen vida.

② Selecciona un animal de la pila de tarjetas de seres vivos.

③ Describe por qué el animal es un ser vivo. Luego, describe el lugar en que vive. Registra tus observaciones.

④ Imagina que trabajas en un zoológico. Usa crayolas o lápices de colores para dibujar un hábitat para tu animal. Dibuja todo lo que el animal podría necesitar.

⑤ Compara el hogar de tu animal con los hogares que dibujaron tus compañeros.

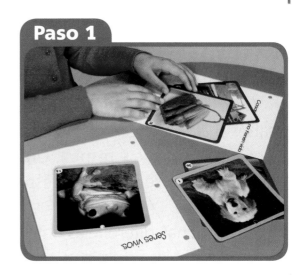

Paso 1

Paso 4

Sacar conclusiones

1. ¿Qué observaste acerca del hogar donde vive tu animal?

2. **Destreza de examinación** Infiere qué obtiene de su hogar un animal. ¿Por qué ese animal vive allí?

Investiga más

Observa las tarjetas. Compara los pelajes de diversos animales. Clasifica los animales de acuerdo con el tipo de pelaje que tienen.

VOCABULARIO

organismo pág. 32

célula pág. 34

CONCEPTOS CIENTÍFICOS

▶ qué es un organismo

▶ cómo las células componen un organismo

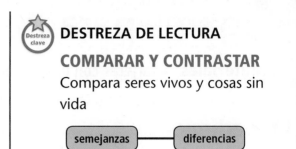

DESTREZA DE LECTURA

COMPARAR Y CONTRASTAR

Compara seres vivos y cosas sin vida

| semejanzas | diferencias |

Seres vivos y cosas sin vida

Todo ser vivo es un **organismo**. A veces es difícil saber si algo tiene vida. Sabes que un gato tiene vida porque se mueve y respira. Una planta también tiene vida, pero no se mueve ni respira de la misma manera que un gato.

Hay muchas diferencias entre los seres vivos y las cosas sin vida. Una diferencia es que los seres vivos se reproducen. Cuando un ser vivo se reproduce, genera más de su tipo. Un gato se reproduce cuando tiene gatitos. Muchas plantas se reproducen haciendo semillas. De esas semillas crecen nuevas plantas.

El gallo de esta ilustración no tiene vida. No puede reproducirse.

Los seres vivos reaccionan a los cambios que se producen en su entorno. Cuando un ratón ve un gato, su reacción es huir. Muchas plantas reaccionan al frío del otoño dejando caer sus hojas. ¿Cuál es tu reacción al frío?

Todos los seres vivos usan energía para crecer. Los animales se alimentan y así obtienen la energía que necesitan para conservar su salud. Las plantas usan energía del sol para producir su propio alimento.

 COMPARAR Y CONTRASTAR ¿Cuáles son tres diferencias entre los seres vivos y las cosas sin vida?

Este gallo es un ser vivo. Necesita energía para crecer. Reacciona a los cambios que se producen en su entorno. Este gallo puede reproducirse.

Partes de los seres vivos

Tu cuerpo tiene muchas partes. Por dentro, tienes un corazón y un cerebro. Por fuera, tienes nariz y orejas. Todos los seres vivos se componen de partes. Un tigre tiene garras y cola. Las aves y las mariposas tienen alas. Todas las partes conforman un organismo entero.

Todos los seres vivos están compuestos de partes llamadas células. La **célula** es una unidad diminuta, y muchas unidades diminutas forman cada parte de un organismo. Cada célula de un organismo, por ejemplo de una planta, tiene su propia función. Las células de las hojas producen el alimento de la planta, y las células de la raíz mantienen la planta en la tierra. Todas las células de un organismo trabajan en conjunto para ayudar al organismo a sobrevivir.

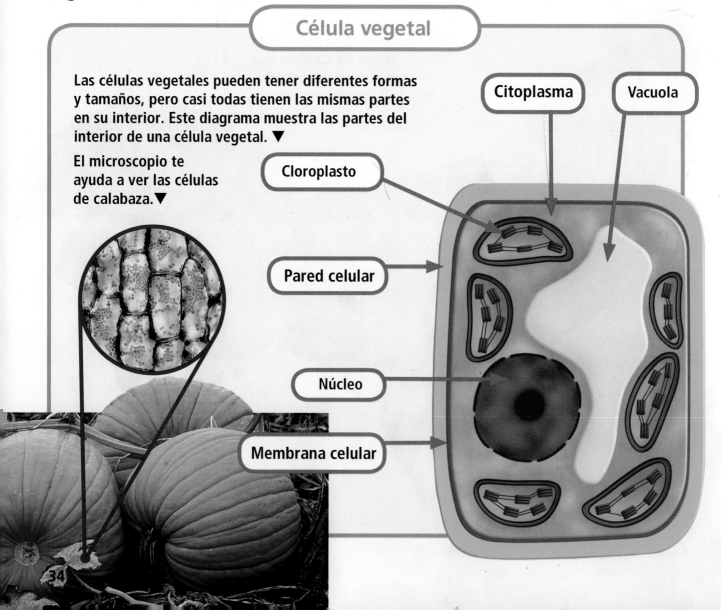

Célula vegetal

Las células vegetales pueden tener diferentes formas y tamaños, pero casi todas tienen las mismas partes en su interior. Este diagrama muestra las partes del interior de una célula vegetal. ▼

El microscopio te ayuda a ver las células de calabaza. ▼

Citoplasma

Vacuola

Cloroplasto

Pared celular

Núcleo

Membrana celular

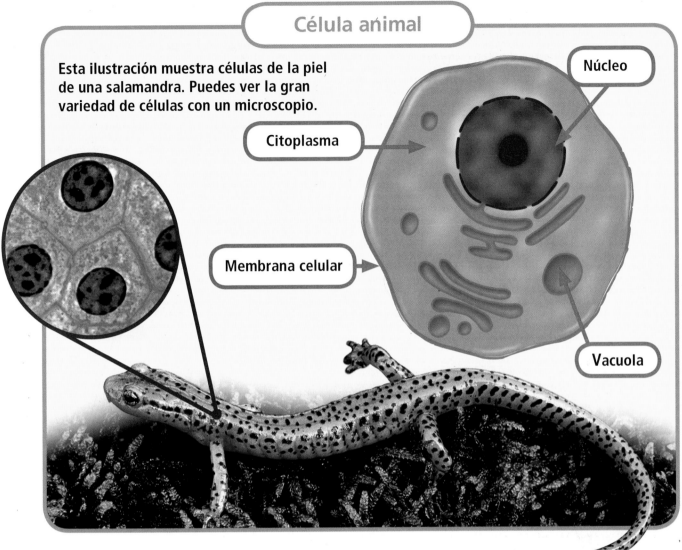

Célula animal

Esta ilustración muestra células de la piel de una salamandra. Puedes ver la gran variedad de células con un microscopio.

Citoplasma

Núcleo

Membrana celular

Vacuola

Los animales también están compuestos de células. Cada célula realiza una tarea específica. Las células de la piel de un animal lo protegen del exterior. Las células musculares se unen para formar músculos, que permiten que el animal se mueva.

Las células animales son diferentes de las células vegetales. Las células animales no tienen una pared celular. Tampoco tienen cloroplastos.

La mayoría de las células de los organismos son muy pequeñas. Son tan pequeñas que no puedes observarlas a simple vista. Para ver células, necesitas usar un microscopio.

⭐ **COMPARAR Y CONTRASTAR** ¿En qué se diferencian las células vegetales de las células animales?

Observar seres vivos

Hay vida a tu alrededor. Puedes ver algunos seres vivos con facilidad. Otros organismos son tan pequeños que, para verlos, necesitas usar un microscopio. Tal vez hayas visto algas en un lago. Si observaras las algas a través de un microscopio, probablemente verías más organismos vivos.

A simple vista puedes ver las alas de una mariposa, las patas de un grillo o las flores. Pero si usas una lupa, puedes ver muchos pequeños detalles de esos seres vivos.

⭐ **Destreza clave** **COMPARAR Y CONTRASTAR** ¿Cuál es la diferencia entre mirar un ser vivo con una lupa y mirarlo a simple vista?

Con una lupa puedes ver más detalles.

Puedes usar binoculares para observar el caimán desde una distancia prudente.

Minilab

¿Qué es una pluma? Usa una lupa para examinar una pluma. Describe lo que ves y haz un dibujo de la pluma. Observa otro tipo de pluma. ¿Cómo puedes comparar las dos plumas?

36

1. **COMPARAR Y CONTRASTAR** Copia y completa el siguiente organizador gráfico.

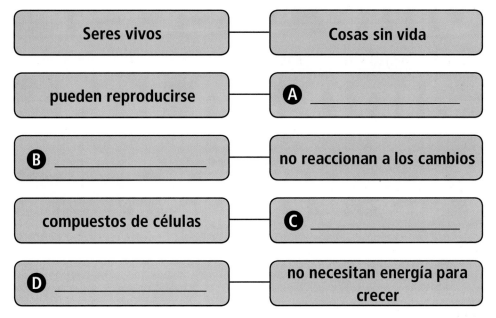

Seres vivos	Cosas sin vida
pueden reproducirse	**A** _____
B _____	no reaccionan a los cambios
compuestos de células	**C** _____
D _____	no necesitan energía para crecer

2. **RESUMIR** Escribe un párrafo que explique la información más importante de esta lección.

3. **SACAR CONCLUSIONES** ¿Por qué los científicos usan a menudo un microscopio o una lupa para estudiar a los seres vivos?

4. **VOCABULARIO** Escribe una o dos oraciones que indiquen cómo se relacionan un organismo y una célula.

Preparación para la prueba

5. ¿Qué parte tiene una célula vegetal que **no** tiene una célula animal?
  A. membrana celular
  B. pared celular
  C. núcleo
  D. citoplasma

Enlaces

Redacción

Redacción informativa

Las células vegetales y las células animales son parecidas, pero también tienen diferencias. Escribe dos párrafos que **comparen** y **contrasten** las células vegetales con las células animales.

Matemáticas

Ordenar números

Elige cuatro tipos diferentes de seres vivos. Halla el promedio de vida de cada organismo. Ordena los promedios de vida de menor a mayor.

 Para hallar otros enlaces y actividades, visita
www.hspscience.com

2

¿Cómo crecen y cambian los seres vivos?

Datos breves

Competidoras veloces En un claro del bosque, las plantas jóvenes deben crecer rápidamente. Si no lo hacen, otras plantas bloquearán la luz del sol. En la sección "Investigación" verás cuán rápido crecen algunas semillas.

¿A qué velocidad crecen las semillas?

Materiales ● toallas de papel ● 3 bolsas de plástico pequeñas (con cierre) ● agua ● cinta adhesiva ● 3 tipos de semilla ● regla

Procedimiento

① Dobla tres toallas de papel y coloca cada una en una bolsa de plástico con una pequeña cantidad de agua. Procura no mojar demasiado las toallas.

② Numera las bolsas como 1, 2 y 3. Escribe tu nombre en cada bolsa.

③ Coloca semillas de un tipo en la bolsa 1, de otro tipo en la bolsa 2 y del tercer tipo de semilla en la bolsa 3. Cierra las bolsas. Colócalas cerca de una ventana soleada.

④ Durante cinco días, usa una regla para **medir** cuánto crecieron las semillas cada día. **Registra** tus **observaciones** en una tabla como la que se muestra.

⑤ Agrega agua a las bolsas si adviertes que las toallas de papel están secándose.

Paso 1

Datos del crecimiento

Semillas	Día 1	Día 2	Día 3	Día 4	Día 5
Bolsa #1					
Bolsa #2					
Bolsa #3					

Sacar conclusiones

1. ¿Qué cambios **observaste** en cada bolsa?

2. **Destreza de examinación** Infiere qué sucederá si dejas las semillas en la ventana durante más de cinco días.

Investiga más

¿Las semillas germinarán sin la luz? **Predice** qué ocurriría si pusieras otras bolsas de semillas en un armario oscuro en lugar de hacerlo cerca de una ventana soleada. Haz la prueba.

VOCABULARIO

ciclo de vida pág. 40

metamorfosis pág. 42

larva pág. 43

ninfa pág. 43

heredar pág. 44

CONCEPTOS CIENTÍFICOS

► cómo crecen y cambian los seres vivos a través del tiempo

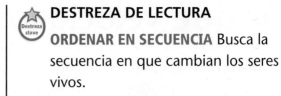

DESTREZA DE LECTURA

Destreza clave

ORDENAR EN SECUENCIA Busca la secuencia en que cambian los seres vivos.

Las plantas crecen y cambian

Los organismos crecen y cambian durante su vida. En la sección "Investigación" viste cómo las semillas crecieron hasta convertirse en plantas jóvenes. Los cambios que atraviesa un organismo durante su vida conforman su **ciclo de vida**. Por ejemplo, el ciclo de vida de un frijol comienza con una semilla. Luego, el organismo crece, puede reproducirse y muere.

El dibujo de abajo muestra cómo comienza a crecer una semilla de frijol. Las plantas de frijol comienzan siendo semillas y crecen hasta convertirse en altas enredaderas que tienen flores. Producen semillas que pueden convertirse en nuevas plantas de frijol. Un nuevo ciclo de vida de la planta de frijol comienza cuando la planta produce nuevas semillas.

Esta huerta está llena de plantas.

Ciclo de vida de una planta

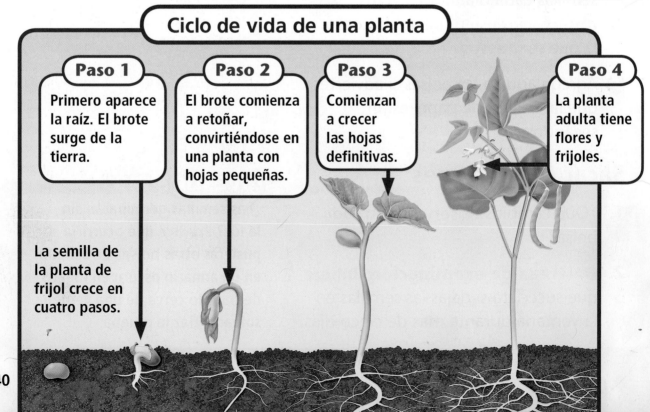

Paso 1

Primero aparece la raíz. El brote surge de la tierra.

Paso 2

El brote comienza a retoñar, convirtiéndose en una planta con hojas pequeñas.

Paso 3

Comienzan a crecer las hojas definitivas.

Paso 4

La planta adulta tiene flores y frijoles.

La semilla de la planta de frijol crece en cuatro pasos.

40

Las plantas tienen muchas formas y tamaños diferentes. No todas las plantas comienzan su ciclo de vida como semillas. Los tulipanes y los narcisos son flores que crecen en primavera. Nacen de un tallo subterráneo llamado bulbo. El bulbo almacena agua y alimento para la planta joven. Los tubérculos son otro tipo de tallo subterráneo. La papa es un ejemplo de tubérculo.

En ocasiones, una nueva planta puede crecer a partir de una parte que se desprende de la planta. Si pones un trozo del tallo de una hoja en suelo húmedo, es posible que crezca. Sin importar el momento en que una planta comienza su ciclo de vida, las plantas jóvenes siempre son de la misma especie que la planta madre.

⭐ **ORDENAR EN SECUENCIA**
(Destreza clave) ¿Cómo crece una planta a partir de una semilla?

Longitudes de semillas
Las semillas tienen muchos tamaños y formas diferentes. Algunas son muy grandes. Otras son muy pequeñas.

Semilla	milímetros
Manzana	7 mm
Maíz	10 mm
Alubia	18 mm
Aguacate	38 mm
Coco	300 mm

Los anillos de un tronco de árbol indican la edad del árbol. Por cada año de vida se forma un anillo. ¿Cuántos anillos puedes contar en este tronco?

Las plantas crecen durante toda su vida. La secuoya gigante puede crecer hasta alcanzar los 91 metros (30 pies) de altura.

Los animales crecen y cambian

Al igual que las plantas, los animales crecen y cambian durante sus ciclos de vida. Tú también has crecido y cambiado desde que naciste. Y seguirás creciendo y cambiando.

Tu apariencia se modifica a medida que creces. En algunos animales, ese conjunto de cambios de apariencia se llama **metamorfosis**.

El ciclo de vida de la mayoría de los animales comienza con un huevo. Después de ser incubado o parido, el animal crece y se desarrolla. Cuando se convierte en adulto, se reproduce. Finalmente, muere.

⭐ **Destreza clave** **ORDENAR EN SECUENCIA** ¿Qué eventos ocurren durante el ciclo de vida de un animal?

Ciclo de vida de un animal

El cachorro cambia rápidamente hasta convertirse en un perro maduro.

Este cachorro de golden retriever tiene aproximadamente una semana de vida. Todavía no ha abierto los ojos.

Ahora el cachorro se ha convertido en adulto. ¡Mira cuánto cambió!

A los nueves meses, el cachorro ya casi ha terminado de crecer.

Ahora el cachorro tiene aproximadamente cinco semanas de edad. Sus ojos están abiertos y está lleno de energía.

Al igual que otros animales, los insectos cambian durante su ciclo de vida. La metamorfosis que experimentan los insectos puede ser de dos tipos. Algunos cambian su apariencia por completo y otros, no.

Metamorfosis incompleta

El saltamontes experimenta una metamorfosis incompleta. El insecto tiene prácticamente la misma apariencia durante todo su ciclo de vida.

1. Cuando el saltamontes sale del huevo, parece un pequeño saltamontes adulto.

2. En cada etapa, el saltamontes se vuelve un poco más grande.

3. El saltamontes adulto tiene alas y puede reproducirse. El ciclo de vida puede comenzar de nuevo.

Metamorfosis completa

Las mariposas y las polillas experimentan una metamorfosis completa. En este tipo de metamorfosis, el insecto cambia de apariencia durante su ciclo de vida.

1. El ciclo de vida comienza cuando se producen los huevos.

2. Del huevo nace una oruga. En esta etapa de su ciclo de vida, el organismo es una larva. Come hojas.

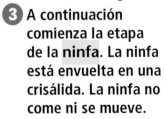

3. A continuación comienza la etapa de la ninfa. La ninfa está envuelta en una crisálida. La ninfa no come ni se mueve.

4. De la crisálida surge un insecto adulto. La mariposa no se parece nada a la larva. La mariposa adulta halla una pareja y pone huevos. El ciclo de vida comienza de nuevo.

Para hallar otros enlaces y actividades, visita
www.hspscience.com

Herencia

¿Conoces a alguien que se parezca a su mamá o a su papá? Esas personas comparten algunas características con sus padres. Tú **heredaste** algunas características de tus padres. Eso significa que tus padres te pasaron sus características a ti. Todos los organismos transfieren características. Al reproducirse, las rosas rojas generan más rosas rojas.

Algunas características no son heredadas. El organismo las aprende durante su ciclo de vida. Tú aprendiste a hablar. Las aves deben aprender a volar.

⭐ **Destreza clave** **ORDENAR EN SECUENCIA** Explica cómo las rosas llegan a tener su color.

▼ El padre del caballo es diferente de la madre.

◀ Observa las marcas y colores de la madre.

¿Qué características heredó este caballo de sus padres?

44

1. ORDENAR EN SECUENCIA Copia y completa el siguiente organizador gráfico. Haz una lista de los detalles en los cambios de los organismos.

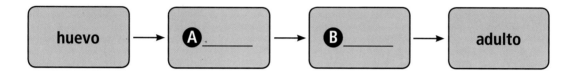

Metamorfosis completa

huevo → **A**_____ → **B**_____ → adulto

2. RESUMIR Resume las etapas del ciclo de vida de una planta.

3. SACAR CONCLUSIONES Hallas un insecto que ha hecho un capullo. ¿Qué tipo de metamorfosis es esa?

4. VOCABULARIO Escribe un párrafo sobre la vida de un organismo. Usa los términos *ciclo de vida, heredar* y *metamorfosis.*

Preparación para la prueba

5. Razonamiento crítico Tú y un amigo caminan por el bosque. Encuentran decenas de árboles cubiertos de capullos. ¿Qué cambio se producirá en ese bosque en un par se semanas?

Enlaces

Redacción

Redacción narrativa
Escribe un **cuento** que narre cómo podría ser atravesar el ciclo de vida de una mariposa.

Arte

Hacer un modelo
Haz un modelo de un insecto que atraviese una metamorfosis completa. Incluye todas las etapas de su ciclo de vida.

Para hallar otros enlaces y actividades, visita
www.hspscience.com

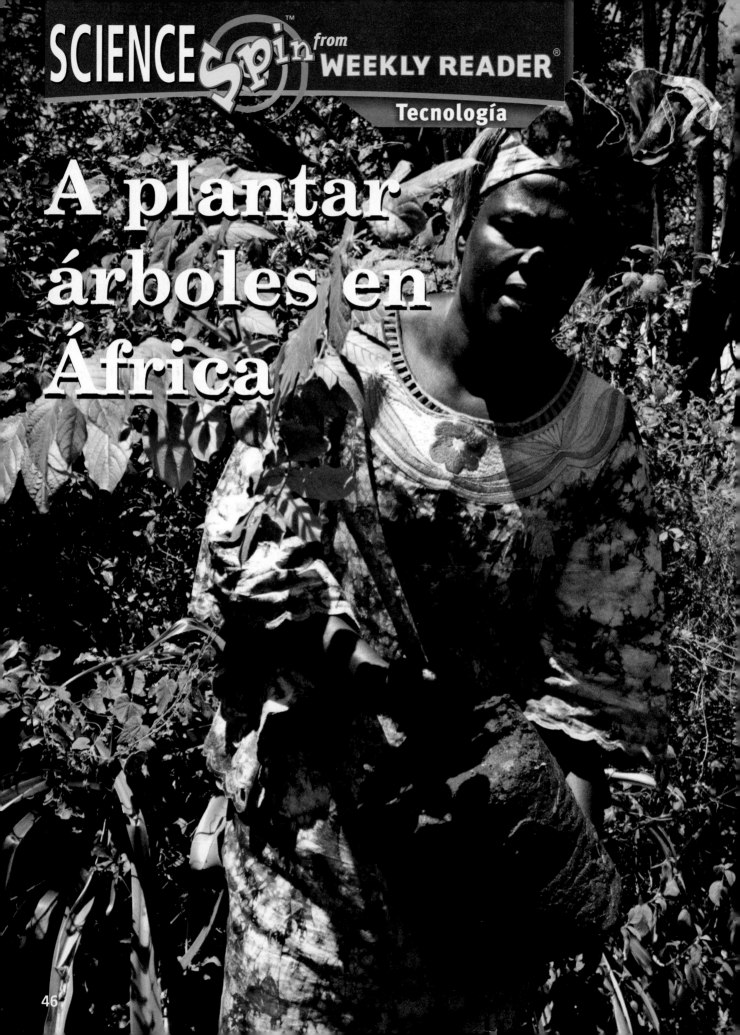

A plantar árboles en África

¿Qué puedes hacer para ayudar al medio ambiente? Intenta plantar un árbol. Wangari Maathai lo hizo. Maathai nació en Kenya, un país de África. Por plantar árboles en su país, esta mujer recibió recientemente el Premio Nobel de la Paz.

Los estudiantes usan sus equipos de control.

La mujer árbol

En 1977, Maathai formó una organización llamada Movimiento del Cinturón Verde. El grupo, integrado principalmente por mujeres, realiza una gran labor plantando árboles para colaborar con el medio ambiente.

El Movimiento del Cinturón Verde planta muchas clases de árboles, entre ellos árboles frutales y árboles que se usan para fabricar muebles. Desde 1977, el grupo ha plantado más de 25 millones de árboles. Por su esfuerzo, a Maathai se la conoce como "la mujer árbol".

Crecer desde las semillas

Plantar millones de árboles exige mucho trabajo y una gran cantidad de árboles. Para hacer ese trabajo, el grupo comienza por recoger semillas de árboles en los bosques.

El grupo planta las semillas en áreas protegidas, llamadas viveros. Cuando las semillas germinan, reciben el nombre de plántulas. Después, las plántulas se desentierran y se vuelven a plantar. Las plántulas se ponen solo donde la gente quiere nuevos árboles.

Una vez que los árboles están plantados, los miembros del grupo los visitan para controlar su crecimiento. Muchos de los árboles plantados por el Movimiento del Cinturón Verde han sido plantados en granjas.

El grupo también está tratando de educar a los estudiantes. Han repartido equipos que permiten a los estudiantes controlar el estado de los arroyos y registrar sus conclusiones.

Piensa

1. ¿Qué otras plantas crecen de semillas?
2. ¿Cómo crees que plantar árboles puede ayudar a las personas? ¿Y al medio ambiente?

¡Investiga más! Visita www.hspscience.com

La asombrosa piel de tiburón

Shaymus Savage es un estudiante de tercer grado que aprendió acerca de los tiburones cuando pasó una noche en un acuario. "Me desperté y había un tiburón mirándome fijamente", contó Shaymus. "Su piel se sentía fría", dijo. Shaymus se dio cuenta de que si tocas un tiburón pasando la mano de adelante hacia atrás, la piel se siente suave. Si pasas la mano de atrás hacia adelante, se siente áspera. Los tiburones se mueven a gran velocidad en el agua gracias a que su piel dirige el flujo de agua a lo largo de su cuerpo. Actualmente se diseñan trajes de baño y embarcaciones con superficies similares a la piel de tiburón.

¡Investiga más! Visita
www.hspscience.com

¡Sí puedes!

Proyecto fácil y rápido

Ciclo de vida de la rana

Procedimiento

1. Investiga las etapas del ciclo de vida de la rana.

2. Cuando el renacuajo se convierte en rana, ¿qué características se modifican?

3. Dibuja cada etapa del ciclo de vida de la rana.

4. Recorta y pega tus dibujos en una caja de zapatos decorada para que parezca el lugar donde vive la rana.

Materiales

- cartulina
- crayolas o marcadores
- tijeras
- caja de zapatos u otra caja de cartón

Sacar conclusiones

¿Qué palabra describe los cambios que experimenta una rana durante su desarrollo?

Planea tu propia investigación

¿Cómo crecen las papas?

Busca cuatro clases diferentes de papa. Clava cinco mondadientes alrededor de la mitad de cada papa. Apoya los mondadientes sobre el borde de un frasco de modo tal que la papa quede suspendida dentro del frasco. Vierte agua en el frasco hasta cubrir la parte de abajo de la papa. Observa tus papas durante algunos días. Si es necesario, agrega agua en el frasco. Registra tus observaciones.

Repaso y preparación para la prueba

Repaso del vocabulario

Usa los términos de abajo para completar las oraciones. Los números de página te indican qué parte del capítulo debes mirar si necesitas ayuda.

organismo pág. 32

célula pág. 34

ciclo de vida pág. 40

metamorfosis pág. 42

larva pág. 43

heredar pág. 44

1. Los cambios que se producen durante la vida de un organismo conforman su _____.

2. _____ una característica significa obtenerla de tus padres.

3. Un ser vivo es un _____.

4. La oruga también recibe el nombre de _____.

5. Una _____ es una de las numerosas partes pequeñas que componen un organismo.

6. La _____ es un cambio en la apariencia de un organismo a medida que crece y se desarrolla.

Comprueba lo que aprendiste

7. ¿Qué puede hacer una cosa sin vida?

   A. respirar

   B. ser movida

   C. reproducirse

   D. responder

8. ¿Qué tipo de célula muestra la ilustración?

   F. de insecto   **H.** de cachorro

   G. de planta   **J.** de gallo

9. ¿Qué tiene la célula vegetal que no tiene la célula animal?

   A. pared celular

   B. citoplasma

   C. núcleo

   D. vacuola

10. ¿Cuál es el orden correcto de la metamorfosis completa?

   F. adulto→ninfa→huevo→larva

   G. huevo→larva→ninfa→adulto

   H. larva→huevo→adulto→ninfa

   J. ninfa→huevo→adulto→larva

11. ¿Qué es la Parte C de la ilustración?

  A. membrana celular

  B. citoplasma

  C. núcleo

  D. vacuola

12. ¿Qué oración acerca de la célula es verdadera?

  F. Puedes ver una célula a simple vista.

  G. Cada célula tiene una tarea específica.

  H. La célula vegetal no tiene pared celular.

  J. La célula animal tiene cloroplastos.

13. IDEA PRINCIPAL Y DETALLES Hallas una oruga. ¿Cuál es la etapa siguiente?

  A. adulto   **C.** larva

  B. huevo   **D.** ninfa

14. ORDENAR EN SECUENCIA ¿Qué secuencia es correcta para la mayoría de los animales?

  F. huevo→reproducción→ crecimiento→muerte

  G. huevo→crecimiento→ reproducción→muerte

  H. reproducción→huevo→ muerte→crecimiento

  J. huevo→muerte→ crecimiento→reproducción

15. ¿Cuál es la primera etapa en el ciclo de vida de la mayoría de los animales?

  A. adulto

  B. capullo

  C. huevo

  D. semilla

16. ¿De dónde provienen las características?

  F. Solamente se heredan.

  G. Solamente se aprenden.

  H. Se heredan y se aprenden.

  J. Se descubren.

Destrezas de examinación

17. Predice qué sucederá si dejas de regar las semillas cuando están comenzando a crecer y desarrollarse.

18. Predice qué le sucederá a una célula si se daña su núcleo.

Razonamiento crítico

19. ¿Qué parte de la célula animal es similar a tu piel?

20. ¿Por qué, cuando crezca, un brote de palmera tendrá la apariencia de una palmera y no de un roble?

Tipos de plantas

Lección 1 ¿Qué necesitan las plantas para vivir?

Lección 2 ¿Cuáles son algunos tipos de plantas?

Lección 3 ¿Cómo producen las plantas su alimento?

Vocabulario

raíz
nutrientes
tallo
hoja
semilla
caducifolio
perennifolio
fotosíntesis
clorofila

¿ Qué te preguntas ?

Muchas personas compran flores o plantas pequeñas que atraen pájaros o mariposas a su jardín. ¿De qué manera las plantas mejoran tu vida?

53

¿Qué necesitan las plantas para vivir?

Datos breves

Tulipanes de Turquía *Tulipán* es una palabra que proviene del turco y significa turbante, que es un tipo de sombrero. El turbante y la flor tienen formas parecidas. En la sección "Investigación" descubrirás una de las necesidades de la mayoría de las plantas.

Necesidades de las plantas

Materiales
- 3 plantas pequeñas
- 3 vasos de cartón
- arena
- tierra para macetas
- grava
- agua

Procedimiento

1 Toma 3 plantas. Quita suavemente la tierra de cada una. Planta una en un vaso con arena, otra en un vaso con grava y la tercera en un vaso con tierra. Riega cada planta. Coloca las tres plantas cerca de una ventana donde dé el sol.

2 Observa las plantas cada dos días, durante dos semanas. Riégalas cada pocos días con la misma cantidad de agua.

3 Registra todos los cambios que observes. Presta atención a los cambios en el tamaño de las plantas.

Paso 1

Paso 2

Sacar conclusiones

1. ¿Qué planta luce más saludable luego de dos semanas? Explica por qué.

2. ¿Qué planta luce menos saludable luego de dos semanas? ¿Qué hiciste diferente con esta planta?

3. **Destreza de examinación** Los científicos a menudo comparan los resultados que obtienen en sus experimentos. ¿Cómo puedes comparar tus descubrimientos?

Investiga más

Predice cómo diferentes cantidades de agua pueden afectar el crecimiento de las plantas. ¡Inténtalo!

VOCABULARIO

raíces pág. 58

nutrientes pág. 58

tallo pág. 58

hoja pág. 58

CONCEPTOS CIENTÍFICOS

▶ qué necesitan las plantas para vivir

▶ cómo las plantas obtienen lo que necesitan para vivir

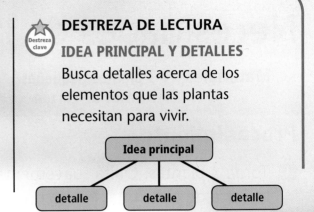

DESTREZA DE LECTURA

Destreza clave

IDEA PRINCIPAL Y DETALLES

Busca detalles acerca de los elementos que las plantas necesitan para vivir.

Idea principal

detalle | detalle | detalle

Lo que las plantas necesitan

Las plantas crecen y viven en muchos lugares. Pueden crecer en las ciudades y en el campo. También crecen en bosques, prados y parques. ¡Algunas incluso crecen bajo el agua o en los desiertos! No importa en qué lugar crezcan, la mayoría de las plantas necesita las mismas cosas para vivir.

Cada ser vivo tiene necesidades básicas. Los seres vivos no pueden sobrevivir si no satisfacen sus necesidades básicas. Las plantas necesitan nutrientes de la tierra, agua, aire y luz. ¿En qué se parecen y en qué se diferencian tus necesidades básicas de las necesidades de las plantas?

◀ **Esta niña cuida que a sus plantas no les falte aire, luz, agua y tierra.**

Piensa en lugares donde no crecen las plantas. Las plantas no crecen en las profundidades de las cavernas, porque no hay luz. Tampoco crecen sobre las rocas porque no tienen tierra ni agua. ¿Por qué crees que hay más plantas en los bosques que en los desiertos?

A muchas personas les gusta la jardinería. Se ocupan de las plantas dándoles agua y buena tierra. Sin embargo, la mayoría de las plantas crece sin el cuidado de los seres humanos. Obtienen lo que necesitan del sol, el aire, la lluvia y la tierra.

 IDEA PRINCIPAL Y DETALLES ¿Cuáles son los cuatro elementos que necesitan las plantas para vivir?

Minilab

Hacer un modelo
Observa cómo los tallos llevan el agua a las hojas. Coloca colorante rojo para alimentos en un vaso con agua. Pon en el vaso un tallo de apio con hojas. Déjalo en el vaso durante toda la noche. Por la mañana, mide hasta dónde subió el color rojo por el tallo. ¿Alcanzó las hojas?

Algunas partes de las plantas y sus funciones

Compara la hiedra de esta página con la flor de la página de la derecha. Las dos plantas tienen aspectos muy diferentes, pero ambas tienen las mismas partes.

Las **raíces** de la mayoría de las plantas crecen en la tierra. Toman el agua y los nutrientes que se encuentran allí. Los **nutrientes** ayudan a que la planta crezca y se mantenga saludable.

El **tallo** crece sobre la tierra y sostiene la planta. El tallo transporta el agua y los nutrientes hacia las hojas. También toma el alimento que producen las hojas y lo lleva a las raíces.

Las **hojas** nacen del tallo y es donde las plantas producen su alimento. La luz del sol, el aire y el agua se combinan en las hojas para producir el alimento que la planta necesita para vivir y crecer.

IDEA PRINCIPAL Y DETALLES

Destreza clave

¿Cómo llega el agua de la tierra a las hojas de una planta?

◄ Al igual que otras plantas, la hiedra tiene raíces, tallos y hojas. ¿Cuál es la función de cada una de estas partes?

El tallo ayuda a sostener las hojas. También lleva el agua y los nutrientes de la raíz a las hojas.

La mayoría de las hojas son verdes. El color verde ayuda a las hojas a absorber la luz del sol y a producir el alimento que permite a la planta vivir y crecer. Algunas plantas sirven también de alimento para los animales.

Las raíces toman el agua y los nutrientes de la tierra. También ayudan a sostener la planta en la tierra.

Cómo hacen las plantas para vivir en medio ambientes diferentes

Pueden encontrarse plantas en casi todos los lugares de la Tierra. Incluso en lagunas y desiertos. En estos lugares, puede ser muy difícil para las plantas conseguir lo que necesitan para vivir.

El desierto donde crecen los cactos, por ejemplo, es un lugar muy seco. Podrías preguntarte cómo hace el cacto para obtener el agua que necesita. Para eso, los cactos tienen un tipo de tallo y una raíz especial.

El nenúfar crece debajo del agua. Sus raíces obtienen los nutrientes del suelo y del agua, y tiene un tallo largo que llega hasta una hoja flotante. A través de esa hoja, el nenúfar absorbe la luz del sol.

Cacto

Las raíces de los cactos están cerca de la superficie del suelo. Esto permite absorber rápidamente el agua de lluvia. El grueso tallo del cacto le sirve para almacenar agua.

 IDEA PRINCIPAL Y DETALLES ¿De qué manera las plantas obtienen lo que necesitan de su medio ambiente?

Las Matemáticas en las Ciencias

Interpretar datos

¿Qué cantidad de luz solar necesitan las plantas?

Cantidad de luz solar que necesitan las plantas

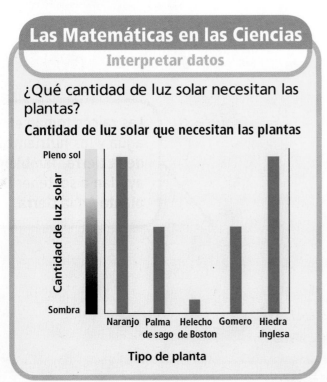

Narciso

Esta planta crece de un bulbo. Hasta que sus raíces crezcan en la tierra, el bulbo dará a la planta el alimento que necesita.

60

1. IDEA PRINCIPAL Y DETALLES Copia y completa el siguiente organizador gráfico.

Idea principal: Hay muchos tipos de plantas, pero la mayoría de ellas tiene las mismas necesidades.

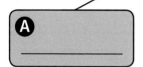 **A** _____

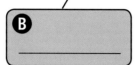 **B** _____

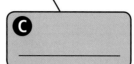 **C** _____

Aire

2. RESUMIR Usa el organizador gráfico para escribir un resumen de la lección.

3. SACAR CONCLUSIONES Ryan nota que las plantas de lechuga de su huerta se están marchitando. La tierra está seca y el sol, muy fuerte. ¿Qué debería hacer Ryan? ¿Cómo lo sabes?

4. VOCABULARIO Escribe un párrafo explicando con tus palabras cómo se relacionan las raíces y los nutrientes.

Preparación para la prueba

5. ¿Cuál de los siguientes elementos no es algo que necesite la mayoría de las plantas para vivir y crecer?
  A. nutrientes
  B. refugio
  C. tierra
  D. agua

Enlaces

Redacción

Redacción informativa

Tus vecinos quieren plantar una huerta. Escríbeles una **carta personal** ayudándoles a elegir el mejor lugar para la huerta. No olvides contarles acerca de las necesidades básicas de las plantas.

Arte

Símbolos del estado

Cada estado tiene un árbol y una flor estatal. ¿Cuáles son la flor y el árbol de tu estado? Haz un dibujo o una pintura de cada uno.

 Para hallar otros enlaces y actividades, visita www.hspscience.com

2

¿Cuáles son algunos tipos de plantas?

Datos breves

Laberintos asombrosos Los jardines en forma de laberinto han sido muy populares durante cientos de años. El más grande está formado por unos 16,000 árboles. En la sección "Investigación" harás germinar algunas plantas y las observarás.

Frijoles que germinan

Materiales • 3 semillas de frijol • lupa pequeña • 2 toallas de papel
• 2 bolsas de plástico con cierre • agua

Procedimiento

1 Corta por la mitad una semilla de frijol y usa la lupa para observar su interior. Identifica la nueva planta en el interior de la semilla. Después de qué hayas terminado, coloca la semilla a un costado.

2 Dobla por la mitad cada toalla de papel. Humedece una de las toallas, pero no uses demasiada agua. No humedezcas la otra toalla. Luego, coloca cada toalla de papel dentro de bolsas de plástico.

3 Coloca una semilla en cada bolsa. En la bolsa que tiene la toalla húmeda coloca la etiqueta HÚMEDO y en la otra bolsa, la etiqueta SECO. Sella las bolsas y colócalas en un lugar protegido.

4 Observa las semillas durante 10 días de clase. Registra tus observaciones.

Paso 1

Paso 3

Sacar conclusiones

1. ¿Cómo germina una nueva planta de frijol?

2. **Destreza de examinación** Usa tus observaciones para sacar conclusiones acerca de lo que necesitan las semillas de frijol para crecer. ¿Por qué crees que las semillas no necesitan tierra para germinar?

Investiga más

Predice cómo crecerán las semillas a diferentes temperaturas. Planea y haz un experimento para observar si las semillas crecen más rápido en tiempo cálido o en tiempo frío.

CONCEPTOS CIENTÍFICOS

▶ cómo pueden agruparse las plantas

DESTREZA DE LECTURA

IDEA PRINCIPAL Y DETALLES

Busca detalles acerca de diferentes tipos de plantas.

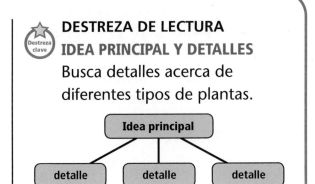

Árboles, arbustos y hierbas

Imagina que la maestra te ha pedido que organices los libros de la biblioteca del aula. ¿Cómo organizarías los libros de forma tal que todos pudieran encontrar lo que buscan? Puedes comenzar por colocar juntos los libros similares. Todos los libros de ciencias podrían ir juntos en un estante y todos los libros de matemáticas podrían ir en otro.

◀ Tendrías que mirar muy de cerca para ver las flores del roble. Las pequeñas flores crecen dentro de la semilla del árbol, llamada bellota.

Es imposible no ver las flores de la vistosa azalea. Sin embargo, las semillas de este arbusto son diminutas.

Es difícil ver las flores de estas plantas, pero es fácil ver las semillas de una de ellas. Las palmeras producen grandes semillas: los cocos.

Tal como tú encontraste una forma de ordenar los libros, los científicos tienen una manera de ordenar las plantas. Agrupan las plantas similares. Por ejemplo, las plantas que tienen semillas se organizan en dos grupos. En uno están las que dan flor y en otro las que no lo hacen. La **semilla** es una etapa temprana en el crecimiento de muchas plantas.

Los árboles, los arbustos y las hierbas que aparecen en estas páginas tienen diferente apariencia. Incluso pueden crecer en distintos lugares. Sin embargo, los árboles, los arbustos y las hierbas se parecen en dos cosas: todos tienen semillas y todos tienen flores.

IDEA PRINCIPAL Y DETALLES ¿Por qué es útil para los científicos agrupar las plantas?

Destreza clave

Tipos de hojas

Ahora sabes que las hojas ayudan a las plantas a obtener la luz y el aire que necesitan para producir alimento. Los científicos agrupan algunas plantas de acuerdo con el tipo de hojas que tienen.

Las hojas tienen diferentes formas y tamaños. Muchas hojas, como las del roble y las del arce, son grandes y planas. Otras, como las de los pinos, son largas y estrechas. Las hojas pueden tener bordes uniformes o irregulares. La forma de una hoja puede ayudarte a identificar de qué planta proviene.

Pino

Las largas y estrechas hojas del pino se asemejan a agujas. El pino pertenece al grupo de los árboles perennifolios.

Roble

La mayoría de los robles son árboles de hojas caducas y delgadas. En invierno, la mayoría de los robles no tienen hojas.

Arce

La hoja del arce es ancha y plana, con cinco lóbulos que tienen muescas pequeñas. El arce pierde sus hojas todos los otoños.

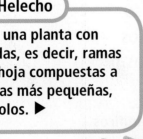

Helecho

El helecho es una planta con muchas frondas, es decir, ramas en forma de hoja compuestas a su vez de hojas más pequeñas, llamadas folíolos. ▶

A todas las plantas se les caen sus hojas y les crecen otras nuevas. Los científicos pueden agrupar las plantas basándose en la manera en la que pierden sus hojas.

Las plantas **caducifolias** pierden sus hojas todos los años. Esto sucede generalmente en el otoño, que es cuando los días se vuelven más cortos y fríos. Durante los fríos meses del invierno, las plantas de hojas caducas no producen alimento.

Las plantas **perennifolias** se mantienen verdes y producen alimento durante todo el año. A veces pierden sus hojas o agujas, pero nunca todas al mismo tiempo.

 IDEA PRINCIPAL Y DETALLES ¿Cómo pueden agruparse las plantas según sus hojas?

Magnolia

Aunque las hojas planas del árbol de magnolia tienen una forma diferente de las agujas de los pinos, ambos árboles son perennifolios.

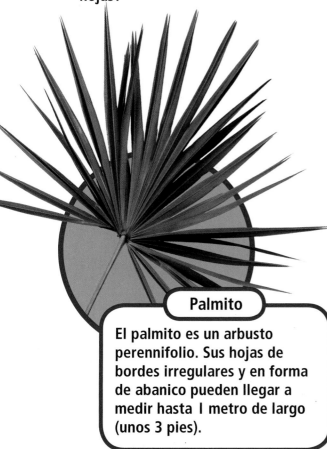

Palmito

El palmito es un arbusto perennifolio. Sus hojas de bordes irregulares y en forma de abanico pueden llegar a medir hasta 1 metro de largo (unos 3 pies).

Minilab

Comparar hojas

Observa las hojas de estas páginas. Haz una lista con las características de cada hoja. ¿Qué características son semejantes? ¿Cuáles son diferentes? Agrupa las hojas de acuerdo con sus características.

Plantas con flores

Piensa en un jardín repleto de flores hermosas. Mariposas y abejas vuelan de flor en flor. A menudo, los científicos agrupan las plantas de acuerdo a si tienen o no tienen flores.

Algunas flores son grandes y muy coloridas. Otras son pequeñas y difíciles de ver. Y no todas las plantas tienen flores. En las plantas que sí tienen, las flores cumplen un papel muy importante. Una parte especial de la flor produce las semillas.

 IDEA PRINCIPAL Y DETALLES ¿Qué papel cumplen las flores en el ciclo de vida de una planta?

Cerezo

El cerezo puede incluirse en el grupo de las plantas caducifolias, en el de las que producen semillas y en el grupo de las plantas que dan flores.

Lirios

Al igual que otras plantas con flores, los lirios de la mañana producen semillas.

Polemonio

Las flores de esta planta producen semillas.

Plantas sin flores

Algunas plantas no tienen flores. Usan otras partes para producir sus semillas. Por ejemplo, muchas plantas perennifolias producen las semillas dentro de conos. Este tipo de plantas perennifolias se llaman coníferas.

Otras plantas, como los helechos, producen esporas, que cumplen la misma función que las semillas. Las esporas suelen ser de color café y es posible observarlas en la parte de abajo de las hojas. Esas esporas crecen y se convierten en nuevas plantas.

Destreza clave **IDEA PRINCIPAL Y DETALLES** **¿Cómo forman nuevas plantas las plantas que no tienen flores?**

Abeto falso

Este árbol perennifolio forma las semillas dentro de sus conos.

Enebro enano

El enebro enano es una planta perennifolia que produce semillas dentro de sus conos.

Helecho de Boston

Este helecho de Boston tiene esporas en la parte de abajo de sus abundantes frondas.

69

Semillas

¿Alguna vez has encontrado semillas adentro de la manzana que estabas comiendo? Las semillas de las manzanas tienen una apariencia muy diferente del árbol del manzano. ¡Es difícil creer que una semilla tan pequeña pueda crecer hasta convertirse en un árbol tan grande! Pero las semillas son muy importantes. Contienen el alimento que la nueva planta necesita para comenzar a crecer.

Las semillas pueden ser grandes o pequeñas. Pueden ser redondas, ovaladas, planas o puntiagudas. Además, pueden tener diferentes colores. Al igual que la semilla del manzano, todas las semillas son muy diferentes de la planta en la que se convertirán. Sin embargo, todas las semillas crecen hasta convertirse en plantas similares a las plantas de las que provienen.

⭐ **IDEA PRINCIPAL Y DETALLES** ¿Qué hace una semilla?

Chícharos

Cada uno de estos sabrosos chícharos es una semilla que puede crecer y convertirse en una nueva planta.

Arce de azúcar

El arce de azúcar tiene vainas con semillas que caen al suelo en forma de espiral.

Naranjas

Las semillas de esta naranja pueden crecer y convertirse en un naranjo.

Cardo

Las semillas del cardo están cubiertas de una pelusa sedosa. Esta pelusa ayuda a que la semilla sea transportada por el viento.

1. IDEA PRINCIPAL Y DETALLES Copia y completa el siguiente organizador gráfico.

Formas de agrupar las plantas

A _____

B _____

perennifolias

C _____

semillas

2. RESUMIR Escribe una oración que explique la información más importante de esta lección.

3. SACAR CONCLUSIONES Sales a dar un paseo y encuentras una planta que nunca habías visto. Observas que arriba y abajo de cada rama salen muchas pequeñas hojas verdes. También observas manchas de color café debajo de las hojas. ¿Qué tipo de planta podría ser?

4. VOCABULARIO Usa el vocabulario de la lección para escribir una oración acerca de los árboles.

Preparación para la prueba

5. Razonamiento crítico ¿Qué información pueden darte la forma, el color y el tamaño de una hoja?

Enlaces

Redacción

Redacción informativa
Elige dos tipos de plantas que hayas visto alguna vez. Escribe un párrafo **comparando y contrastando** las dos plantas.

Artes del Lenguaje

Plantas generosas
Lee *El árbol generoso*, de Shel Silverstein. Luego, escribe tu propio cuento acerca de las cosas que obtenemos de las plantas.

 Para hallar otros enlaces y actividades, visita
www.hspscience.com

¿Cómo producen las plantas su alimento?

Datos breves

Rascacielos que dan sombra Los altos árboles de los bosques impiden que gran parte de la luz solar llegue hasta las plantas que crecen en el suelo. En la sección "Investigación" verás lo importante que es la luz para las plantas.

¡Luz, plantas, acción!

Materiales
- 2 vasos de cartón
- 2 plantas pequeñas
- tierra para macetas
- agua

Procedimiento

1. Llena cada vaso hasta la mitad con tierra para macetas. Coloca con cuidado una planta en cada vaso. Llena los vasos con tierra para macetas. Riega cada vaso con un poco de agua. Usa solo el agua necesaria para humedecer la tierra.

2. Coloca un vaso cerca de una ventana donde dé el sol. Coloca el otro vaso en un lugar oscuro, como un armario o un closet.

3. **Observa** los vasos durante dos semanas. Riega las plantas cuando sea necesario. **Registra** los cambios que observes. Presta atención a los cambios de tamaño y color de las plantas.

Paso 1

Paso 3

Sacar conclusiones

1. ¿Qué planta se ve más saludable? ¿En qué se diferencia de la otra planta? ¿Qué crees que hizo que esta planta se vea mejor?

2. ¿Qué has hecho diferente con la planta que se ve menos saludable?

3. **Destreza de examinación** Los científicos a menudo **comparan** los resultados de sus experimentos. ¿Cómo **compararías** tus descubrimientos?

Investiga más

Predice de qué manera puede afectar a las plantas recibir diferentes cantidades de agua. Ahora, ¡inténtalo!

VOCABULARIO

fotosíntesis pág. 74

clorofila pág. 75

CONCEPTOS CIENTÍFICOS

▶ cómo producen alimento las plantas

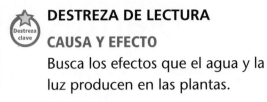

DESTREZA DE LECTURA

CAUSA Y EFECTO

Busca los efectos que el agua y la luz producen en las plantas.

| causa | → | efecto |

¿Cómo obtienen energía las plantas?

Imagina que has tenido un día agotador en la escuela y todavía tienes un juego de pelota por delante. Como necesitas energía, comes una merienda saludable. Para obtener energía, todos los animales necesitan alimentarse.

Las plantas son diferentes de los animales, ya que pueden producir su propio alimento. El alimento que las plantas producen es azúcar. Las plantas producen el azúcar gracias a un proceso llamado **fotosíntesis**, y usan ese azúcar como energía.

 CAUSA Y EFECTO ¿Cuál es el resultado de la fotosíntesis?

Estas plantas forman parte de un jardín de azotea. Allí producen su propio alimento. ▼

Fotosíntesis

Durante la fotosíntesis, el agua y el dióxido de carbono se combinan para hacer azúcar. La luz solar proporciona la energía necesaria para que esto suceda. La **clorofila** es una sustancia verde que se encuentra dentro de las hojas. Ayuda a la planta a usar la energía de la luz.

Las plantas necesitan la luz del sol para realizar la fotosíntesis. La clorofila ayuda a las plantas a usar la luz del sol.

El aire está compuesto de diferentes gases. Uno de esos gases es el dióxido de carbono. Las plantas necesitan el dióxido de carbono para producir azúcar.

El oxígeno es otro tipo de gas. Se produce durante la fotosíntesis. Los seres humanos necesitamos respirar oxígeno para mantenernos vivos.

El agua penetra en la tierra, donde es absorbida por las raíces. El tallo lleva el agua a las hojas. Las plantas también necesitan agua para producir azúcar.

Para hallar otros enlaces y actividades, visita
www.hspscience.com

Las plantas ayudan pero pueden dañar

Hay muchas maneras en las que las plantas son útiles para las personas. Las usamos como alimento, ya que ciertas partes de las plantas nos dan energía y nutrientes. De los árboles también obtenemos madera y papel, y con otras plantas podemos producir telas y medicinas.

Sin embargo, algunas plantas pueden hacer daño. Pueden tener veneno en alguna de sus partes o producir alergias.

 CAUSA Y EFECTO ¿Por qué no debes tocar una planta que no conoces?

Las personas obtienen energía y nutrientes de alimentos como las fresas.

En algunas personas el polen de las plantas puede causar resfríos, estornudos, tos o irritación en los ojos.

La hiedra venenosa puede producir irritación y comezón en la piel.

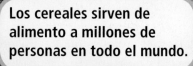

Los cereales sirven de alimento a millones de personas en todo el mundo.

Minilab

Hacer una gráfica

Haz una lista de 20 alimentos que provengan de las plantas. Indica si cada alimento proviene de la raíz, el tallo, la hoja, el fruto o la semilla. Haz una gráfica de barras de tu lista.

1. CAUSA Y EFECTO Copia y completa el siguiente organizador gráfico.

Fotosíntesis

Causa

A El _____ y el dióxido de carbono se combinan con la ayuda de la **B** _____

Efecto

C _____

2. RESUMIR Usa el organizador gráfico que completaste para escribir un resumen acerca de la fotosíntesis.

3. SACAR CONCLUSIONES ¿Cómo ayuda la fotosíntesis a producir nuestros alimentos?

4. VOCABULARIO Usa el vocabulario de la lección para describir cómo el color verde de las hojas ayuda a las plantas a producir su alimento.

Preparación para la prueba

5. ¿Qué liberan las plantas durante la fotosíntesis?

A. dióxido de carbono
B. oxígeno
C. luz solar
D. agua

Enlaces

Redacción

Redacción informativa
Haz una lista con los "ingredientes" que se necesitan para la fotosíntesis. Luego, escribe **instrucciones** para hacer una "receta", describiendo la manera en que las plantas usan esos ingredientes para producir su propio alimento.

Salud

Medicina natural
Usa una enciclopedia para aprender acerca de un medicamento que provenga de las plantas. Comenta con la clase cómo ese medicamento ayuda a las personas.

 Para hallar otros enlaces y actividades, visita
www.hspscience.com

Todo bien envuelto

Imagina que te sientas a almorzar con un amigo y él saca un emparedado de su mochila. En lugar de tirar el envoltorio al cesto de basura, lo enrolla, se lo lleva a su boca y exclama: "¡Ummm! Fresa."

Gracias a Tara McHugh, hoy los envoltorios comestibles son una realidad. McHugh, una científica que estudia los alimentos, inventó un envoltorio que ayuda a conservar frutas y vegetales.

Laboratorio de envoltorios

En su laboratorio, McHugh usa docenas de frutas y vegetales diferentes para hacer los envoltorios. Puede usar tanto albaricoques, guayabas, mangos y papayas, como brócoli y zanahorias.

Para hacer los envoltorios, McHugh muele las frutas y los vegetales, y los mezcla con agua. Luego, vierte la mezcla en una placa y la deja afuera para que se seque. Los envoltorios están hechos de diferentes espesores y tienen distintas resistencias.

El oxígeno y los alimentos no se mezclan

El envoltorio sirve para evitar que el oxígeno entre en contacto con los alimentos. El oxígeno en contacto con los alimentos puede reaccionar haciendo que los alimentos cambien de color o que incluso se pudran. El

Bien envuelto

Según McHugh, otra ventaja de los envoltorios de alimentos es que reducirán la cantidad de envoltorios plásticos que terminan en los botaderos de basura de la nación. De acuerdo con el Organismo de Protección del Medioambiente de Estados Unidos, *U.S. Environmental Protection Agency*, todos los años, cerca de dos millones de toneladas de materiales de envoltorios de alimentos terminan como desperdicios.

envoltorio no solo protege el alimento, sino que también le agrega sabor. Por ejemplo, una manzana puede envolverse en una película hecha de manzana, o un trozo de pollo puede envolverse en una con sabor a albaricoque.

Piensa

1. ¿Por qué es importante proteger los alimentos?
2. ¿Comó ayudan los envoltorios comestibles a proteger el medio ambiente?

¡Investiga más! Visita
www.hspscience.com

En busca de la semilla de luna

Rosa Ortiz está buscando una planta. Ortiz es botánica. Un botánico es un científico que estudia las plantas. Ortiz viaja para estudiar una especie, o tipo, de planta. Esta planta pertenece a la familia de la semilla de luna.

La semilla de luna es una vid que se encuentra en muchos lugares. Algunos tipos de semillas de luna pueden usarse en medicina. Ortiz está estudiando cómo ha cambiado esta planta a lo largo del tiempo.

Profesión Empleado de un vivero

Los empleados de los viveros se ocupan de cuidar las plantas. Saben cuánta agua y cuánto sol necesitan. También saben cómo proteger las plantas de las enfermedades, de los insectos y del clima.

¡Investiga más! Visita
www.hspscience.com

¡Sí puedes!

Un nuevo comienzo

Procedimiento

1. **CUIDADO:** Ten cuidado cuando uses tijeras. Corta un pedazo de 15 cm. de la planta. Asegúrate de que ese pedazo tenga tallo y al menos una hoja.

2. Llena con agua la botella. Coloca el tallo de la planta en el agua. La hoja debe permanecer fuera del agua.

3. Coloca la planta en un lugar donde dé el sol. Contrólala todos los días.

Materiales
- 1 planta con varios tallos y hojas
- tijeras
- regla
- botella de plástico de 1 L limpia
- agua

Sacar conclusiones

Observa la planta durante 10 días. Registra todos los cambios que observes.

Cultivando comestibles

Piensa en las plantas que comes. ¿Cómo crecen las papas, las piñas y los chícharos? ¿Qué partes de esas plantas pueden convertirse en nuevas plantas? Elige de la tienda de comestibles una planta que suelas comer. Haz una predicción acerca de cómo podría crecer de ella una nueva planta. Luego, planea y realiza una investigación para descubrir si tenías razón.

Repaso y preparación para la prueba

Repaso del vocabulario

Usa los términos de abajo para completar las oraciones. Los números de página te indican qué parte del capítulo debes mirar si necesitas ayuda.

raíz pág. 58

nutrientes pág. 58

tallo pág. 58

hoja pág. 58

caducifolia pág. 67

perennifolia pág. 67

fotosíntesis pág. 74

clorofila pág. 75

1. La sustancia verde que ayuda a las plantas a producir su alimento se llama _____.

2. La parte donde la planta produce su alimento se llama _____.

3. La planta que pierde sus hojas en el otoño se llama _____.

4. Las sustancias que ayudan a que la planta crezca y se mantenga saludable se llaman _____.

5. La parte de la planta que está bajo tierra y que absorbe el agua se llama _____.

6. El proceso que las plantas usan para producir su alimento se llama _____.

7. La planta que no pierde sus hojas en el invierno se llama _____.

8. La parte de la planta que conecta la raíz con las hojas se llama _____.

Comprueba lo que aprendiste

Escribe la letra de la respuesta correcta.

9. ¿En qué se parecen las raíces y los tallos?

A. Ambos son verdes.

B. Ambos conducen agua.

C. Ambos producen alimento.

D. Ambos crecen bajo tierra.

10. **CAUSA Y EFECTO** ¿De qué manera pueden hacer daño las plantas?

F. Nos brindan alimentos.

G. Sirven para hacer tela.

H. Nos pueden dar alergias.

J. Pueden usarse para hacer medicinas.

11. ¿Cuáles son los cuatro elementos que las plantas necesitan para vivir y crecer?

A. agua, tierra, aire y luz

B. agua, tierra, aire y calor

C. agua, tierra, oxígeno y calor

D. agua, tierra, oxígeno y luz

12. ¿Qué necesitan las plantas para producir su alimento?

  F. tierra, aire y agua

  G. agua, luz solar, oxígeno

  H. agua, luz solar, dióxido de carbono

  J. tierra, agua, dióxido de carbono

13. ¿Cómo sobrevive el cacto en un medio ambiente muy seco?

  A. Sus raíces son profundas.

  B. No tiene tallo ni hojas.

  C. Sus raíces absorben rápidamente el agua de lluvia.

  D. No necesita agua para producir su alimento.

14. ¿Cuál es una de las maneras en que los científicos clasifican las plantas?

  F. por el largo de sus raíces

  G. por la altura de la planta

  H. por su color

  J. por el tipo de hoja

15. **IDEA PRINCIPAL Y DETALLES** ¿Cuál de las siguientes oraciones describe a una planta caducifolia?

  A. Producen su alimento en invierno.

  B. Permanecen verdes todo el año.

  C. Pierden sus hojas todos los años.

  D. Sus hojas tienen forma de aguja.

16. ¿Qué tienen en común los árboles, los arbustos y muchas hierbas?

  F. la forma y el tamaño

  G. la necesidad de oxígeno

  H. la pérdida de las hojas

  J. las flores y las semillas

Destrezas de examinación

17. Planea un experimento para descubrir si una semilla que ha sido congelada puede germinar.

18. Los nenúfares pueden crecer debajo del agua. Predice que ocurriría si llevaras una planta de frijol al fondo de un lago.

Razonamiento crítico

19. Mientras ayuda a su madre a plantar bulbos de flores, Samantha le pregunta por qué no siembra semillas. ¿Producen semillas las plantas que crecen de bulbos? Explica tu respuesta.

20. Jake, el hermano menor de Zach, no come vegetales. Zach bromea asegurando que de todas maneras Jake come vegetales. ¿Por qué puede ser verdadera esta afirmación?

3 Tipos de animales

Lección 1 **¿Qué necesitan los animales para vivir?**

Lección 2 **¿Qué son los vertebrados?**

Lección 3 **¿Qué son los invertebrados?**

Vocabulario

oxígeno
vertebrado
mamífero
ave
reptil
anfibio
pez
invertebrado

¿Qué te preguntas?

Los flamencos tienen una forma muy extraña de comer. Para recoger su alimento, hunden la cabeza en el agua y la desplazan hacia atrás en posición invertida. ¿Qué características hacen que el flamenco sea un ave?

1

¿Qué necesitan los animales para vivir?

Datos breves

Grandes osos El oso pardo de Alaska es uno de los animales carnívoros más grandes del mundo. Como comen mucho, pueden pasar la mayor parte del invierno en sus hogares, llamados guaridas. En la sección "Investigación" compararás los hogares de algunos animales.

Los hogares de los animales

Materiales
- tarjetas con ilustraciones
- libros de referencia
- tarjetas
- marcadores

Procedimiento

① Observa las tarjetas con ilustraciones que te ha dado tu maestro.

② Mientras observas cada ilustración, presta atención al lugar en el que vive cada animal.

③ Con un compañero, haz un juego de coincidencias. Escribe el nombre o haz un dibujo de cada animal en una tarjeta. En otra tarjeta, escribe el nombre o dibuja el lugar donde vive. Si necesitas ayuda, usa las tarjetas con ilustraciones o libros de referencia.

④ Comienza a jugar. A medida que relacionas los animales con el lugar en el que viven, conversa acerca de los distintos tipos de hogares. Comenta las semejanzas y diferencias entre ellos. Luego, clasifica los animales por el tipo de lugar en el que viven.

Paso 3

Paso 4

Sacar conclusiones

1. Describe los hogares de los zorros y de los búhos. ¿En qué se asemejan? ¿En qué se diferencian?

2. Destreza de examinación
Compara los hogares de dos animales que observaste. Explica cómo cada hogar protege al animal que vive allí.

Investiga más

Observa nuevamente las ilustraciones. Saca conclusiones acerca de por qué cada animal usa cada tipo de hogar.

VOCABULARIO

oxígeno pág. 89

CONCEPTOS CIENTÍFICOS

▶ qué necesitan los animales para vivir y crecer

DESTREZA DE LECTURA

IDEA PRINCIPAL Y DETALLES

Busca detalles sobre lo que necesitan los animales para vivir.

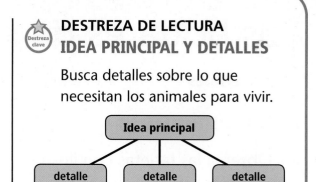

Los animales y sus necesidades

¿Has cuidado alguna vez a un perro o un gato, o tuviste un hámster o un periquito? Estos animales son buenas mascotas. Es divertido jugar con ellos y observarlos. Al igual que las plantas, los animales domésticos también tienen necesidades. Necesitan alimento, agua y un lugar donde vivir. Las personas les proporcionan estas cosas.

Los animales salvajes tienen las mismas necesidades que los animales domésticos. Sin embargo, deben encontrar su propio alimento, agua y refugio.

IDEA PRINCIPAL Y DETALLES ¿Qué necesitan todos los animales?

Este mochuelo duende tiene su refugio en un cacto saguaro. ¿En qué se diferencia el mochuelo de un periquito doméstico? ▼

◀ Los pandas se ven adorables, pero no son animales domésticos. Deben hallar su propio alimento, agua y refugio. Comen hojas de bambú.

▲ Estos hipopótamos suben a la superficie para respirar.

Los animales necesitan oxígeno

Los animales y las plantas tienen necesidades en común. Ambos tienen estructuras que les permiten obtener el aire que necesitan para vivir y crecer. Sin embargo, a diferencia de las plantas, los animales toman oxígeno. El **oxígeno** es un gas que las plantas liberan en el aire.

Muchos animales terrestres obtienen el oxígeno respirando. Otros lo obtienen de otras maneras. Los insectos, por ejemplo, obtienen el oxígeno a través de agujeros minúsculos en sus cuerpos. Muchos animales acuáticos, como los peces, obtienen el oxígeno del agua y otros, como las ballenas, suben a la superficie para respirar.

Hacer un modelo
Usa arcilla, ramitas y otros materiales de la naturaleza para construir un modelo del hogar de uno de los animales que aparecen en esta lección. ¿Qué necesidad del animal debe cubrir su hogar?

⭐ **Destreza clave** **IDEA PRINCIPAL Y DETALLES Nombra dos maneras en que los animales obtienen oxígeno.**

89

Los animales necesitan agua

¿Sabías que más de la mitad de tu cuerpo es agua? Todos los días, tu cuerpo pierde agua a través de la respiración, el sudor y la orina. Para estar saludable y reemplazar el agua que pierdes, debes beber.

Al igual que las plantas, los animales también necesitan agua. Observa la gráfica de esta página. Es difícil imaginar que se pueda beber tanta agua. Al igual que las personas, los elefantes deben reemplazar el agua que pierden sus cuerpos. La mayoría de los animales obtienen el agua que necesitan bebiéndola. Otros la obtienen de los alimentos que comen.

Destreza clave **IDEA PRINCIPAL Y DETALLES** ¿De qué dos maneras obtienen los animales el agua que necesitan?

¿Cuántas veces más agua necesita un elefante que un caballo?

Necesidades diarias de agua de los animales

Cantidad (galones)

50 45 40 35 30 25 20 15 10 5 0

Elefante   Humano adulto   Caballo
Animal

En las llanuras de África, los animales deben hallar por sí mismos el agua para beber. ▼

▲ Este perro obtiene el agua que necesita de las personas que lo cuidan.

90

Los animales necesitan alimento

Al igual que las plantas, los animales necesitan alimento para vivir y crecer. Sin embargo, los animales no pueden producir su propio alimento. Deben obtenerlo comiendo plantas o a otros animales.

Para obtener alimentos, los animales usan partes de su cuerpo. Por ejemplo, un elefante usa su trompa para tomar las hojas de los árboles. ¿Cómo crees que las partes del cuerpo de los animales que se muestran en estas páginas les ayudan a obtener alimento?

IDEA PRINCIPAL Y DETALLES **¿Por qué los animales necesitan alimento?**

El largo cuello de la jirafa le permite comer hojas que otros animales no pueden alcanzar.

▲ Este pelícano tiene un gran pico que le ayuda a atrapar peces.

Los animales necesitan refugio

Piensa en ti en un día de tormenta. ¿Cómo te mantienes seco y en calor? Al igual que otros animales, buscas protección en tu hogar o en otro lugar seguro. Los refugios no son solamente hogares. Ayudan a los animales a protegerse del clima y de otros animales. Algunos animales usan como refugio diferentes partes de las plantas.

Hay muchas clases de refugios de animales. Algunas aves construyen nidos con ramitas, pasto y barro. Los castores construyen refugios de barro y madera llamados madrigueras. Otros animales, como los conejos y los topos, cavan sus madrigueras en la tierra.

⭐ **IDEA PRINCIPAL Y DETALLES** ¿Por qué los animales necesitan refugio?

Estos murciélagos blancos hallan refugio en un lugar extraño... ¡debajo de una hoja!▼

◄ El nido de este petirrojo se encuentra muy lejos del suelo, para que otros animales no puedan molestar a las crías.

1. IDEA PRINCIPAL Y DETALLES Copia y completa el siguiente organizador gráfico. Haz una lista de las necesidades de los animales.

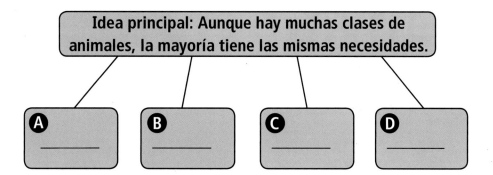

Idea principal: Aunque hay muchas clases de animales, la mayoría tiene las mismas necesidades.

A _____   **B** _____   **C** _____   **D** _____

2. RESUMIR Usa el organizador gráfico para escribir un resumen de la lección.

3. SACAR CONCLUSIONES Después de un paseo, Jacob nota que su perro está jadeando. ¿Qué debería hacer? ¿Cómo lo sabes?

4. VOCABULARIO Usa tus propias palabras para describir cómo se relacionan el oxígeno y el aire.

Preparación para la prueba

5. ¿Qué clase de refugios construyen los castores?
 A. pozos
 B. guaridas
 C. madrigueras
 D. nidos

Enlaces

Redacción

Redacción informativa
Escribe un **ensayo** que compare las partes principales de tu cuerpo con las del cuerpo de un animal.

Estudios Sociales

Refugios humanos
Los primeros seres humanos usaban cuevas como refugio. Busca información en enciclopedias y otras referencias sobre otros refugios de los primeros seres humanos. Informa a la clase sobre tus descubrimientos.

Para hallar otros enlaces y actividades, visita
www.hspscience.com

2

¿Qué son los vertebrados?

Datos breves

Cosas de murciélagos Estos murciélagos de la fruta conservan el calor cubriéndose el cuerpo con las alas. También se apiñan en grupos, llamados colonias, para conservar el calor. En la sección "Investigación" realizarás un modelo de otra de las maneras en que los animales mantienen el calor.

Mantener el calor

Materiales
- tazón grande de plástico
- bolsa de plástico grande con cierre
- guantes de plástico desechables
- agua
- hielo
- manteca vegetal sólida
- cuchara grande

Procedimiento

1. Llena el tazón con agua y hielo. Usa la cuchara para llenar hasta la mitad la bolsa de plástico con manteca vegetal.

2. Ponte los guantes.

3. Coloca una mano enguantada dentro de la bolsa con cierre. Moldea la manteca vegetal de modo que cubra completamente tu mano.

4. Saca tu mano de la bolsa, y sumerge ambas manos en el agua. Compara cómo sientes tus dos manos. Registra tus observaciones.

Sacar conclusiones

1. ¿Qué mano sentiste más caliente en el agua helada? ¿Por qué?

2. **Destreza de examinación** Los científicos usan modelos para estudiar algo que no pueden observar fácilmente. En esta sección "Investigación" hiciste un modelo de un mamífero recubierto con una capa de grasa. ¿Por qué fue más fácil hacer un modelo que observar el animal?

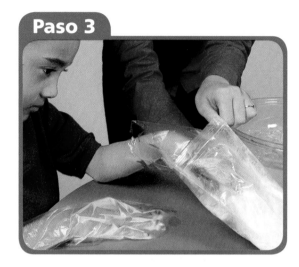

Paso 3

Paso 4

Investiga más

¿De qué manera la piel de los animales los protege del frío? Escribe una hipótesis. Haz una investigación simple para descubrirlo.

VOCABULARIO

vertebrado pág. 97

mamífero pág. 98

ave pág. 99

reptil pág. 100

anfibio pág. 101

pez pág. 102

CONCEPTOS CIENTÍFICOS

▶ los animales con columna vertebral son agrupados de acuerdo con sus características

DESTREZA DE LECTURA

Destreza clave

IDEA PRINCIPAL Y DETALLES

Busca detalles sobre diferentes clases de vertebrados.

Los vertebrados

Probablemente hayas visto animales como estos en un zoológico, en una tienda de mascotas o en libros. No se parecen mucho, ¿no crees? Sin embargo, los monos, el ave, la serpiente, la rana y el pez comparten una característica importante. Todos tienen columna vertebral. Tú también tienes columna vertebral. Puedes sentirla en el centro de tu espalda.

Estos monos son mamíferos. Tienen pelo y producen leche para sus crías.

Los tucanes son aves, es decir, vertebrados que tienen plumas y ponen huevos.

Los animales que tienen columna vertebral se llaman **vertebrados**. La mayoría de los vertebrados tiene un cerebro grande y sentidos agudos. Estas características ayudan a los vertebrados a sobrevivir. Los vertebrados, como la mayoría de las plantas y otros animales, tienen también estructuras que les permiten reproducirse. Los científicos clasifican los vertebrados de acuerdo con sus características en cinco grupos principales: mamíferos, aves, reptiles, anfibios y peces.

Compara y contrasta los animales que aparecen en estas páginas. ¿Qué características tienen los peces que no tienen los monos?

★ **IDEA PRINCIPAL Y DETALLES** ¿Qué (Destreza clave) **característica tienen todos los vertebrados?**

La rana arborícola comienza su vida como un huevo, en el agua. Pero cuando crece, este anfibio vive en la tierra.

Aunque su cuerpo largo y resbaladizo hace pensar que las serpientes no tienen columna vertebral, sí la tienen. Es una columna vertebral muy flexible.

Este pez escamoso es un vertebrado que pasa toda su vida en el agua.

Los mamíferos

Los ratones, los caballos y los murciélagos tienen algo en común contigo: al igual que tú, esos animales son mamíferos. Los **mamíferos** son vertebrados que tienen pelo o piel.

Los mamíferos tienen también pulmones para respirar. Incluso los mamíferos que viven en el agua, como las ballenas, tienen pulmones. Las ballenas necesitan subir a la superficie para obtener oxígeno del aire.

La mayoría de los mamíferos hembra dan a luz a sus crías. Las crías se alimentan de la leche que produce la madre.

⭐ **IDEA PRINCIPAL Y DETALLES** ¿Qué tres características comparten todos los mamíferos?

▲Aunque no son muy peludos, los cerdos sí tienen pelo. Esta es una de las características de los mamíferos.

Al igual que otros mamíferos, este tigre tiene pelo y produce leche para sus crías. ▼

▲ El canguro es uno de los pocos mamíferos que lleva a su cría dentro de una bolsa.

98

Estas aves tienen aspectos muy diferentes. Pero todas son vertebrados con dos patas, plumas, alas y picos.

Las aves

Las aves comparten algunas características con los mamíferos, como la columna vertebral y los pulmones. Sin embargo, su cuerpo está cubierto por algo diferente. Las **aves** son vertebrados que tienen plumas. Algunas plumas sirven para conservar el calor del cuerpo de las aves y otras les ayudan a volar. Algunas aves, como los pingüinos, no pueden volar, pero de todos modos tienen plumas y alas con forma de aletas.

A diferencia de la mayoría de los mamíferos, las aves no dan a luz a sus crías. En cambio, ponen huevos. Las crías salen del cascarón. Las madres de las aves no alimentan a sus crías con leche.

 IDEA PRINCIPAL Y DETALLES ¿Cuáles son algunas características de las aves?

Los reptiles

Cuando piensas en una serpiente, ¿piensas en algo viscoso? Muchas personas sí. Sin embargo, las serpientes no son viscosas. Son reptiles. Los **reptiles** son vertebrados que tienen una piel seca recubierta de escamas.

Al igual que los mamíferos y las aves, los reptiles tienen pulmones para respirar. Algunos reptiles, como los cocodrilos, pasan mucho tiempo bajo el agua. Estos animales deben subir a la superficie para obtener el oxígeno que necesitan. La mayoría de los reptiles, como los que aparecen en esta página, nacen de los huevos que su madre deposita en la tierra.

 IDEA PRINCIPAL Y DETALLE ¿Cuáles son las tres características de los reptiles?

Esta iguana salió de un huevo depositado en la tierra. Como otros reptiles, su piel es seca y tiene escamas.

El aligátor respira a través de sus pulmones. Debe subir a la superficie para obtener el oxígeno que necesita.

Esta tortuga de mar vive en el agua, pero pondrá sus huevos en la tierra.

Esta rana salió de un huevo depositado en el agua. Nació como un renacuajo y luego creció hasta convertirse en una rana. Los renacuajos viven en el agua. Aunque están siempre cerca del agua, las ranas viven en tierra y usan sus pulmones para respirar.

Los anfibios

¿Alguna vez has visto crecer a una rana? Las ranas son anfibios. Las ranas jóvenes, llamadas renacuajos, nacen de huevos depositados en el agua. Los renacuajos no obtienen el oxígeno del aire. Tienen branquias que les permiten obtenerlo del agua. A medida que los renacuajos crecen, desarrollan pulmones. Luego, pueden vivir en tierra.

Los **anfibios** son vertebrados que de adultos tienen piel húmeda y patas. La mayoría de los anfibios adultos se quedan cerca del agua para poder mantener su piel húmeda. Casi todos ponen sus huevos en el agua.

▲ La velocidad y los colores de la salamandra le ayudan a sobrevivir.

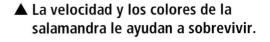

Clasificar animales
Tu maestro te dará tarjetas con ilustraciones de diferentes vertebrados. Observa lo que recubre el cuerpo de los animales en las tarjetas con ilustraciones. Clasifica cada animal dentro del grupo de vertebrados al que pertenece.

⭐ **Destreza clave** **IDEA PRINCIPAL Y DETALLES** Nombra tres características de los anfibios.

Los peces

¿Alguna vez has visto nadar a una carpa dorada? Si es así, habrás notado una aleta agitándose a cada lado de la cabeza del pez. Estas aletas cubren las branquias. Las branquias toman el oxígeno del agua. Los **peces** son vertebrados que obtienen el oxígeno por medio de sus branquias y pasan toda su vida en el agua.

La mayoría de los peces deposita huevos y tiene escamas que los protegen. Las escamas están hechas de un material delgado y fuerte, bastante parecido al material de tus uñas. Los peces no tienen brazos ni piernas para nadar. En cambio, tienen aletas.

 IDEA PRINCIPAL Y DETALLES ¿Cuáles son algunas características de los peces?

Todos los peces que se observan aquí parecen muy diferentes, pero todos tienen escamas y branquias, y todos viven en el agua. ▶

1. IDEA PRINCIPAL Y DETALLES Copia y completa el siguiente organizador gráfico. Haz una lista de las características de cada grupo de vertebrados.

Idea principal: Los vertebrados se agrupan por sus características.

Mamíferos	Aves	Reptiles	Anfibios	Peces
A _____ _____ _____	**B** _____ _____ _____	**C** _____ _____ _____	**D** _____ _____ _____	**E** _____ _____ _____

2. RESUMIR Escribe una oración que contenga la información más importante de esta lección.

3. SACAR CONCLUSIONES Rosita camina por un sendero silvestre y encuentra un animal que nunca antes había visto. Se pregunta si es un anfibio o un reptil. ¿Cómo podría notar la diferencia?

4. VOCABULARIO Usa el vocabulario de la lección para escribir un párrafo sobre los vertebrados.

Preparación para la prueba

5. Razonamiento crítico Los animales necesitan oxígeno para vivir. Explica la diferencia entre la forma de obtener oxígeno de los mamíferos y la de los peces.

Enlaces

Redacción

Redacción narrativa
Imagina que no tienes columna vertebral. Escribe un **cuento** divertido describiendo qué podría pasar mientras haces tus actividades diarias.

Literatura

Animales comparados
Lee *Stellaluna*, de Janell Cannon. Mientras lees, haz dos listas. En una enumera las semejanzas entre los animales. En la otra, las diferencias.

Para hallar otros enlaces y actividades, visita
www.hspscience.com

¿Qué son los invertebrados?

Datos breves

Mariposas viajeras En otoño, las mariposas monarca recorren enormes distancias en busca de lugares mas cálidos. En la sección "Investigación" sacarás conclusiones sobre los viajes de otro animal.

Un criadero de lombrices

Materiales
- frasco grande con tapa a rosca
- cuadrado de tela oscura
- avena cruda
- lombrices de tierra
- tierra
- arena

Procedimiento

1 Coloca 2 cm de tierra húmeda en el frasco. Espolvorea una delgada capa de avena sobre la tierra. Agrega 2 cm de arena húmeda.

2 Repite las capas de tierra, avena y arena hasta que el frasco esté casi lleno. Completa los últimos 5 cm con tierra. No espolvorees avena encima de la última capa. Coloca varias lombrices sobre la tierra.

3 Cubre la abertura del frasco con la tela. Cierra el frasco y colócalo en un lugar oscuro.

4 Después de una semana, observa el frasco. Compara la forma en que se ve ahora con la forma en que se veía cuando lo preparaste.

Paso 1

Paso 4

Sacar conclusiones

1. ¿Qué cambios observaste?

2. **Destreza de examinación** Saca una conclusión acerca de por qué ocurrieron estos cambios.

Investiga más

Predice algunas maneras en que las lombrices afectarán la tierra de un jardín. Planea y haz una investigación simple para poner a prueba tu predicción.

VOCABULARIO

invertebrado pág. 106

CONCEPTOS CIENTÍFICOS

▶ los animales sin columna vertebral son agrupados de acuerdo con sus características

DESTREZA DE LECTURA

COMPARAR Y CONTRASTAR

Busca semejanzas y diferencias entre los grupos de invertebrados.

semejanzas ——— diferencias

Invertebrados

Cuando escuchas la palabra *animal*, ¿piensas en un mamífero? Muchas personas lo hacen. Sin embargo, la mayoría de los animales no son mamíferos. Incluso tampoco son vertebrados. La mayoría de los animales son **invertebrados**, es decir, animales que no tienen columna vertebral. Hay muchos más tipos de invertebrados que de vertebrados.

Todos los animales que aparecen aquí son invertebrados. No tienen columna vertebral.

▲ A diferencia de los corales, la medusa se desplaza por el agua.

▲ Los corales de esta colonia no se desplazan. Cada uno es un invertebrado que tiene un esqueleto exterior.

Esta concha de vieira tiene dos mitades. ▶

Los insectos, como esta luciérnaga, son invertebrados. Los insectos tienen seis patas.

Las arañas no son insectos. Forman parte del grupo de los invertebrados de ocho patas. ▼

Al igual que todos los invertebrados, el cangrejo herradura no tiene columna vertebral. A diferencia de la luciérnaga o la araña, tiene 10 patas. ▼

Existe más de un millón de clases de invertebrados. Los científicos los agrupan de acuerdo a sus semejanzas. Observa las fotografías de estas páginas. ¿Por qué los científicos ubican a la luciérnaga, el cangrejo herradura y la araña en grupos diferentes?

Los invertebrados pueden tener cuerpos simples o complejos. ¡Pueden tener muchas patas o ninguna! A pesar de que existen muchos tipos de invertebrados, todos tienen una característica en común: ninguno tiene columna vertebral.

COMPARAR Y CONTRASTAR ¿En qué se asemejan los invertebrados y los vertebrados? ¿En qué se diferencian?

▲ El abejorro, la mariposa nocturna y la libélula forman parte del grupo más grande de invertebrados: los insectos.

Minilab

Hacer un modelo

Los cuerpos de muchos animales invertebrados son simétricos. Esto significa que sus dos mitades son iguales. Haz el modelo de una mariquita. ¿Cómo lograste que sea simétrico?

Insectos

Existen más clases de insectos que de otros invertebrados. En realidad, existen más clases de insectos que de todos los animales juntos. Los insectos viven en todos los lugares de la Tierra. Incluso, durante el verano, hay insectos en las frías regiones del Ártico.

Los insectos tienen seis patas y sus cuerpos se dividen en tres partes. No tienen columna vertebral, pero sí una dura cubierta exterior. Muchos insectos, como los que aparecen en esta página, tienen alas.

 COMPARAR Y CONTRASTAR ¿En qué se asemejan los animales que aparecen en esta página?

Destreza clave

Arañas y garrapatas

Las arañas y las garrapatas parecen insectos, pero no lo son. Como tienen características diferentes de las de los insectos, pertenecen a otro grupo. Las arañas y las garrapatas tienen ocho patas, y sus cuerpos tienen solo dos partes. Al igual que los insectos, las arañas y las garrapatas tienen una cubierta que les sirve de protección.

 COMPARAR Y CONTRASTAR ¿En qué se asemejan las arañas y las garrapatas a los insectos? ¿En qué se diferencian?

La araña de la banana y la garrapata del ciervo forman parte del mismo grupo. Ambas tienen ocho patas, sus cuerpos se dividen en dos partes y tienen una dura cubierta exterior. ▶

Míralo en detalle

Telarañas

1 El cuerpo circular de la araña produce un hilo sedoso de proteína. La telaraña se inicia con un hilo pegajoso llamado puente.

2 La araña sujeta el siguiente hilo a los extremos del puente y forma el primer marco, o soporte de la telaraña.

3 A partir de este primer marco, la araña agrega otros marcos similares de hilo. Además, teje hilos no pegajosos en forma radial desde el centro hacia los bordes.

4 Para caminar en la red, la araña se desplaza sobre los hilos radiales. Por último, construye una espiral de hilo pegajoso y sedoso desde los bordes hacia el medio.

Para hallar otros enlaces y actividades, visita
www.hspscience.com

Caracoles, almejas y calamares

Los caracoles, las almejas y los calamares forman parte del mismo grupo. Todos tienen cuerpos blandos. La mayoría de los animales de este grupo también tienen cabeza.

Algunos, como el calamar, tienen tentáculos. Otros, como la almeja y el caracol, tienen duros caparazones que protegen sus cuerpos blandos. También tienen una especie de "pie". El pie sobresale del caparazón y les ayuda a desplazarse.

COMPARAR Y CONTRASTAR ¿En qué se asemejan la almeja coquina y el calamar? ¿En qué se diferencian?

El calamar de aletas largas del Atlántico no tiene caparazón. Nada libremente, usando sus tentáculos para desplazarse y obtener su alimento. ▶

La babosa de mar no tiene caparazón. Nada o avanza lentamente sobre el suelo marino para conseguir comida. ▼

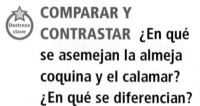

Este caracol de tierra tiene un caparazón que protege su cuerpo blando. Su "pie" de tejido muscular lo ayuda a desplazarse. ▶

▲ El caparazón de la almeja coquina de Florida tiene dos mitades que protegen su cuerpo blando. Al igual que el caracol, la almeja posee un "pie" de tejido muscular que la ayuda a desplazarse.

La estrella de mar está recubierta de espinas que la protegen. ▶

Cuando la anémona de mar abre su "boca", sus tentáculos hacen que parezca una hermosa flor. ▼

▲ Al igual que los insectos y las arañas, este cangrejo azul tiene un duro caparazón exterior.

Otras clases de invertebrados

Todos los animales que aparecen en esta página son invertebrados. Las lombrices que observaste en la sección "Investigación" son otra clase de invertebrados. Las lombrices, como todos los gusanos, no tienen caparazones, patas ni ojos.

Los científicos no han descubierto o agrupado aún a todos los animales de la Tierra. Cuando se descubre un nuevo animal, lo primero que se preguntan es: ¿Tiene columna vertebral?

 COMPARAR Y CONTRASTAR ¿En qué se asemejan la estrella de mar y el cangrejo azul?

La importancia de los invertebrados

Los invertebrados son importantes para otros seres vivos. Las abejas y las mariposas, por ejemplo, trasladan el polen de una flor a otra. Esto ayuda a las flores a producir semillas. Otros animales, como las lombrices de tierra, mejoran el suelo. Las plantas crecen mejor en suelos donde hay lombrices de tierra que en suelos donde no las hay.

Muchos invertebrados son un importante alimento para otros animales. Los seres humanos comen almejas y cangrejos. También comen la miel y usan la cera que producen las abejas.

⭐ **COMPARAR Y CONTRASTAR** ¿En qué se asemejan las lombrices de tierra y las abejas?

▲ Las abejas no sólo producen su famosa delicia, la miel. También producen cera, que se usa para fabricar velas.

◀ El movimiento de las lombrices de tierra permite que el aire penetre en el suelo.

112

1. COMPARAR Y CONTRASTAR Copia y completa el siguiente organizador gráfico.

Invertebrados	Características
Insectos	**A** ——————
Arañas y garrapatas	**B** ——————
Caracoles, almejas, calamares	**C** ——————

2. RESUMIR Escribe una oración que resuma la lección.

3. SACAR CONCLUSIONES Mientras Alex busca conchas de mar en la playa, encuentra un animal que no tiene columna vertebral ni caparazón. ¿Cómo puede saber si pertenece al mismo grupo de invertebrados que las almejas?

4. VOCABULARIO Usa el vocabulario de la lección para escribir una oración.

Preparación para la prueba

5. ¿Cuál de estos animales **no** es un invertebrado?
   A. almeja
   B. lombriz de tierra
   C. carpa dorada
   D. caracol

Enlaces

Redacción

Redacción persuasiva
Todos tienen una **opinión** sobre qué es mejor. Elige uno de tus invertebrados favoritos. Escribe al menos dos párrafos explicando por qué crees que este animal es el mejor invertebrado.

Matemáticas

Hacer una gráfica
Con un compañero, haz una lista de las clases de invertebrados que puedes encontrar en un patio trasero, un parque o un jardín. ¿Cuántos son insectos? ¿Cuántos viven en el agua? ¿Qué otros invertebrados puedes encontrar? Haz una gráfica de barras para mostrar tus resultados.

Para hallar otros enlaces y actividades, visita
www.hspscience.com

El secreto de la seda

Las telarañas pueden parecer débiles, pero no te dejes engañar. ¡En realidad son extremadamente fuertes! Las telarañas están hechas de seda. La seda es la fibra, o hilo, más fuerte que existe en la naturaleza. Aunque parezca increíble, la seda es más fuerte que un cable de acero del mismo tamaño.

Los científicos han fabricado seda durante muchos años. Sin embargo, no han logrado producir una seda tan resistente como la de las arañas. En la actualidad, algunos científicos afirman que han descubierto el secreto para producir una seda con esa resistencia.

Seda de gel

El científico David Kaplan contó a Weekly Reader lo que descubrió su equipo. Al parecer, el cuerpo de la araña tiene un pequeño saco donde conserva en agua diminutas gotas de seda. Cuando la araña libera agua, las gotas se convierten en gel. La araña extrae gel de su cuerpo y la seda se endurece.

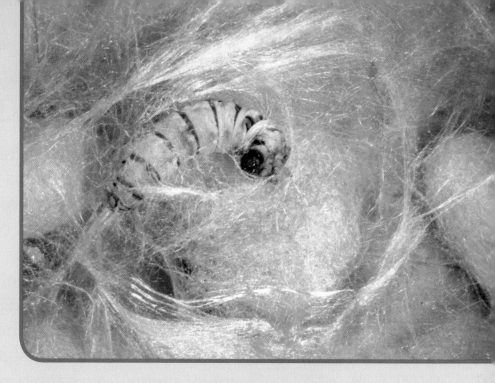

Actualmente, los científicos están usando lo que aprendieron para producir una seda más resistente en el laboratorio. Kaplan y otro científico crearon un gel similar al que puede producir una araña. Luego, pusieron el gel entre placas de vidrio. Al hacer presión sobre el vidrio, los científicos fueron capaces de crear fibras sedosas resistentes.

Útil de muchas maneras

Los científicos creen que la seda puede ayudar a las personas de muchas maneras. Puede usarse para hacer la ropa de policías y soldados. También para reparar huesos y ligamentos del cuerpo humano.

Kaplan está muy entusiasmado con su trabajo. "Espero que este descubrimiento permita que los niños se interesen por la ciencia", dijo. "Hay mucho por aprender de la naturaleza."

Piensa

1. Además de la seda, ¿qué otros elementos de la naturaleza son útiles para las personas? ¿De qué manera son útiles?

Ligamento: tejido resistente que mantiene los huesos en su lugar.

¡Investiga más! Visita
www.hspscience.com

Una niña protege a perros policía

Stacey Hillman es una increíble niña de 12 años. Es la presidenta de su propia organización benéfica, llamada *Centavos para proteger a los perros policía*. Stacey recauda dinero para comprar chalecos antibalas para proteger a los perros policía. "Los perros policía son a menudo los primeros en actuar en situaciones peligrosas", dijo Stacey.

Stacey y su organización benéfica han recibido muchos premios por su trabajo. "No hago esto por los premios. Lo hago para que los perros policía tengan sus chalecos", dijo Stacey. Hasta el momento, Stacey ha recaudado cientos de miles de dólares. El dinero se usó para comprar chalecos para más de 200 perros en todo Estados Unidos.

¡Sí puedes!

Proyecto fácil y rápido

Las branquias de la carpa dorada

Procedimiento

1. Observa la carpa dorada. Ubica los tapones que cubren sus branquias.

2. Usa un cronómetro para contar la cantidad de veces que los tapones branquiales se abren y cierran en 15 segundos.

3. ¿Cómo puedes usar este número para saber cuántas veces la carpa dorada abre sus branquias en un minuto?

Materiales

- carpa dorada en una pecera con agua y plantas acuáticas
- cronómetro

Sacar conclusiones

Observa la carpa dorada durante diez días. Registra una vez por día el ritmo de apertura de sus branquias. ¿Cambia el ritmo? Registra tus datos en una gráfica de barras.

Planea tu propia investigación

Preparado, listo, ¡respira!

Piensa en tu propia respiración. Predice de qué manera el ejercicio físico puede afectar el ritmo de tu respiración. Luego, planea una investigación para ver si tu predicción es correcta.

Repaso y preparación para la prueba

Repaso del vocabulario

Usa los términos de abajo para completar las oraciones. Los números de página te indican qué parte del capítulo debes mirar si necesitas ayuda.

oxígeno pág. 89

vertebrado pág. 97

mamífero pág. 98

ave pág. 99

reptil pág. 100

anfibio pág. 101

pez pág. 102

invertebrado pág. 106

1. Un animal con pelo o piel que alimenta a su cría con leche es un _____.

2. Un animal sin columna vertebral es un _____.

3. Un animal de piel seca y escamosa que pone huevos y vive en la tierra es un _____.

4. Un animal con columna vertebral es un _____.

5. Un vertebrado con dos patas, alas y plumas es un _____.

6. Un gas que se encuentra en el aire o el agua y que los animales necesitan es el _____.

7. Un animal de piel húmeda que vive cerca del agua es un _____.

8. Un vertebrado que vive toda su vida en el agua es un _____.

Comprueba lo que aprendiste

Escribe la letra de la respuesta correcta.

9. IDEA PRINCIPAL Y DETALLES ¿Cuál de los detalles de abajo **no** es una necesidad básica de los animales?

A. color

B. alimento

C. refugio

D. agua

10. ¿Por qué los animales necesitan un refugio?

F. para alimentarse

G. para protegerse

H. para tener tranquilidad

J. para obtener agua

11. ¿Cuáles de los siguientes pares de animales forman parte del mismo grupo?

A. caracoles y calamares

B. arañas y hormigas

C. carpa dorada y ballenas

D. ranas y serpientes

12. ¿Cómo obtienen oxígeno los mamíferos que viven en el agua?

   F. Lo toman a través de las branquias.

   G. Lo absorben por la piel.

   H. Suben a la superficie para respirar.

   J. No necesitan oxígeno.

13. ¿Cuál de las siguientes **no** es una característica de los mamíferos?

   A. piel

   B. dar a luz a su cría

   C. plumas

   D. amamantar con leche a su cría

14. COMPARAR Y CONTRASTAR

  ¿En qué se asemejan las aves y los mamíferos?

   F. Ambos tienen plumas.

   G. Ambos tienen piel.

   H. Ambos respiran por los pulmones.

   J. Ambos dan a luz a sus crías.

15. ¿A qué grupo de vertebrados pertenece el animal de la ilustración?

   A. anfibios

   B. aves

   C. mamíferos

   D. reptiles

16. ¿Cuál es una de las principales maneras en que los científicos agrupan los animales?

   F. por la edad

   G. por su largo

   H. por sus colores

   J. por si tienen columna vertebral

Destrezas de examinación

17. Compara los anfibios con los reptiles.

18. Clasifica los vertebrados según cómo están recubiertos sus cuerpos.

Razonamiento crítico

19. ¿Por qué muchos anfibios viven toda su vida cerca del agua?

20. Un murciélago puede volar, pero no es un ave. Los murciélagos son mamíferos. Usa lo que sabes sobre mamíferos para identificar algunas características de los murciélagos.

CIENCIAS BIOLÓGICAS

Los seres vivos interaccionan

Capítulo 4	Dónde se encuentran los seres vivos
Capítulo 5	Los seres vivos dependen unos de otros

Woolaroc

PARA: kiley@hspscience.com

DE: sam@hspscience.com

TEMA: Bartlesville, Oklahoma

Querida Kiley:
En inglés, bosque se dice "wood", lago se dice "lake" y rocas, "rocks". Y si juntas partes de esas palabras, ¿qué obtienes? ¡Woolaroc, por supuesto! Esta reserva de vida silvestre alberga muchos bisontes, alces y un tipo de ganado llamado *longhorn*. ¡Incluso hay cebras! Es un hogar tranquilo para la vida silvestre.
Escríbeme pronto,
Sam

PARA: angie@hspscience.com

DE: roberto@hspscience.com

TEMA: Jasper County, Illinois

Querida Angie:

Sé de un animal que está en problemas. Antes, millones de urogallos vivían en Illinois y hoy solo quedan alrededor de 200. Habitan en una zona de pastos altos. Esto los ayuda a ocultarse de sus enemigos. Se alimentan de las semillas que encuentran allí. Debemos pensar en algún modo de ayudar a nuestros emplumados amigos.

Tu amigo,

Roberto

¡Experimenta!

El medio ambiente cambia El medio ambiente puede modificarse con el paso del tiempo. En algunos lugares, durante la estación de lluvias hay muchos lagos. Pero, durante la estación seca, los lagos se evaporan. ¿Qué ocurre con las plantas cuando se seca un lago? Planea y haz un experimento para descubrirlo.

Dónde se encuentran los seres vivos

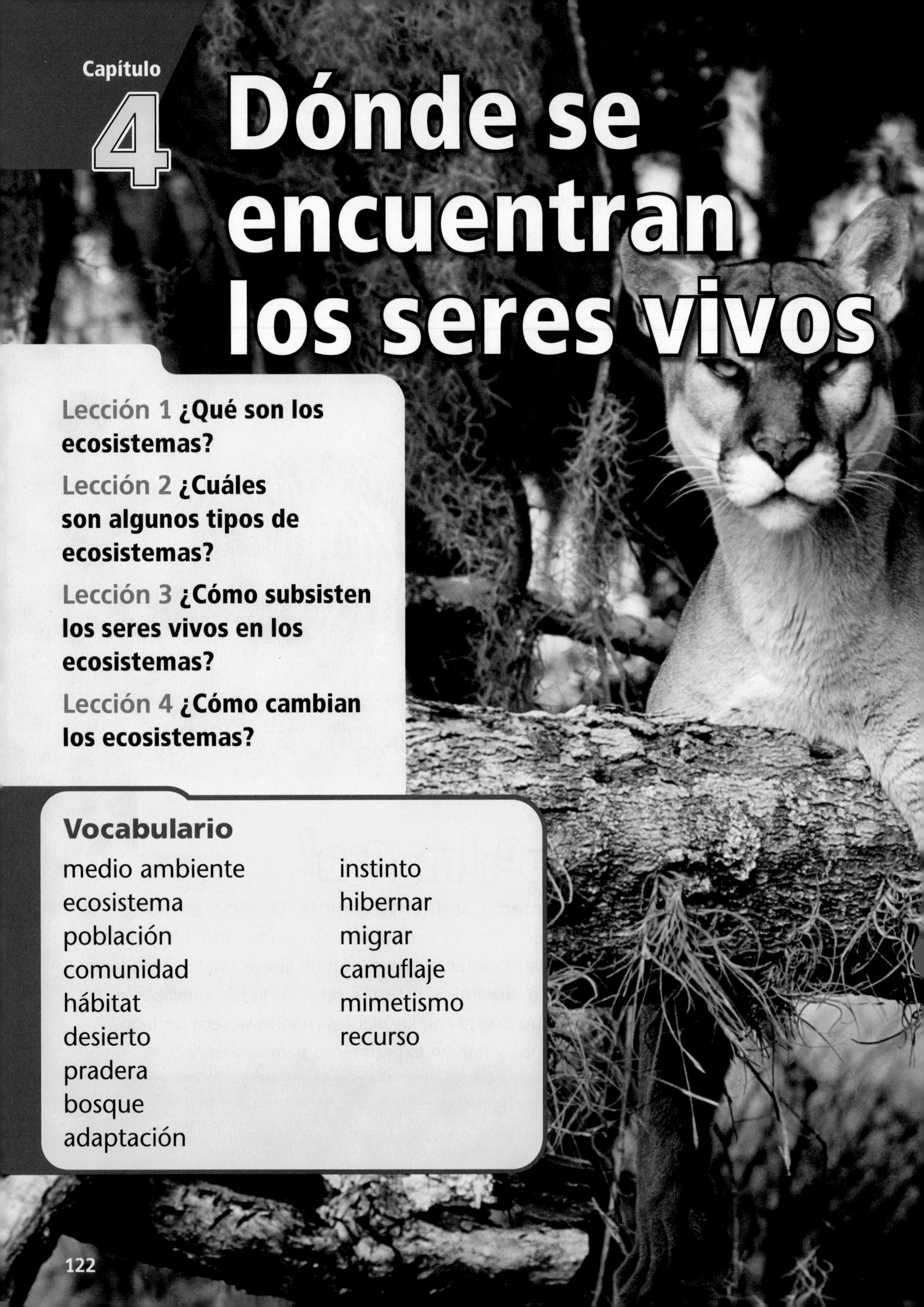

Lección 1 ¿Qué son los ecosistemas?

Lección 2 ¿Cuáles son algunos tipos de ecosistemas?

Lección 3 ¿Cómo subsisten los seres vivos en los ecosistemas?

Lección 4 ¿Cómo cambian los ecosistemas?

Vocabulario

medio ambiente
ecosistema
población
comunidad
hábitat
desierto
pradera
bosque
adaptación

instinto
hibernar
migrar
camuflaje
mimetismo
recurso

¿ Qué te preguntas ?

El Parque Nacional Everglades, en el sur de Florida, es una de las áreas silvestres más grandes de Estados Unidos. Los pumas, como el que aparece en esta fotografía, las garzas y los aligátores son solo algunos de los animales que tienen su hogar en Everglades. ¿Cómo crees que el medio ambiente ayuda a los animales que viven allí?

¿Qué son los ecosistemas?

Datos breves

El uso de los ecosistemas Un caballo adulto necesita beber cada día cerca de un galón de agua por cada 100 libras (45 kg) de su propio peso. La mayoría de los caballos obtienen el agua del medio ambiente en que viven. En la sección "Investigación" observarás un tipo de medio ambiente.

Observa un medio ambiente

Materiales • gafas protectoras • gancho de ropa metálico

Procedimiento

Paso 2

1 CUIDADO: **Usa gafas protectoras.** Dobla el gancho de ropa para formar un cuadrado. Pide ayuda a tu maestro si es necesario.

2 Ve afuera y coloca el cuadrado en la tierra. Observa la tierra que quedó dentro del cuadrado. Ese cuadrado de tierra es un medio ambiente.

3 Copia la tabla. Registra todos los seres vivos que observes y anota cuántos hay de cada uno. Después, registra todas las cosas sin vida que observes y anota cuántas hay de cada una.

4 Muestra tu tabla a un compañero. Compara los medio ambientes que observaron. ¿En qué se asemejan? ¿En qué se diferencian?

Cosas en mi medio ambiente			
Seres vivos	Cantidad	Cosas sin vida	Cantidad

Sacar conclusiones

1. Compara las cosas que hallaste en tu medio ambiente con las que encontró tu compañero. ¿Por qué crees que encontraron cosas diferentes?

2. **Destreza de examinación** ¿Cómo pudiste inferir qué cosas eran seres vivos y qué cosas no?

Investiga más

Compara el medio ambiente que observaste en la escuela con el que observas en tu casa o en las cercanías de tu casa.

VOCABULARIO

medio ambiente pág. 127

ecosistema pág. 128

población pág. 128

comunidad pág. 128

hábitat pág. 129

CONCEPTOS CIENTÍFICOS

▶ qué es un medio ambiente

▶ qué es un ecosistema

DESTREZA DE LECTURA

IDEA PRINCIPAL Y DETALLES

Busca detalles acerca de los medio ambientes y los ecosistemas.

Dónde habitan los seres vivos

Los seres vivos necesitan un lugar para vivir y crecer. Los peces viven en el agua. Muchas aves viven en los árboles y vuelan por el aire. Las plantas crecen donde hay tierra, agua y sol.

Los seres vivos habitan en casi todos los lugares de la Tierra. Algunos peces pueden vivir en las partes más profundas de los océanos. Algunas plantas pueden vivir en las cimas de altas montañas. Los escorpiones pueden subsistir en desiertos secos. Las aneas pueden crecer en los pantanos.

Algunas plantas viven entre las grietas del pavimento.

Los seres vivos y las cosas sin vida que rodean a un ser vivo conforman su **medio ambiente**. Las plantas y los animales utilizan los elementos de su medio ambiente para satisfacer sus necesidades. ¿Cómo es tu medio ambiente?

Muchos seres vivos pueden compartir un medio ambiente y sus recursos: alimento, agua, oxígeno y espacio. Si en el medio ambiente escasea alguno de estos elementos, los seres vivos compiten unos con otros para obtener lo que necesitan.

▲ En Australia, los koalas viven en los árboles de eucalipto. Las hojas de estos árboles son su único alimento.

 IDEA PRINCIPAL Y DETALLES ¿Qué obtienen los seres vivos de su medio ambiente?

Estos perros de la pradera pueden subsistir y crecer en un medio ambiente de pasto y hierbas. ▼

Esta ave hace su nido sobre una chimenea a gran altura. ▼

Las partes de un ecosistema

Los organismos que viven en una laguna, o en sus alrededores, interaccionan. Por ejemplo, los peces comen insectos y las ranas pueden sentarse sobre las hojas de nenúfar. El conjunto de los seres vivos y las cosas sin vida con las que interaccionan forman un ecosistema. Un **ecosistema** se compone de todos los seres vivos y todas las cosas sin vida que hay en un determinado medio ambiente.

En un ecosistema viven diferentes tipos de organismos. Un grupo de organismos de la misma especie que viven en el mismo lugar forma una **población**. Por ejemplo, las ranas de una laguna forman una población. Las hojas de nenúfar de la laguna forman otra población.

Todas las poblaciones que conviven en un ecosistema forman una **comunidad**.

Míralo en detalle

El ecosistema de una laguna

Las lagunas son ecosistemas ricos. Están llenos de seres vivos y de cosas sin vida que interaccionan.

Los peces viven en el agua. Pueden subir a la superficie para alimentarse de insectos.

Las tortugas de agua dulce son más veloces en el agua que en la tierra. Comen ranas, peces pequeños, gusanos y plantas.

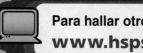

Para hallar otros enlaces y actividades, visita **www.hspscience.com**

128

Cada uno de los organismos que aparecen en esta ilustración es un miembro de la comunidad de la laguna.

Todos los miembros de una comunidad viven en el mismo ecosistema. Sin embargo, no todos viven en la misma parte del ecosistema. Los peces nadan en el agua, mientras que las aves construyen nidos en los árboles. El lugar del ecosistema donde vive una población es su hábitat. El **hábitat** incluye tanto los seres vivos como las cosas sin vida.

★ **IDEA PRINCIPAL Y DETALLES**
Destreza clave
¿Cuál es la diferencia entre una población y una comunidad?

Minilab

Los ecosistemas que te rodean
Busca un ecosistema que esté cerca del lugar donde vives. Investiga qué tipos de plantas y animales viven allí. Dibuja y colorea el ecosistema. Rotula los animales y las plantas.

Las aves, como este martín pescador, cazan peces y ranas cerca de la orilla de la laguna.

Los nenúfares flotan en la superficie de la laguna. A menudo, las ranas descansan sobre las hojas.

Los caracoles se deslizan sobre las plantas que viven en aguas poco profundas, cerca de la orilla de la laguna.

Los organismos y sus hábitats

Algunos organismos solo pueden subsistir en ciertos hábitats. En un desierto, por ejemplo, un oso polar no podría hallar el agua que necesita. Y un bosque tropical lluvioso sería demasiado húmedo para un búho del desierto.

El hábitat le brinda a un organismo todo lo que necesita para subsistir. Por ejemplo, una laguna tiene el agua, el alimento y el oxígeno que necesita un pez. Los peces no podrían subsistir sin esos elementos. ¿Qué te brinda tu hábitat?

 IDEA PRINCIPAL Y DETALLES ¿Qué le brinda a un ser vivo el hábitat en que vive?

▲ El guacamayo rojo y azul vive en lo alto de los árboles del bosque tropical lluvioso. Se alimenta de frutos y de las grandes nueces que crecen allí.

◄ Las cabras monteses viven en acantilados y se alimentan de las plantas que crecen entre las rocas. Tienen tan buen equilibrio que no resbalan ni se caen... ¡ni siquiera cuando hay nieve!

1. IDEA PRINCIPAL Y DETALLES Copia y completa el siguiente organizador gráfico. Haz una lista de detalles de los ecosistemas.

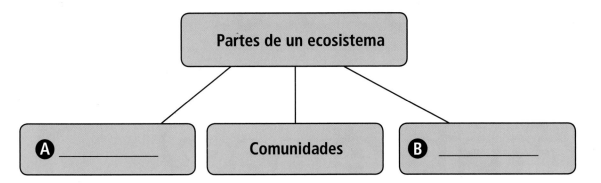

Partes de un ecosistema

A _____ | **Comunidades** | **B** _____

2. RESUMIR Usa el organizador gráfico que completaste para escribir un resumen de esta lección.

3. SACAR CONCLUSIONES Las cosas sin vida forman parte de un ecosistema. ¿Por qué es eso importante?

4. VOCABULARIO Escribe dos oraciones que expliquen las diferencias entre el medio ambiente y el ecosistema.

Preparación para la prueba

5. ¿Cuál de las siguientes es una cosa sin vida de un ecosistema?
- **A.** ave
- **B.** agua
- **C.** caracol
- **D.** anea

Enlaces

Redacción

Redacción narrativa

Busca un ecosistema que esté cerca de tu casa o de tu escuela. Escribe dos párrafos que **describan** los seres vivos y las cosas sin vida de ese ecosistema.

Matemáticas

Organizar datos

En tu estado hay muchas clases de animales en peligro de extinción. Elige uno de esos animales e investiga su población. ¿Cuántos ejemplares hay en este momento? ¿Cuántos hubo en cada uno de los últimos 10 años? Organiza los resultados de tu investigación en una gráfica de barras.

Para hallar otros enlaces y actividades, visita
www.hspscience.com

¿Cuáles son algunos tipos de ecosistemas?

Datos breves

La tundra helada En la tundra hace frío y nieva. Las plantas que crecen en la tundra son diferentes de las plantas que crecen en otros ecosistemas. En la sección "Investigación" observarás un tipo de planta que se encuentra en un ecosistema.

Raíces de pasto

Materiales
- guantes de plástico
- lupa pequeña
- pasto (plantas)
- hoja de papel blanco
- regla

Procedimiento

1. Usa guantes de plástico. Observa las plantas de pasto que muestra tu maestro.

2. Las hojas del pasto se llaman briznas. Con cuidado, alza una de las plantas por sus briznas. Sacude la planta delicadamente. Observa qué sucede con la tierra.

3. Con mucho cuidado, remueve la tierra que rodea las raíces.

4. Coloca la planta de pasto sobre la hoja de papel. Obsérvalo con la lupa.

5. Mide la altura de la brizna más alta y el largo de la raíz más larga.

Sacar conclusiones

1. Compara la altura de la brizna más alta con el largo de la raíz más larga.

2. **Destreza de examinación** Infiere cuál podría ser la diferencia entre las raíces de un árbol y las raíces de una planta de pasto.

Paso 3

Paso 5

Investiga más

Con cuidado, desentierra una planta de una maceta o de la tierra. Compara las raíces de la planta de pasto con las raíces de la planta que elegiste.

133

VOCABULARIO

desierto pág. 134

pradera pág.135

bosque pág. 138

CONCEPTOS CIENTÍFICOS

▶ en qué se diferencian los ecosistemas

▶ cómo los ecosistemas sustentan a los animales y las plantas

DESTREZA DE LECTURA

IDEA PRINCIPAL Y DETALLES

Busca detalles acerca de los diferentes ecosistemas.

| Idea principal |
| detalle | detalle | detalle |

Ecosistemas de desierto

Los **desiertos** son ecosistemas muy secos. Tal vez creas que un desierto es solo arena. Sin embargo, hay vida en el desierto. Las plantas y los animales del desierto pueden subsistir con muy poca agua.

Las plantas del desierto, como el cacto, tienen tallos gruesos que almacenan agua. Las raíces de un cacto crecen muy cerca de la superficie del suelo y se extienden lejos de la planta. Esto les permite absorber rápidamente una gran cantidad de agua cuando llueve.

En algunos desiertos la temperatura se eleva mucho durante el día. La mayoría de los animales buscan un lugar con sombra para dormir y solo salen después de la puesta del sol. Algunos animales, como la rata canguro, casi no beben agua. Obtienen toda el agua que necesitan de las plantas que comen. Los sapos permanecen bajo tierra para conservar la humedad.

El Parque Nacional Arches, en Utah, está ubicado en un ecosistema de desierto. ▼

 IDEA PRINCIPAL Y DETALLES ¿Cómo se mantienen frescos los animales del desierto?

Ecosistemas de pradera

La pradera es otro tipo de ecosistema. La **pradera** es una región de tierra seca y generalmente plana, calurosa en verano y fría en invierno. En la pradera llueve o nieva más que en el desierto, pero menos que en otros ecosistemas. Esta región favorece el cultivo de alimentos.

Como ya debes suponerlo, la planta principal del ecosistema de pradera es el pasto. También crecen allí algunos arbustos pequeños y unas cuantas flores silvestres. Como la pradera es una región seca, no tiene muchos árboles, excepto a orillas de los ríos y los arroyos.

Un ecosistema de pradera incluye animales grandes, como bisontes y coyotes, y también animales pequeños, como ratones, conejos y serpientes.

▲ Durante el siglo XIX había unos 60 millones de bisontes en las praderas de América del Norte.

IDEA PRINCIPAL Y DETALLES ¿Por qué crees que una pradera sería un lugar apropiado para una granja?

Destreza clave

Ecosistemas de agua salada

Si probaste alguna vez el agua del océano, sabes que es salada. Los océanos cubren aproximadamente tres cuartas partes de la superficie terrestre. Por eso, hay más ecosistemas de agua salada que de cualquier otro tipo.

Los tiburones, las tortugas marinas, los corales y los pulpos son animales del océano, al igual que las ballenas y las focas. Algunos organismos parecidos a plantas, como el kelp y otras algas marinas, también integran ciertos ecosistemas de agua salada. Los organismos que viven en los océanos necesitan agua salada. No podrían subsistir en un medio ambiente de agua dulce, como una laguna.

★ **IDEA PRINCIPAL Y DETALLES** ¿Aproximadamente qué porción de la superficie terrestre NO está cubierta de océanos?

▲ La forma del cuerpo del delfín de nariz de botella lo ayuda a deslizarse por el agua.

Ecosistemas de agua dulce

Los ríos, las lagunas y los arroyos tienen agua dulce. Conforman los ecosistemas de agua dulce. A diferencia del agua del océano, el agua dulce no contiene mucha sal.

En los ecosistemas de agua dulce viven patos, algunos tipos de insectos, truchas, tortugas y numerosos tipos de plantas. Además, otros animales, como venados y zorros, visitan estas regiones.

 IDEA PRINCIPAL Y DETALLES ¿Dónde podrías hallar un ecosistema de agua dulce?

Minilab

Niveles de flotación

Llena dos vasos transparentes por la mitad. Luego, echa sal en uno de ellos. Rotula los vasos. Haz flotar una pelota de tenis en cada vaso. ¿Cómo cambia el nivel de flotación de la pelota a causa de la sal?

Un río es un tipo de ecosistema de agua dulce. ▼

137

Ecosistemas de bosque

Los **bosques** son ecosistemas donde crecen muchos árboles. Hay diferentes tipos de bosques. En regiones donde hace calor y hay humedad todo el año, se desarrollan los bosques tropicales lluviosos. Allí viven jaguares, monos y otros animales.

La mayoría de los árboles que crecen en los bosques de hoja caduca pierden sus hojas en otoño. Estos bosques se desarrollan donde el clima es cálido en verano y frío en invierno. Allí habitan muchos animales.

Los árboles de hoja perenne, como pinos y abetos, crecen en el bosque de coníferas. La mayoría de los árboles del bosque de coníferas tienen conos. En estos bosques, el verano es fresco y el invierno es frío.

 IDEA PRINCIPAL Y DETALLES ¿Qué tipo de ecosistema de bosque se desarrolla en regiones donde hace calor y hay humedad?

▼ Los bosques de hoja caduca son el hábitat de conejos, osos, venados y zorros.

▲ Un búho chico busca alimento en el bosque.

Las ardillas comen nueces y frutos que crecen en el bosque. ▼

1. IDEA PRINCIPAL Y DETALLES Copia y completa el siguiente organizador gráfico.

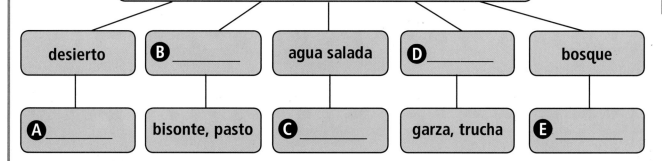

Idea principal: Los diferentes tipos de ecosistemas están conformados por plantas y animales de diferentes tipos.

desierto	**B** _____	agua salada	**D** _____	bosque
A _____	bisonte, pasto	**C** _____	garza, trucha	**E** _____

2. RESUMIR Escribe un resumen de esta lección. Comienza con la oración *Diferentes medio ambientes tienen diferentes ecosistemas.*

3. SACAR CONCLUSIONES Imagina que todas las plantas de un ecosistema se marchitaran. ¿Qué crees que le ocurriría a ese ecosistema? ¿Por qué?

4. VOCABULARIO Escribe un párrafo comparando los animales y las plantas de un ecosistema de desierto con los de un ecosistema de pradera.

Preparación para la prueba

5. Razonamiento crítico Un amigo te pide ayuda para identificar a qué ecosistema pertenece una planta. La planta tiene raíces anchas y extendidas, y un tallo grueso que almacena agua. ¿En qué tipo de ecosistema vive, probablemente, esta planta?

Enlaces

Redacción

Redacción persuasiva
Escribe un artículo de **opinión** para el periódico escolar. Explica por qué talar árboles para obtener madera afecta el ecosistema de bosque.

Matemáticas 9÷3

Recopilar datos
Investiga acerca de uno de los ecosistemas que estudiaste en esta lección. Usa fuentes de referencia para consultar cuál es el promedio mensual de temperatura y de precipitación. Haz dos gráficas de barras para mostrar la información que reuniste.

 Para hallar otros enlaces y actividades, visita
www.hspscience.com

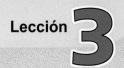

¿Cómo subsisten los seres vivos en los ecosistemas?

Datos breves

Algo para masticar Los castores usan sus afilados dientes para masticar los troncos y las ramas de arbustos y árboles pequeños. Su pelaje color café los ayuda a pasar inadvertidos en el medio ambiente que los rodea. En la sección "Investigación" podrás inferir cómo el color ayuda a otros seres vivos a ocultarse.

Cómo se ocultan los insectos

Materiales
- cartulina
- cinta adhesiva
- crayolas o marcadores
- reloj
- tijeras
- regla

Procedimiento

1 Mira a tu alrededor, en el salón de clases, y busca un "hábitat" para el modelo de insecto que harás. **Observa** los colores y las formas de las cosas que hay en el hábitat.

2 Dibuja en la cartulina un rectángulo de 5 cm de largo y 3 cm de ancho. Ese será el tamaño de tu insecto.

3 Colorea el cuerpo de modo que tu insecto pase inadvertido en su hábitat. Haz las patas y las alas.

4 Con cinta adhesiva, pega el insecto en su hábitat. No lo ocultes detrás de ningún objeto.

5 Pídele a un compañero que "sea un ave" y que busque tu insecto, y los de otros estudiantes, durante un minuto. **Registra** los resultados en una tabla. Continúa hasta que el ave encuentre todos los insectos.

Paso 2

Paso 4

Sacar conclusiones

1. ¿Qué insectos encontró primero el ave? ¿Por qué le resultó fácil encontrarlos?

2. **Destreza de examinación** **Infiere** por qué le resultó difícil encontrar algunos insectos.

Investiga más

Saca conclusiones acerca de por qué el pelaje de algunos animales, como el de zorros y conejos, cambia de color con las estaciones del año.

VOCABULARIO

adaptación pág. 142

instinto pág. 142

hibernar pág. 144

migrar pág. 145

camuflaje pág. 146

mimetismo pág. 146

CONCEPTOS CIENTÍFICOS

▶ cómo se adaptan los organismos a su medio ambiente

DESTREZA DE LECTURA

IDEA PRINCIPAL Y DETALLES

Busca detalles acerca de cómo los organismos subsisten en su medio ambiente.

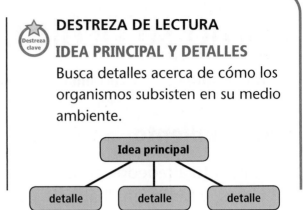

Cómo subsisten los seres vivos

Todos los seres vivos tienen maneras de subsistir. Cualquier característica que ayude a un animal a subsistir es una **adaptación**. Una adaptación puede ser física. Por ejemplo, la liebre americana que se muestra en la fotografía cambia de color en verano y en invierno. La adaptación también pueden ser una conducta: las serpientes buscan refugio en la sombra para protegerse del calor. Los animales aprenden algunas conductas. Otras conductas son instintos. Un **instinto** es una conducta que el animal practica sin que se la hayan enseñado.

En invierno, el pelaje de esta liebre se pone blanco para pasar inadvertida en su medio ambiente.

La forma de las hojas de la bromelia le permiten almacenar agua. Los tallos, las raíces y las hojas de las plantas son adaptaciones que les ayudan a subsistir.

Las raíces que tienen esta forma especial se llaman "raíces de apoyo". Ayudan a sujetar las plantas altas y delgadas, como el maíz, y las plantas que crecen en zonas pantanosas.

El tallo de esta vid forma zarcillos que elevan las hojas para que obtengan luz solar.

Las plantas también tienen adaptaciones que las ayudan a subsistir. Las partes de las plantas son adaptaciones físicas. Recuerda que los tallos de algunas plantas del desierto almacenan agua. Algunas plantas del bosque tropical lluvioso tienen hojas muy grandes. Como el bosque es muy sombreado, las hojas grandes ayudan a los árboles a recibir más luz solar para producir alimento. También las raíces tienen adaptaciones físicas. Algunas penetran muy profundamente en el suelo para absorber el agua que se encuentra muy por debajo de la superficie.

Abajo los pulgares

Cierra el puño dejando adentro el pulgar. Intenta levantar objetos sin mover el pulgar. Ahora intenta escribir tu nombre sin mover el pulgar. Comenta tus observaciones con un compañero. ¿Por qué crees que el pulgar es una adaptación útil para los humanos?

 IDEA PRINCIPAL Y DETALLES ¿Cuál es un ejemplo de adaptación?

143

La hibernación

En otoño, cuando el clima se vuelve más frío, algunos animales comienzan a ingerir más comida que la normal. Después **hibernan**, es decir, entran en un estado parecido al sueño que dura todo el invierno. Cuando está hibernando, el animal no se mueve. La temperatura de su cuerpo desciende y su ritmo cardíaco disminuye, y puede llegar a respirar solo una vez cada media hora.

Los animales pierden más calor corporal durante el invierno. Necesitarían comer más para mantenerse activos y en calor, pero el alimento escasea durante el invierno. Un animal que hiberna no está en actividad y, por lo tanto, ahorra energía. Como se nutre de la grasa almacenada en su cuerpo, no necesita buscar comida.

IDEA PRINCIPAL Y DETALLES ¿Qué dos cosas ocurren en el cuerpo de un animal mientras hiberna?

Esta ardilla listada hiberna durante el invierno. Para mantenerse en calor, se enrosca como un ovillo. ▼

Las Matemáticas en las Ciencias

Interpretar datos

Halla la diferencia en el ritmo cardíaco de cada animal cuando está activo y cuando está hibernando.

Ritmos cardíacos promedio

Eje vertical: Latidos por minuto (0, 25, 50, 75, 100, 125, 150, 175, 200)

Eje horizontal: Animales (Erizo, Marmota, Murciélago)

Clave: ▮ = Activo ▮ = Hibernación

Alaska

CANADÁ

OCÉANO
PACÍFICO

ESTADOS UNIDOS

OCÉANO
ATLÁNTICO

MÉXICO

▲ En otoño, los gansos canadienses vuelan hacia el sur desde el norte de Canadá y Alaska. Los grupos vuelan en dos líneas que forman una "V" en el cielo.

▲ Cada otoño, millones de mariposas monarca vuelan de Estados Unidos a México. Cuando llega la primavera, regresan al norte para poner sus huevos.

Migración

Muchos animales **migran**, o viajan de un lugar a otro, y después regresan. La mayoría de las aves del hemisferio norte vuelan hacia el sur en otoño. Por lo general, las regiones del sur tienen un clima más cálido y más alimento. En primavera, las aves migratorias regresan al norte para tener cría.

En otoño, las ballenas grises migran de las frías aguas de Alaska. Pasan el invierno en las aguas cálidas cercanas a California. Las hembras permanecen allí para parir a sus crías y regresan a Alaska en primavera.

 IDEA PRINCIPAL Y DETALLES ¿Por qué migran los animales?

Este pez se llama "pez roca" porque se parece a la roca que está a su lado.

El insecto palo es difícil de ver porque se parece mucho a una ramita de árbol.

El camaleón puede cambiar de color para parecerse a lo que está junto a él.

Los "ojos" de las alas de esta polilla confunden a las aves que intentan comerla, y les hacen creer que un animal mucho más grande las está mirando.

Jugar a las escondidas

Algunos animales pueden ocultarse sin esfuerzo, gracias a su forma o a los colores y patrones de su pelaje o su caparazón. Ese disfraz se llama **camuflaje**. Por ejemplo, muchas aves hembras son de color café. Esas aves pasan inadvertidas en sus nidos cuando están empollando.

Algunos animales se parecen mucho a otros animales. Por ejemplo, algunas serpientes no venenosas tienen la misma apariencia que las que sí lo son. Como no pueden distinguir cuál es la venenosa, los otros animales no atacan a ninguna de las dos. La imitación de la apariencia de otro animal se llama **mimetismo**.

 IDEA PRINCIPAL Y DETALLES ¿Qué es el camuflaje?

1. IDEA PRINCIPAL Y DETALLES Copia y completa el siguiente organizador gráfico.

> **Idea principal: los seres vivos tienen adaptaciones que les ayudan a subsistir.**
>
> **Adaptación física**
>
> **A** _____
>
> **mimetismo**
>
> **B** _____
>
> **C** _____
>
> **hibernación**

2. RESUMIR Escribe dos oraciones que indiquen el contenido principal de esta lección.

3. SACAR CONCLUSIONES ¿De qué manera el camuflaje y el mimetismo ayudan a los animales a subsistir?

4. VOCABULARIO Escribe una oración que explique cómo se relacionan los términos *adaptación*, *hibernación* y *migración*.

Preparación para la prueba

5. ¿Cuál de las siguientes es una adaptación física?
   A. camuflaje
   B. hibernación
   C. instinto
   D. migración

Enlaces

Redacción

Redacción narrativa
Elige un animal que hiberne. Escribe un **cuento** sobre cómo el animal se prepara para la hibernación.

Teatro

Obra sobre la migración
Investiga acerca de un animal que migre en invierno. Junto con otros cinco compañeros de clase, escribe una obra de teatro que relate la ruta migratoria de ese animal. Representa tu obra ante la clase.

 Para hallar otros enlaces y actividades, visita www.hspscience.com

¿Cómo cambian los ecosistemas?

Datos breves

La presa Hoover La presa Hoover está ubicada a orillas del río Colorado, en la frontera entre Nevada y Arizona. El lago artificial que se formó detrás de la presa modificó la tierra para siempre. En la sección "Investigación" observarás cómo puede cambiar un medio ambiente.

Cambiar el medio ambiente

Materiales
- arena húmeda
- piedras pequeñas
- caja de cartón poco profunda
- regadera
- bloque de madera
- hojas de árboles y ramitas
- agua

Procedimiento

Paso 1

1 Con un compañero, coloca la arena en la caja. Con las manos, forma montañas, valles y el lecho de un arroyo. Coloca las hojas y las ramitas en la arena para que representen plantas.

2 Con cuidado, alza uno de los extremos de la caja y coloca el bloque de madera debajo del extremo que alzaste.

3 Usa la regadera para verter lentamente un poco de agua en el lecho del arroyo que hiciste. Observa qué ocurre con la arena, el agua y las plantas.

Paso 3

4 Vierte el agua más rápidamente dentro del lecho y observa de nuevo.

Sacar conclusiones

1. ¿Qué ocurre con la arena, el agua y las plantas cuando se vierte solo un poco de agua en el arroyo?

2. **Destreza de examinación** Agrega varias piedras a lo largo del lecho del arroyo. Predice qué ocurrirá si viertes mucha agua en el lecho del arroyo. Haz la prueba. ¿Fue correcta tu predicción?

Investiga más

Predice qué ocurrirá con la arena, el agua y las plantas si construyes una presa en la mitad del lecho del arroyo. Haz la prueba.

149

VOCABULARIO

recurso pág. 151

CONCEPTOS CIENTÍFICOS

▶ cómo cambian los ecosistemas con el paso del tiempo

DESTREZA DE LECTURA

CAUSA Y EFECTO Busca las causas de los cambios en los ecosistemas.

Cómo cambian los ecosistemas

Los ecosistemas cambian con el paso del tiempo. A veces, los cambios son naturales. Los incendios y las inundaciones provocan cambios. Pueden destruir hábitats y matar a muchos seres vivos. Sin embargo, otros seres vivos sobreviven. Las semillas que sobreviven se convierten en plantas. Y los animales regresan a la zona para comer esas plantas.

Los seres vivos también modifican los ecosistemas. Cuando los castores derriban árboles para construir un dique, modifican el bosque. El dique que construyen cambia la corriente del agua.

La erupción causó el desprendimiento de la cima de la montaña.

 CAUSA Y EFECTO ¿Cómo afectan los castores el ecosistema cuando construyen un dique?

El monte Saint Helens, un volcán ubicado en el estado de Washington, medía 2950 metros (9680 pies) de altura antes de hacer erupción en mayo de 1980.

▲ Después de la erupción, una superficie de 180 kilómetros cuadrados (70 mi2) quedó cubierta de ceniza. Muchos hábitats fueron destruidos.

Observa cómo cambió la zona después de la construcción. Ahora, incluso hay un lago y un estanque que antes no estaban allí. ▼

▲ Esta foto muestra la zona antes de la construcción.

Cómo las personas cambian los ecosistemas

Las personas cambian los ecosistemas cuando usan materiales, o **recursos**, de esos ecosistemas. Talan árboles para construir viviendas. Extraen rocas y piedras para hacer caminos. Usan el agua que los animales y las plantas necesitan. Algunos de estos cambios dañan el ecosistema. Los gases que emiten los autos contaminan el aire, y la basura contamina los ríos y los campos.

Las personas también pueden ayudar a los ecosistemas. Plantar árboles después de un incendio contribuye a desarrollar un nuevo hábitat. Llevar agua a las zonas secas ayuda al crecimiento de más plantas.

 CAUSA Y EFECTO ¿Cómo afectan las personas a los ecosistemas?

A la basura
Haz una lista de cinco cosas que hoy hayas tirado a la basura. Compara tu lista con las de dos compañeros. Juntos, reflexionen acerca de las cosas que desecharon y que podrían haber sido recicladas.

151

Los efectos de los cambios en los ecosistemas

Cuando una parte de un ecosistema cambia, todo el ecosistema puede resultar afectado. Los incendios, por ejemplo, pueden hacer que algunos animales huyan. Los que permanecen en el lugar deben competir por los recursos que se salvaron del incendio. Si no hay recursos suficientes, las poblaciones disminuyen. Algunos individuos mueren y otros se van. Si un cambio trae más recursos, las poblaciones aumentan.

Ciertos organismos son capaces de adaptarse a los cambios en el ecosistema. Las personas construyen viviendas en los hábitats de osos, venados y otros animales. En esos casos, personas y animales deben aprender a compartir sus hábitats.

 CAUSA Y EFECTO ¿Qué les ocurre a los organismos cuando cambia un ecosistema?

▲ Es frecuente ver alces en Alaska.

▲ Muchos patos viven cerca de la gente.

A menudo, los venados cruzan repentinamente frente a los autos. Los conductores deben estar muy atentos. ▼

▲ En algunas calles de Florida, los conductores deben detener sus autos para permitir que crucen los aligátores.

152

1. CAUSA Y EFECTO Copia y completa el siguiente organizador gráfico.

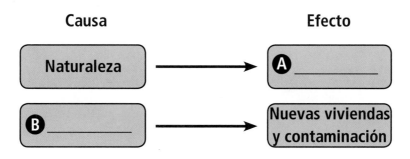

Cambios al ecosistema

Causa | Efecto

Naturaleza ⟶ **A** _____

B _____ ⟶ Nuevas viviendas y contaminación

2. RESUMIR Escribe un resumen de esta lección. Comienza con la oración *Los cambios en los ecosistemas tienen dos causas principales.*

3. SACAR CONCLUSIONES ¿Qué cambios favorables pueden producir las personas en un ecosistema?

4. VOCABULARIO Escribe una oración que identifique tres recursos de un ecosistema.

Preparación para la prueba
5. Razonamiento crítico
Explica cómo los seres vivos pueden cambiar un ecosistema.

Enlaces

Redacción

Redacción narrativa
Imagina que se construye un vecindario en una zona donde vive una familia de osos. Escribe un **cuento** acerca de cómo reaccionan los osos. Tu cuento puede ser cómico o serio.

Salud

Hacer un póster
Entrevista a un enfermero o un doctor. Pregúntale de qué manera la contaminación del aire modifica la salud de una persona. Haz un póster con la información que obtuviste. Muestra tu póster al resto de la clase.

Para hallar otros enlaces y actividades, visita
www.hspscience.com

OCULTAS PERO MUY VISIBLES

En los últimos años se ha registrado un enorme aumento en el uso de teléfonos celulares en Estados Unidos. Este incremento ha producido un efecto secundario nada agradable: las horribles torres de telefonía celular. Sin embargo, algunas compañías se esfuerzan para que las torres armonicen con el entorno.

Mejor, más rápido...
¿más feo?

Las compañías de teléfonos celulares están trabajando para que la tecnología de los teléfonos celulares sea mejor y más rápida que nunca. Estas compañías dividen las áreas de un estado en zonas llamadas "células". Cada célula tiene una estación central con una torre y otros equipos Las estaciones transmiten las llamadas de un teléfono celular a otro.

El problema es que a mucha gente no le agrada ver las altas torres metálicas. Una compañía de Arizona halló una manera de resolver el problema... ¡y la idea surgió al observar la naturaleza!

La compañía hace árboles, hojas y arbustos de materiales especiales que camuflan, o esconden, las torres de telefonía celular. Como Estados Unidos tiene gran variedad de paisajes (bosques, desiertos y pantanos, por ejemplo), las torres ocultas deben adaptarse a cada medio ambiente.

Piensa

1. ¿Cómo camuflarías una torre de telefonía celular en la zona donde vives?

¿Es un árbol o una torre?

En la mayoría de los casos, la torre se ve tan real que casi nadie nota la diferencia. Por ejemplo, la compañía hizo un cacto fabricado de un plástico especial. El cacto armoniza con su entorno desértico y oculta una torre de telefonía celular. La compañía ha hecho pinos para el medio ambiente montañoso y palmeras para las zonas más cálidas.

¡Investiga más! Visita
www.hspscience.com

POETA de la NATURALEZA

Cuando era niña, Rachel Carson amaba la naturaleza, y especialmente las aves. Cuando creció, trabajó en la Administración de Pesca y Vida Silvestre de Estados Unidos, *U.S. Fish and Wildlife Service.* Allí, Carson se enteró de que los agricultores usaban químicos para evitar que los insectos se comieran los cultivos. Carson creía que esos químicos también perjudicaban a las personas y los animales que vivían en los alrededores.

Más tarde, Carson escribió un libro llamado *Primavera silenciosa.* El libro contaba una historia sobre cómo los pesticidas dañaban a los animales, en especial a las aves. El libro de Rachel Carson contribuyó a que se dictaran leyes para evitar el uso de pesticidas que dañen los ecosistemas.

Profesión Científico ambientalista

El gobierno de Estados Unidos tiene muchas leyes que protegen el aire, el suelo y el agua de nuestro país. A menudo, los científicos ambientalistas son los encargados de garantizar que esas leyes se cumplan. Estos científicos están siempre alertas a la presencia de contaminación y, si la encuentran, buscan maneras de detenerla.

¡Sí puedes!

Proyecto fácil y rápido

¿Qué hay en la tierra?

Procedimiento

1. Extrae una pequeña cantidad de tierra, incluyendo las plantas.

2. Coloca la tierra sobre el papel blanco. Usa el lápiz para desmenuzar la tierra.

3. Usa la lupa para observar los seres vivos que puedas encontrar.

4. ¿Qué seres vivos encontraste? ¿Qué cosas sin vida encontraste?

Materiales

- tierra con plantas
- pala pequeña
- lápiz
- hoja de papel blanco
- lupa pequeña

Sacar conclusiones

¿Cómo interaccionan los seres vivos que se encuentran en la tierra?

Planea tu propia investigación

Tu ecosistema

Investiga el ecosistema en el que vives. ¿Cuánta lluvia recibe por año? ¿Cuáles son las temperaturas promedio en verano y en invierno? ¿Qué tipo de animales y plantas viven allí? Piensa diferentes maneras de observar tu ecosistema. Diseña un área de observación para estudiar los animales y las plantas de tu ecosistema. Anota tus observaciones en un diario.

Repaso y preparación para la prueba

Repaso de vocabulario

Usa los términos de abajo para completar las oraciones. Los números de página te indican qué parte del capítulo debes mirar si necesitas ayuda.

medio ambiente pág. 127
ecosistema pág. 128
población pág. 128
hábitat pág. 129
adaptación pág. 142
recurso pág. 151

1. Un material que proviene de un ecosistema es un _____.

2. Un grupo de seres vivos de la misma especie forman una _____.

3. Un ser vivo está rodeado por su _____.

4. Un ser vivo obtiene de su _____ todo lo que necesita para subsistir.

5. Los seres vivos y las cosas sin vida que interaccionan en un medio ambiente forman un _____.

6. Cualquier rasgo que ayude a un animal a subsistir es una _____.

Comprueba lo que aprendiste

Escribe la letra de la respuesta correcta.

7. ¿Cuál es una parte sin vida de un medio ambiente?
   A. un animal
   B. un insecto
   C. una raíz
   D. el oxígeno

8. ¿Qué tipo de adaptación tiene el animal que se muestra en la ilustración?
   F. camuflaje
   G. instinto
   H. migración
   J. mimetismo

9. ¿En qué ecosistema pueden vivir solo los animales y las plantas que necesitan muy poca agua para subsistir?
   A. desierto
   B. bosque
   C. pradera
   D. tundra

10. ¿Cuál de estas plantas crecería mejor en un desierto?

F. cacto

H. mala madre

G. pino

J. girasol

11. IDEA PRINCIPAL Y DETALLES ¿Cuál de los siguientes es un ejemplo de instinto?

A. un perro que se sienta cuando se lo ordenan

B. un mapache que come de un bote de basura

C. las manchas de un leopardo

D. una ardilla listada que come más antes de hibernar

12. ¿Qué le sucede a un animal durante la hibernación?

F. Come mucho.

G. Abandona su ecosistema con frecuencia.

H. Está inactivo.

J. Se desplaza de un hábitat a otro.

13. Si un ave vuela hacia el sur todos los inviernos, ¿qué hace?

A. se adapta

B. se camufla

C. hiberna

D. migra

14. ¿Cuál es un ejemplo de mimetismo?

F. una liebre ártica blanca en la nieve

G. una mosca a rayas como las de una abeja

H. una rana que se entierra en el barro durante el invierno

J. patos que viajan en busca de comida

15. ¿Cuál de los siguientes incluye al resto?

A. un medio ambiente

B. un ecosistema

C. una población

D. una comunidad

16. CAUSA Y EFECTO ¿Qué puede causar cambios en el medio ambiente?

F. solo las plantas y los animales

G. solo la naturaleza

H. las personas y la naturaleza

J. solo las personas

Destrezas de examinación

17. Menciona dos seres vivos y dos cosas sin vida que puedas observar en tu medio ambiente.

18. Compara un ecosistema de desierto con un ecosistema de bosque.

Razonamiento crítico

19. ¿Como crees que una tormenta de nieve cambiaría los hábitats de las plantas y los animales que viven en un ecosistema de bosque?

20. Se está construyendo un nuevo vecindario cerca de un árbol donde vive un mapache. ¿Cómo crees que el mapache podría adaptar su conducta para obtener alimento en su medio ambiente modificado?

5 Los seres vivos dependen unos de otros

Lección 1 ¿Cómo interaccionan las plantas y los animales?

Lección 2 ¿Qué son las cadenas alimentarias?

Lección 3 ¿Qué son las redes alimentarias?

Vocabulario

productor
consumidor
descomponedor
herbívoro
carnívoro
omnívoro
cadena alimentaria
pirámide alimentaria
depredador
presa
red alimentaria

Los colibríes usan sus picos largos y delgados para obtener el néctar de las flores. ¿De qué otras maneras obtienen alimento los animales? ¿Cómo obtienes tu alimento?

1

¿Cómo interaccionan las plantas y los animales?

Datos breves

Hacer monadas Los orangutanes usan los dientes para comer. Por lo general, su dieta consiste en frutas. En la sección "Investigación" observarás los dientes de algunos animales.

162

Revisión dental

Materiales • papel y lápiz • espejo pequeño • tarjetas con ilustraciones

Procedimiento

1 Copia la tabla en un papel.

2 **Observa** las tarjetas con ilustraciones que te dio tu maestro.

3 **Registra** en tu tabla el nombre de un animal. Dibuja la forma de sus dientes. Es posible que tenga dientes de diferentes formas.

4 **Registra** palabras que describan los dientes.

5 Lee el reverso de la tarjeta. Registra los alimentos que come el animal.

6 Repite los Pasos 2–5 con otros cuatro animales.

7 Usa el espejo para **observar** tus propios dientes. Agrega tu nombre en la tabla.

Sacar conclusiones

1. ¿Qué animal de tu tabla atrapa otros animales para alimentarse? ¿Qué animal come plantas?

2. **Destreza de examinación** Los científicos **observan** para aprender. Después, usan lo que **observaron** para **inferir** por qué ocurren las cosas. ¿Qué puedes **inferir** acerca de la relación entre la forma de los dientes de un animal y el tipo de alimento que come?

Tabla de dientes

Tipos de animales	Dibujo de los dientes	Descripción de los dientes	Tipos de alimentos

Paso 2

Investiga más

Elige otro animal. Investiga qué come y **predice** qué tipo de dientes tiene. Después, descubre si estás en lo cierto.

VOCABULARIO

productor pág. 165
consumidor pág. 165
descomponedor pág. 165
herbívoro pág. 166
carnívoro pág. 167
omnívoro pág. 168

CONCEPTOS CIENTÍFICOS

► cómo los seres vivos obtienen energía
► cómo los animales dependen de las plantas

DESTREZA DE LECTURA

COMPARAR Y CONTRASTAR

Compara cómo obtienen energía diferentes animales.

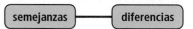

semejanzas — diferencias

Producir y obtener alimento

Todos los seres vivos necesitan alimento. Cuando tienes hambre, tu cuerpo necesita alimento para obtener energía. Puedes hacer un emparedado pero, ¿realmente puedes "producir" tu propio alimento? ¿Puedes producir los cacahuates de la mantequilla de cacahuate?

A diferencia de las personas, las plantas sí son capaces de usar luz solar, aire y agua para producir su propio alimento. Las plantas tienen partes donde almacenan el alimento que les sobra. Ese alimento está lleno de energía.

Los animales no pueden producir su propio alimento. Algunos animales, como los conejos, comen plantas para obtener energía. El cuerpo de los conejos absorbe la energía de las plantas. Otros animales obtienen la energía cuando se comen a los conejos.

 COMPARAR Y CONTRASTAR ¿En qué se diferencia la manera en que se alimentan las plantas y los animales?

◄ La energía de la superficie terrestre proviene del sol. Sin el sol, las plantas no tendrían energía. No podrían producir alimento ni crecer. Sin las plantas, los animales no podrían obtener energía ni podrían crecer.

Productores, consumidores y descomponedores

Las plantas son productores. Un **productor** es un ser vivo que hace, o produce, su propio alimento. Los productores usan ese alimento para crecer. La hierba es un productor, al igual que los árboles y los arbustos.

Los animales son consumidores. Un **consumidor** es un ser vivo que se alimenta de otros animales para obtener energía. Los consumidores no pueden producir su propio alimento. Los venados, las águilas, las ranas e incluso las personas son consumidores.

Algunos tipos de seres vivos son descomponedores. Un **descomponedor** disuelve la materia muerta para alimentarse. Las lombrices de tierra, las bacterias y los hongos son descomponedores. La mayoría de los descomponedores son muy pequeños. Solo pueden verse a través de un microscopio.

Destreza clave
COMPARAR Y CONTRASTAR ¿En qué se diferencian y en qué se asemejan los productores, los consumidores y los descomponedores?

Los girasoles son productores. Almacenan alimento en sus semillas. Las aves son consumidores. Comen semillas para obtener energía.

Las lombrices de tierra comen partes de plantas muertas y las separan en trocitos diminutos. Las lombrices de tierra contribuyen a que los nutrientes de las plantas muertas regresen al suelo. Al año siguiente, las raíces de los girasoles absorberán los nutrientes.

Herbívoros

Existen tres tipos de consumidores: los herbívoros, los carnívoros y los omnívoros. Un **herbívoro** es un consumidor que solo come plantas. Las pequeñas abejas y los enormes pandas son herbívoros. Las personas que solo comen frutas y verduras también son herbívoros.

Cada herbívoro tiene partes del cuerpo que lo ayudan a comer plantas. El colibrí tiene un pico largo y una lengua especial que le permiten alcanzar el néctar, un líquido dulce que producen las flores. El néctar, que se encuentra en el interior de las flores, es el alimento del ave. La vaca tiene dientes planos para masticar la hierba.

 COMPARAR Y CONTRASTAR ¿En qué se diferencia un herbívoro de un productor?

▲ Las orugas son herbívoras porque solo comen hojas.

▲ Los caballos también son herbívoros. Cuando mastican la hierba, sus mandíbulas inferiores se mueven hacia los costados en lugar de moverse de arriba abajo.

La tortuga galápago come solamente plantas. Las tortugas caguama comen peces y cangrejos y, por lo tanto, no son herbívoros. Otras tortugas comen tanto plantas como animales.

▲ Los lobos son carnívoros. Cazan en manada y solo comen carne.

Carnívoros

Un **carnívoro** es un consumidor que come otros animales para alimentarse. Los carnívoros tienen partes del cuerpo que las ayudan a cazar y comer.

El gavilán de cola roja, por ejemplo, tiene una vista muy aguda. ¡Puede divisar un conejo a una milla de distancia! El halcón tiene garras que lo ayudan a atrapar conejos. Con el pico puede desgarrar la carne con facilidad.

Las manchas de un leopardo lo ocultan mientras se acerca sigilosamente a su próxima comida. Sus garras y dientes filosos lo ayudan a atrapar, matar y comer su alimento.

⭐ **Destreza clave** **COMPARAR Y CONTRASTAR** ¿Qué tienen en común los herbívoros y los carnívoros?

▲ Algunos insectos son carnívoros. La libélula come mosquitos, moscas y otros insectos.

Minilab

La tarea de los dientes

Intenta comer una galleta solamente con tus dientes delanteros. ¿Qué ocurre? ¿Qué te indica eso acerca del propósito de tus dientes delanteros y de tus muelas?

167

Omnívoros

Un **omnívoro** es un consumidor que come plantas y animales. ¿Comes hamburguesas? Si lo haces, entonces eres un omnívoro. La carne viene de la vaca. Y el pan está elaborado con trigo, que es una planta.

El chimpancé es un omnívoro. Come principalmente fruta, pero también come hormigas y otros insectos. A veces, incluso caza y come mamíferos pequeños.

La mayoría de los omnívoros tienen dientes que les permiten comer tanto plantas como animales. Los dientes afilados que tienes en la parte delantera de la boca te ayudan a desgarrar la carne. Los dientes planos que están en la parte trasera de la boca te ayudan a moler las plantas.

⭐ **COMPARAR Y CONTRASTAR** **¿En qué se diferencian los herbívoros, los carnívoros y los omnívoros?**

El oso pardo es el omnívoro más grande de América del Norte. Tiene un buen sentido del olfato. Cuando busca comida, a menudo se detiene para olfatear el aire.

◀ Aunque las gallinas y los gallos no tienen dientes, comen semillas y también insectos que atrapan.

Los mapaches comen casi de todo: huevos de pato, ratones, ranas, maíz tierno, insectos y frutas. ▶

1. **COMPARAR Y CONTRASTAR** Copia y completa el siguiente organizador gráfico.

Tipo de consumidor	Ejemplo	Qué come
Herbívoro	Vaca	**A** _____
Carnívoro	**B** _____	**C** _____
D _____	**E** _____	**F** _____

2. **RESUMIR** Usa las palabras de vocabulario para escribir un párrafo que resuma esta lección.

3. **SACAR CONCLUSIONES** ¿Por qué el lobo depende de las plantas para obtener energía?

4. **VOCABULARIO** Haz un crucigrama con las palabras de vocabulario.

Preparación para la prueba

5. **Razonamiento crítico** ¿Qué comería un carnívoro?

- **A.** una zanahoria
- **B.** una hoja
- **C.** un mosquito
- **D.** una semilla

Enlaces

Redacción

Redacción informativa
Has descubierto un nuevo tipo de animal. Debes determinar si el animal es herbívoro, carnívoro u omnívoro. Escribe una **explicación** de cómo lo harás.

Arte

Móvil de consumidores
Haz un móvil que muestre los tres tipos de consumidores. Asegúrate de incluir al menos dos ejemplos de cada tipo de consumidor.

Para hallar otros enlaces y actividades, visita
www.hspscience.com

2

¿Qué son las cadenas alimentarias?

Datos breves

¡A comer! El águila pescadora se lanza al agua para atrapar un pez con las garras. Los dedos del águila tienen unas púas que impiden que el pez escape. En la sección "Investigación" descubrirás qué comen otros animales.

Hacer una cadena alimentaria

Materiales • 5 tarjetas • marcador • 4 trozos de hilo o estambre
• cinta adhesiva

Procedimiento

1 Numera las tarjetas de 1 a 5 en la esquina inferior derecha.

2 En la Tarjeta 1 dibuja pasto. En la Tarjeta 2, un saltamontes. En la Tarjeta 3, un ratón. En la Tarjeta 4, una culebra, y en la Tarjeta 5 dibuja un zorro. Rotula todas las tarjetas.

3 Ordena las tarjetas por número. Usa el estambre y la cinta adhesiva para unirlas.

4 Extiende sobre la mesa las tarjetas. ¡Acabas de **hacer un modelo** de una cadena alimentaria!

Sacar conclusiones

1. ¿Qué parte de tu cadena alimentaria es un productor? ¿Qué partes son consumidores?

2. **Destreza de examinación** Los científicos **hacen modelos** para estudiar y comprender un proceso. ¿Te ayuda tu modelo a comprender las cadenas alimentarias? Explica tu respuesta.

Paso 2

Paso 3

Investiga más

Investiga qué comen otros organismos. **Haz un modelo** que muestre la relación entre un productor y los consumidores.

VOCABULARIO

cadena alimentaria
pág. 172

pirámide alimentaria
pág. 174

depredador pág. 176

presa pág. 176

CONCEPTOS CIENTÍFICOS

▶ cómo la energía de los alimentos se transfiere a los seres vivos en una cadena alimentaria

DESTREZA DE LECTURA

ORDENAR EN SECUENCIA

Busca cómo la energía recorre una cadena alimentaria.

Cadenas alimentarias

Tú estás en el extremo final de muchas cadenas alimentarias. Una **cadena alimentaria** muestra el camino que recorre el alimento al pasar de un ser vivo a otro.

Por ejemplo, una cadena alimentaria comienza con un manzano que usa la energía de la luz solar para producir su alimento. El árbol almacena cierta cantidad de energía en sus manzanas. Cuando comes una manzana, obtienes esa energía almacenada. Originalmente, la energía provino de la luz solar.

El productor en esta cadena alimentaria es una planta. La planta usa luz solar para producir su alimento.

El saltamontes come las hojas del árbol. Obtiene la energía que estaba almacenada en las hojas.

Otra cadena alimentaria comienza con las plantas de maíz, que producen su propio alimento. A continuación, una gallina come granos de maíz. Después, la gallina pone un huevo, y tú comes el huevo. La energía que está en ese huevo proviene de la energía de la luz solar.

Una cadena alimentaria comienza siempre con un productor. Algunas cadenas alimentarias son largas y otras son cortas. Por lo general, en una cadena alimentaria, los animales grandes comen a los animales pequeños. Cuando un animal o una planta mueren, los descomponedores se incorporan a la cadena alimentaria. Los descomponedores disuelven las plantas y los animales muertos para que vuelvan a formar parte de la tierra.

 ORDENAR EN SECUENCIA ¿Qué ocurre con la energía de una semilla cuando un ave la come?

Una lagartija come al saltamontes. Usa la energía del insecto para vivir y crecer.

El búho es el último consumidor de esta cadena alimentaria. Debe comer animales pequeños para obtener la energía que necesita.

Pirámides alimentarias

El ratón come plantas para obtener energía. Usa parte de esa energía para vivir y crecer. Si un zorro come al ratón, obtiene solamente la energía que el ratón no usó.

Una **pirámide alimentaria** es un diagrama que muestra cómo se usa la energía en una cadena alimentaria. Los productores forman el grupo más numeroso de la pirámide. La energía de los productores se transfiere a los herbívoros que los comen. Los herbívoros usan parte de esa energía. El resto de la energía se transfiere a los animales que comen a los herbívoros.

 ORDENAR EN SECUENCIA ¿Cuáles son los dos tipos de consumidores que obtienen energía de los herbívoros?

Un lince rojo debe atrapar y comer muchos animales pequeños para obtener suficiente energía para vivir y crecer. ▼

Minilab

Mirando desde arriba

Usa las Tarjetas con ilustraciones 34 a 37 para dibujar una pirámide alimentaria en una hoja de papel. Hay menos seres vivos en el extremo de la pirámide. Procura dibujar la cantidad adecuada de seres vivos en cada nivel.

Pirámide alimentaria

Cada nivel de una pirámide alimentaria tiene menos seres vivos que el nivel inmediatamente inferior. Esto sucede porque cada nivel tiene menos energía que el nivel que lo precede.

El halcón es el consumidor del extremo de esta pirámide alimentaria.

Las comadrejas son carnívoras. Comen aves para obtener energía.

Estas aves son carnívoros que comen saltamontes para obtener su energía. Usan la mayor parte de esa energía para vivir. Almacenan el resto de la energía.

Los saltamontes son herbívoros que comen hierbas para obtener su energía. Usan la mayor parte de esa energía para vivir. Almacenan el resto de la energía.

La hierba, un productor, usa la energía de la luz solar para producir alimento.

Para hallar otros enlaces y actividades, visita
www.hspscience.com

El depredador y la presa

Has aprendido que algunos animales comen a otros animales. Un animal que caza a otro para alimentarse es un **depredador**. El lobo es un depredador. También el oso hormiguero.

El animal que el depredador caza para alimentarse es su **presa**. A menudo, los conejos y los ratones son las presas del lobo. Las hormigas son las presas del oso hormiguero.

Algunos animales son depredadores y presas. Un ave pequeña que come insectos es un depredador. Si un halcón la caza, entonces el ave se convierte en presa y el halcón es el depredador.

 ORDENAR EN SECUENCIA Un pez mediano es un depredador. ¿Qué debe ocurrir para que ese pez se convierta en presa?

▲ El frailecillo puede transportar hasta 10 peces a la vez para alimentar a sus crías.

El guepardo, un depredador, puede correr a 113 km (70 mi) por hora. No puede correr grandes distancias a esa velocidad, pero sí lo suficiente para atrapar a la mayoría de sus presas.

1. ORDENAR EN SECUENCIA Copia y completa el siguiente organizador gráfico. Ordena los nombres de estos seres vivos para formar una cadena alimentaria.

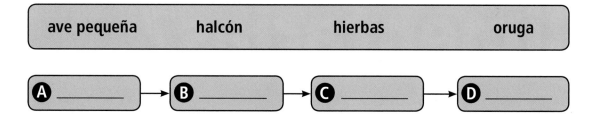

| ave pequeña | halcón | hierbas | oruga |

A _____ → B _____ → C _____ → D _____

2. RESUMIR Escribe un párrafo para resumir lo que hacen los productores, los consumidores y los descomponedores de una cadena alimentaria.

3. SACAR CONCLUSIONES ¿Qué efecto tendría la disminución de luz solar en una pirámide alimentaria?

4. VOCABULARIO Haz un ejercicio para unir los términos de vocabulario con sus definiciones.

Preparación para la prueba

5. Razonamiento crítico Todas las noches observas cómo un búho atrapa ratones. Explica cómo es posible que el búho obtenga energía solar si se oculta en las sombras durante el día.

Enlaces

Redacción

Redacción informativa
En 1972, una ley prohibió el uso de DDT para matar insectos. Investiga qué efecto tenía el DDT sobre las águilas y las cadenas alimentarias. Escribe un breve **informe** sobre el tema.

Matemáticas

Hallar la fracción
Una cadena alimentaria está formada por un productor, un herbívoro, un omnívoro y un carnívoro. ¿Qué fracción de los seres vivos que forman esta cadena come plantas?

Para hallar otros enlaces y actividades, visita
www.hspscience.com

¿Qué son las redes alimentarias?

Datos breves

Sacar la lengua ¡Los osos hormigueros tienen una lengua larga y pegajosa! Con ella atrapan hormigas. Sin embargo, las hormigas no son su único alimento. El oso hormiguero también come termitas. En la sección "Investigación" aprenderás acerca de otros animales que forman parte de más de una cadena alimentaria.

Hacer una red alimentaria

Materiales
- tarjetas cortadas en cuartos
- cinta adhesiva o pegamento
- cartulina grande
- crayolas

Procedimiento

1 Escribe los nombres de cada uno de los seres vivos de la tabla, uno en cada tarjeta.

2 Con la cinta adhesiva o el pegamento, pega las tarjetas en círculo sobre la cartulina.

3 Usa la tabla para formar dos cadenas alimentarias. Regístralas en papel.

4 Usa una crayola para trazar flechas que unan las partes de una de las cadenas alimentarias. Traza flechas de otro color entre las partes de la segunda cadena alimentaria.

5 Observa dónde se superponen las cadenas alimentarias. Acabas de hacer un modelo de una red alimentaria.

Sacar conclusiones

1. ¿Por qué las dos cadenas comienzan con el trébol?

2. **Destreza de examinación** A menudo, los científicos usan modelos, gráficas y dibujos para comunicar ideas. ¿Cómo te ayuda tu modelo a comunicar qué es una red alimentaria?

| Tabla de la red alimentaria ||
Ser vivo	Lo que come
trébol	usa el sol para producir su propio alimento
saltamontes	trébol
rana	saltamontes
serpiente	rana, ratón
búho	serpiente, ratón
ratón	trébol

Paso 2

Investiga más

Elige un animal que te guste. Investiga qué come y quién lo come a él. Luego, haz un modelo de una red alimentaria que incluya ese animal.

VOCABULARIO

red alimentaria pág. 180

CONCEPTOS CIENTÍFICOS

▶ qué son las redes alimentarias y cómo pueden cambiar

▶ cómo se protegen los animales

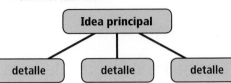

DESTREZA DE LECTURA

IDEA PRINCIPAL Y DETALLES

Busca detalles acerca de las redes alimentarias.

Idea principal

detalle   detalle   detalle

Red alimentaria

La mayoría de los animales comen muchas cosas diferentes. Tú también lo haces. Esto significa que tú y la mayoría de los animales integran muchas cadenas alimentarias. Cuando las cadenas alimentarias se superponen forman una **red alimentaria**.

IDEA PRINCIPAL Y DETALLES ¿Qué es una red alimentaria?

Esta garza es un depredador. Come peces, lagartijas, ranas, ratones e insectos. Una garza joven también puede ser la presa de un aligátor. ▶

▲ Todas las cadenas y redes alimentarias comienzan con productores. Estas plantas proporcionan alimento a los animales. Algunas también les brindan refugio.

Red alimentaria del pantano

Los caimanes comen casi cualquier cosa. Forman parte de muchas cadenas alimentarias y están en el extremo de la pirámide alimentaria. ▶

◀ Los insectos, como este saltamontes, son un eslabón importante de muchas redes alimentarias.

▲ Esta almizclera es parte de cadenas alimentarias terrestres y acuáticas.

En este pantano, una tortuga puede comer plantas, peces, ranas e insectos. ▼

181

Cómo se defienden los animales

Los ratones son presas de halcones, búhos y otros animales. Un ratón puede parecer débil e indefenso. Sin embargo, incluso los animales más pequeños, como los ratones, tienen maneras de defenderse.

Por ejemplo, el color del ratón lo ayuda a "mezclarse" con su entorno para pasar inadvertido. Por lo general, los ratones salen de noche. La oscuridad los ayuda a ocultarse. La mayoría de los ratones tienen muy desarrollados los sentidos del oído, la vista y el olfato. Sus sentidos los ayudan a saber si hay un depredador en las cercanías.

Cuando está en peligro, la zarigüeya se recuesta de lado con los ojos abiertos para fingir que está muerta. Los depredadores no atacan a los animales muertos. ▶

Algunas serpientes muerden para defenderse. El veneno que liberan sus colmillos puede matar a su presa o a sus depredadores.

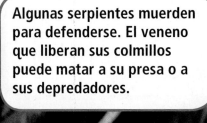

▲ Los zorrillos rocían un líquido maloliente sobre sus depredadores. Si ves un zorrillo que levanta la cola... ¡huye lo más rápido que puedas!

▲ El ñu permanece en manada para estar a salvo. Un ñu que se separa de la manada puede convertirse en una presa para sus depredadores.

También los insectos pueden ser presas. Para ocultarse, muchos insectos tienen colores semejantes a su entorno. Otros tienen formas semejantes a hojas o palitos, que confunden a los depredadores.

Algunos animales, como la gacela, pueden correr más rápido que los depredadores. Una gacela puede alcanzar los 80 kilómetros (50 mi) por hora. Pero su principal depredador, el guepardo, es más veloz: corre a 113 kilómetros (70 mi) por hora. Sin embargo, la gacela corre en zigzag. Eso hace que sea más difícil atraparla. Cuando no puede atrapar rápidamente a la gacela, el guepardo se da por vencido.

IDEA PRINCIPAL Y DETALLES

Destreza clave

¿Cuáles son tres maneras en que los animales pueden defenderse?

▲ Cuando un pulpo está en peligro, lanza un chorro de tinta en el agua. La nube de tinta lo oculta y le permite escapar.

▲ La anémona de mar pica a los peces menos al pez payaso, que se acerca a la anémona para protegerse de los depredadores.

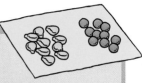

Minilab

Ocultarse de los depredadores

Coloca diez chícharos y diez granos de maíz en una hoja de papel amarillo. Cierra los ojos durante un minuto. Luego, ábrelos y recoge las primeras cinco semillas que veas. Compara tus resultados con los del resto de la clase. ¿Qué descubriste?

Cambios en las redes alimentarias

Muchos factores pueden modificar una red alimentaria. A menudo, cuando aumenta la cantidad de plantas aumenta también la cantidad de herbívoros. Una mayor cantidad de herbívoros puede llevar a que haya más carnívoros y omnívoros. Por otro lado, si hay menos plantas, también habrá menos animales. Un cambio en una de las partes de la red alimentaria puede cambiar muchas otras partes de la misma red alimentaria.

Agregar una nueva planta o un nuevo animal también puede modificar la red alimentaria. La nueva planta puede extenderse sobre las otras plantas. El nuevo animal puede comer muchos otros animales o muchas plantas.

IDEA PRINCIPAL Y DETALLES Menciona dos

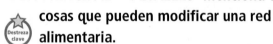 cosas que pueden modificar una red alimentaria.

Las Matemáticas en las Ciencias
Interpretar datos

El sapo de la caña fue introducido en Australia con el fin de eliminar el escarabajo de la caña. En esa época, no se sabía que el sapo iba a reproducirse tan rápido que interrumpiría otras redes alimentarias. Si no se toman medidas para detener el crecimiento de la población de sapos de la caña, ¿qué crees que mostrará la próxima columna de esta gráfica?

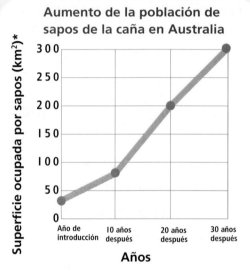

Aumento de la población de sapos de la caña en Australia

Superficie ocupada por sapos (km²)*

300
250
200
150
100
50
0

Año de introducción | 10 años después | 20 años después | 30 años después

Años

* Superficie estimada a los 1000 km² más próximos

1. IDEA PRINCIPAL Y DETALLES Copia y completa el siguiente organizador gráfico.

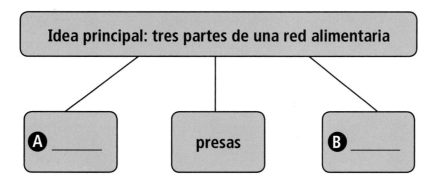

Idea principal: tres partes de una red alimentaria

A _____ | **presas** | **B** _____

2. RESUMIR Escribe un párrafo que contenga la información más importante de esta lección.

3. SACAR CONCLUSIONES ¿Cuál es la diferencia entre una cadena alimentaria y una pirámide alimentaria?

4. VOCABULARIO Escribe una oración para explicarle a un estudiante de menor edad qué es una red alimentaria.

Preparación para la prueba

5. Razonamiento crítico ¿Cuál de estos organismos de una red alimentaria tiene **menos** probabilidades de ser devorado?

A. un herbívoro
B. un depredador
C. una presa
D. un productor

Enlaces

Redacción

Redacción persuasiva
Para eliminar los mosquitos de tu ciudad, algunas personas quieren traer de Brasil un ave que come mosquitos. Escribe una **carta** al editor del periódico local para expresar tu opinión.

Arte

Red alimentaria de papel
Construye eslabones de papel para hacer un modelo de red alimentaria. Dibuja una planta o un animal en cada eslabón. Podrías conectar uno de los eslabones, por ejemplo, el eslabón de la hierba, con otros eslabones.

Para hallar otros enlaces y actividades, visita
www.hspscience.com

¿Alimento o veneno?
La cadena alimentaria

Un oso polar se sienta a orillas de un lago congelado. Cerca de él, una foca asoma la cabeza del agua. Repentinamente, el oso polar salta y atrapa a la foca. Pero, al comerla, es posible que el oso también esté comiendo veneno.

El oso polar vive en el Ártico, la región que rodea el Polo Norte. Aunque parezca muy lejano, el Ártico está conectado con el resto del mundo por corrientes oceánicas y vientos. Algunos científicos aseguran que ya comenzaron a aparecer sustancias químicas perjudiciales en el Ártico.

Viajar por aire y por agua

La mayoría de las sustancias químicas perjudiciales y los contaminantes provienen de fábricas ubicadas en diferentes países. Otros contaminantes son sustancias químicas que se usan para matar insectos, malas hierbas y otras plagas. "La mayoría de las sustancias contaminantes viene de afuera del Ártico", afirmó Samantha Smith, experta en el Ártico. El agua y el viento arrastran las sustancias contaminantes hasta el Ártico.

Los científicos extraen muestras de agua y de aire del Ártico para estudiar las sustancias contaminantes. Usan microscopios y computadoras para examinar las muestras en el laboratorio.

¿Alimento o veneno?

En el Ártico, las sustancias contaminantes envenenan la cadena alimentaria. Una *cadena alimentaria* está formada por las plantas y los animales que son devorados por otros animales.

Si los animales comen demasiadas sustancias contaminantes, tendrán problemas para reproducirse.

"Finalmente, solo quedarán los animales más viejos y no habrá otros para reemplazarlos cuando mueran", aseguró uno de los científicos.

PIENSA

1. ¿En qué parte de la cadena alimentaria del Ártico crees que está el oso polar: en el extremo, en el centro o en la base?
2. Además de las sustancias contaminantes, ¿qué otra cosa podría afectar la cadena alimentaria del Ártico?

La cadena alimentaria

Las sustancias contaminantes se adhieren a las plantas que crecen en el agua. Los animales diminutos que viven en el agua comen plantas. Los peces que se alimentan de plantas y animales diminutos también están comiendo el veneno. Otros animales, como osos polares, focas, zorros, orcas y aves, comen los peces envenenados.

¡Investiga más! Visita
www.hspscience.com

187

Proteger las cadenas alimentarias

De acuerdo con Deshanique Williams, la basura no es solo desagradable. También puede dañar a los animales. Por eso, cuando vio que había basura en un arroyo cercano a su escuela, en California, decidió hacer algo al respecto.

Primero estudió el arroyo, el área que lo rodeaba y sus cadenas alimentarias. Notó que los animales, como la garza azul, comían babosas. A Deshanique le preocupó que los animales intentaran comer basura creyendo que era alimento. La basura no solo podía enfermar a los animales, sino que también podría alterar la cadena alimentaria.

Entonces, Deshanique organizó un equipo de limpieza con los niños del lugar para recoger los desperdicios. También está trabajando para que se apruebe una ley que proteja el arroyo. Además, Deshanique escribió un libro acerca del arroyo y del trabajo que está llevando a cabo.

Babosa

Garza azul

¡Sí puedes!

Proyecto fácil y rápido

Tu cadena alimentaria

Procedimiento

1. En la parte superior del papel, escribe cada uno de los alimentos que ingeriste en una de tus comidas.

2. Debajo de cada alimento, dibuja de qué fuente proviene. Por ejemplo, la leche viene de la vaca. Conecta con una flecha el alimento y su fuente.

3. Si la fuente es un animal, dibuja debajo lo que come el animal. Conecta con una flecha el animal y su alimento.

Materiales

- una hoja grande de papel
- lápiz

Sacar conclusiones

¿A qué dirección debe apuntar cada flecha para mostrar cómo se mueve la energía? ¿Qué debe haber en la base de cada cadena alimentaria?

Planea tu propia investigación

Las cadenas alimentarias del mar

¿Te gustan el salmón, los camarones o los ostiones? Elige tu pez o tu marisco favorito, y predice qué come ese animal. Luego, investiga para comprobar si acertaste. Haz una cadena alimentaria que incluya ese alimento. Tú debes estar en el extremo de la cadena. Coloca tu cadena alimentaria en un tablero de anuncios para presentarla al resto de la clase.

Repaso del vocabulario

Usa los términos de abajo para completar las oraciones. Los números de página te indican qué parte del capítulo debes mirar si necesitas ayuda.

productores pág. 165
consumidores pág. 165
descomponedores pág. 165
herbívoro pág. 166
carnívoro pág. 167
cadena alimentaria pág. 172
depredador pág. 176
red alimentaria pág. 180

1. Un animal que solo come carne es un _____.

2. Los _____ disuelven las plantas y los animales muertos.

3. El alimento se transmite de un ser vivo a otro a través de una _____.

4. Los carnívoros y los omnívoros son _____.

5. Una _____ muestra cómo se superponen las cadenas alimentarias.

6. La vaca es un consumidor y un _____.

7. El guepardo es un consumidor, un carnívoro y un _____.

8. Los únicos seres vivos que pueden producir su propio alimento son los _____.

Comprueba lo que aprendiste

Escribe la letra de la respuesta correcta.

9. ¿Cuál es la fuente de energía de las plantas?
   A. las redes alimentarias
   B. las presas
   C. los productores
   D. la luz solar

10. **ORDENAR EN SECUENCIA** ¿Cómo se transfiere la energía de una planta de trigo a un lobo?
   F. a través de un carnívoro
   G. a través de un herbívoro
   H. a través de un depredador
   J. a través de un productor

11. ¿Qué puede provocar un aumento de la cantidad de herbívoros?
   A. un aumento de la cantidad de depredadores
   B. una reducción de la cantidad de presas
   C. un aumento de la cantidad de productores
   D. un aumento de la cantidad de carnívoros

12. ¿A qué grupo pertenece este champiñón?
   F. carnívoros
   G. descomponedores
   H. herbívoros
   J. presas

13. ¿Cuál de las siguientes situaciones puede causar un cambio en una red alimentaria?

   A. animales que corren a gran velocidad para protegerse

   B. animales que pasan inadvertidos en su entorno

   C. animales que son nuevos en un ecosistema

   D. animales que viven en manada

14. **IDEA PRINCIPAL Y DETALLES** ¿Cuál es el propósito principal de este diagrama?

   F. mostrar quién come qué

   G. representar un ecosistema

   H. mostrar que los productores elaboran su propio alimento

   J. mostrar que la cantidad de energía disminuye cuando pasa de un nivel al siguiente

15. ¿Qué son la mayoría de las personas?

   A. carnívoros   **C.** omnívoros

   B. herbívoros   **D.** productores

16. ¿Cuál de las siguientes cosas **no** ocurre?

   F. Las plantas se convierten en alimento.

   G. Un depredador se convierte en presa.

   H. Un omnívoro come carne.

   J. Un carnívoro come plantas.

Destrezas de examinación

17. ¿Cómo usarías tarjetas para hacer un modelo de una cadena alimentaria?

18. Una tortuga mastica hierbas que crecen junto a una laguna, y repentinamente atrapa una libélula que se acercó demasiado. ¿A qué grupo de consumidores infieres que pertenece la tortuga?

Razonamiento crítico

19. ¿Qué crees que ocurriría con las redes alimentarias si unas nubes espesas, originadas por una erupción volcánica, ocultaran el sol durante un año?

20. ¿Cómo cambiaría tu vida si fueras parte de una sola cadena alimentaria?

La superficie terrestre

Capítulo	6	**Minerales y rocas**
Capítulo	7	**Fuerzas que dan forma a la tierra**
Capítulo	8	**La conservación de los recursos**

CIENCIAS DE LA TIERRA

Parque Estatal Crater of Diamonds

PARA: ben@hspscience.com

DE: pat@hspscience.com

TEMA: Murfreesboro, Arkansas

Querido Ben:
¿Alguna vez has oído el dicho "el que lo encuentra, se lo queda"? Pues bien, visité el Parque Estatal Crater of Diamonds. ¡Encontré un diamante brillante y me quedé con él! Este es el mejor parque del mundo. Algún día debes ir y desenterrar tu propio diamante. ¡No puedo creer que te dejen conservar lo que encuentras!
Pat

PARA: lizzie@hspscience.com

DE: garrett@hspscience.com

TEMA: Virginia City, Nevada

Querida Lizzie:

Fuimos de vacaciones a Virginia City. Los mineros del siglo XVII eran muy afortunados. Hallaron un lodo pegajoso, color gris azulado, que se adhería a sus palas. Estuvieron a punto de tirarlo. No se dieron cuenta de que se trataba de una mezcla de plata y oro. El sitio fue llamado "Comstock Lode", que significa *condado de lodo*. ¡Hoy voy a desempolvar mi pala!

Garrett

¡Experimenta!

Huracanes peligrosos Los huracanes pueden ser tormentas muy peligrosas si no estás bien preparado. Los científicos e ingenieros han diseñado edificios que resisten los fuertes vientos de un huracán. ¿Qué tipo de estructuras son más estables? Planea y haz un experimento para descubrirlo.

Minerales y rocas

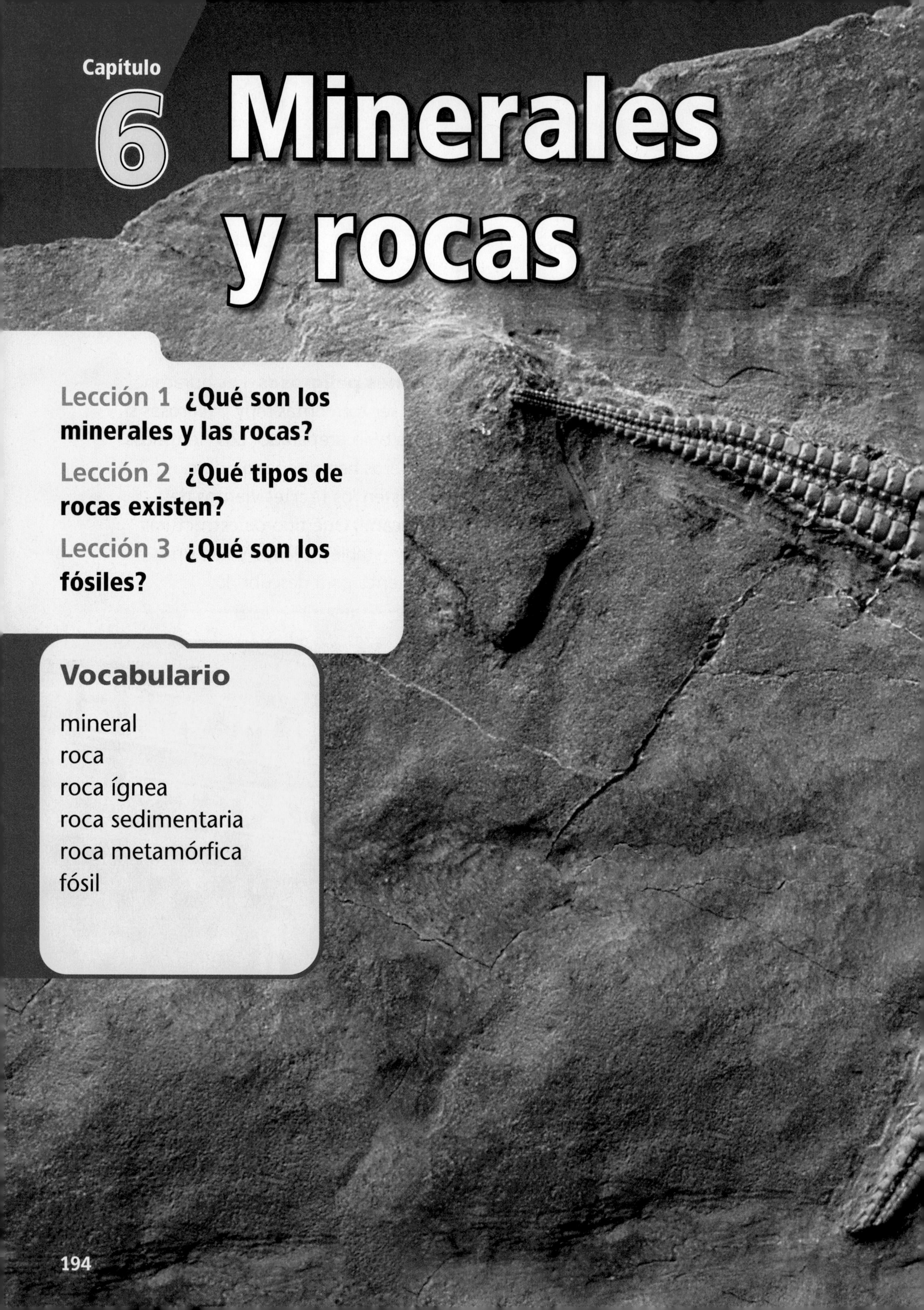

Lección 1 ¿Qué son los minerales y las rocas?

Lección 2 ¿Qué tipos de rocas existen?

Lección 3 ¿Qué son los fósiles?

Vocabulario

mineral
roca
roca ígnea
roca sedimentaria
roca metamórfica
fósil

Un fósil de estrella de mar ofrece pistas acerca de la estrella de mar y las rocas que la rodean. ¿Qué crees que pueden aprender los científicos de este fósil?

¿Qué son los minerales y las rocas?

Datos breves

Minerales duros No todos los minerales son iguales. Una de las principales diferencias es su dureza. Algunos minerales son tan duros que pueden cortar acero. En la sección "Investigación" aprenderás más acerca de la dureza de los minerales.

Analizar minerales

Materiales • gafas protectoras • minerales etiquetados A-G

Procedimiento

① Haz una tabla como la que se muestra aquí.

② **CUIDADO: Usa gafas protectoras.** Un mineral más duro raya a un mineral más blando. Intenta rayar cada mineral con la Muestra A. **Registra** qué minerales logra rayar la Muestra A.

③ Un mineral más blando puede ser rayado por un mineral más duro. Intenta rayar la Muestra A con cada uno de los otros minerales. **Registra** qué minerales lograron rayar la Muestra A.

④ Repite los Pasos 2 y 3 con cada mineral.

⑤ De acuerdo con la información de tu tabla, **ordena** los minerales del más blando al más duro.

Tabla de minerales

Mineral a prueba	Minerales que raya	Minerales que lo rayan
Muestra A		
Muestra B		
Muestra C		
Muestra D		
Muestra E		
Muestra F		
Muestra G		

Paso 2

Sacar conclusiones

1. ¿Cuál es el mineral más duro? ¿Cuál es el más blando? ¿Cómo lo sabes?

2. **Destreza de examinación** A menudo, los científicos **ordenan** los objetos. ¿Cómo decidiste la manera de **ordenar** los minerales? ¿Por qué **ordenar** los minerales de acuerdo con su dureza te ayudó a identificarlos?

Investiga más

Prueba otra vez la dureza de cada mineral. Ahora, usa una moneda de 1¢ y tus uñas. **Clasifica** los minerales de acuerdo con los objetos que los rayan.

CONCEPTOS CIENTÍFICOS

▶ qué son los minerales y las rocas

DESTREZA DE LECTURA

IDEA PRINCIPAL Y DETALLES

Busca las ideas principales acerca de los minerales y las rocas.

Idea principal

detalle · detalle · detalle

Minerales

Como sabes, los minerales pueden encontrarse en algunos alimentos que comes. Incluso es posible que hayas visto a alguien usando adornos hechos de minerales. Si un objeto es sólido, producido por la naturaleza y nunca tuvo vida, es muy probable que se trate de un **mineral**. Existen muchos minerales diferentes, y no hay dos tipos de minerales exactamente iguales. El oro, por ejemplo, es brillante. El grafito es opaco y oscuro, y es tan blando que puedes usarlo para escribir. Por el contrario, los diamantes son tan duros que se usan para cortar el acero.

Solamente unos 100 minerales son comunes. Uno de los minerales más comunes es el cuarzo.

Mica

◀ Observa las diferencias entre los minerales en su estado natural y los minerales que fueron cortados y pulidos.

Granate

Amatista

Cuarzo

Oro

Grafito

Algunos de estos minerales se
usan en la vida diaria.

Halita

A lo largo del día usas minerales. Cuando echas sal
en la comida, usas un mineral. Muchas de las cosas
que te rodean contienen minerales. Por ejemplo, el
cuarzo se usa para elaborar el vidrio de las ventanas.
El hierro de las construcciones proviene de minerales
como la hematita. Los minerales como el oro y el
diamante a menudo se usan para hacer joyas. Una
moneda de 1¢ anterior a 1983 está compuesta
principalmente de cobre. El cobre proviene de
minerales.

IDEA PRINCIPAL Y DETALLES ¿Qué tres usos
tienen los minerales?

Cómo identificar minerales

En la sección "Investigación" aprendiste que la dureza es una propiedad de los minerales. Conocer la dureza de un mineral puede servir para identificarlo. La escala que aparece en esta página es un instrumento que usan los científicos para determinar la dureza de un mineral.

Los minerales también tienen otras propiedades que ayudan a identificarlos, por ejemplo, el color. Algunos minerales pueden tener más de un color. El cuarzo, por ejemplo, puede ser rosa, morado, blanco, transparente e incluso negro.

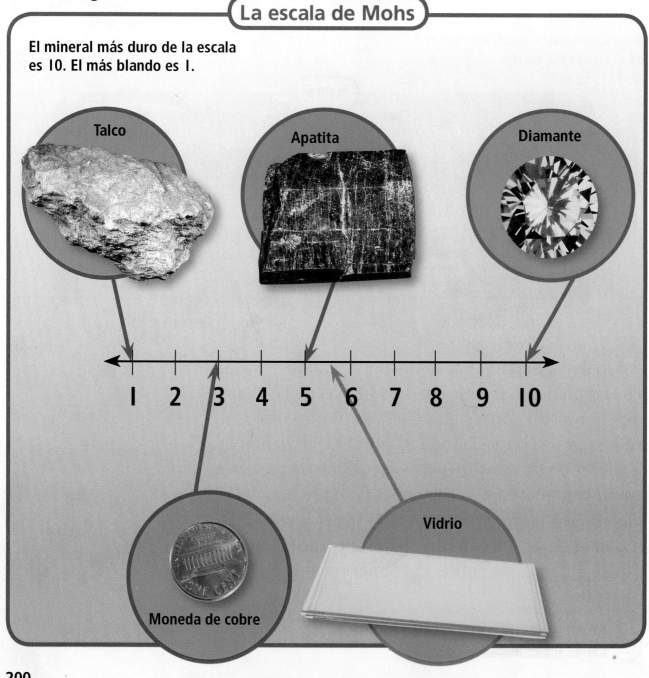

La escala de Mohs

El mineral más duro de la escala es 10. El más blando es 1.

Talco

Apatita

Diamante

1 2 3 4 5 6 7 8 9 10

Moneda de cobre

Vidrio

Una manera de identificar un mineral es la prueba de la raya. ▼

La raya es otra manera de identificar los minerales. La raya es el color del polvo que desprende un mineral cuando se lo frota contra una placa de porcelana sin pulir. La raya casi siempre es del mismo color que el mineral. Sin embargo, puede tener un color diferente del color exterior del mineral.

 IDEA PRINCIPAL Y DETALLES
¿Cuáles son dos maneras de identificar minerales?

Minilab

Ráyalo
Haz una prueba con el mineral hematita. Observa el color de su raya. ¿Cómo puede ayudar la raya de la hematita a identificar de qué mineral se trata?

Rocas

La Tierra está compuesta principalmente de rocas. Una **roca** es un sólido formado naturalmente a partir de uno o más minerales. Observa la roca que aparece en esta página. Está compuesta de varios minerales.

La Tierra tiene tres grandes capas. La capa exterior, donde vivimos, es la corteza. La corteza está por encima del manto. La temperatura del manto es tan alta que algunas de las rocas flotan en él como si fuera caramelo. En el centro de la Tierra está el núcleo, que es de metal. El núcleo se divide en dos partes. El núcleo interior es sólido y el núcleo exterior es líquido, debido a su alta temperatura.

⭐ **IDEA PRINCIPAL Y DETALLES** ¿De qué están hechas las rocas?

Casa de Gobierno de Texas

▲ Los arquitectos usan granito porque es vistoso y muy resistente.

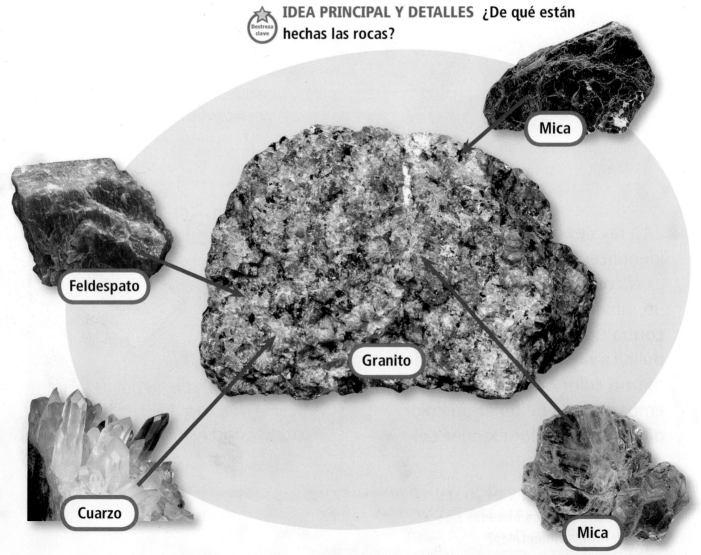

Mica

Feldespato

Granito

Cuarzo

Mica

1. IDEA PRINCIPAL Y DETALLES Copia y completa el siguiente organizador gráfico.

Idea principal: minerales y rocas

Un mineral es **A** _____.

Una roca es **B** _____.

2. RESUMIR Usa el organizador gráfico para escribir un resumen de la lección.

3. SACAR CONCLUSIONES ¿Por qué es mejor identificar un mineral por su dureza que por su color?

4. VOCABULARIO Escribe al menos dos oraciones para comparar y contrastar una roca y un mineral.

Preparación para la prueba

5. ¿Qué afirmación acerca de todos los minerales es verdadera?

A. Todos son duros.

B. Nunca tuvieron vida.

C. Están hechos de rocas.

D. Antes eran animales.

Enlaces

Redacción

Redacción informativa
Observa las rocas del lugar donde vives. Elige una que te parezca interesante. Escribe una **descripción** de la roca. Asegúrate de indicar su color, su textura y su apariencia.

Estudios Sociales

La moneda que cambia
En Estados Unidos, la moneda de 1¢ ha cambiado a lo largo de los años. Investiga qué materiales se usaron para fabricar la moneda. Haz un póster para presentar tus descubrimientos.

 Para hallar otros enlaces y actividades, visita
www.hspscience.com

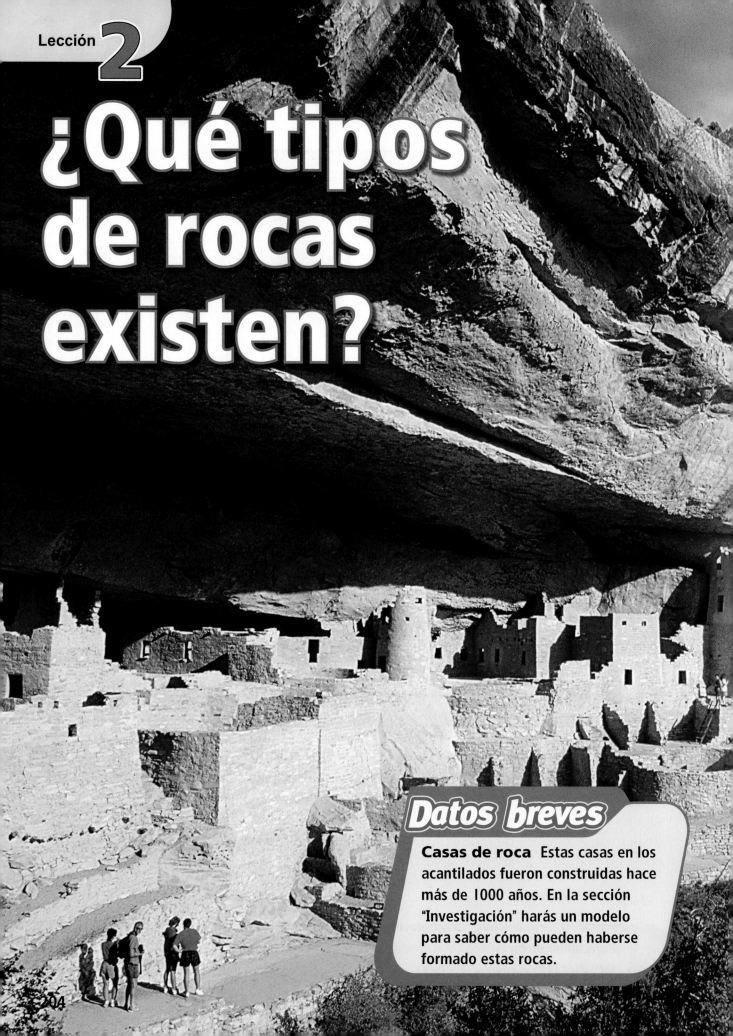

¿Qué tipos de rocas existen?

Datos breves

Casas de roca Estas casas en los acantilados fueron construidas hace más de 1000 años. En la sección "Investigación" harás un modelo para saber cómo pueden haberse formado estas rocas.

Haz un modelo de una roca

Materiales
- cuchara de plástico
- pegamento blanco
- papel encerado
- arena
- agua
- periódico
- grava
- lupa pequeña
- vaso de cartón o plástico

Procedimiento

1 Extiende el periódico sobre tu área de trabajo. Coloca una hoja más pequeña de papel encerado sobre el periódico.

2 Coloca 1 cucharada de arena en el vaso.

3 Agrega 1 cucharada de grava. Revuelve la arena y la grava.

4 Agrega 1 cucharada de pegamento.

5 Revuelve la mezcla hasta formar una masa espesa. Si es necesario, agrega un poco de agua.

6 Vierte la mezcla sobre el papel encerado y déjala secar. Acabas de hacer un modelo de una roca.

Paso 4

Sacar conclusiones

1. Usa la lupa para observar la mezcla seca que preparaste. ¿Qué apariencia tiene?

2. **Destreza de examinación** A menudo, los científicos usan modelos para comprender los procesos que no pueden observar con facilidad. Las rocas pueden formarse cuando, por diferentes motivos, la arena y la grava se cementan. ¿En qué se parece este modelo a una roca?

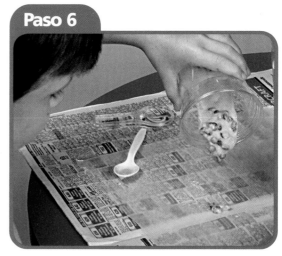
Paso 6

Investiga más

Usa diferentes materiales para hacer modelos de rocas. Explora cómo tus rocas cambian cuando cambias los materiales.

VOCABULARIO

roca ígnea pág. 206

roca sedimentaria
pág. 207

roca metamórfica
pág. 207

CONCEPTOS CIENTÍFICOS

▶ cuáles son los tres tipos de rocas
▶ cómo se forman las rocas

DESTREZA DE LECTURA

COMPARAR Y CONTRASTAR

Busca palabras que muestren *semejanzas* y *diferencias* mientras lees acerca de los tipos de rocas.

semejanzas —— diferencias

Tipos de rocas

Imagina que quieres comenzar a coleccionar rocas. ¿Cómo las agruparías? ¿Por el color, por el tamaño de grano o por las capas que tienen? Las rocas pueden parecer muy diferentes, pero todas pueden clasificarse en tres grupos principales. Los tres tipos de rocas se agrupan de acuerdo con su formación.

Las **rocas ígneas** son rocas que alguna vez se fundieron, luego se enfriaron y se endurecieron. Algunas rocas ígneas se enfrían rápidamente y tienen apariencia de vidrio. Otras rocas ígneas se enfrían más lentamente y tienen granos gruesos.

Roca ígnea

Obsidiana

Granito

Roca sedimentaria

Arenisca

Piedra caliza

Gneis

Roca metamórfica

Mármol

La roca que se forma a partir de materiales que se asentaron en capas se llama **roca sedimentaria**. Las capas se comprimen y se adhieren hasta formar una roca.

El tercer tipo de roca es la roca metamórfica. La **roca metamórfica** es la roca que ha sufrido cambios debido a la temperatura y la presión.

 Destreza clave COMPARAR Y CONTRASTAR ¿En qué se diferencian la roca metamórfica y la roca ígnea?

Minilab

Roca efervescente
La calcita burbujea cuando entra en contacto con el vinagre. Usa un gotero para verter algunas gotas de vinagre sobre una piedra caliza y sobre una arenisca. ¿Cuál de las rocas contiene calcita?

Cómo se forman las rocas

Cada tipo de roca se forma de una manera diferente. La roca fundida puede llegar a la superficie terrestre a través de un volcán. Luego, se enfría y se convierte en roca ígnea.

Por su parte, la roca sedimentaria comienza con el desgaste de las rocas. El viento y el agua desgastan las rocas hasta separarlas en fragmentos pequeños. Luego, el viento y el agua arrastran los pequeños fragmentos de piedra y tierra. Los fragmentos se asientan en forma de capas. Después de mucho tiempo, las capas se endurecen y se convierten en roca.

La roca metamórfica se forma en las profundidades de la corteza terrestre y de manera diferente. La presión y la temperatura que hay en ese sitio convierten las rocas en rocas metamórficas.

COMPARAR Y CONTRASTAR Contrasta cómo se forman los tres tipos de rocas.

Las Matemáticas en las Ciencias
Interpretar datos

Las rocas que conforman la superficie de la Tierra.

¿Qué fracción de la superficie de la Tierra está cubierta por rocas sedimentarias?

Roca ígnea y metamórfica

Roca sedimentaria

Los cráteres de los volcanes expulsan la roca fundida a la superficie. Allí se enfría. Al enfriarse, se convierte en roca ígnea. ▶

▲ El viento y la lluvia desgastan la roca y la separan en pequeños fragmentos. Luego, transportan esos fragmentos. Los fragmentos forman capas que, debido a la presión, se convierten en rocas sedimentarias.

◄ En el interior de la Tierra, la elevada temperatura ablanda la roca. Luego, la presión sobre la corteza terrestre comprime la roca. La roca se transforma en roca metamórfica.

El ciclo de las rocas

Con el paso del tiempo, un tipo de roca puede transformarse en otro tipo de roca. Las rocas se modifican a través de un proceso llamado ciclo de las rocas. El diagrama de la página siguiente muestra ese ciclo.

El viento y la lluvia desgastan todo tipo de rocas y forman rocas sedimentarias. Cualquier tipo de roca, al fundirse y enfriarse, puede convertirse en roca ígnea. Cualquier tipo de roca puede llegar a la corteza terrestre, comprimirse debido al calor y la presión, y convertirse en roca metamórfica.

 COMPARAR Y CONTRASTAR **¿En qué se asemejan y se diferencian todas las rocas?**

Esta cordillera en Colorado contiene los tres tipos de rocas. ▼

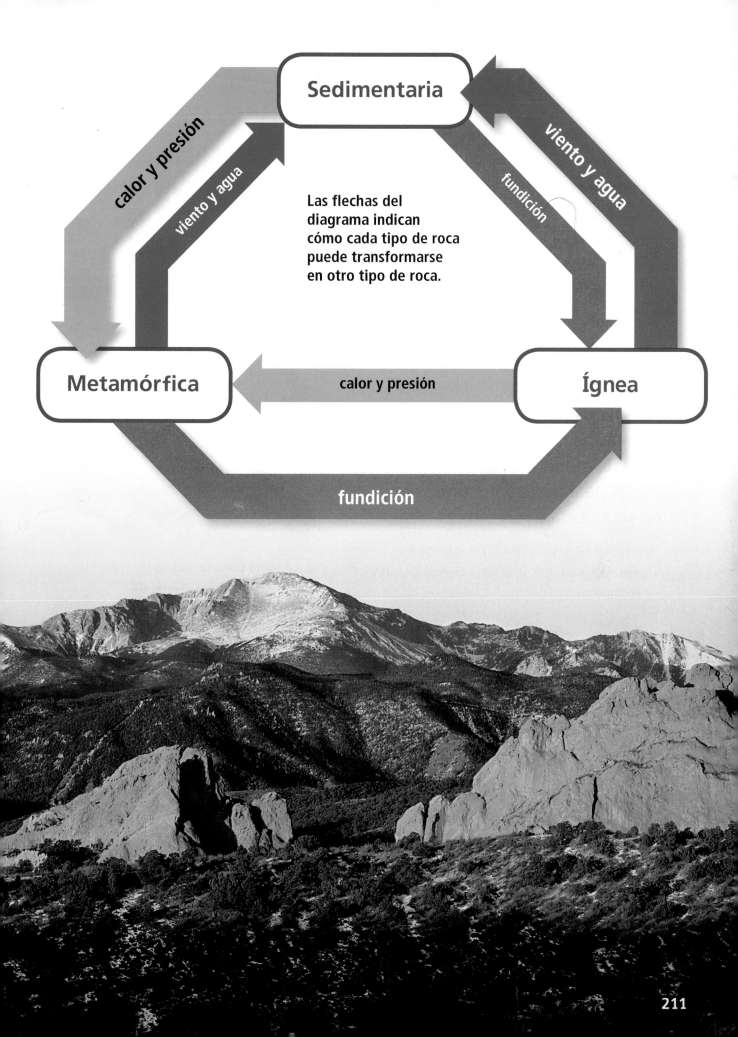

Sedimentaria

calor y presión

viento y agua

viento y agua

fundición

Las flechas del diagrama indican cómo cada tipo de roca puede transformarse en otro tipo de roca.

Metamórfica

calor y presión

Ígnea

fundición

Cómo usamos las rocas

A menudo, ves rocas al aire libre. Sin embargo, tal vez no has notado que las rocas se usan en muchos otros lugares.

Muchas rocas, como el granito, una roca ígnea, se usan en las construcciones. La roca sedimentaria triturada se usa para fabricar cemento y ladrillos. La pizarra, una roca metamórfica, se usa en la elaboración de tejas para los techos.

La roca también se usa en el arte. Algunos artistas esculpen el mármol, que es una roca metamórfica, para hacer estatuas. Otros artistas hacen estatuas de granito. Observa a tu alrededor para descubrir en qué partes de tu casa se usan rocas.

 COMPARAR Y CONTRASTAR ¿En qué se asemejan y en qué se diferencian el granito y el mármol?

Esta tabla para queso es de mármol, una roca metamórfica. El monte Rushmore está formado principalmente con roca ígnea y metamórfica. Las rocas que se usan para construir casas provienen de los tres tipos de rocas.

1. COMPARAR Y CONTRASTAR Copia y completa el siguiente organizador gráfico.

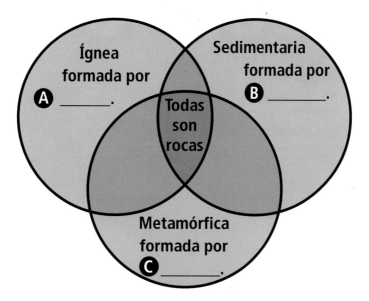

Ígnea formada por **A** _____.

Sedimentaria formada por **B** _____.

Todas son rocas

Metamórfica formada por **C** _____.

2. RESUMIR Escribe una o más oraciones que resuman la información más importante de esta lección.

3. SACAR CONCLUSIONES ¿Por qué hay pocas rocas sedimentarias en la profundidad de la Tierra?

4. VOCABULARIO Escribe una definición de *roca metamórfica*.

Preparación para la prueba

5. Razonamiento crítico Imagina que caminas cerca de un río. Ves una roca color gris oscuro que tiene capas, como si fueran páginas gruesas de un libro. Alzas la roca y algunas de las "páginas" se desprenden en tus manos. ¿Qué tipo de roca crees que es? Explica tu respuesta.

Enlaces

Redacción

Redacción informativa
Entrevista a una persona que trabaje con rocas o minerales. Pregúntale cómo usa las rocas o los minerales. Escribe un **informe** acerca de lo que has aprendido y preséntalo al resto de la clase.

Teatro

Representar el ciclo de las rocas
Trabaja con cuatro compañeros para escribir una obra de teatro acerca del ciclo de las rocas. La obra puede ser cómica o seria. Representa la obra frente a la clase.

 Para hallar otros enlaces y actividades, visita
www.hspscience.com

¿Qué son los fósiles?

Datos breves

Aprender del pasado Este tipo de animales ya no existe, pero sus fósiles indican que eran muy parecidos a algunos animales de hoy. En la sección "Investigación" descubrirás cómo se forman algunos fósiles.

Haz un modelo de fósil

Materiales
- arcilla o plastilina
- pegamento blanco
- concha de mar
- tazón de plástico pequeño
- vaselina

Procedimiento

1. Cubre el exterior de la concha de mar con una capa delgada de vaselina.

2. Presiona la concha de mar contra la arcilla o plastilina para **hacer un modelo** de fósil.

3. Con cuidado, retira la concha de la arcilla o plastilina.

4. Coloca la arcilla con la forma de la concha en el tazón de plástico.

5. Rellena con pegamento la impresión de la concha de mar. Esta es otra manera de hacer un **modelo** de fósil.

6. Deja que el pegamento se endurezca durante un día. Luego, separa el pegamento endurecido de la arcilla o plastilina.

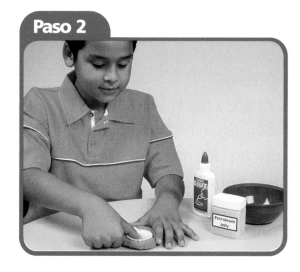

Paso 2

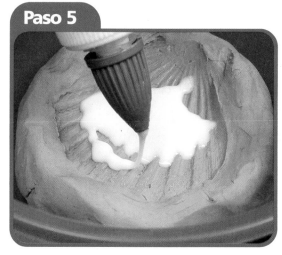

Paso 5

Sacar conclusiones

1. Hiciste dos **modelos** de fósil. ¿Cómo se comparan esos fósiles?

2. **Destreza de examinación** Los científicos usan **modelos** para comprender mejor cómo suceden las cosas. ¿Por qué crees que presionar la concha de mar contra la arcilla modela cómo se forma un fósil?

Investiga más

Usa al menos otros cuatro materiales que alguna vez tuvieron vida, como hojas secas, para **hacer modelos** de fósiles. ¿Qué materiales forman los mejores fósiles?

VOCABULARIO

fósil pág. 216

CONCEPTOS CIENTÍFICOS

▶ qué son los fósiles
▶ cómo se forman los fósiles

DESTREZA DE LECTURA

Destreza clave

IDEA PRINCIPAL Y DETALLES

Busca información acerca de los diferentes tipos de fósiles.

```
        Idea principal
       /      |      \
  detalle  detalle  detalle
```

Fósiles

Analiza los "fósiles" que hiciste en la sección "Investigación". ¿Tenían la misma apariencia que la concha de mar que usaste? ¿En qué se diferenciaban de la concha? Un **fósil** es una huella o resto de un ser vivo que murió hace mucho tiempo. Existen varios tipos diferentes de fósiles.

Algunos fósiles, como los huesos y los dientes, parecen auténticas partes de animales. Los minerales, lentamente, reemplazaron a los huesos.

Otros fósiles, como las pisadas de dinosaurios en el barro, son tan solo huellas que quedaron de los animales. Estas huellas se llaman impresiones. El barro se endureció y, con el tiempo, se transformó en roca. Algunas impresiones son huellas de partes de animales, por ejemplo, de sus plumas. También hay impresiones de hojas.

Ámbar

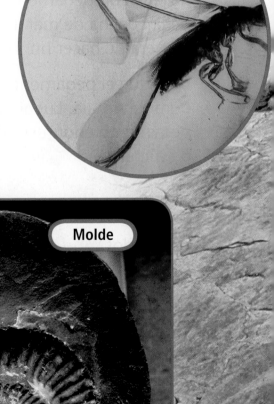

Vaciado

Molde

Un molde es la forma de un ser vivo antiguo que quedó en el sedimento cuando se formó la roca. El organismo del molde se disolvió, dejando solo una cavidad con su forma.

Después, cuando el barro o los minerales rellenan el molde, se forma un vaciado. El vaciado toma la misma forma del organismo del molde. En la sección "Investigación", hiciste un modelo de un molde y un vaciado.

Los fósiles de plantas no son tan comunes como los fósiles de animales. Eso se debe a que las plantas tienen algunas partes blandas, que se destruyen con facilidad cuando se forma la roca.

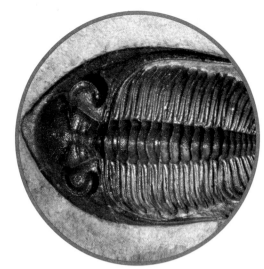

▲ Este es el fósil de un trilobite, un tipo de animal que se extinguió hace más de 200 millones de años.

 IDEA PRINCIPAL Y DETALLES ¿Cuáles son tres tipos de fósiles?

◄ En la madera petrificada, como esta, los minerales reemplazaron a la planta del pasado.

Las pisadas de los dinosaurios ofrecen pistas acerca del tamaño y la forma del animal.

Cómo se forman los fósiles

Las zonas donde hay muchas rocas sedimentarias son las más adecuadas para la búsqueda de fósiles. ¿Por qué? Porque los restos de los seres vivos a menudo quedan enterrados entre las partículas que forman rocas sedimentarias. Por lo general, los fósiles se forman en pizarras y piedras calizas.

En las rocas metamórficas e ígneas se forman pocos fósiles. Frecuentemente, la presión y el calor que dan origen a estas rocas destruyen las partes de plantas y animales antes de que puedan transformarse en fósiles.

Míralo en detalle

Cómo se forma un fósil

1. Las partes blandas del animal se descomponen, o se pudren.

2. Las partes duras del animal, como la concha o los huesos, quedan enterradas bajo capas de sedimento.

Para hallar otros enlaces y actividades, visita
www.hspscience.com

218

La sección "Míralo en detalle" muestra cómo puede haber comenzado a formarse un fósil hace millones de años. Después de morir, el animal quedó cubierto rápidamente por capas de sedimento. Si el sedimento no hubiera cubierto rápidamente al animal, otro animal lo podría haber comido. Millones de años después, las capas de sedimento se transformaron en roca sedimentaria. Lo que quedó del animal es ahora un fósil.

Esta imagen muestra un fósil de triceratops. ▼

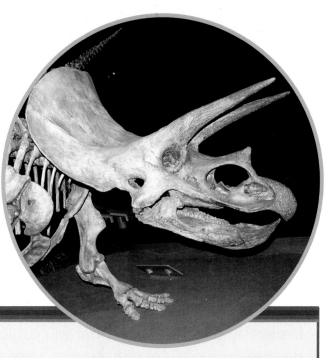

⭐ **Destreza clave** **IDEA PRINCIPAL Y DETALLES** ¿Por qué se hallan más fósiles en las rocas sedimentarias que en otras rocas?

3. Después de un largo tiempo, los huesos y el sedimento se transforman en roca.

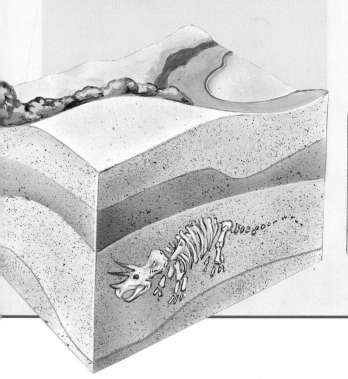

4. El movimiento de la corteza terrestre acerca la roca a la superficie. El viento y la lluvia desgastan la roca. Entonces, pueden verse los fósiles.

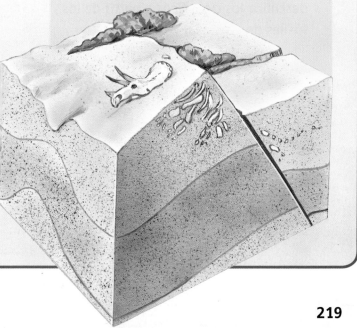

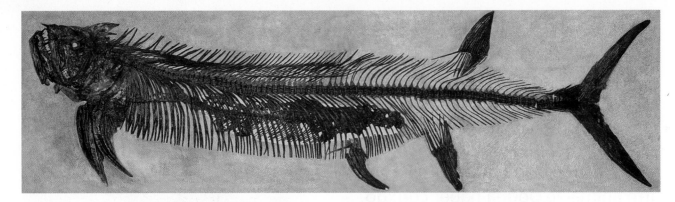

▲ ¿Qué puede decir un científico acerca de este fósil?

Aprender de los fósiles

Hoy en día, los científicos usan los fósiles para aprender acerca de los animales y las plantas que ya no existen. Por ejemplo, los científicos observan las formas de los fósiles de dientes para determinar qué tipo de alimento comían los animales. Los fósiles de dientes se comparan con los dientes de los animales de hoy.

Además, los fósiles ayudan a los científicos a inferir cómo era un lugar hace mucho tiempo. Por ejemplo, hallar fósiles de almeja en un lugar indica que ese lugar estaba cubierto por el mar.

IDEA PRINCIPAL Y DETALLES ¿Qué pueden descubrir los científicos a partir de los fósiles de dientes?

Destreza clave

Minilab

Descubrir el fósil

Presiona un objeto sólido, como un clip, contra una bola de arcilla. Luego, retira el objeto. Intercambia las impresiones en arcilla con un compañero. No le digas qué objeto usaste para hacer tu impresión. Intenta descubrir qué objeto usó tu compañero para hacer su huella.

▼ ¿Por qué los científicos desentierran a los dinosaurios con mucho cuidado?

1. IDEA PRINCIPAL Y DETALLES Copia y completa el siguiente organizador gráfico.

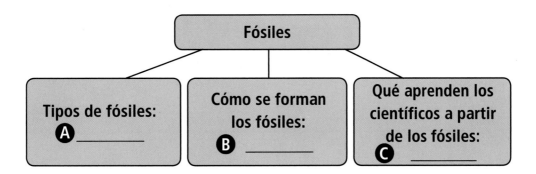

Fósiles

Tipos de fósiles:
Ⓐ _____

Cómo se forman los fósiles:
Ⓑ _____

Qué aprenden los científicos a partir de los fósiles:
Ⓒ _____

2. RESUMIR Usa el organizador gráfico para escribir un resumen de la lección.

3. SACAR CONCLUSIONES Luego de caminar con zapatos sobre el barro, Kyle observa la impresión de sus pisadas. ¿Qué tipo de huella dejó Kyle, un molde o un vaciado?

4. VOCABULARIO Escribe una oración que explique el significado de *fósil*.

Preparación para la prueba

5. ¿Qué aprenden los científicos a partir de los fósiles?
   A. cómo se forman las rocas
   B. qué son los sedimentos
   C. cómo son los animales de la actualidad
   D. acerca de seres vivos que ya no existen

Enlaces

Redacción

Redacción narrativa

Investiga acerca de un tipo de dinosaurio. Escribe un **cuento** sobre la vida del dinosaurio. Incluye información acerca de dónde vivía, qué tamaño tenía y qué comía.

Matemáticas

Enunciado

Usa la información de esta tabla para redactar un problema matemático. Pídele a un compañero que lo resuelva.

Nombre del dinosaurio	Largo
Estegosaurio	9 m (30 pies)
Braquiosaurio	25 m (82 pies)

Para hallar otros enlaces y actividades, visita
www.hspscience.com

ATRAPADO EN EL CHARCO

Hace unos 30,000 años, un mamut lanudo se acercó a un pequeño charco para beber agua. Sus patas se hundieron en el oscuro charco, que en realidad era un pozo de brea. Incapaz de moverse, el mamut quedó atrapado en la brea pegajosa y murió de hambre. Con el tiempo, la brea cubrió completamente al mamut.

Hoy, el sitio se conoce como La Brea, en Los Ángeles. La brea brota del interior de la superficie terrestre. Cada verano, un grupo de científicos pasa dos meses excavando en el Pozo 91 de La Brea en busca de fósiles.

Excavando en el pasado

Los científicos han desenterrado miles de fósiles en el Pozo 91. "La información que reunimos nos dirá mucho acerca de cómo era la vida en esta zona hace 35,000 años", dijo el científico Chris Shaw a *Weekly Reader*.

Excavar en el pozo es un proceso lento y delicado. El fondo del pozo fue dividido en un sistema de cuadrículas para que los científicos puedan ubicar el lugar exacto de cada fósil. Luego de hacer mediciones, dibujos y fotografías, los científicos extraen los fósiles con la ayuda de pequeños instrumentos. Esos instrumentos incluyen pinzas dentales, palas, pequeños cinceles y cepillos.

La búsqueda continúa

Shaw espera con ansia el próximo verano para comenzar a buscar más fósiles. "Lo mejor del trabajo de campo", afirmó, "es darse cuenta de que ese fósil que estás tocando no ha visto la luz del día en 35,000 años".

PIENSA

1. ¿Por qué crees que los científicos dividen el fondo del Pozo 91 en un sistema de cuadrículas?
2. ¿Por qué los científicos deben ser cuidadosos cuando desentierran fósiles?

¡Brrrrrr!

Hace unos 30,000 años la Tierra atravesaba un período de glaciación. En esa época, la temperatura era mucho más fría y una gran parte de lo que hoy es Estados Unidos estaba cubierta por una capa de hielo de una milla de espesor, es decir, un glaciar. Cuando excavaron, los científicos descubrieron que muchos animales de clima frío vivían en las cercanías. En la zona, antiguamente deambulaban mamuts lanudos, tigres dientes de sable, camellos, llamas y hasta leones.

¡Investiga más! Visita **www.hspscience.com**

A desenterrar rocas

A Mai-Li Chung le encanta coleccionar rocas, y prefiere las de colores brillantes.

Mai-Li tiene rocas de todas partes del mundo en su colección. En la fotografía, muestra su pieza más valiosa: una pirita que encontró en Virginia.

"Me gustaría poder tener una roca de cada estado", dice Mai-Li. "Quiero encontrar un cuarzo rosa y un ópalo."

Spin-In
¡Investiga más! Visita
www.hspscience.com

¡Sí puedes!

Proyecto fácil y rápido

Minerales en la arena

Procedimiento

1. Esparce una cucharada de arena sobre una hoja de papel blanco.

2. Usa la lupa para observar los colores y las formas de los granos de arena. En cada tipo de mineral, los granos tienen un color y una forma diferente.

3. Usa el mondadientes para separar los distintos granos en pilas diferentes.

Materiales

- arena
- hoja de papel blanco
- lupa pequeña
- mondadientes
- descripciones de minerales
- cucharas de medir

Sacar conclusiones

Identifica todos los minerales diferentes que puedas. Usa las descripciones que te brinda tu maestro. ¿Qué mineral es más común?

Planea tu propia investigación

Modelos de fósiles

Has aprendido cómo se formaron algunos tipos de fósiles. Haz modelos para mostrar cómo se forman los diferentes tipos de fósiles. Para hacerlos, usa hojas de árboles, conchas, arcilla, melaza y otros materiales. Anota los pasos que seguiste para hacer cada modelo. Pídele a otra persona que siga tus pasos y haga su propio modelo. Compara los dos modelos.

Repaso y preparación para la prueba

Repaso del vocabulario

Une los términos con las definiciones de abajo. Los números de página te indican qué parte del capítulo debes mirar si necesitas ayuda.

mineral pág. 198

roca pág. 202

roca ígnea pág. 206

roca sedimentaria pág. 207

roca metamórfica pág. 207

fósil pág. 216

1. Huellas o restos de un ser vivo que murió hace mucho tiempo.

2. Roca que alguna vez se fundió, luego se enfrió y se endureció.

3. Un objeto sólido que nunca tuvo vida y se formó en la naturaleza.

4. Una roca formada por material que se asentó en capas.

5. Un sólido formado por uno o más minerales.

6. Una roca modificada por la temperatura y la presión.

Comprueba lo que aprendiste

Escribe la letra de la respuesta correcta.

7. IDEA PRINCIPAL Y DETALLES

¿Qué opción indica una manera para identificar la mayoría de los minerales?

A. belleza **C.** olor

B. calor **D.** raya

8. COMPARAR Y CONTRASTAR

¿En qué se diferencian los vaciados de los moldes?

F. Los vaciados solo se encuentran en el manto.

G. Los vaciados son fósiles de plantas. Los moldes son fósiles de animales.

H. Los vaciados son materiales que rellenan un molde.

J. Los vaciados son fósiles. Los moldes, no.

9. ¿Qué muestra el dibujo?

A. cómo se forma un fósil

B. cómo se forma un mineral

C. cómo se forma la roca ígnea

D. cómo clasificar los tipos de rocas

10. ¿Qué es más importante para la formación de rocas ígneas?

F. modelos de fósiles

G. fundición

H. temperaturas frías

J. plantas y animales muertos

11. ¿Cuál de las siguientes es una impresión fósil?

    A. un árbol petrificado

    B. una pisada de dinosaurio

    C. un hueso de dinosaurio

    D. un insecto atrapado en savia

12. ¿Qué proceso se muestra en el dibujo?

    F. cómo se comprimen los sedimentos

    G. cómo se forman las impresiones fósiles

    H. cómo se forman las rocas metamórficas

    J. cómo se forma la arenisca

13. ¿Qué se necesita para formar rocas sedimentarias?

    A. un volcán

    B. vaciados y moldes

    C. presión y calor

    D. viento y agua

14. ¿Cuál de las siguientes opciones **no** es una manera de identificar un mineral?

    F. observar su color exterior

    G. analizar su dureza

    H. hacer la prueba de la raya

    J. tratar de romperlo

15. ¿Cuál es el mineral más duro en la escala de Mohs?

    A. apatita   **C.** diamante

    B. cobre   **D.** talco

16. ¿Qué podría inferir un científico acerca de un lugar que tiene fósiles de peces?

    F. Antes, el lugar era tierra firme.

    G. Ahora, el lugar es un mar.

    H. Antes, el lugar era un mar.

    J. Antes los peces no vivían en el agua.

Destrezas de examinación

17. ¿Cómo harías un modelo para mostrar cómo se forman las rocas sedimentarias?

18. ¿Qué podrías usar para ordenar los minerales por su dureza?

Razonamiento crítico

19. Un científico halla dos fósiles a profundidades diferentes. ¿Qué fósil crees que es el más antiguo? Explica tu respuesta.

20. Un científico halla un diente de dinosaurio que es plano como el diente de una vaca. ¿Qué puede inferir el científico acerca del tipo de alimento que comía ese dinosaurio? ¿Por qué?

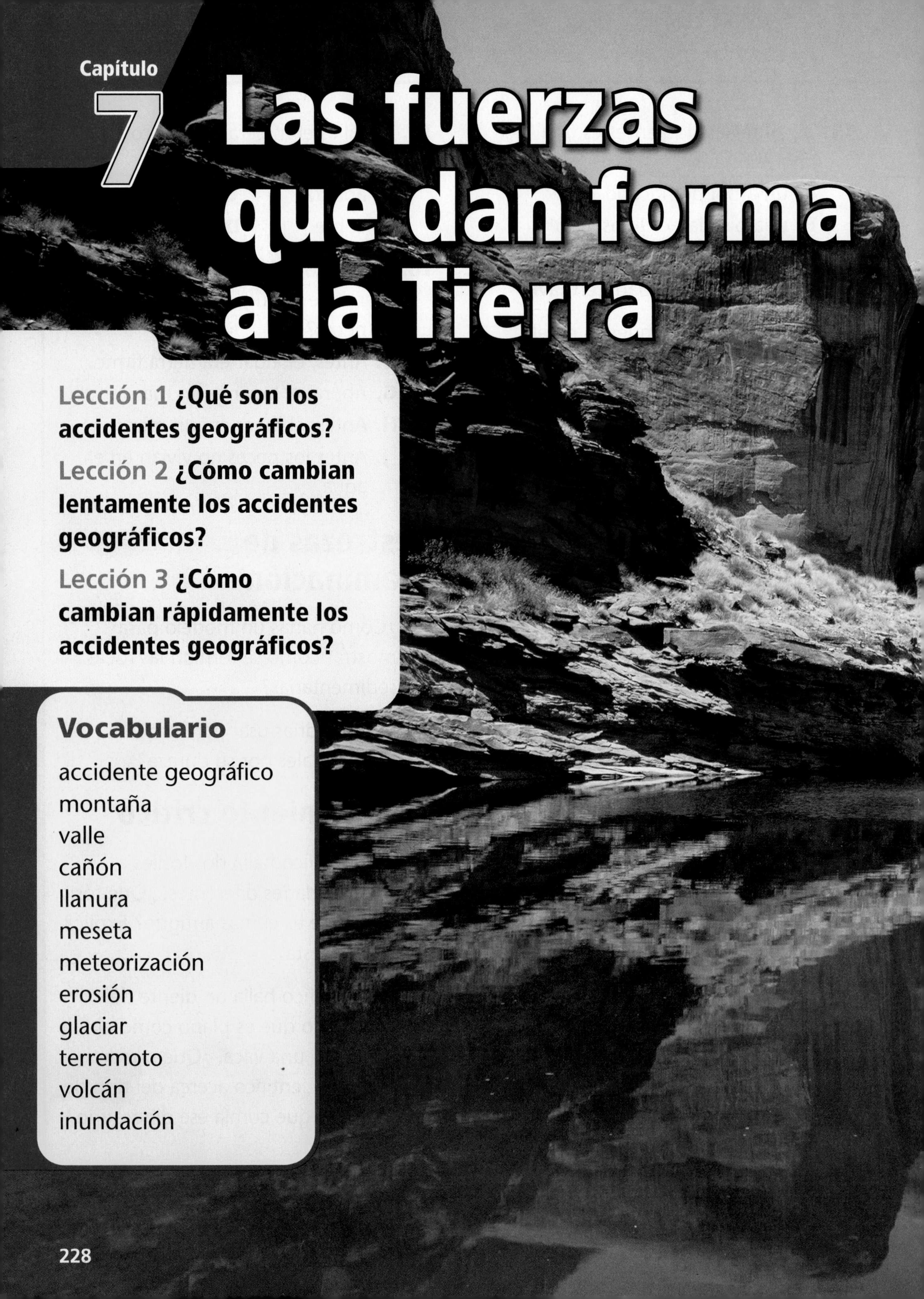

Capítulo 7

Las fuerzas que dan forma a la Tierra

Lección 1 **¿Qué son los accidentes geográficos?**

Lección 2 **¿Cómo cambian lentamente los accidentes geográficos?**

Lección 3 **¿Cómo cambian rápidamente los accidentes geográficos?**

Vocabulario

accidente geográfico
montaña
valle
cañón
llanura
meseta
meteorización
erosión
glaciar
terremoto
volcán
inundación

¿ Qué te preguntas ?

El puente Rainbow, en Utah, es el puente natural de piedra más grande del mundo. En su punto más alto, alcanza los 88 metros por sobre el nivel del río. Es casi tan alto como la Estatua de la Libertad. ¿Cómo crees que se formó este puente?

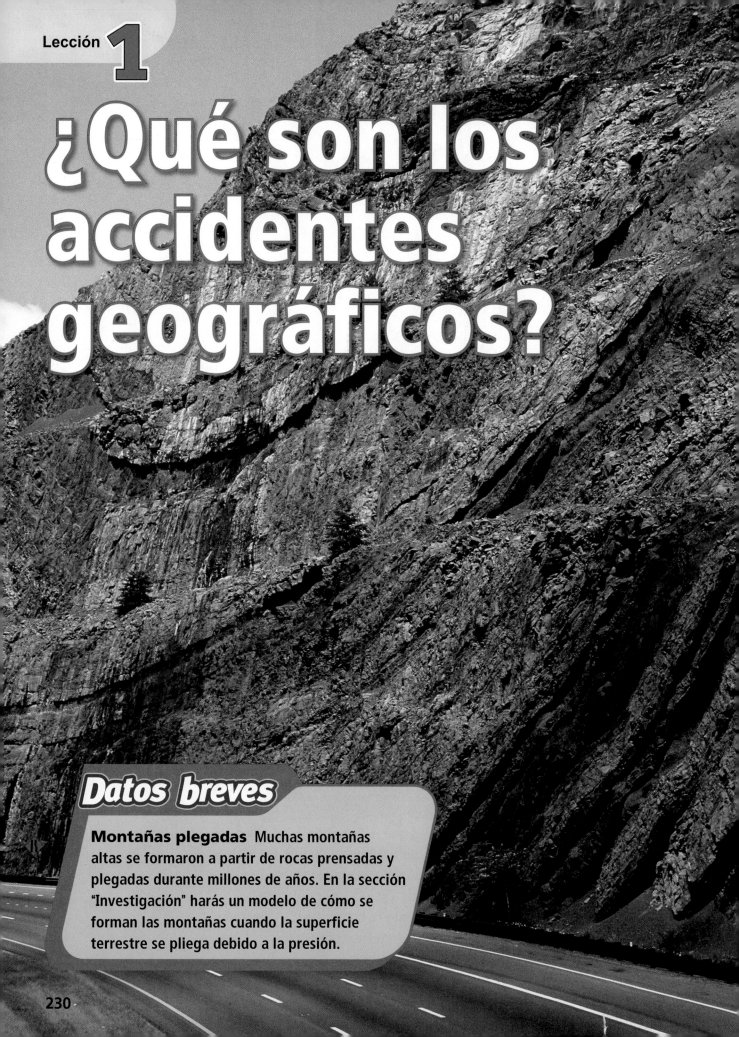

¿Qué son los accidentes geográficos?

Datos breves

Montañas plegadas Muchas montañas altas se formaron a partir de rocas prensadas y plegadas durante millones de años. En la sección "Investigación" harás un modelo de cómo se forman las montañas cuando la superficie terrestre se pliega debido a la presión.

Los pliegues de la corteza terrestre

Materiales • **4 toallas de papel** • **agua en un vaso de plástico**

Procedimiento

① Apila las toallas sobre una mesa. Dobla la pila por la mitad.

② Rocía las toallas por ambos lados. Deben quedar húmedas pero no muy mojadas.

③ Apoya las manos sobre los extremos de las toallas húmedas.

④ Lentamente, empuja los extremos hacia el centro. Registra tus observaciones.

Paso 2

Sacar conclusiones

1. ¿Qué ocurría mientras empujabas los extremos hacia el centro?

2. ¿Cómo cambió la altura de las toallas mientras empujabas los extremos?

3. **Destreza de examinación** Los científicos usan modelos para comprender cómo ocurren los hechos. ¿Cómo te ayudó este modelo a comprender cómo se forman algunas montañas?

Paso 4

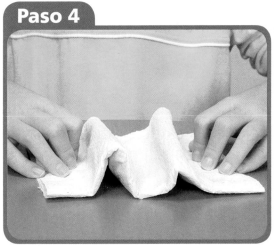

Investiga más

Otras montañas se forman cuando dos secciones de la corteza terrestre se presionan una contra la otra. ¿Cómo puedes usar un modelo para representar eso?

VOCABULARIO

accidente geográfico
pág. 232

montaña pág. 233

valle pág. 234

cañón pág. 234

llanura pág. 235

meseta pág. 236

CONCEPTOS CIENTÍFICOS

▶ las capas de la Tierra

▶ qué son los accidentes geográficos

DESTREZA DE LECTURA

COMPARAR Y CONTRASTAR

Busca semejanzas y diferencias entre los accidentes geográficos.

semejanzas ⎯ diferencias

Características de la superficie

Posiblemente vivas en una región llana. O tal vez en un lugar con colinas. Las regiones llanas y las colinas son tipos de accidentes geográficos. Un **accidente geográfico** es una de las formas naturales de la superficie terrestre, que incluye tanto la tierra firme como el fondo de los océanos. Al igual que la tierra, el fondo del océano tiene montañas y valles.

El planeta Tierra está conformado por tres capas bastante diferentes. La capa exterior, llamada *corteza*, incluye las características de la tierra firme y también las del fondo del mar y de otras masas de agua.

 COMPARAR Y CONTRASTAR ¿En qué se diferencian las capas de la Tierra?

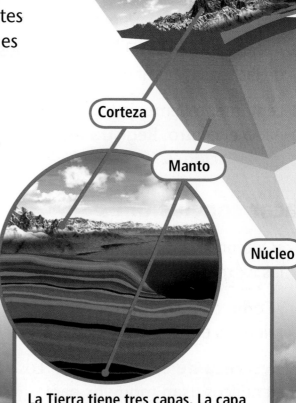

Corteza

Manto

Núcleo

La Tierra tiene tres capas. La capa exterior es la corteza rocosa. La capa intermedia se llama manto y está formada por roca muy caliente. La parte externa del núcleo es de metal líquido y el centro es de metal sólido.

Las montañas

Las montañas son los accidentes geográficos de mayor altura. Una **montaña** es un lugar de la superficie terrestre mucho más elevado que la tierra que lo rodea. Las montañas tienen al menos 600 metros (aproximadamente 2000 pies) de altura. Las colinas también son accidentes geográficos elevados, pero no tanto como las montañas. En la sección "Investigación" observaste cómo la corteza terrestre puede plegarse para formar montañas.

Hay diferentes tipos de montañas. Algunas son rocosas y puntiagudas, mientras que otras son redondeadas. Algunas montañas son bajas. Otras son muy altas y sus cimas tienen nieve todo el año. La cadena montañosa más grande de la Tierra está en el océano.

⭐ **COMPARAR Y CONTRASTAR** ¿En qué se diferencian algunas montañas de otras?

Esta isla es la cima de una montaña. El resto de la montaña está bajo el agua.

Las montañas Grand Teton están en Wyoming. Se formaron cuando un bloque de la corteza de la Tierra se elevó por la acción de fuerzas de la naturaleza. ▼

233

Los valles

Un **valle** es una región baja que se encuentra entre accidentes geográficos más altos, como las montañas. Algunos valles son profundos y angostos, en forma de "V". Otros son anchos y de fondo llano. Tienen forma de "U" y sus paredes están muy separadas. En los océanos también hay valles.

Un **cañón** es un valle con paredes empinadas, que fueron talladas por las fuerzas de la naturaleza. El cañón más grande de Estados Unidos es el Gran Cañón. Tiene una profundidad de 1.6 kilómetros (1 mi). Se formó debido a que el río Colorado desgastó la roca. En el océano también hay cañones.

COMPARAR Y CONTRASTAR ¿En qué se diferencia un valle de una montaña?

Los ríos pueden desgastar la roca y el suelo, y formar valles. ▼

El agua tardó millones de años en tallar este cañón. ▼

Las Grandes Llanuras de América del Norte se extienden a lo largo de miles de kilómetros en Estados Unidos y Canadá. En gran parte de las Grandes Llanuras crecen hierbas bajas.

Las llanuras

Una **llanura** es un área ancha y plana de la superficie terrestre. La mayoría de las llanuras son más bajas que la tierra que las rodea. Las plantas que crecen en las llanuras secas son, en su mayoría, hierbas. Las llanuras que reciben más lluvias pueden tener muchos árboles.

En el centro de Estados Unidos hay una inmensa llanura. Esa región recibe el nombre de Grandes Llanuras. Es una zona seca, pero su suelo es fértil. Allí se cultivan cereales como trigo, maíz y avena.

También hay llanuras a lo largo de algunos océanos, lagos y ríos. Las llanuras cercanas a las costas de los océanos se llaman llanuras costeras. Las llanuras costeras del este de Estados Unidos son muy extensas, y tienen playas de arena.

COMPARAR Y CONTRASTAR ¿En qué se asemejan las Grandes Llanuras y una llanura costera?

Las mesetas

Una **meseta** es un área plana, más elevada que la tierra que la rodea. La mayoría de las mesetas son extensas. En algunos lugares, las mesetas tienen laderas muy empinadas.

Las mesetas pueden desgastarse y volverse más pequeñas. Las mesetas pequeñas reciben el nombre de *mesas*, ya que parecen mesas de roca. Una mesa puede desgastarse hasta convertirse en una columna de roca con la cima plana, llamada cerro testigo o *butte*.

Los arroyos y los ríos pueden abrir profundos valles en las mesetas. Estos valles se transforman en cañones. El Gran Cañón está en la meseta de Colorado.

⭐ **Destreza clave** **COMPARAR Y CONTRASTAR** ¿En qué se asemejan una meseta y una mesa? ¿En qué se diferencian?

Minilab

Haz un accidente geográfico

Haz un modelo de arcilla de uno de los accidentes geográficos mencionados en esta lección. ¿Qué características diferencia este accidente geográfico de otros?

El agua y el viento desgastan las mesetas y pueden transformarlas en mesas como la que ves aquí. ▼

1. COMPARAR Y CONTRASTAR Copia y completa el siguiente organizador gráfico.

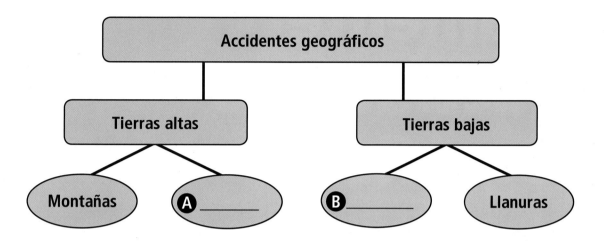

Accidentes geográficos

Tierras altas

Tierras bajas

Montañas

A _____

B _____

Llanuras

2. RESUMIR Escribe una oración que resuma la idea principal de esta lección.

3. SACAR CONCLUSIONES ¿En qué se asemejan las mesetas y las montañas? ¿En qué se diferencian?

4. VOCABULARIO Usa los términos de vocabulario de esta lección para hacer un crucigrama.

Preparación para la prueba

5. Razonamiento crítico ¿Qué tipo de accidente geográfico hay en el centro de América del Norte?
 A. una montaña
 B. una llanura
 C. una meseta
 D. un valle

Enlaces

Redacción

Redacción informativa
Busca algunos de los accidentes geográficos de tu región. Escribe un párrafo que **describa** su ubicación y su apariencia.

Matemáticas

Hacer una gráfica de barras
Investiga la altura de cuatro montañas. Haz una gráfica de barras que muestre esas alturas.

 Para hallar otros enlaces y actividades, visita www.hspscience.com

¿Cómo cambian lentamente los accidentes geográficos?

Datos breves

La forma de las rocas El movimiento del agua y del viento desgasta la roca y produce formas muy particulares. Con el tiempo, ¿qué podría ocurrir con la parte superior de esta roca? En la sección "Investigación" harás un modelo para representar cómo el agua desintegra la roca.

El agua en acción

Materiales
- balanza
- pesas adicionales para la balanza
- pedazos pequeños de ladrillo
- frasco transparente con tapa
- agua

Procedimiento

1 **Mide** la masa de los pedazos de ladrillo. Registra tus resultados.

2 Vierte agua en el frasco hasta cubrir tres cuartos.

3 Mete los pedazos de ladrillo en el frasco con agua y tápalo.

4 Túrnate con un compañero para agitar el frasco durante 10 minutos. Repite este paso tres veces por día durante una semana. Luego, **mide** la masa de los pedazos de ladrillo y **registra** tus resultados.

Paso 3

Paso 4

Sacar conclusiones

1. ¿Cambió la apariencia de los pedazos de ladrillo después de agitarlos durante una semana? Si es así, ¿cuál es la diferencia?

2. **Compara** la masa de los pedazos de ladrillo antes y después de agitarlos. ¿Cambió la masa de los pedazos de ladrillo? Sí es así, ¿cómo cambió?

3. **Destreza de examinación** Los científicos **interpretan datos** para comprender cómo funcionan las cosas. Usa tus datos para explicar qué ocurrió con los pedazos de ladrillo.

Investiga más

¿Se meteorizan los pedazos grandes de roca más rápido que los pequeños? **Planea y haz una investigación** para comprobar tu predicción.

VOCABULARIO

meteorización pág. 240
erosión pág. 242
glaciar pág. 244

CONCEPTOS CIENTÍFICOS

▶ qué hace la meteorización
▶ qué hace la erosión

DESTREZA DE LECTURA

ORDENAR EN SECUENCIA

Busca cuáles son los pasos que conducen a la erosión.

Cómo se desintegran las rocas

La superficie terrestre es de roca. La roca se desintegra y se parte en trozos más pequeños a través de un proceso llamado **meteorización**.

El agua produce meteorización. También el viento desintegra la roca. Recoge arena y después la hace chocar contra las rocas. Esto provoca que las rocas se astillen lentamente. El hielo también desintegra la roca, pero de otra manera. En la página siguiente verás cómo lo hace. También las plantas desintegran las rocas. Las raíces pueden crecer en las grietas de la roca y ensancharlas.

La meteorización se produce muy lentamente. Las rocas pueden tardar miles de años en desintegrarse hasta convertirse en arena y suelo.

 ORDENAR EN SECUENCIA ¿De qué manera el viento desintegra las rocas?

El agua fluye a través de las grietas de la roca. Desgasta lentamente sus bordes, hasta redondearlos.

La meteorización resquebrajó esta roca. Las capas de arriba se desprendieron. ▼

Cómo el hielo resquebraja la roca

El agua, en forma de hielo, puede desintegrar la roca y el concreto.

1 El agua entra en una grieta.

2 El agua se congela y se convierte en hielo. Como el agua congelada ocupa más lugar que el agua líquida, el hielo presiona las paredes de la grieta.

3 La grieta se ensancha y rompe el concreto o la roca.

Para hallar otros enlaces y actividades, visita
www.hspscience.com

Cómo se desplazan los pedazos de roca

Después de que las rocas se desintegran, la erosión transporta sus pedazos. La **erosión** es el movimiento de roca meteorizada. El arrastre es un tipo de erosión muy lenta que mueve rocas y suelo. Con el tiempo, el arrastre puede inclinar cercas y muros.

El movimiento del agua produce mucha erosión. La lluvia afloja la arena y las rocas, y las lleva, junto con las rocas meteorizadas, hasta los ríos. La corriente transporta esos materiales río abajo.

Cuando la corriente de agua disminuye, los materiales se depositan. Los ríos depositan arena a lo largo de sus orillas. Esa es una de las maneras en que puede cambiar la forma de un río.

Las plantas ayudan a mantener el suelo en su lugar. Evitan que el agua arrastre la arena lejos de las tierras cultivadas.

Los ríos depositan arena y rocas en sus desembocaduras. La arena y las rocas se acumulan hasta originar un accidente geográfico llamado delta. ▼

Los ríos erosionan el suelo de sus orillas. Este río barroso arrastra gran cantidad de suelo. ▼

La erosión del viento transporta la arena y forma enormes montículos llamados dunas. Las dunas se forman en los desiertos y a lo largo de costas arenosas.

El arrastre es un movimiento muy lento de rocas y suelo. Ocurre tan lentamente que no es posible observarlo a simple vista. Sin embargo, puede llegar a inclinar cercas y muros.

El viento también provoca erosión. Cuanto más fuerte sopla el viento, más suelo puede transportar. Cuando el viento disminuye, el suelo se deposita y forma accidentes geográficos.

En los desiertos, el viento forma grandes colinas de arena llamadas dunas. Las dunas pueden ser más altas que un edificio de veinte pisos.

Por lo general, la erosión es lenta. Un cambio en la tierra puede tardar cientos e incluso miles de años.

 ORDENAR EN SECUENCIA ¿Qué debe ocurrir antes de que la roca pueda erosionarse?

Minilab

Hielo que crece
Vierte agua hasta la mitad en un pequeño vaso de plástico. Marca la línea del agua. Pon el vaso en el congelador. Cuando el agua se haya congelado, mira la marca que hiciste. ¿Está el hielo al mismo nivel? Mide cuánto "creció" el hielo. ¿Cómo se relaciona esto con la meteorización?

Cómo los glaciares modifican la tierra

Los glaciares también dan forma a la tierra por medio de la erosión. Un **glaciar** es un inmenso bloque de hielo en movimiento. Los glaciares se forman en lugares donde hace tanto frío que la nieve nunca se derrite. La nieve se acumula y se transforma en hielo.

Al desplazarse, los glaciares arrastran rocas y suelo. Cuando se derriten, depositan las rocas y el suelo, formando colinas y arrecifes. Los glaciares, al moverse, raspan la superficie y ensanchan los valles.

 ORDENAR EN SECUENCIA ¿Cómo puede un glaciar formar una colina?

Los glaciares cubren $\frac{1}{10}$ de la superficie terrestre. Se forman en lo alto de las montañas y en zonas cercanas a los polos. ▼

Los glaciares pueden abrir grandes surcos en la roca. Incluso pueden formar valles.

1. **ORDENAR EN SECUENCIA** Copia y completa el siguiente organizador gráfico.

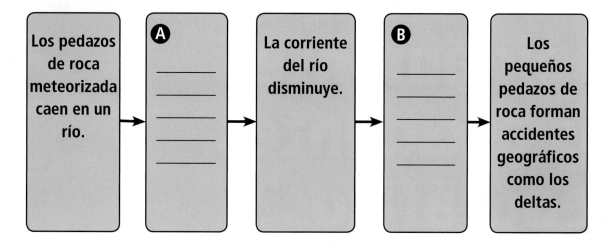

| Los pedazos de roca meteorizada caen en un río. | **A** _____ | La corriente del río disminuye. | **B** _____ | Los pequeños pedazos de roca forman accidentes geográficos como los deltas. |

2. **RESUMIR** Resume cómo el agua produce erosión.

3. **SACAR CONCLUSIONES** La raíz de un árbol quiebra la superficie de una acera. ¿Es eso un ejemplo de meteorización o de erosión? Explica tu respuesta.

4. **VOCABULARIO** Dibuja un glaciar. Debajo del dibujo, escribe una nota que explique qué es un glaciar.

Preparación para la prueba

5. **Razonamiento crítico**
Jamie visita a su abuela todos los veranos. Un día, nota que la cerca de su abuela se ha movido de lugar. Explica cómo puede haber sucedido esto.

Enlaces

Redacción

Redacción narrativa
Los glaciares cubrieron gran parte de la tierra durante el último período glaciar. Investiga ese período glaciar. Luego, escribe un **cuento** sobre cómo podría haber sido un día en la vida de las personas de aquella época.

Matemáticas

Resolver problemas
Si un delta crece 3 metros por año, ¿cuánto crecerá en 5 años? ¿Y en 10 años?

Para hallar otros enlaces y actividades, visita
www.hspscience.com

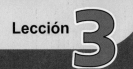

Lección 3

¿Cómo cambian rápidamente los accidentes geográficos?

Datos breves

Un volcán muy alto El monte Etna, que aparece en la fotografía, es el volcán en actividad más alto de Europa. Tiene 3350 metros (10,990 pies) de altura. En la sección "Investigación" harás un modelo de volcán.

Un modelo de volcán

Materiales

- tierra
- agua
- harina
- gotero
- taza de medir
- papel encerado
- cucharas de medir
- 2 frascos de plástico
- colorante para alimentos (rojo y verde)
- vinagre blanco
- bandeja grande
- gafas protectoras
- bata de laboratorio
- bicarbonato de sodio

Procedimiento

1. **CUIDADO:** Usa gafas protectoras y una bata de laboratorio. Cubre la bandeja con papel encerado. Coloca el frasco en el medio.

2. Mezcla en el frasco $\frac{1}{2}$ cucharada de harina y 1 cucharada de bicarbonato de sodio. Agrega 10 gotas de colorante rojo.

3. Humedece un poco la tierra y acomódala alrededor del frasco, en forma de cono. La tierra debe quedar al mismo nivel que la boca del frasco.

4. Lentamente, vierte $\frac{1}{4}$ de taza de vinagre dentro del frasco. Observa. Con cuidado, extrae el frasco. Espera 15 minutos.

5. Repite los Pasos 2 a 4 con el colorante verde y el otro frasco. Registra tus observaciones.

Paso 3

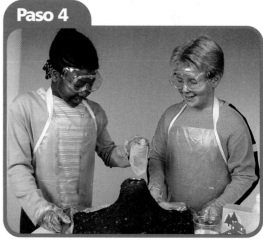

Paso 4

Sacar conclusiones

1. ¿Qué sucedió cuando vertiste el vinagre en el frasco? ¿Qué representa la mezcla?

2. **Destreza de examinación** Los científicos usan modelos para comprender cómo ocurren las cosas en la naturaleza. ¿De qué manera te ayudó el modelo a comprender cómo los volcanes modifican la tierra?

Investiga más

Aprende acerca de diferentes tipos de erupciones volcánicas. Elige un tipo de erupción. Planea y haz una investigación para representarla en un modelo.

VOCABULARIO

terremoto pág. 248

volcán pág. 250

inundación pág. 252

CONCEPTOS CIENTÍFICOS

▶ cómo los terremotos y los volcanes modifican la tierra

▶ cómo las inundaciones modifican la tierra

Destreza clave

DESTREZA DE LECTURA

CAUSA Y EFECTO Busca los efectos de los terremotos.

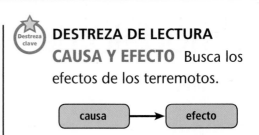

Los terremotos

Un **terremoto** es un estremecimiento de la superficie de la Tierra. Se produce por los movimientos de la corteza terrestre, que está hecha de roca. En algunos lugares, la roca tiene grandes grietas, llamadas fallas.

Cuando la corteza terrestre se mueve repentinamente a lo largo de esas fallas, la zona que está por encima de la falla puede sacudirse. El movimiento de la corteza terrestre durante un terremoto puede ocasionar muchos cambios en la superficie terrestre.

Los terremotos pueden modificar los accidentes geográficos. Producen grandes grietas en la superficie terrestre y crean zonas de suelo irregular.

Los terremotos pueden provocar grandes daños. Este edificio de departamentos de San Francisco se inclinó cuando se movió la tierra. ▼

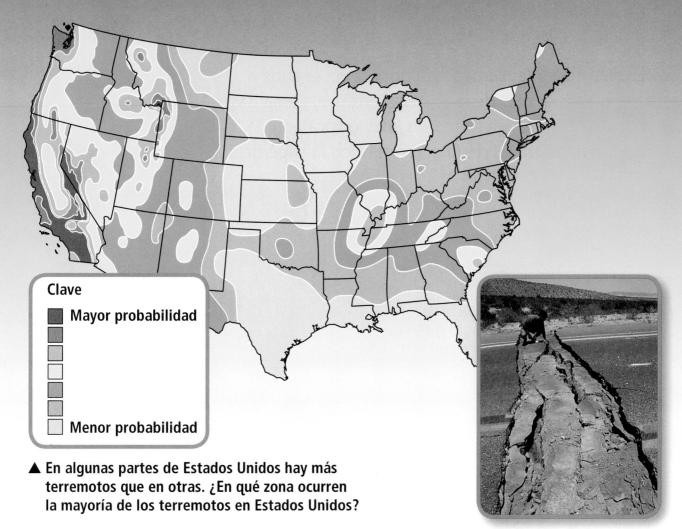

Clave

Mayor probabilidad

Menor probabilidad

▲ En algunas partes de Estados Unidos hay más terremotos que en otras. ¿En qué zona ocurren la mayoría de los terremotos en Estados Unidos?

▲ En ocasiones, el movimiento del suelo produce grietas en las carreteras y daña los puentes.

Los terremotos pueden causar una rápida erosión. Si ocurren cerca de la costa, pueden destruir playas. Y si ocurren en las montañas, pueden ocasionar que grandes cantidades de roca o suelo se deslicen cuesta abajo. Estos movimientos se llaman desprendimientos.

Los terremotos destruyen edificios y propiedades. Los desprendimientos pueden cubrir calles enteras. Incluso en las viviendas que no resultan dañadas, las personas pueden quedarse sin agua o sin electricidad durante varios días.

⭐ **CAUSA Y EFECTO** ¿Qué produce los terremotos?

Minilab

¿Dónde está la energía?
Sujeta uno de los extremos de una regla sobre una mesa. Levanta el otro extremo. ¿Qué sucederá si sueltas el extremo libre? Suéltalo. ¿Era acertada tu predicción? Infiere por qué sucede eso.

Los volcanes

La roca fundida, llamada magma, a veces sube a través de las grietas de la corteza terrestre. Llega hasta la superficie y sale en forma de *lava*, o roca líquida. La lava sube a través de una abertura en la superficie terrestre llamada **volcán**.

El calor del interior de este volcán de Nueva Zelanda produce vapor. El cráter de la cima se formó durante una erupción anterior.

Cuando los volcanes hacen erupción, modifican rápidamente la superficie terrestre. La lava, la ceniza y las rocas que despiden los volcanes cubren la tierra que los rodea. Los volcanes también expulsan nubes de gas y ceniza, que bajan por las laderas. El gas y las cenizas incendian construcciones y árboles, afectando a las comunidades humanas y los hábitats de los animales.

Un volcán es un tipo de montaña. Cada vez que hace erupción, lanza lava y roca que se acumulan en sus laderas. De esa manera, el volcán aumenta lentamente su tamaño.

 CAUSA Y EFECTO ¿Qué efectos produce en la tierra una erupción volcánica?

Un río de lava baja por las laderas del volcán.

Estas casas están casi enterradas en lava y ceniza.

Las inundaciones

Como sabes, el agua puede modificar lentamente la tierra. Pero también puede modificarla rápidamente. A veces llueve tanto que los ríos y los arroyos no alcanzan a contener toda el agua. El agua desborda y produce una inundación. Una **inundación** ocurre cuando una gran cantidad de agua cubre tierras que normalmente están secas.

Las inundaciones arruinan la tierra. Destruyen construcciones y arrasan puentes, caminos y cultivos. Las inundaciones también arrastran suelo. Cuando bajan las aguas, depositan el suelo a lo largo de las orillas de los ríos. Los agricultores pueden usar ese suelo fértil para cultivar.

 CAUSA Y EFECTO ¿Qué causa una inundación?

▲ Las sequías ocurren cuando una zona no recibe suficiente lluvia. La aridez y el calor agrietan el suelo.

El desborde de un río inundó las casas de una llanura cercana. ▼

1. CAUSA Y EFECTO Copia y completa el siguiente organizador gráfico.

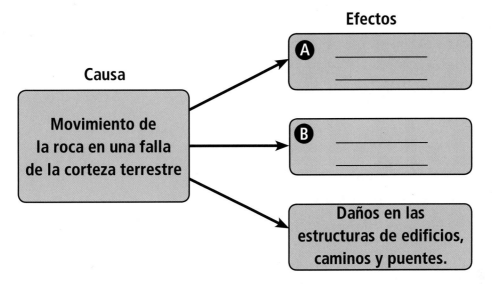

Efectos

Causa

Ⓐ _____

Movimiento de la roca en una falla de la corteza terrestre

Ⓑ _____

Daños en las estructuras de edificios, caminos y puentes.

2. RESUMIR Escribe un breve resumen de la lección. Comienza con la oración *La superficie terrestre puede cambiar rápidamente.*

3. SACAR CONCLUSIONES Imagina que vives en una zona de terremotos. ¿Qué debes hacer para protegerte durante un terremoto?

4. VOCABULARIO Escribe una oración donde uses correctamente uno de los términos del vocabulario.

Preparación para la prueba

5. ¿Cuál de los siguientes es un efecto de los terremotos?
- **A.** bosques quemados
- **B.** grandes grietas en la Tierra
- **C.** nubes de gas
- **D.** cultivos arrasados

Enlaces

Redacción

Redacción informativa
Imagina que eres un periodista de TV que presencia la erupción de un volcán. Escribe un **informe** que describa lo que ves. Procura que tu información sea correcta.

Estudios Sociales

Los más grandes
Investiga en qué lugares de Estados Unidos se produjeron los cinco mayores terremotos. Usa un mapa del contorno del país para marcar puntos en las zonas donde ocurrió cada terremoto. Escribe el nombre del lugar junto a cada punto.

 Para hallar otros enlaces y actividades, visita
www.hspscience.com

La gran presa

Hace miles de años, los chinos construyeron la Gran Muralla. Ahora están construyendo una gran presa: la presa Tres Gargantas.

La presa, que atraviesa el majestuoso río Yangtze, mide 2.4 kilómetros (1.5 millas) de ancho y casi 182 metros (600 pies) de alto. Cuando esté terminada, será la presa más grande del mundo. El agua que pasará a través de la presa hará funcionar 26 turbinas gigantes. Una *turbina* es como un motor inmenso que genera electricidad.

De acuerdo con los expertos, la presa Tres Gargantas cambiará la fisonomía de China. Creará un lago de 643 kilómetros (400 millas) de largo y cientos de metros de profundidad.

Se espera que la presa Tres Gargantas ayude a evitar que se desborde el río Yangtze. ▼

¿Para qué construir una presa?

Para construir la presa, primero fue necesario construir una ataguía, es decir, un dique temporal que sirve para desviar el río lejos del sitio de construcción.

Los funcionarios chinos esperan que la presa evite que el río Yangtze se desborde y cause inundaciones. Durante siglos, el desborde de este río ha significado un problema. En los últimos 100 años, las inundaciones en China han provocado la muerte de más de un millón de personas.

Sin embargo, no todos están de acuerdo con el proyecto. Algunas personas aseguran que la presa perjudicará el medio ambiente.

Temen que el nuevo lago gigante que se formará a partir de la presa acumule todas las sustancias contaminantes que provienen de las ciudades y las fábricas de las riberas del Yangtze. Esa contaminación podría dañar a las personas y los animales que viven cerca del lago.

Piensa

1. ¿Cómo modificará la presa Tres Gargantas el paisaje de China?
2. ¿Por qué crees que algunas personas quieren que se construya una presa? ¿Por qué otras personas no están de acuerdo?

¡Investiga más! Visita **www.hspscience.com**

255

La medición de los movimientos

De vez en cuando, los noticieros informan que se ha producido un terremoto. Durante el informe, probablemente escucharás el término "escala de Richter". ¡Y no creas que se trata de una escala musical! La escala de Richter sirve para medir la magnitud de un terremoto.

Esta escala fue creada por Charles Richter (1900–1985). Richter era *sismólogo*, es decir, un científico que estudia los terremotos y la estructura de la Tierra. Los sismólogos intentan determinar dónde y cuándo podría producirse el próximo terremoto.

Profesión Vulcanólogo

Los vulcanólogos estudian los volcanes. Examinan los lugares donde hay volcanes y recopilan información acerca de la Tierra. Estos científicos ayudan a las personas que viven cerca de los volcanes, advirtiéndoles de posibles erupciones. De ese modo, la gente que vive allí puede abandonar la zona a tiempo.

¡Sí puedes!

Proyecto fácil y rápido

Sacude la Tierra

Procedimiento

1. Cubre la gelatina con el plástico para envolver alimentos.

2. Usa los crutones para hacer estructuras con forma de edificios sobre la gelatina.

3. Mueve el molde de arriba a abajo y hacia los costados. Al moverlo, tamborilea con los dedos uno de sus extremos. Observa el movimiento de la gelatina.

Materiales
- gelatina en un molde para hornear
- plástico para envolver alimentos
- crutones grandes

Sacar conclusiones

¿Dañó el movimiento tus "edificios"? Registra tus observaciones. ¿Cómo representa un terremoto este modelo?

Planea tu propia investigación

Descubre los cambios en el paisaje

Busca cambios que hayan ocurrido rápidamente en la zona donde vives. Los cambios pueden ser naturales. También pueden ser cambios provocados por las personas. Planea una manera de mostrar cómo se modificó el paisaje. Podrías usar fotos o dibujos del tipo "antes y después". O puedes sencillamente exponer los efectos de esos cambios. Después, escribe una descripción de lo que ocurrió.

Repaso y preparación para la prueba

Repaso del vocabulario

Usa los términos de abajo para completar las oraciones. Los números de página te indican qué parte del capítulo debes mirar si necesitas ayuda.

cañón pág. 234

meseta pág. 236

meteorización pág. 240

erosión pág. 242

glaciar pág. 244

terremoto pág. 248

volcán pág. 250

inundación pág. 252

1. El traslado de roca meteorizada y suelo se llama _____.

2. Una abertura en la superficie terrestre que expulsa lava es un _____.

3. Un valle con paredes empinadas es un _____.

4. Un inmenso bloque de hielo es un _____.

5. Un estremecimiento de la superficie terrestre se llama _____.

6. Una región plana y más elevada que la tierra que la rodea es una _____.

7. La desintegración de las rocas en pedazos más pequeños se llama _____.

8. Una gran cantidad de agua que cubre la tierra es una _____.

Comprueba lo que aprendiste

Escribe la letra de la respuesta correcta.

9. ¿Cuál de las siguientes es una zona baja?

A. mesa **C.** meseta

B. montaña **D.** valle

10. ¿Cuál de las siguientes palabras describe una llanura?

F. profunda **H.** montañosa

G. plana **J.** empinada

11. CAUSA Y EFECTO ¿Cuál de los siguientes es un efecto de la meteorización?

A. una montaña se eleva

B. el agua se congela

C. un volcán hace erupción

D. las rocas se parten

12. ¿Qué accidente geográfico muestra esta ilustración?

F. montaña **H.** meseta

G. llanura **J.** valle

13. ¿Cuál de las siguientes opciones produce un cambio lento de la superficie terrestre?

    A. inundación   **C.** glaciar

    B. terremoto   **D.** volcán

14. ¿Dónde ocurren más terremotos?

    F. en los cerros testigo

    G. en las fallas

    H. en las llanuras

    J. en los valles

15. COMPARAR Y CONTRASTAR

  ¿Qué accidente geográfico es un tipo de montaña?

    A. volcán   **C.** meseta

    B. llanura   **D.** valle

16. ¿Cómo cambia la tierra una inundación?

    F. Agrieta la roca.

    G. Deposita suelo.

    H. Levanta montañas.

    J. Expulsa lava.

Destrezas de examinación

17. ¿Por qué sería útil hacer un modelo para estudiar la erosión causada por los glaciares?

18. Compara y contrasta los efectos de la meteorización con los efectos de la erosión.

Razonamiento crítico

19. ¿Cuáles de estas rocas han sufrido mayor meteorización? Explica tu respuesta.

20. ¿En cuál de estas tres zonas crees que es más probable que se produzca una inundación? Explica tu respuesta.

A.

Llanuras

B.

Montañas

C.

Valles

La conservación de los recursos

Lección 1 ¿Cuáles son algunos tipos de recursos?

Lección 2 ¿Cuáles son algunos tipos de suelo?

Lección 3 ¿De qué manera las personas usan y afectan el medio ambiente?

Lección 4 ¿Cómo pueden usarse los recursos de manera prudente?

Vocabulario

recurso

recursos renovables

recursos reciclables

recursos no renovables

humus

arena

limo

arcilla

marga

contaminación

conservación

reducir

reutilizar

reciclar

¿Qué te preguntas?

Los recursos se encuentran en casi todas partes. ¿Qué recursos ves en esta foto? ¿Cómo usas estos recursos?

¿Cuáles son algunos tipos de recursos?

Datos breves

Energía del viento Estos generadores usan el viento para producir electricidad. La energía producida por el viento se divide en siete categorías. En la sección "Investigación" harás un modelo de un método que se usa para obtener algunos recursos de la Tierra.

Extraer recursos

Materiales
- galleta de avena y pasas
- mondadientes
- plato de cartón
- gotero
- agua

Procedimiento

1 Observa la galleta. Registra el número de pasas que ves.

2 Vierte unas gotas de agua alrededor de cada pasa. La galleta deberá quedar húmeda pero no mojada.

3 Usa el mondadientes para "extraer" todas las pasas de la galleta. Si tienes dificultades para extraerlas, agrega unas gotas de agua alrededor de las pasas. Registra la cantidad que sacaste.

Sacar conclusiones

1. ¿Había algunas pasas que no viste la primera vez? ¿Por qué no las viste?

2. ¿De qué manera ayudó el agua a extraer las pasas? ¿Cómo afectó la "excavación" a la galleta?

3. ¿En qué se parece extraer pasas de una galleta a extraer recursos de la Tierra?

4. **Destreza de examinación** Los científicos usan sus observaciones para inferir cómo funcionan cosas similares. Usa tus observaciones para inferir qué efecto podría tener la minería en la tierra alrededor de la mina.

Paso 2

Paso 3

Investiga más

¿Es posible "excavar" totalmente la galleta sin dañarla? Formula una hipótesis sobre cómo podría hacerse eso. Comprueba tu hipótesis.

VOCABULARIO

recurso pág. 264

recursos renovables
  pág. 266

recursos reciclables
  pág. 267

recursos
  no renovables pág. 268

CONCEPTOS CIENTÍFICOS

▶ qué son los recursos

▶ qué recursos no se agotarán y cuáles podrían agotarse

DESTREZA DE LECTURA
IDEA PRINCIPAL Y DETALLES

Destreza clave

Busca detalles sobre los recursos.

Idea principal

detalle   detalle   detalle

Recursos

¿Qué materiales usaste hoy? Comiste alimentos en el desayuno. Luego, usaste agua para cepillarte los dientes. Ahora estás usando este libro. Los alimentos, el agua e incluso este libro provienen de recursos. Un **recurso** es un material que se encuentra en la naturaleza y es usado por los seres vivos.

▼ Las personas usan los peces como recurso.

La gente usa muchas clases de animales como recursos. Por ejemplo, las vacas se usan para obtener carne y leche. ▼

El agua que tomas proviene de lagos y ríos y de reservas subterráneas. Los alimentos que comes provienen de plantas y animales. El papel de este libro está hecho de la madera de un árbol.

Las personas usan diariamente muchos otros tipos de recursos. El aire, las rocas, los metales, el petróleo y la sal son sólo unos pocos ejemplos de recursos. Los recursos se encuentran en muchas clases de lugares, tanto en la superficie como bajo tierra.

⭐ **IDEA PRINCIPAL Y DETALLES** ¿Cuál es un recurso que se encuentre en la superficie? ¿Y bajo tierra?

Esta granja produce cultivos. Las personas usan algunos tipos de cultivos como alimento. Otros tipos de cultivos, como el algodón, se usan para hacer ropa, sábanas y toallas. ▼

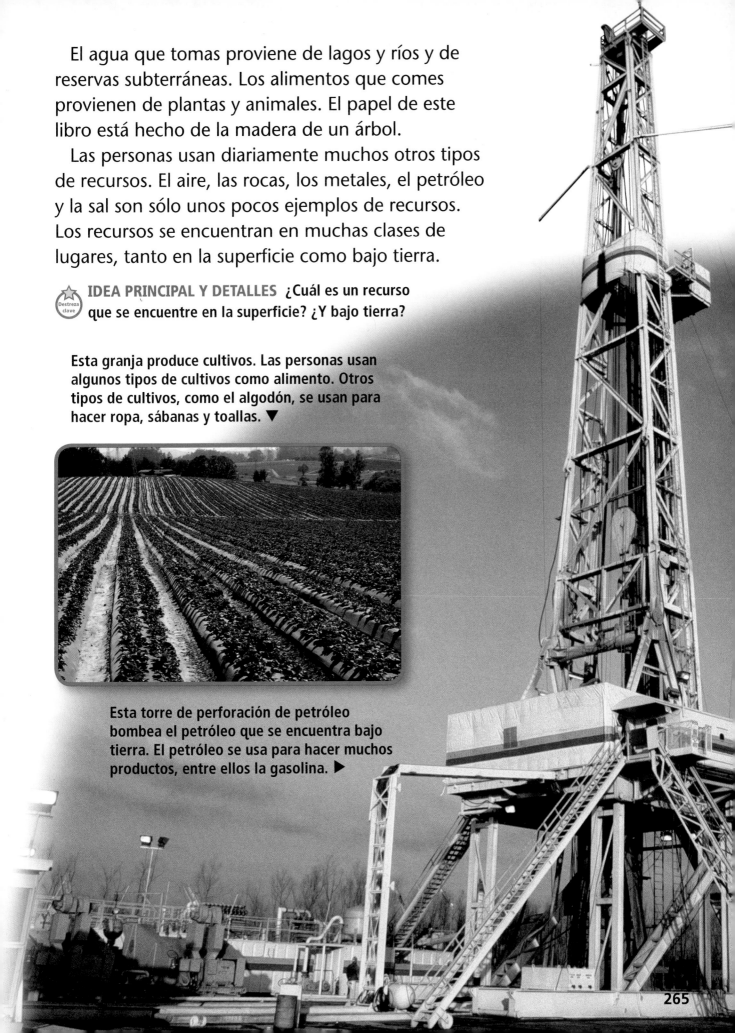

Esta torre de perforación de petróleo bombea el petróleo que se encuentra bajo tierra. El petróleo se usa para hacer muchos productos, entre ellos la gasolina. ▶

Recursos renovables

Después de talar un árbol para hacer papel, puedes plantar otro árbol. El nuevo árbol ocupará el lugar del árbol que fue talado. Los árboles son recursos renovables. Los **recursos renovables** son recursos que pueden reemplazarse durante una vida humana. Las plantas y los animales son recursos renovables. Algunos tipos de energía también son recursos renovables. Por ejemplo, la energía solar es un recurso renovable.

 IDEA PRINCIPAL Y DETALLES ¿Cuáles son algunos tipos de recursos renovables?

Este bosque es un recurso renovable. Sus árboles pueden usarse para hacer casas, muebles, lápices y papel. Pueden plantarse nuevos árboles para ocupar el lugar de los árboles que se talan. ▼

▲ El aire es un recurso que necesitas para respirar. Los carros y las fábricas contaminan el aire. Las plantas, el viento y la lluvia ayudan a limpiar el aire para que puedas volver a respirarlo.

Recursos reciclables

Algunos tipos de recursos pueden usarse una y otra vez. Estos recursos se llaman **recursos reciclables**. El aire y el agua son dos tipos de recursos reciclables. Luego de tomar un baño, el agua está sucia. Cuando desagotas la tina, el agua va a una planta de tratamiento de agua. Allí es purificada para que pueda reutilizarse.

⭐ **IDEA PRINCIPAL Y DETALLES** ¿Cuáles son algunos tipos de recursos reciclables?

Minilab

Búsqueda de recursos
Sal a la calle o mira por la ventana. Haz una lista de los recursos que ves. ¿Cuáles de esos recursos son renovables? ¿Cuáles son reciclables?

Recursos no renovables

Seguramente has visto a alguien llenar el tanque del carro con gasolina. Los carros funcionan con la energía de la gasolina. Cuando se acaba la gasolina, debe llenarse el tanque nuevamente.

El petróleo que se usa para producir gasolina no es renovable ni reciclable. Algún día, todo el petróleo se habrá acabado. El petróleo es un recurso no renovable. Los **recursos no renovables** son recursos que no pueden reemplazarse. Cuando esos recursos se agoten, no habrá más. Algunos otros recursos no renovables son el carbón, el suelo y los metales.

 IDEA PRINCIPAL Y DETALLES ¿Cuáles son algunos recursos no renovables?

Para extraer el carbón, que se utiliza para producir electricidad, los mineros excavan en las profundidades del suelo. El carbón tarda miles de años en formarse. ▼

En la Tierra hay solo una cierta cantidad de cada metal. No es posible producir más. Algunos de los recursos metálicos de la Tierra, como el cobre y el hierro, se extraen de minas a cielo abierto como esta. ▼

1. IDEA PRINCIPAL Y DETALLES Copia y completa el siguiente organizador gráfico.

Idea principal: (A)_____ son materiales que se encuentran en la naturaleza y son usados por seres vivos.

Ejemplos de recursos renovables: viento
(B)_____

Ejemplos de recursos reciclables: aire
(C)_____

Ejemplos de recursos no renovables: petróleo
(D)_____

2. RESUMIR Escribe un resumen de esta lección. Comienza con la siguiente oración: *Existen tres tipos de recursos.*

3. SACAR CONCLUSIONES ¿Por qué el sol es un recurso renovable?

4. VOCABULARIO Escribe un pequeño párrafo que describa las diferencias entre recursos renovables, recursos reciclables y recursos no renovables.

Preparación para la prueba

5. ¿Cuál de los siguientes recursos es no renovable?
A. aire   C. carbón
B. animales   D. agua

Enlaces

Redacción

Redacción narrativa
Elige un recurso no renovable que hayas usado hoy. Escribe un **cuento** que describa cómo cambiaría tu vida sin ese recurso.

Matemáticas (9÷3)

Resolver un problema
Imagina que tu ciudad usa 5 toneladas de carbón por año y tiene suficiente carbón para producir energía por 20 años. Si tu ciudad usara solamente 4 toneladas cada año, ¿cuántos años duraría el carbón?

 Para hallar otros enlaces y actividades, visita
www.hspscience.com

¿Cuáles son algunos tipos de suelo?

Datos breves

La lenta formación del suelo
Un suelo bueno para la agricultura tarda entre 3,000 y 12,000 años en formarse. En la sección "Investigación" te informarás acerca de dos tipos de suelo.

Observar el suelo

Materiales
- 2 muestras de tierra
- platos de cartón pequeños
- microscopio o lupa pequeña
- mondadientes

Procedimiento

1. Pide una muestra de tierra a tu maestro. Coloca unos pocos granos de tierra en un plato de cartón.

2. Usando el microscopio o la lupa, observa la tierra. Usa el mondadientes para separar los granos de suelo. Observa el color, la forma y el tamaño de los granos. Registra lo que observas dibujando los granos de suelo.

3. Toma un poco de tierra del plato. Frótala entre tus dedos. ¿Qué sientes? Registra lo que observas.

4. Repite los Pasos 1 a 3 con la otra muestra de tierra.

Paso 2

Paso 3

Sacar conclusiones

1. ¿Qué sentidos usaste para observar el suelo?

2. Describe tus observaciones.

3. **Destreza de examinación** Los científicos observan cosas para luego poder compararlas. ¿Cuáles son las semejanzas entre las muestras de tierra? ¿Cuáles son las diferencias?

Investiga más

¿Qué suelo retiene mayor cantidad de agua, la tierra para macetas o la tierra arenosa? Escribe una hipótesis. Luego, planea y haz una investigación para poner a prueba tu hipótesis.

VOCABULARIO

humus pág. 272

arena pág. 275

limo pág. 275

arcilla pág. 275

marga pág. 276

CONCEPTOS CIENTÍFICOS

▶ cómo el suelo está dividido en capas

▶ en qué se diferencian los suelos

DESTREZA DE LECTURA

COMPARAR Y CONTRASTAR

Compara y contrasta las capas y los tipos de suelo.

| semejanzas | diferencias |

Capas del suelo

Quizás no pienses en el suelo como un recurso, pero es un recurso muy importante. Sin suelo, las plantas no podrían crecer. Y muchos animales no tendrían dónde vivir.

El suelo es una mezcla de muchas cosas diferentes. Está compuesto por agua, aire, humus y pequeños trozos de rocas. El **humus** es el componente del suelo que está formado por partes de plantas y animales muertos. Por ejemplo, las hojas que caen de los árboles se descomponen en partes más pequeñas y se convierten en humus.

Las raíces de esta planta crecen en el suelo. ▼

El suelo que se encuentra cerca de la superficie tiene mucho humus. El suelo que se encuentra a mayor profundidad tiene menos humus y más trozos de roca pequeños. Si hicieras un corte en el suelo, verías diferentes capas a diferentes profundidades.

 COMPARAR Y CONTRASTAR ¿En qué se diferencia el suelo cercano a la superficie del que se encuentra a mayor profundidad?

Míralo en detalle

Capa superior del suelo
El suelo se forma en capas. La capa que se encuentra arriba se llama *capa superior del suelo.* Esta capa tiene mucho humus. Numerosos animales pequeños, como hormigas o lombrices de tierra, viven en la capa superior.

Subsuelo
La capa que se encuentra debajo de la capa superior es el *subsuelo.* No tiene mucho humus, pero sí trozos de roca pequeños.

Lecho rocoso
Si excavas bastante profundo en el suelo, hallarás roca sólida. Esa roca sólida se conoce como *lecho rocoso.* La mayoría de los pequeños trozos de roca que tiene el suelo provienen del lecho rocoso.

Para hallar otros enlaces y actividades, visita
www.hspscience.com

Diferentes tipos de suelo

No todos los suelos son iguales. Tan sólo en Estados Unidos existen más de 70,000 tipos de suelo diferentes. Los suelos pueden tener diferentes colores. Algunos suelos pueden retener más agua que otros.

Otra diferencia entre los suelos es el tamaño de la roca que contienen. El tamaño de las rocas hace que los suelos se vean diferentes.

Este suelo está compuesto en su mayor parte de arena. Los granos de arena son suficientemente grandes para verlos sin una lupa. ▼

Este suelo de arcilla está compuesto de diminutos granos de roca. Para ver estos granos, necesitarías un microscopio. ▼

Los suelos con diminutas partículas de roca que puedes ver a simple vista son principalmente de **arena**. Se llama **limo** al suelo con granos de roca demasiado pequeños para verlos a simple vista. Los suelos con granos de roca aún más diminutos se conocen como suelos de **arcilla**. La principal diferencia entre los suelos de arena, limo y arcilla es el tamaño de sus granos. Estos tres tipos de suelo también pueden estar compuestos de minerales diferentes.

 COMPARAR Y CONTRASTAR Compara los suelos de arena, limo y arcilla.

Minilab

Hacer un modelo de suelo

Coloca pedazos de roca en el fondo de una botella de plástico. Luego, agrega una mezcla de roca y humus. Finalmente, coloca humus y diminutas partículas de roca en la parte superior. Rotula las capas. ¿La capa superior de tu suelo es de arena, limo o arcilla?

La importancia del suelo

¿Cómo sería el mundo sin suelo? La gente no podría fabricar ladrillos, cerámica u otros artículos que se hacen con la arcilla del suelo. Muchos animales no tendrían dónde vivir y las plantas no podrían crecer.

El suelo es muy importante para los seres humanos, ya que permite cultivar frutas y vegetales. El mejor tipo de suelo para cultivar frutas y vegetales es el de marga. La **marga** es una mezcla de humus, arcilla, limo y arena. La mayoría de los suelos que se ven en las granjas son de marga.

 COMPARAR Y CONTRASTAR Contrasta las maneras en que las personas usan los distintos tipos de suelo.

Esta mujer cultiva flores y vegetales en un suelo de marga. El suelo de arcilla se mantendría demasiado húmedo. El suelo arenoso se secaría demasiado rápido. ▼

1. COMPARAR Y CONTRASTAR Copia y completa el siguiente organizador gráfico.

Suelos

En qué se asemejan los suelos:
Todos los suelos tienen agua,
A_____, aire,
y B_____.

En qué se diferencian los suelos:
Los suelos tienen distintos colores,
C_____, D_____,
y diferente capacidad
para retener el agua.

2. RESUMIR Escribe tres oraciones que expliquen de qué trata principalmente esta lección.

3. SACAR CONCLUSIONES ¿Por qué crees que las plantas necesitan el suelo para crecer?

4. VOCABULARIO Dibuja un organizador gráfico que muestre el modo en que el humus, la arena, el limo y la arcilla se relacionan con la marga.

Preparación para la prueba

5. Razonamiento crítico
Robin quiere plantar vegetales en su patio trasero. El suelo de su patio es principalmente de arcilla. ¿Qué debería hacer Robin antes de sembrar las semillas?

Enlaces

Redacción

Redacción persuasiva
Imagina que estás vendiendo un tipo de suelo. Escribe un **anuncio** para persuadir a los adultos para que compren tu suelo. Tu anuncio deberá explicar los mejores usos para ese suelo.

Educación Física

Hacer una caminata
Da un paseo por tu ciudad con un familiar adulto. Recoge pequeñas cantidades de suelo de tres lugares. Compara los suelos. Conversa acerca de otros recursos que hayas visto en tu paseo.

Para hallar otros enlaces y actividades, visita
www.hspscience.com

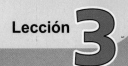

¿De qué manera las personas usan y afectan el medio ambiente?

Datos breves

Naranjales de Florida Los árboles de naranja necesitan suelo fértil, agua pura y clima cálido. Todas esas cosas se encuentran en Florida, el estado líder en el cultivo de naranjas. En la sección "Investigación" te informarás sobre la importancia que el agua pura tiene para las plantas.

La contaminación y las plantas

Materiales
- tierra para macetas
- semillas de pasto
- taza de medir
- agua aceitosa
- agua salada
- 3 vasos de plástico transparente
- agua pura

Procedimiento

1. Tu maestro te dará tres recipientes de agua. Uno tendrá agua pura, otro agua contaminada con sal y otro agua contaminada con aceite.

2. Llena los tres vasos de plástico con tierra para macetas. Siembra tres semillas en cada vaso. Mide 10 mL de agua pura. Riega las semillas del primer vaso con agua pura y rotúlalo. Repite la operación con los otros dos vasos y los otros recipientes de agua.

3. Coloca los vasos en una ventana soleada. Todos los días riega cada vaso con la misma agua que usaste la primera vez.

4. Observa los vasos durante 10 días. Cada día, registra tus observaciones.

Paso 2

Paso 3

Sacar conclusiones

1. ¿Qué observaste?

2. ¿Qué plantas crecieron mejor?

3. **Destreza de examinación** Los científicos comparan cosas para ver en qué se asemejan y en qué se diferencian. ¿En qué se asemeja y en qué se diferencia el crecimiento de las plantas con los tres tipos de agua?

Investiga más

¿Piensas que regar las plantas con agua que contiene vinagre o detergente para vajilla afectaría su crecimiento? Predice qué sucedería. ¡Y compruébalo! Asegúrate de usar gafas protectoras.

CONCEPTOS CIENTÍFICOS

▶ cómo se usa la tierra
▶ cuáles son los diferentes tipos de contaminación

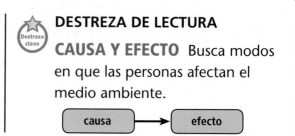

DESTREZA DE LECTURA

CAUSA Y EFECTO Busca modos en que las personas afectan el medio ambiente.

| causa | ⟶ | efecto |

Usos de la tierra

La tierra donde la gente vive es un recurso muy importante. Las personas usan la tierra de maneras diferentes. Construyen sobre ella. Usan recursos de la tierra para construir edificios. Las piedras y la madera son materiales de construcción que provienen de la tierra.

Muchos otros recursos que son útiles para las personas también provienen de la tierra. Los metales, las piedras preciosas y el carbón se excavan, o extraen, de la tierra. La tierra también se usa para la agricultura. Los agricultores usan el suelo para cultivar plantas que luego se utilizan para producir alimentos, medicinas, vestimentas y otras muchas cosas.

Las grandes ciudades como Miami se extienden por muchas millas. Puedes ver muchos usos de la tierra en esta fotografía.

Cada vez que las personas usan la tierra, la modifican de alguna manera. La construcción, la minería y la agricultura modifican la tierra. A veces, los efectos son positivos. Por ejemplo, plantar árboles ayuda a mantener el suelo en su lugar. Otras veces, los efectos son negativos. Por ejemplo, la minería puede despedazar la tierra. Eso perjudica a las plantas y a los animales que viven en la zona.

 CAUSA Y EFECTO ¿Qué efectos pueden tener sobre la tierra las acciones de las personas?

Es importante que los planificadores de las ciudades incluyan espacios abiertos, como los parques, para que las personas puedan disfrutarlos. ▶

Contaminación de la tierra

Las personas también pueden provocar cambios en la tierra al contaminarla. Se llama **contaminación** a cualquier material dañino que se encuentre en el medio ambiente. Hay muchos tipos de materiales nocivos o contaminantes. Los residuos sólidos, las sustancias químicas, el ruido e incluso la luz pueden ser contaminantes.

Un tipo de contaminación es la contaminación de la tierra. Esta contaminación puede producirse cuando las personas arrojan basura donde no deben. La basura puede dañar a las plantas y a los animales. También puede contaminar las aguas subterráneas.

 CAUSA Y EFECTO ¿Cuáles son algunos efectos de la contaminación de la tierra?

Las Matemáticas en las Ciencias
Interpretar datos

Una camiseta puede tardar 6 meses en descomponerse. Una cuerda puede tardar un año. ¿Cuántos años tarda una lata en descomponerse? ¿Y una botella de vidrio?

Cuánto tiempo tardan los materiales en descomponerse

Material	Meses
Periódico	1
Camiseta de algodón	6
Cuerda	12
Lata	1200
Botella de vidrio	6000

En Estados Unidos se depositan cada año más de 100 toneladas de basura en vertederos de residuos. ▼

282

▲ Después de un día ventoso o de lluvia, el aire contaminado de la ciudad se despeja.

▲ Si el aire que está sobre la ciudad no se desplaza, la contaminación permanece en el lugar. Esto hace que el aire resulte insalubre para respirar.

Contaminación del aire

La contaminación no sólo afecta a la tierra. El aire también puede estar contaminado. El humo, principalmente el que producen los camiones y las fábricas, es una de las causas de la contaminación del aire.

La contaminación del aire puede producir dificultades para respirar. También puede modificar el clima. Por ejemplo, el aire contaminado por los gases de los vehículos y las fábricas retiene el calor de la luz solar. Esto causa el recalentamiento de la Tierra. Los científicos llaman a esto el *calentamiento global.*

☆ **Destreza clave** **CAUSA Y EFECTO** ¿Cómo puede afectar a las personas la contaminación del aire?

Minilab

Comprobar la contaminación del aire

Unta un círculo de vaselina en el centro de un plato de cartón blanco. Deja el plato al aire libre por uno o dos días. Observa el plato. ¿Qué cambió? ¿Qué produjo ese cambio?

Contaminación del agua

Cuando llueve, la contaminación del aire y de la tierra puede trasladarse al agua. La lluvia arrastra los contaminantes del aire y de la tierra hacia el agua. Las personas que arrojan basura, petróleo y otros desechos en el agua también causan contaminación.

Beber agua contaminada puede enfermar a las personas. Los animales que viven en aguas contaminadas también pueden contraer enfermedades. Algunas clases de agua contaminada se pueden purificar. Las plantas de tratamiento de agua pueden eliminar los contaminantes del agua y hacerla nuevamente potable.

⭐ **Destreza clave** **CAUSA Y EFECTO** ¿Qué puede causar contaminación del agua?

A veces, como resultado de un accidente, se derrama petróleo en los océanos. Hace falta el trabajo de muchas personas para limpiar un derrame de petróleo.

A esta ave le están limpiando las plumas empetroladas. Sin esa ayuda, el ave probablemente moriría. ▼

1. CAUSA Y EFECTO Copia y completa el siguiente organizador gráfico.

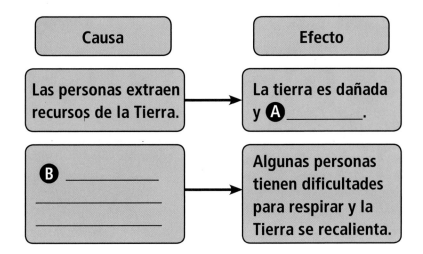

Causa	Efecto
Las personas extraen recursos de la Tierra. →	La tierra es dañada y **A**_____.
B _____ _____ _____ →	Algunas personas tienen dificultades para respirar y la Tierra se recalienta.

2. RESUMIR Escribe un resumen de esta lección explicando las causas y los efectos de la contaminación.

3. SACAR CONCLUSIONES Aparte de las personas, ¿hay otras cosas que puedan causar contaminación? Explica tu respuesta.

4. VOCABULARIO Describe qué es la contaminación y haz una lista de tres ejemplos.

Preparación para la prueba

5. ¿Cuál de los siguientes recursos proviene de la tierra?

   A. aire

   B. peces

   C. árboles

   D. agua

Enlaces

Redacción

Redacción informativa
Imagina que nadie se ocupara hoy de combatir la contaminación. Escribe una **descripción** acerca de cómo crees que se vería la Tierra dentro de 100 años.

Salud

¡No arroje basura!
Arrojar basura es una forma de contaminar la tierra. Haz un afiche pidiendo a la gente que no arroje basura. Coloca el afiche en la biblioteca de tu escuela o en otro lugar público.

 Para hallar otros enlaces y actividades, visita
www.hspscience.com

¿Cómo pueden usarse los recursos de manera prudente?

Datos breves

De basura a tesoro No creas que las botellas plásticas, los envases de aluminio y los neumáticos son solo basura. Todos esos objetos pueden ser reciclados. ¡De hecho, partes de este patio de recreo se hicieron con materiales reciclados! En la sección "Investigación" intentarás ahorrar un tipo de recurso.

Controlar la basura

Materiales
- calculadora
- bolsas de basura de plástico grandes
- báscula de baño

Procedimiento

1. Con todos tus compañeros, guarda durante una semana todo el papel que normalmente tirarían.

2. Al final de cada día, pesen el papel. Registren el peso.

3. Usen sus datos para hacer una gráfica lineal que muestre el peso de la recolección diaria.

4. Sumen todos los pesos que aparecen en la gráfica. La suma indica cuántas libras de papel recolectó la clase en una semana.

Paso 2

Paso 3

Sacar conclusiones

1. Si supones que 1 libra de papel ocupa 2 pies cúbicos de espacio, ¿cuánto espacio de un vertedero de basura ahorraría tu clase reciclando el papel que guardaron durante la semana?

2. **Destreza de examinación** Puedes comunicar una idea de muchas maneras. En esta investigación, usaste números para representar el peso del papel recolectado. ¿De qué manera usar números te ayuda a comunicar a otras personas lo que descubriste?

Investiga más

Predice **cuánto papel podría ahorrar tu clase usando ambos lados de cada hoja. Planea y haz una investigación para descubrirlo.**

VOCABULARIO

conservación pág. 288

reducir pág. 290

reutilizar pág. 291

reciclar pág. 292

CONCEPTOS CIENTÍFICOS

▶ cómo la conservación ahorra recursos

▶ cómo reducir, reutilizar y reciclar

DESTREZA DE LECTURA

IDEA PRINCIPAL Y DETALLES

Busca detalles sobre cómo proteger el medio ambiente.

Idea principal

detalle · detalle · detalle

Formas de proteger el medio ambiente

Las personas usan una gran cantidad de recursos. Has visto que muchos recursos son no renovables. Esto significa que, si agotamos esos recursos, no nos quedará nada de ellos en el futuro. Para proteger los recursos de la Tierra, es importante practicar la conservación. La **conservación** es ahorrar recursos usándolos razonablemente. Asegurar que no se acaben los recursos es una manera de proteger el medio ambiente.

El uso de ciertos recursos puede contaminar el medio ambiente. Has leído que la contaminación puede dañar a las personas, los animales y las plantas. Por eso, es importante evitar la contaminación del medio ambiente. También es importante tratar de eliminar cualquier tipo de contaminación que ya lo haya afectado. En esta lección, aprenderás a conservar recursos y reducir la contaminación.

 IDEA PRINCIPAL Y DETALLES ¿Cuáles son dos maneras de proteger el medio ambiente?

Cuando las personas protegen el medio ambiente, lo vuelven más seguro y agradable.

Reducir

Una de las maneras en que puedes proteger el medio ambiente es **reducir** la cantidad de recursos que usas. Reducir el uso de recursos significa usar menos de cada uno de ellos. Por ejemplo, puedes usar menos agua si tomas una ducha en vez de un baño de inmersión. También puedes usar menos electricidad si apagas el televisor cuando no lo estás mirando. Si las personas usan menos recursos, habrá más recursos para usar en el futuro.

 IDEA PRINCIPAL Y DETALLES ¿Cuáles son dos maneras en que puedes reducir el uso de recursos?

Reduce el uso

◄ No dejes correr el agua cuando no la estés usando.

Si puedes, usa tu bicicleta o camina en lugar de viajar en carro. ▼

◄ Apaga las luces cuando sales de una habitación.

▲ Estos estudiantes reutilizan bolsas de papel como envoltorio para regalos.

Reutilizar

¿Usas ropa que ya le queda chica a tu hermano o hermana mayor? ¿Arreglas los juguetes cuando se rompen, en vez de comprar nuevos? Si es así, estás reutilizando recursos. Cuando **reutilizas** un recurso, lo usas una y otra vez. Reutilizar recursos ayuda a reducir la cantidad de recursos que se necesitarían para hacer cosas nuevas. Reutilizar recursos también ayuda a ahorrar dinero.

 IDEA PRINCIPAL Y DETALLES ¿Por qué es importante reutilizar recursos?

Minilab

¿Qué se puede reutilizar? Echa un vistazo a las cosas que te rodean. ¿Cuáles puedes reutilizar? ¿Cómo pueden reutilizarse? Haz una tabla que muestre algunas de tus ideas.

Reciclar

Otra manera de ahorrar recursos es reciclarlos.
Reciclar significa desarmar un producto o
modificarlo de alguna manera y luego usar los
materiales que lo componen para hacer algo
nuevo. Muchos materiales, como el papel,
el vidrio, el aluminio de las latas y algunos
plásticos, pueden ser reciclados.

Los materiales reciclados pueden usarse para
hacer muchos productos nuevos. El papel
reciclado puede usarse para hacer tarjetas,
toallas de papel y diarios. El plástico reciclado
puede usarse para hacer bancos de parques,
felpudos y muchas otras cosas.

▲ Este símbolo significa que
un producto puede ser reciclado.

 IDEA PRINCIPAL Y DETALLES ¿Cuáles son
algunos materiales que pueden reciclarse?

Cuando reciclas, ayudas
a conservar los recursos
al reutilizar el mismo
recurso. ▼

bandejas de espuma

cartones de leche

leche

tenedores

cucharas

1. IDEA PRINCIPAL Y DETALLES Copia y completa el siguiente organizador gráfico.

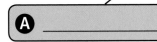
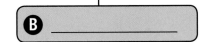

Idea principal: Existen tres maneras de proteger el medio ambiente y conservar recursos.

A _____

B _____

C _____

2. RESUMIR Usa la información del organizador gráfico para escribir un breve resumen de esta lección.

3. SACAR CONCLUSIONES Haz una lista de todos los recursos que ahorras cuando reutilizas una camiseta de algodón en lugar de comprar una nueva.

4. VOCABULARIO Escribe un párrafo que use correctamente los términos *reducir, reutilizar,* y *reciclar.*

Preparación para la prueba

5. Razonamiento crítico John lee el periódico todos los días. ¿Qué recurso conservaría si reciclara los periódicos?

Enlaces

Redacción

Redacción informativa
Inventa un producto que pueda hacerse con productos que la gente ya tiene en su casa. Escribe las **instrucciones** para hacer el nuevo producto.

Música

Rimas recicladas
Escribe la letra de una canción que explique por qué es bueno reciclar. Usa una melodía que conozcas. Canta tu canción en clase.

Para hallar otros enlaces y actividades, visita
www.hspscience.com

GRANJAS DE VIENTO

Si escuchas los informativos, seguramente oirás debates sobre las fuentes de energía. El petróleo, el carbón y la energía nuclear son fuentes de energía en Estados Unidos. Pero hay una fuente de energía de la que no se habla mucho: la energía del viento.

Para cambiar esto, numerosas compañías de energía están comenzando a recurrir a la energía del viento por ser una fuente de electricidad limpia, barata y renovable.

En la granja

Según el gobierno de Estados Unidos, la energía del viento es la fuente de energía que más rápido está creciendo en el mundo. Hoy en día, Estados Unidos tiene más de 6300 megavatios de capacidad eléctrica generada por viento. Las compañías aprovechan el viento en las *granjas de viento*. Una *granja de viento* es un lugar donde modernos molinos de viento usan la fuerza del viento para generar electricidad.

Las *granjas de viento* están formadas por hileras de turbinas de viento. Una turbina de viento es una torre con un conjunto de grandes paletas en la parte superior. Puede decirse que una turbina es lo opuesto a un ventilador. En lugar de usar electricidad para producir viento, las turbinas usan el viento para generar electricidad.

Al soplar, el viento mueve las paletas. Las paletas hacen girar un eje que está conectado a un generador. El generador entonces produce electricidad que se envía a través de cables conectados a la turbina.

Buenas áreas de viento

La mayor parte de las *granjas de viento* están ubicadas en áreas costeras o de montaña, donde el viento sopla a gran velocidad y en forma constante. De acuerdo con el gobierno, las *granjas de viento* funcionan mejor aproximadamente en 6 de cada 100 ciudades de Estados Unidos.

Piensa

1. ¿De qué modo la energía del viento puede ayudar a conservar recursos naturales como el petróleo?
2. ¿Por qué se dice que la energía del viento es "renovable"?

Buenos vientos

Si bien construir una turbina de viento cuesta miles de dólares, el gobierno afirma que la energía del viento es una de las fuentes de energía más baratas que existen.

Spin In

¡Investiga más! Visita **www.hspscience.com**

La aventura del reciclado

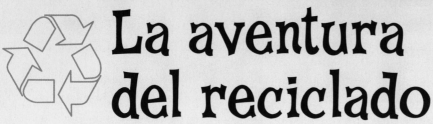

Hace poco, Tatiana Pérez pasó el día en el Museo de la Basura, en Stratford, Connecticut. "No tenía idea de la gran cantidad de basura que tira la gente", dijo Tatiana. A su vez, aprendió mucho sobre lo que puede y lo que no puede reciclarse.

Tatiana también observó cómo se clasificaban distintas clases de botellas, papeles y metales para ser reciclados o reutilizados. Como parte de su visita, Tatiana pudo hacer su propia libreta de papel reciclado en el Museo de la Basura. "Voy a escribir en mi libreta todas las cosas que aprendí hoy", dijo Tatiana.

¡Sí puedes!

Proyecto fácil y rápido

Modelo de una planta de tratamiento de agua

Procedimiento

1. Coloca un poco de tierra en una jarra de plástico vacía. Llena la jarra con agua.

2. Cierra bien la jarra y agítala hasta que la tierra y el agua se mezclen.

3. Sujeta un filtro de café sobre un tazón mientras un compañero vierte lentamente en el filtro un poco del agua de la jarra.

4. Observa lo que ocurre.

Materiales

- agua
- tierra
- jarra de plástico vacía
- tazón
- filtro de café

Sacar conclusiones

¿En que se parecía el agua sucia al agua contaminada? ¿Qué sucedió al filtrar el agua?

Planea tu propia investigación

¿Qué se puede reciclar?

No todas las cosas pueden reciclarse. Por ejemplo, la gasolina y algunos tipos de plásticos no se pueden reciclar. Investiga qué materiales pueden reciclarse y cuáles no. Haz un afiche que muestre lo que aprendiste. Incluye en el afiche algunos consejos para clasificar correctamente los objetos a reciclar. Presenta tu afiche a la clase.

Repaso y preparación para la prueba

Repaso del vocabulario

Usa los términos de abajo para completar las oraciones. Los números de página te indican qué parte del capítulo debes mirar si necesitas ayuda.

recurso renovable pág. 266
recurso reciclable pág. 267
recurso no renovable pág. 268
humus pág. 272
arcilla pág. 275
contaminación pág. 282
conservación pág. 288
reducir pág. 290

1. El suelo que contiene rocas muy diminutas se conoce como _____.

2. Un recurso que algún día puede agotarse es un _____.

3. Cuando usas los recursos razonablemente, estás practicando la _____.

4. Usar menos un recurso es _____ el uso de ese recurso.

5. Un recurso que puede ser reemplazado durante una vida humana es un _____.

6. Un material nocivo que hay en el medio ambiente se llama _____.

7. La parte del suelo compuesta por partes de plantas y animales muertos es el _____.

8. Un recurso que puedes usar una y otra vez es un _____.

Comprueba lo que aprendiste

Escribe la letra de la respuesta correcta.

9. ¿Cuál de los siguientes es un recurso reciclable?
   A. carbón
   B. petróleo
   C. semilla
   D. agua

10. ¿Qué clase de recurso es el petróleo?
   F. recurso no renovable
   G. recurso reembolsable
   H. recurso renovable
   J. recurso reciclable

11. ¿Cuál de los siguientes es un tipo de suelo?
   A. lecho rocoso   **C.** mineral
   B. marga   **D.** guijarro

12. COMPARAR Y CONTRASTAR Compara los suelos de la ilustración de abajo. ¿Por qué la capa A es la capa superior?

  F. No tiene humus.

  G. Tiene rocas muy pequeñas.

  H. Tiene humus.

  J. Tiene grandes rocas.

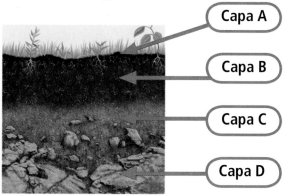

Capa A
Capa B
Capa C
Capa D

13. IDEA PRINCIPAL Y DETALLES ¿Qué tecnología puedes usar para reducir la contaminación del aire?

  A. una bicicleta

  B. un automóvil

  C. un teléfono celular

  D. una botella de agua

14. ¿Qué tecnología se usa para purificar el agua contaminada?

  F. un motor de automóvil

  G. un buque petrolero

  H. una planta recicladora de neumáticos

  J. una planta de tratamiento de agua

15. ¿Cuál de estos recursos puedes conservar reciclando papel?

  A. aluminio   **C.** gasolina

  B. carbón   **D.** árboles

16. Observa el símbolo de abajo. ¿Que representa?

  F. conservación

  G. reciclado

  H. renovación

  J. formación de suelo

Destrezas de examinación

17. Haz una lista de los recursos que observas en tu camino a la escuela. Asegúrate de anotar como mínimo un recurso de cada tipo: renovable, reciclable y no renovable.

18. Compara reciclar recursos y reducir el uso de recursos.

Razonamiento crítico

19. Muchos minerales de la corteza terrestre se extraen como recursos. ¿Qué tipo de recurso crees que son los minerales? Explica tu respuesta.

20. Esta gráfica representa una muestra de marga. ¿Por qué crees que el agua es una parte importante de la marga?

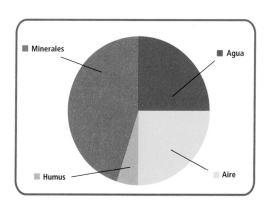

Minerales
Agua
Humus
Aire

Tiempo y espacio

Capítulo 9	El ciclo del agua
Capítulo 10	Ubicación de la Tierra en el sistema solar

Cataratas del Niágara

PARA: sheila@hspscience.com

DE: jamel@hspscience.com

TEMA: Cataratas del Niágara, New York

Querida Sheila:

Mi familia fue a las Cataratas del Niágara. El río Niágara recibe agua de los Grandes Lagos. Esa agua cae por las cataratas. Es una quinta parte de toda el agua dulce del mundo. ¿Cuánta agua cae por segundo? ¡Unos 50,000 galones! ¿Qué te parece? ¡Es un montón de agua!

Jamel

Museo de Historia Natural de Alabama

PARA: maria@hspscience.com

DE: danny@hspscience.com

TEMA: Alabama

Querida María:

Apuesto a que nunca pensaste que podría caer algo del cielo y lastimarte. Tampoco lo pensó la señora a quien le cayó encima un meteorito. Estaba recostada en el sofá de su sala de estar cuando un meteorito llameante atravesó el techo de su casa y la golpeó. No te alarmes: solo le quedó un moretón en la pierna. Lo mejor de todo esto es que pude ver ese meteorito en el Museo de Historia Natural de Alabama.

Escríbeme pronto,

Danny

¡Experimenta!

Trajes espaciales Los científicos de la NASA han diseñado trajes especiales para que los astronautas usen en el espacio. Los trajes deben ser gruesos para proteger a los astronautas. ¿Cómo afecta el espesor del traje espacial la movilidad de un astronauta en el espacio? Por ejemplo, ¿puede hacer reparaciones rápidamente cuando lo lleva puesto? Planea y haz un experimento para descubrirlo.

9 El ciclo del agua

Lección 1

¿Dónde se encuentra el agua en la Tierra?

Lección 2

¿Qué es el ciclo del agua?

Lección 3

¿Qué es el tiempo?

Vocabulario

agua dulce

glaciar

agua subterránea

condensación

evaporación

precipitación

ciclo del agua

atmósfera

oxígeno

tiempo

temperatura

anemómetro

¿ Qué te preguntas ?

En la Tierra hay agua en casi todas partes. ¿Dónde crees que hay olas tan grandes como la de esta fotografía?

303

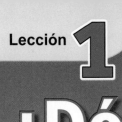

¿Dónde se encuentra el agua en la Tierra?

¿Dónde hay agua?

Materiales
- globo terráqueo de plástico inflable
- lápices de colores o crayolas
- lápiz
- hoja de papel

Procedimiento

1 Trabaja en un grupo de cinco. Elijan a un compañero para que lleve el registro.

2 Los otros cuatro se arrojarán suavemente el globo unos a otros.

3 El receptor del globo lo toma con las manos abiertas. El encargado **registra los datos**, anotando si el dedo índice derecho del receptor toca tierra o toca agua.

4 Continúen arrojando y registrando hasta haber arrojado el globo 20 veces.

Sacar conclusiones

1. Sumen el total de pases. ¿Cuántas veces tocó agua el dedo índice derecho del receptor? ¿Cuántas veces tocó tierra?

2. ¿Dónde cayó más veces el dedo del receptor? ¿Por qué crees que ocurrió eso?

3. **Destreza de examinación** Los científicos **usan números** para **recopilar datos**. Usando tus datos, estima qué porción de la superficie terrestre está cubierta de agua.

Paso 2

Paso 3

Investiga más

Recopila datos Cuántos más datos reúnas, más exactos serán. ¿Cómo se modificarían tus datos si hicieras la Investigación 10 veces más? ¡Inténtalo! **Comunica tus resultados** en una gráfica de barras.

CONCEPTOS
CIENTÍFICOS

▶ por qué es importante
el agua

▶ dónde se encuentra
el agua en la Tierra

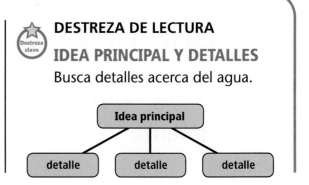

DESTREZA DE LECTURA

Destreza clave

IDEA PRINCIPAL Y DETALLES

Busca detalles acerca del agua.

```
            Idea principal

  detalle     detalle     detalle
```

La importancia del agua

Tú bebes agua. Usas agua cuando tomas un baño o
una ducha. Puedes incluso jugar en el agua. ¡Más de
dos tercios de tu cuerpo están hechos de agua! Los
animales necesitan agua para mantenerse saludables.
Las plantas también necesitan agua. Hay animales y
plantas que viven en el agua. Los seres vivos de la Tierra
no podrían vivir sin agua.

El agua es importante no solo para los seres vivos:
también es importante para el medio ambiente de la
Tierra. El agua cambia la superficie de la Tierra. Sin
agua, no habría ríos, lagos ni océanos. No habría lluvia,
nieve ni nubes.

Los venados deben beber
agua para subsistir. ▶

Los agricultores usan mucha agua para sus cultivos. Se necesitan 11 litros (3 galones) de agua dulce para cultivar un solo tomate.

Si observas una fotografía de la Tierra tomada desde el espacio, verás mucho azul. La Tierra se ve azul debido al agua. La mayor parte del agua que se ve desde el espacio está en los mares y océanos de la Tierra. Esa agua es agua salada.

La mayor parte de las plantas no pueden vivir si se las riega con agua salada. Muchos animales, incluido el ser humano, no pueden beber agua salada. La mayoría de las plantas y animales necesitan agua dulce para vivir. El **agua dulce** es agua que contiene muy poca sal. Solo una pequeña parte del agua de la Tierra es dulce. La mayor parte del agua dulce de la Tierra está congelada.

IDEA PRINCIPAL Y DETALLES ¿Cuáles son dos tipos de agua?

Las Matemáticas en las Ciencias
Interpretar datos

El agua en la Tierra

La mayor parte del agua que hay en la Tierra está en los océanos. Por cada litro de agua dulce en estado líquido, hay 2 litros de agua dulce congelada y 97 litros de agua oceánica salada.

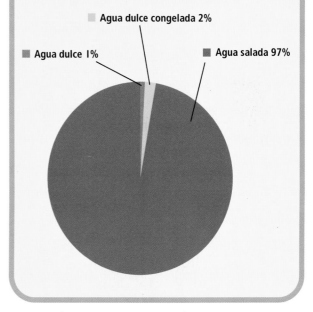

Agua dulce congelada 2%

Agua dulce 1%

Agua salada 97%

El agua dulce

Casi toda el agua dulce de la Tierra está en un solo lugar: la Antártida. La Antártida es la tierra que rodea el Polo sur. La mayor parte del agua dulce que hay allí está congelada en glaciares. Un **glaciar** es una inmensa capa de hielo en movimiento.

No toda el agua dulce está congelada. También se encuentra agua dulce en forma de lluvia y de nieve derretida. El agua de la lluvia y de la nieve alimenta los arroyos, ríos, lagunas y lagos.

También hay agua dulce bajo el suelo. Después de una lluvia, el agua empapa el suelo y se filtra hasta alcanzar la roca sólida. El agua se acumula sobre la roca sólida. Esa reserva de agua que hay en el subsuelo se llama **agua subterránea**. Muchas personas excavan pozos y extraen agua subterránea para abastecer sus casas.

⭐ **Destreza clave** **IDEA PRINCIPAL Y DETALLES** ¿Dónde hay agua dulce en la Tierra?

Minilab

¿Cuánta agua?

Mide un galón de agua y una cucharada de agua. Si el galón representa toda el agua que hay en la Tierra, el agua de la cuchara representa toda el agua dulce en estado líquido. ¿Cómo se compara la cantidad total de agua que hay en la Tierra con la cantidad de agua disponible para que beban las personas?

El lago Eola, ubicado en Orlando, Florida, es un ejemplo de lago de agua dulce.

Esta es una fotografía del lago Powell. Si observas las marcas en las rocas, puedes ver la altura que alguna vez alcanzó el agua.

El agua salada

Casi toda el agua que hay en la Tierra es agua salada. Puedes encontrar agua salada en océanos, mares y golfos. Tres importantes masas de agua salada rodean Estados Unidos: el océano Pacífico, el océano Atlántico y el golfo de México. También puedes encontrar agua salada en algunos lagos, como el Gran Lago Salado, en Utah.

Aunque no puede beberse, el agua salada es muy importante. Cuando la luz del sol toca el océano, la superficie del agua se calienta. El agua caliente del océano recorre la Tierra y ayuda a mantener el calor en algunos lugares. El hombre aprovecha muchas cosas que provienen del océano, como los peces.

▲ El estado de Florida está casi completamente rodeado de agua salada.

 IDEA PRINCIPAL Y DETALLES ¿Dónde hay agua salada?

1. IDEA PRINCIPAL Y DETALLES Copia y completa el siguiente organizador gráfico.

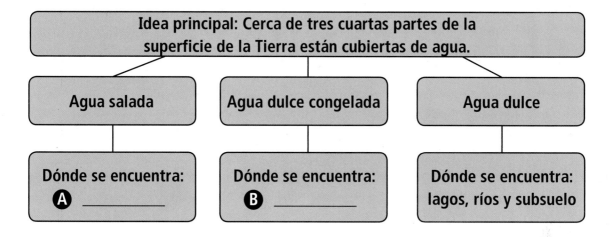

Idea principal: Cerca de tres cuartas partes de la superficie de la Tierra están cubiertas de agua.

Agua salada	Agua dulce congelada	Agua dulce
Dónde se encuentra: **A** _____	Dónde se encuentra: **B** _____	Dónde se encuentra: lagos, ríos y subsuelo

2. RESUMIR Usa el organizador gráfico que completaste para escribir un resumen de la lección.

3. SACAR CONCLUSIONES ¿Por qué es importante no arrojar basura en el agua, sea dulce o salada?

4. VOCABULARIO Escribe una oración que explique cómo se relacionan los términos *agua dulce, glaciar* y a*gua subterránea*.

Preparación para la prueba

5. Razonamiento crítico Imagina que estás cavando un pozo. Apenas empiezas a cavar, notas que el suelo está muy húmedo. Usando tus observaciones, explica qué puede haber ocurrido.

Enlaces

Redacción

Redacción persuasiva
Escribe una **carta** al alcalde de tu ciudad explicándole que en la Tierra no hay mucha agua dulce. Ofrece tus razones por las que la gente debe cuidar el agua dulce.

Arte

Móvil de animales
Indaga sobre los tipos de animales que viven en el agua. Haz un móvil que muestre algunos de esos animales. Debajo de cada animal, cuelga un rótulo que diga si vive en agua salada o en agua dulce.

 Para hallar otros enlaces y actividades, visita
www.hspscience.com

¿Qué es el ciclo del agua?

Datos breves

Compartimos el agua con los dinosaurios El agua que hay en la Tierra es la misma que ha estado aquí durante millones de años. Estas gotas de lluvia podrían ser el agua que alguna vez bebió un dinosaurio. En la sección "Investigación" harás un modelo para observar el ciclo del agua.

La condensación en un terrario

Materiales
- tierra
- agua
- botella rociadora
- recipiente de plástico transparente para ensalada
- sobre de semillas

Procedimiento

1. Para hacer el terrario, coloca unos 3 cm de tierra en el recipiente de plástico.

2. Siembra las semillas. Sigue las instrucciones del sobre.

3. Con la botella rociadora, humedece la tierra. Cierra la tapa del recipiente y rotúlalo con tu nombre.

4. Coloca el terrario junto a una ventana soleada o bajo una lámpara. Observa tu terrario durante varios días. Anota todos los cambios que veas.

Sacar conclusiones

1. ¿Qué cambios ocurrieron en el terrario?

2. ¿Algo en el terrario te recordó el tiempo? Si es así, ¿qué fue?

3. **Destreza de examinación** Regaste tu terrario solamente una vez. Infiere cómo puede haber llegado el agua a la tapa del terrario.

Paso 2

Tierra para macetas

Paso 4

Investiga más

Haz la misma investigación, pero sin cerrar la tapa. ¿Qué crees que sucederá? Compara tus observaciones con la tapa cerrada y la tapa sin cerrar.

VOCABULARIO

condensación pág. 316

evaporación pág. 317

precipitación pág. 318

ciclo del agua pág. 318

CONCEPTOS CIENTÍFICOS

▶ cómo el agua cambia de forma

▶ cómo el agua se mueve de un lugar a otro

DESTREZA DE LECTURA

ORDENAR EN SECUENCIA

Busca la secuencia en que el agua cambia de forma.

Los diferentes estados del agua

Tal vez hayas observado cuando el agua hierve en una olla. Si se la deja hervir mucho tiempo, la olla quedará vacía. Aunque parezca que el agua desaparece, en realidad no lo hace. El agua solo se transforma de un líquido en un gas. El agua que había en la olla era un líquido. El vapor ascendente que no viste era agua en forma de gas.

Toda el agua que hay en la Tierra está en uno de tres estados: líquido, sólido o gaseoso. El agua sólida es hielo. El agua en forma de gas se llama *vapor de agua*.

El agua de este canal está en estado sólido durante el invierno.

El estado del agua depende de su temperatura. A temperatura ambiente, el agua es un líquido. Cuando se enfría lo suficiente, se transforma en hielo. Cuando se calienta lo suficiente, se transforma en vapor de agua, que es un gas.

Mira la fotografía de la izquierda. Sabes que en ese lugar la temperatura es baja porque el agua se convirtió en hielo. El agua se convierte en hielo cuando su temperatura es de 0°C (32°F), o más baja.

Ahora, mira la fotografía de esta página. Sabes que la temperatura tiene que estar por encima de 0°C porque el agua está en estado líquido. Cuando la temperatura pasa los 100°C (212°F), el agua se transforma en vapor de agua.

ORDENAR EN SECUENCIA ¿En qué se transforma el agua líquida cuando se congela?

En verano, el agua está en estado líquido.

Cómo el agua cambia de estado

Si alguna vez observaste líquido en el exterior de un vaso que contiene una bebida fría, has visto cómo el agua cambia de estado. Tal vez sepas que cuando el agua gana o pierde energía térmica, su temperatura se modifica. Al ganar energía térmica, la temperatura del agua sube. La pérdida de energía térmica hace descender la temperatura del agua.

Cuando el vapor de agua pierde energía térmica, se vuelve líquido. El proceso por el cual un gas se transforma en líquido se llama **condensación**. Las nubes están formadas por vapor de agua.

Cuando el vapor de agua se condensa alrededor de partículas de polvo que flotan en el aire, se forman las nubes. ▼

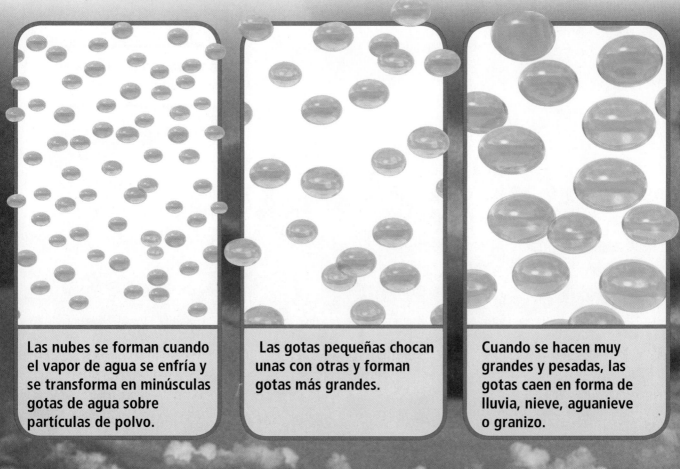

Las nubes se forman cuando el vapor de agua se enfría y se transforma en minúsculas gotas de agua sobre partículas de polvo.

Las gotas pequeñas chocan unas con otras y forman gotas más grandes.

Cuando se hacen muy grandes y pesadas, las gotas caen en forma de lluvia, nieve, aguanieve o granizo.

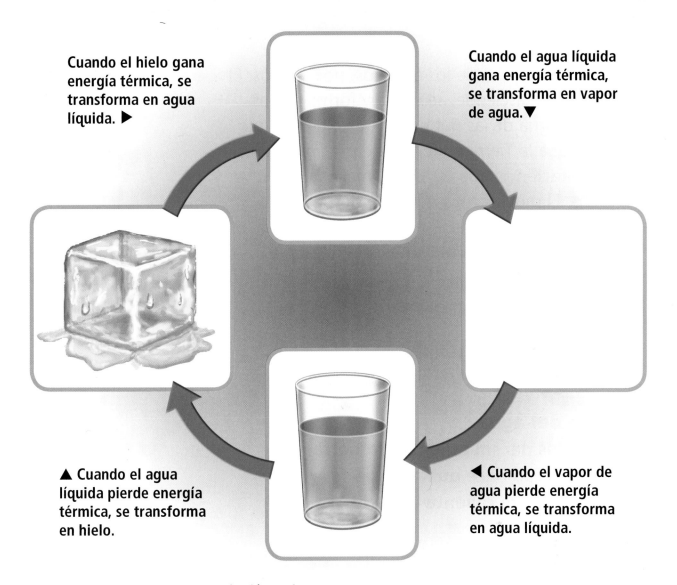

Cuando el hielo gana energía térmica, se transforma en agua líquida. ▶

Cuando el agua líquida gana energía térmica, se transforma en vapor de agua.▼

▲ Cuando el agua líquida pierde energía térmica, se transforma en hielo.

◀ Cuando el vapor de agua pierde energía térmica, se transforma en agua líquida.

Cuando el agua en estado líquido gana energía térmica, se transforma en vapor de agua. Ese cambio se llama **evaporación**. Piensa en el agua que hierve en una tetera. El agua cambió de estado en el espacio que está justo encima del pico, donde no ves nada. Allí el agua es vapor, es decir, un gas. La nube que se forma encima de la tetera muestra la condensación: allí el agua se ha transformado en un líquido.

ORDENAR EN SECUENCIA ¿Qué ocurre con el vapor de agua cuando pierde energía térmica?

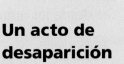

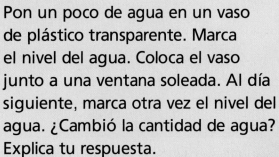

Un acto de desaparición

Pon un poco de agua en un vaso de plástico transparente. Marca el nivel del agua. Coloca el vaso junto a una ventana soleada. Al día siguiente, marca otra vez el nivel del agua. ¿Cambió la cantidad de agua? Explica tu respuesta.

El ciclo del agua

El agua se evapora de los océanos, ríos y lagos. El vapor de agua asciende, se enfría y forma nubes. Cuando el agua de las nubes se vuelve demasiado pesada, cae a la Tierra en forma de precipitación. La **precipitación** puede ser lluvia, nieve, aguanieve o granizo. El movimiento del agua desde la superficie terrestre hasta el aire y luego desde el aire nuevamente a la Tierra se llama **ciclo del agua**.

 ORDENAR EN SECUENCIA ¿Qué debe ocurrir antes para que pueda caer una precipitación?

Míralo en detalle

El ciclo del agua

Los rayos del sol calientan la tierra y el agua. Eso hace que el agua se evapore. El aire caliente eleva el vapor de agua.

Cuando las gotas se vuelven suficientemente grandes, una precipitación, como la lluvia, cae desde las nubes.

Las temperaturas más frías del aire en las alturas hacen que el vapor de agua se condense. Pequeñas gotitas de agua se acumulan sobre partículas de polvo y forman las nubes.

El agua de lluvia fluye por la tierra y llega a ríos y lagos. Parte del agua de lluvia se filtra en el suelo y se convierte en agua subterránea.

Los rayos del sol calientan la tierra y el agua. Eso hace que el agua se evapore. El aire caliente eleva el vapor de agua.

1. ORDENAR EN SECUENCIA Copia y completa el siguiente organizador gráfico.

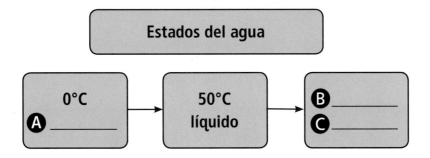

2. RESUMIR Escribe un párrafo que resuma las etapas del ciclo del agua.

3. SACAR CONCLUSIONES Imagina que dejas un vaso de agua fuera de tu casa, a la mañana temprano. La temperatura es de 29°C (84°F). Si no llueve, ¿qué podrías encontrar en el vaso por la noche?

4. VOCABULARIO Escribe un párrafo sobre el ciclo del agua. Incluye los términos *condensación*, *evaporación*, *precipitación* y *ciclo del agua*.

Preparación para la prueba

5. ¿Qué forma adquiere el agua cuando está a temperatura ambiente?

A. hielo
B. líquido
C. nieve
D. sólido

Enlaces

Redacción

Redacción narrativa
Mucha gente disfruta de escuchar y mirar la lluvia. Escribe un **poema** acerca de cómo te sientes cuando escuchas caer la lluvia.

Matemáticas

Hacer una gráfica de barras
Consulta la sección "Interpretar datos" de la Lección 1. Con los mismos datos, haz una gráfica de barras. ¿Qué gráfica es más fácil de leer? Explica tu respuesta.

 Para hallar otros enlaces y actividades, visita
www.hspscience.com

¿Qué es el tiempo?

Cuando sopla el viento Las veletas muestran la dirección del viento. En épocas pasadas, las veletas eran uno de los pocos instrumentos que se usaban para predecir el tiempo. En la sección "Investigación" harás un instrumento para medir el viento.

Medir el viento

Materiales
- engrapadora
- tapa de bolígrafo
- alambre
- 2 tiras de cartón
- vaso de cartón rojo
- 3 vasos pequeños de cartón, blancos
- reloj
- tijeras

Procedimiento

1. Forma una X con las tiras de cartón. Únelas con la engrapadora.

2. Usa cuidadosamente las tijeras para hacer un agujero en el centro de la X. Inserta la tapa de bolígrafo en el agujero.

3. Haz dos cortes enfrentados en cada vaso. Sujeta cada vaso al extremo de una tira de cartón, pasando la tira por los cortes.

4. Clava el alambre en la tierra dejando sobresalir una pequeña parte. Coloca sobre el alambre la tapa de bolígrafo de modo que la X quede en equilibrio.

5. **Observa** los vasos durante un minuto. Cuenta las vueltas que da el vaso rojo. **Registra** tus datos.

6. Repite tu observación todos los días, a la misma hora, durante una semana.

Paso 3

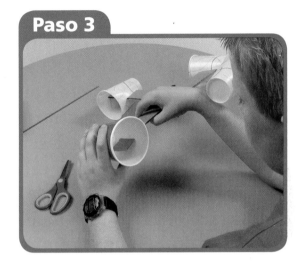

Paso 5

Sacar conclusiones

1. Haz una gráfica de barras que muestre el número de vueltas que dio el vaso en cada observación.

2. **Destreza de examinación** ¿Cómo te ayudó la gráfica de barras a **comunicar** tus resultados?

Investiga más

Predice qué sucedería si agregaras otros 2 vasos. Inténtalo.

La lectura en las Ciencias

VOCABULARIO

atmósfera pág. 322

oxígeno pág. 322

tiempo pág. 324

temperatura pág. 325

anemómetro pág. 325

CONCEPTOS CIENTÍFICOS

▶ qué es el tiempo

▶ cómo se mide el tiempo

DESTREZA DE LECTURA

COMPARAR Y CONTRASTAR

Busca las semejanzas y las diferencias entre las nubes.

semejanzas ——— diferencias

El aire que te rodea

¿Cómo sabes que hay aire a tu alrededor? No puedes ver el aire. No puedes sujetarlo ni saborearlo. Sabes que el aire te rodea porque puedes sentirlo. Cada vez que sopla el viento, puedes sentir el aire que se mueve.

El aire que rodea la Tierra es la **atmósfera**. La atmósfera es importante porque contiene oxígeno. El **oxígeno** es un gas que el hombre necesita para vivir. La atmósfera también tiene gases que las plantas necesitan para vivir.

El vapor de agua está en la atmósfera y ayuda a que se formen las nubes. Desde las nubes caen la lluvia, la nieve y otros tipos de precipitación.

 COMPARAR Y CONTRASTAR Compara el aire con un objeto sólido como, por ejemplo, una roca.

Esta cometa puede volar, entre otras razones, por la fuerza del viento que la empuja.

Tipos de nubes

Cirros
Son nubes que están a mayor altura. Parecen mechones de cabello.

Cúmulos
Son nubes de aspecto hinchado, más bajas que los cirros.

Estratos
Son nubes que están a menor altura. Tienen la apariencia de un manto o una capa de nubes.

Patrones del tiempo

¿Cómo está el tiempo hoy en el lugar donde vives? ¿Hay sol? ¿Está nublado? ¿Llueve? El tiempo ayuda a las personas, pero también las perjudica. Por ejemplo, la lluvia trae agua para los cultivos, pero demasiada lluvia puede causar inundaciones que destruyan las casas.

El **tiempo** es lo que ocurre en la atmósfera en un determinado momento y lugar. El tiempo de un lugar depende de dónde está ubicado ese lugar. En Estados Unidos, los lugares del sur son generalmente más cálidos que los lugares del norte.

COMPARAR Y CONTRASTAR ¿De qué manera puede el tiempo ayudar o perjudicar a las personas?

Las características de la superficie terrestre, como una costa, pueden modificar el tiempo.

Brisa marina

▲ En las costas, el aire más fresco que hay sobre el agua se desplaza hacia la tierra durante el día. Eso produce la brisa marina.

Brisa de tierra

▲ Durante la noche, el aire está más fresco en la tierra, y entonces una brisa terrestre desplaza el aire hacia el agua.

Recopilar datos sobre el tiempo

Puedes saber mucho del tiempo mirando por una ventana. Pero a veces quieres conocer detalles que no puedes ver. Los instrumentos meteorológicos pueden ayudarte a recopilar esos datos. Por ejemplo, puedes usar un termómetro para saber cuál es la temperatura. La **temperatura** es la medición de cuán caliente o frío es algo. Otro instrumento meteorológico es el anemómetro. Un **anemómetro** mide la velocidad del viento.

 COMPARAR Y CONTRASTAR Compara un termómetro con un anemómetro.

Estas personas usan instrumentos especiales para recopilar datos acerca del tiempo en las estaciones meteorológicas.

Minilab

Usar un pluviómetro
Con cinta adhesiva, pega una regla en centímetros en el exterior de un frasco de plástico transparente. Coloca tu "pluviómetro" al aire libre antes de una lluvia. Después, usa la regla para medir la cantidad de lluvia. ¿Cuánta lluvia cayó?

Predecir el tiempo

Para predecir el tiempo se usan instrumentos meteorológicos. Uno de esos instrumentos es el satélite meteorológico. Un satélite meteorológico que se desplaza por el espacio puede, por ejemplo, tomar fotografías de las nubes. El satélite envía esas fotografías a la Tierra, y las personas las usan para hacer mapas meteorológicos, es decir, mapas sobre el tiempo.

Mira el mapa meteorológico de abajo. Puedes encontrar este tipo de mapas en los periódicos. También puedes ver mapas meteorológicos en los noticiarios de televisión. Los mapas meteorológicos muestran cierta información, como la temperatura y las probabilidades de lluvia.

 COMPARAR Y CONTRASTAR Mira este mapa meteorológico. ¿En qué se diferencia el tiempo de Orlando del tiempo de Seattle?

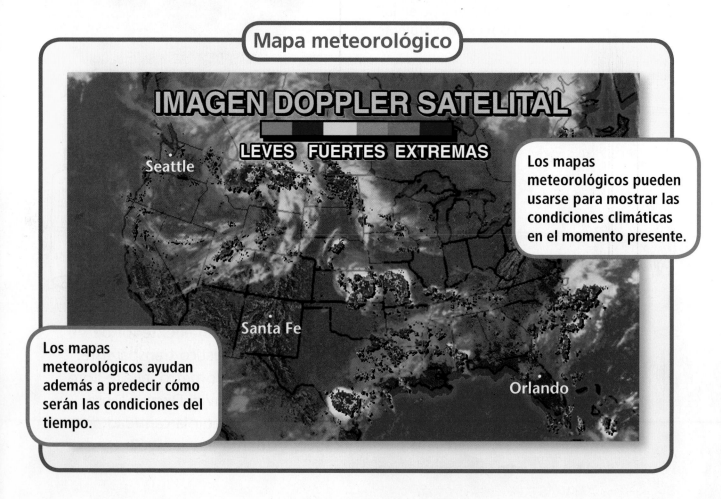

Mapa meteorológico

IMAGEN DOPPLER SATELITAL

LEVES   FUERTES   EXTREMAS

Seattle

Santa Fe

Orlando

Los mapas meteorológicos pueden usarse para mostrar las condiciones climáticas en el momento presente.

Los mapas meteorológicos ayudan además a predecir cómo serán las condiciones del tiempo.

1. COMPARAR Y CONTRASTAR Copia y completa el siguiente organizador gráfico.

Tipo de nube	Dónde está	Qué apariencia tiene
Estrato	a baja altura en la atmósfera	una capa lisa
Cúmulo	Ⓐ _____	Ⓑ _____
Cirro	Ⓒ _____	Ⓓ _____

2. RESUMIR Escribe dos o tres oraciones que describan de qué trata principalmente esta lección.

3. SACAR CONCLUSIONES ¿Influye el océano en el tiempo? Explica tu respuesta.

4. VOCABULARIO Escribe un cuento breve acerca de un meteorólogo, es decir, un experto en el tiempo. Usa todas las palabras del vocabulario de esta lección en tu cuento.

Preparación para la prueba

5. Razonamiento crítico
Examina el mapa meteorológico que aparece en la página de la izquierda. Describe las condiciones meteorológicas en Santa Fe, New Mexico.

Enlaces

Redacción

Redacción narrativa
Escribe un **relato** personal que describa algunas condiciones meteorológicas que hayas visto. Explica cómo estaba el tiempo y cómo te afectó a ti o a tu familia.

Salud

El tiempo y la salud
El tiempo afecta la salud de las personas. Elige un tipo de tiempo y dibuja un póster que muestre cómo mantenerse saludable en ese tipo de tiempo. Por ejemplo, es importante usar pantalla solar en días soleados.

Para hallar otros enlaces y actividades, visita
www.hspscience.com

UNA HISTORIA DE JUGUETES

Pequeños patitos, tortugas, castores y ranas de goma hicieron una larga travesía. En los últimos años, cientos de ellos llegaron a la costa traídos por la corriente.

En 1992, las cajas de juguetes cayeron de un barco a las aguas del océano Pacífico. Los juguetes flotantes emprendieron un viaje que enseñaría a los científicos acerca de las corrientes oceánicas.

Una *corriente oceánica* es una masa de agua que circula en el océano.

Viajeros del Ártico

Los juguetes fueron vistos por primera vez internándose en el océano Ártico, que es donde se encuentra el Polo Norte. Allí quedaron atrapados en el hielo durante años.

Más tarde, comenzaron a aparecer en el norte del océano Atlántico. No hace mucho, algunos de los juguetes fueron arrastrados por la corriente a las playas del este de Canadá y del noreste de Estados Unidos.

Los viajes de estos animalitos de goma despertaron mucho interés entre los científicos. Los primeros juguetes aparecieron en las costas de Alaska en 1992. Desde ese momento, los científicos comenzaron a ingresar en computadoras toda la información disponible sobre las corrientes oceánicas, así como sobre la velocidad y la dirección de los vientos. Las computadoras pronosticaron entonces dónde y cuándo llegarían a la costa algunos de los juguetes. A medida que los juguetes fueron llegando, los científicos comprobaron que algunas de sus teorías eran correctas.

OCÉANO ÁRTICO

1995 Estrecho de Bering

Alaska [ESTADOS UNIDOS]

CANADÁ

1992 Los juguetes caen por la borda

ESTADOS UNIDOS

OCÉANO PACÍFICO

1999 Islandia

2001 OCÉANO ATLÁNTICO

2003 New England

Ruta pronosticada por computadoras

¿Juguetes o basura?

Cada año caen por la borda de barcos unos 10,000 cargamentos. "Cuando la basura cae al océano, no desaparece", dijo un experto en océanos. "Simplemente va a parar a otro lado."

Parte de la basura es ingerida por animales y aves del océano, que la confunden con comida. Otra parte aparece en diferentes costas. La historia de los juguetes de goma está ayudando a que las personas tomen conciencia del problema de la basura en el océano. "Se puede aprender mucho de un pato [de goma] en una playa", afirmó el experto en océanos.

PIENSA

1. ¿Qué pueden enseñarnos los juguetes perdidos acerca de los océanos?
2. ¿Qué otra cosa puede hacerse para enseñar sobre la contaminación de los océanos de la Tierra?

Spin In ¡Investiga más! Visita **www.hspscience.com**

Enseñar sobre los cambios

Bin Wang vive en Hawaii, donde el tiempo es casi siempre muy agradable. Pero a pesar del tiempo del lugar donde vive, Wang estudia las tormentas y los cambios en el tiempo.

Bin Wang es meteorólogo, o experto en tiempo. Estudia el tiempo y sus cambios. Puede pronosticar cómo será el tiempo en el futuro cercano.

Wang ha estudiado el tiempo del océano Pacífico durante muchos años. Ha escrito más de 100 trabajos de investigación sobre el tema. Gracias a la tarea de Wang, la gente puede estar mejor preparada para enfrentar las violentas tormentas del Pacífico.

Profesión Meteorólogo

Los meteorólogos no solo pronostican el tiempo de la próxima semana. Son científicos que también usan computadoras y registros históricos para estudiar los patrones del tiempo a lo largo de muchos años. La información que brindan los meteorólogos también puede ayudar a las empresas. Los agricultores, los pilotos y los capitanes de barco son solo algunas de las personas que dependen de la información meteorológica para hacer su trabajo.

Spin In ¡Investiga más! Visita **www.hspscience.com**

¡Sí puedes!

Nube en un frasco

Procedimiento

1. Coloca el molde en un congelador durante una hora.
2. Antes de sacar el molde, pídele a tu maestro que vierta agua caliente en el frasco hasta la mitad.
3. Saca el molde del congelador y llénalo con cubitos de hielo. Coloca el molde sobre la boca del frasco. Déjalo allí unos minutos.

Materiales
- molde metálico para tarta
- congelador
- frasco de vidrio sin tapa
- agua caliente
- cubitos de hielo

Sacar conclusiones

Observa qué ocurre dentro del frasco. ¿En qué se parece eso a una parte del ciclo del agua?

Estación meteorológica

¿Cómo está hoy el tiempo en el lugar donde vives? ¿Estará diferente mañana? ¿Cómo estará al final de la semana? Piensa en las diferentes maneras en que puedes observar el tiempo para responder a estas preguntas. Luego, planea una estación meteorológica para que te ayude a registrar las condiciones del tiempo. Lleva el registro del tiempo de tu ciudad durante al menos una semana.

Repaso y preparación para la prueba

Repaso del vocabulario

Usa los términos que aparecen a continuación para completar las oraciones. Los números de página te indican qué parte del capítulo debes mirar si necesitas ayuda.

agua dulce pág. 307
agua subterránea pág. 308
condensación pág. 316
evaporación pág. 317
precipitación pág. 318
ciclo del agua pág. 318
atmósfera pág. 322
tiempo pág. 324

1. La transformación de un líquido en un gas es la _____.

2. El movimiento de agua entre el aire y la superficie de la Tierra es parte del _____.

3. El agua que contiene muy poca sal es _____.

4. El aire que rodea a la Tierra es la _____.

5. La transformación de un gas en un líquido es la _____.

6. Lo que ocurre en la atmósfera en un determinado momento y lugar es el _____.

7. La reserva de agua que está en el subsuelo de la Tierra se llama _____.

8. Lluvia, nieve, aguanieve y granizo son ejemplos de _____.

Comprueba lo que aprendiste

Escribe la letra de la respuesta correcta.

9. ¿Dónde está la mayor parte del agua que hay en la Tierra?

  A. en los lagos de agua dulce

  B. en los glaciares

  C. en los océanos

  D. en el subsuelo

10. **IDEA PRINCIPAL Y DETALLES** ¿De qué están hechos los glaciares?

  F. gas

  G. hielo

  H. agua subterránea

  J. agua salada

11. ¿Cuál de las opciones **no** es un tipo de precipitación?

  A. agua subterránea

  B. granizo

  C. aguanieve

  D. nieve

12. ¿Qué ocurre con el vapor de agua cuando sube en el aire?

   F. Se calienta.

   G. Se evapora.

   H. Forma nubes.

   J. Se transforma en un sólido.

13. ORDENAR EN SECUENCIA ¿Qué secuencia muestra las formas del agua de las temperaturas más frías a las más calientes?

   A. hielo, agua líquida, vapor de agua

   B. hielo, vapor de agua, agua líquida

   C. agua líquida, vapor de agua, hielo

   D. vapor de agua, hielo, agua líquida

14. Si el vapor de agua pierde energía térmica, ¿qué proceso se producirá?

   F. condensación

   G. evaporación

   H. congelamiento

   J. derretimiento

15. ¿Qué instrumento usarías para medir la velocidad del viento?

   A. un anemómetro

   B. un pluviómetro

   C. un termómetro

   D. una veleta

16. ¿Qué nubes están a menor altura en la atmósfera?

   F. cirros

   G. cúmulos

   H. satélites

   J. estratos

Destrezas de examinación

17. LaDonne observa y recopila los datos que obtiene diariamente de su pluviómetro. Compara sus dibujos del martes y del miércoles.

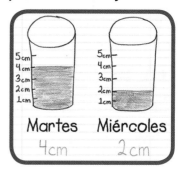

18. Imagina que dejas un frasco tapado y vacío al aire libre durante la noche. Cuando te levantas a la mañana siguiente, hay agua dentro del frasco. Infiere qué ocurrió.

Razonamiento crítico

19. Scott es agricultor. ¿Por qué es importante para él mirar el informe meteorológico todos los días?

20. Sabes que la mayor parte del agua que hay en la Tierra es agua salada. Explica por qué es importante mantener limpia el agua, especialmente el agua dulce.

10 Ubicación de la Tierra en el sistema solar

Lección 1 ¿Cuál es la causa de las estaciones?

Lección 2 ¿Cómo interaccionan la Tierra y la Luna?

Lección 3 ¿Qué es el sistema solar?

Vocabulario

eje	eclipse solar
rotación	planeta
traslación	órbita
fases de la Luna	sistema solar
ciclo lunar	estrella
eclipse lunar	constelación

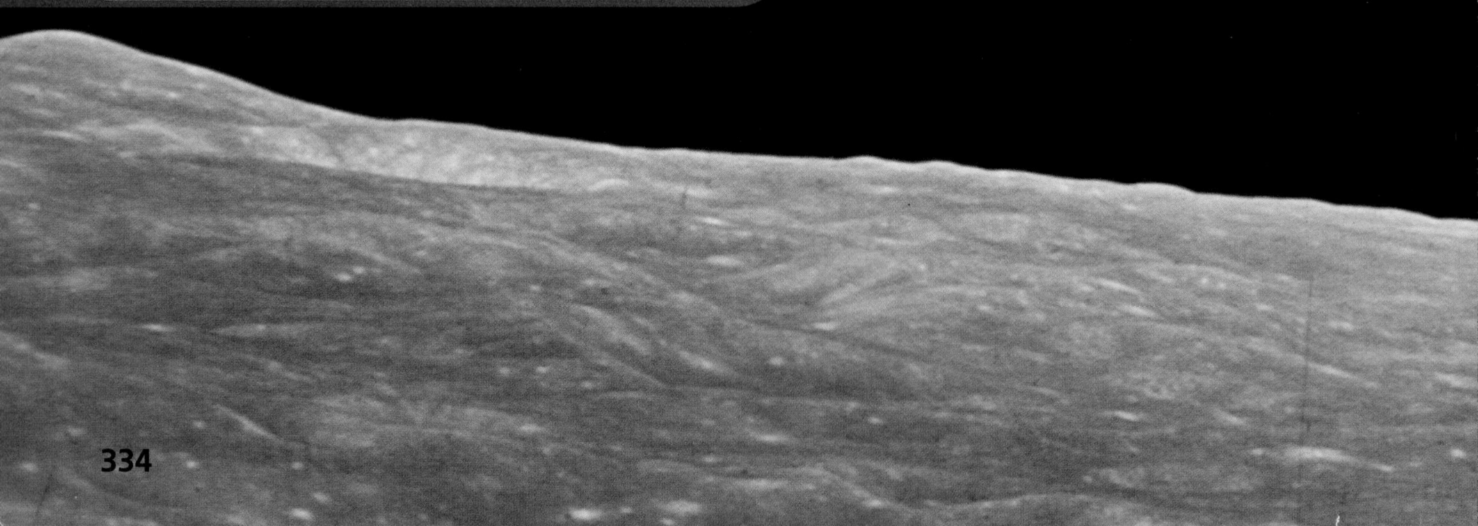

¿ Qué te preguntas ?

La Luna da vueltas alrededor de la Tierra siguiendo una trayectoria. Tarda 28 días en hacer todo el trayecto. ¿Cuánto tiempo le lleva a la Tierra dar una vuelta completa alrededor del Sol?

¿Cuál es la causa de las estaciones?

Datos breves

El misterio del tiempo La Tierra está a su máxima distancia del Sol en julio y a su mínima distancia en enero. Sin embargo... ¡en Estados Unidos hace más frío en enero que en julio! En la sección "Investigación" aprenderás por qué.

Cómo llega la luz solar a la Tierra

Materiales
- cinta adhesiva transparente
- papel para gráficas
- regla de un metro
- marcador negro
- bloque de madera
- linterna
- libro grande
- marcador rojo

Procedimiento

1. Con la cinta adhesiva, pega el papel para gráficas a la tapa del libro. Sujeta la linterna a unos 50 centímetros por encima del papel. Ilumina el papel justo desde arriba, de manera que la luz caiga en forma vertical: verás un círculo de luz.

2. Pídele a un compañero que marque el borde del círculo con el marcador negro. Observa cómo da la luz en el papel. Registra cuántos cuadrados hay en el espacio delimitado por la línea negra.

3. Sujeta la linterna en la misma posición. Pídele a un compañero que coloque un bloque de madera debajo de uno de los extremos del libro. Esta vez, usa el marcador rojo para marcar los bordes de la luz sobre el papel. Observa cómo da la luz en el papel y registra la cantidad de cuadrados que hay en el espacio delimitado por la línea roja.

Paso 2

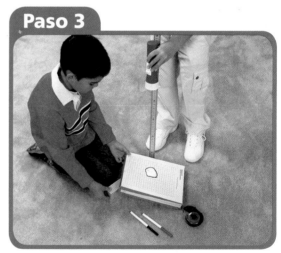

Paso 3

Sacar conclusiones

1. ¿Qué luz era más brillante, la que marcaste en negro o la que marcaste en rojo? ¿Qué luz ocupaba más cuadrados?

2. **Destreza de examinación** Compara las maneras en que los rayos de luz llegaron a la superficie plana y a la superficie inclinada. Infiere lo siguiente: ¿Cuándo es más cálido el tiempo en la Tierra, cuando los rayos del sol caen sobre ella de forma vertical o cuando caen de forma oblicua, es decir, inclinada? Explica tu respuesta.

Investiga más

Formula una hipótesis acerca de qué ocurriría si inclinaras el libro un poco más. Planea y haz un experimento para comprobar tu idea.

VOCABULARIO

eje pág. 338

rotación pág. 338

traslación pág. 339

CONCEPTOS CIENTÍFICOS

▶ qué causa las estaciones

▶ qué causa los días y las noches

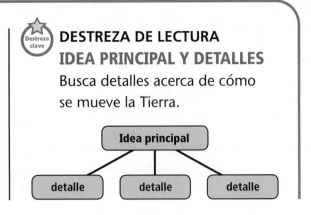

DESTREZA DE LECTURA

IDEA PRINCIPAL Y DETALLES

Busca detalles acerca de cómo se mueve la Tierra.

Cómo se mueve la Tierra

Mientras lees este libro, puede parecerte que estás quieto. ¡Pero estás moviéndote a través del espacio a unos 107,000 kilómetros (unas 66,000 millas) por hora! Aunque no sientas el movimiento, la Tierra está trasladándose y también está girando.

La Tierra gira igual que un trompo. Imagina una línea que atraviesa la Tierra desde el Polo Norte al Polo Sur. Esta línea imaginaria que atraviesa la Tierra se llama **eje** de la Tierra. Mira la imagen que aparece en esta página. Como puedes ver, el eje no está derecho, sino un poco inclinado. El movimiento giratorio de la Tierra sobre su eje se llama **rotación**.

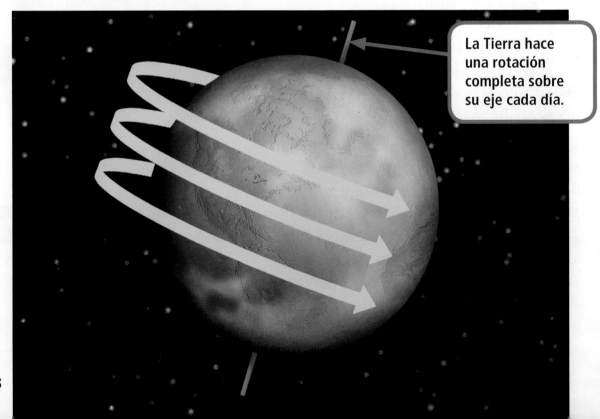

La Tierra hace una rotación completa sobre su eje cada día.

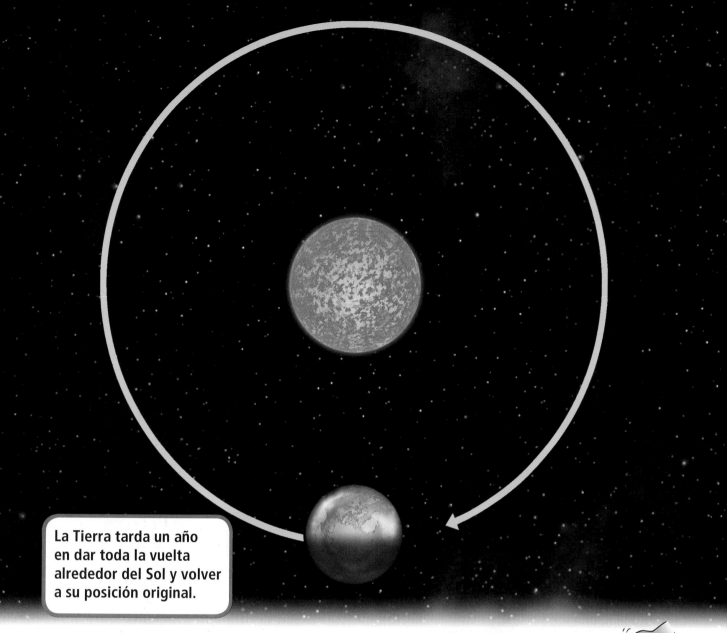

La Tierra tarda un año en dar toda la vuelta alrededor del Sol y volver a su posición original.

La rotación no es la única manera en que se mueve la Tierra. La Tierra también se traslada alrededor del Sol. Una vuelta alrededor del Sol es una **traslación**. Cada traslación lleva unos 365 días. La gente usa los movimientos de la Tierra para medir el tiempo. La rotación de la Tierra lleva un día. La traslación de la Tierra lleva un año.

 IDEA PRINCIPAL Y DETALLES ¿Dé qué dos maneras se mueve la Tierra?

Minilab

Hacer un modelo del movimiento

Haz una pelota arrugando un pedazo de papel amarillo para hacer un modelo del Sol. Luego haz una bola de papel azul para hacer un modelo de la Tierra. Usa los modelos para mostrar las dos maneras en que se mueve la Tierra. A medida que la Tierra gira y se traslada, ¿está siempre la misma parte de frente al Sol? Explica tu respuesta.

Las estaciones

Durante el año, en algunas regiones de la Tierra hay cuatro estaciones con diferente tiempo: invierno, primavera, verano y otoño. Los tiempos se diferencian, entre otros aspectos, por la temperatura. Tal vez te preguntes por qué se producen estas diferencias de temperatura.

En la sección "Investigación" aprendiste que la luz es más brillante cuando los rayos de luz caen en forma vertical que cuando caen de forma oblicua. Esto ocurre porque los rayos de luz que caen de forma oblicua se dispersan más.

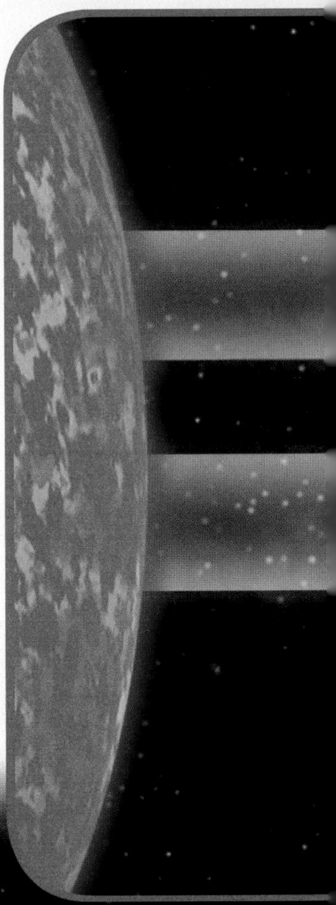

Los rayos de luz que caen en forma oblicua tienen la misma cantidad de energía que los rayos de luz que caen en forma vertical. Lo que ocurre es que esa energía se dispersa por una superficie más grande.

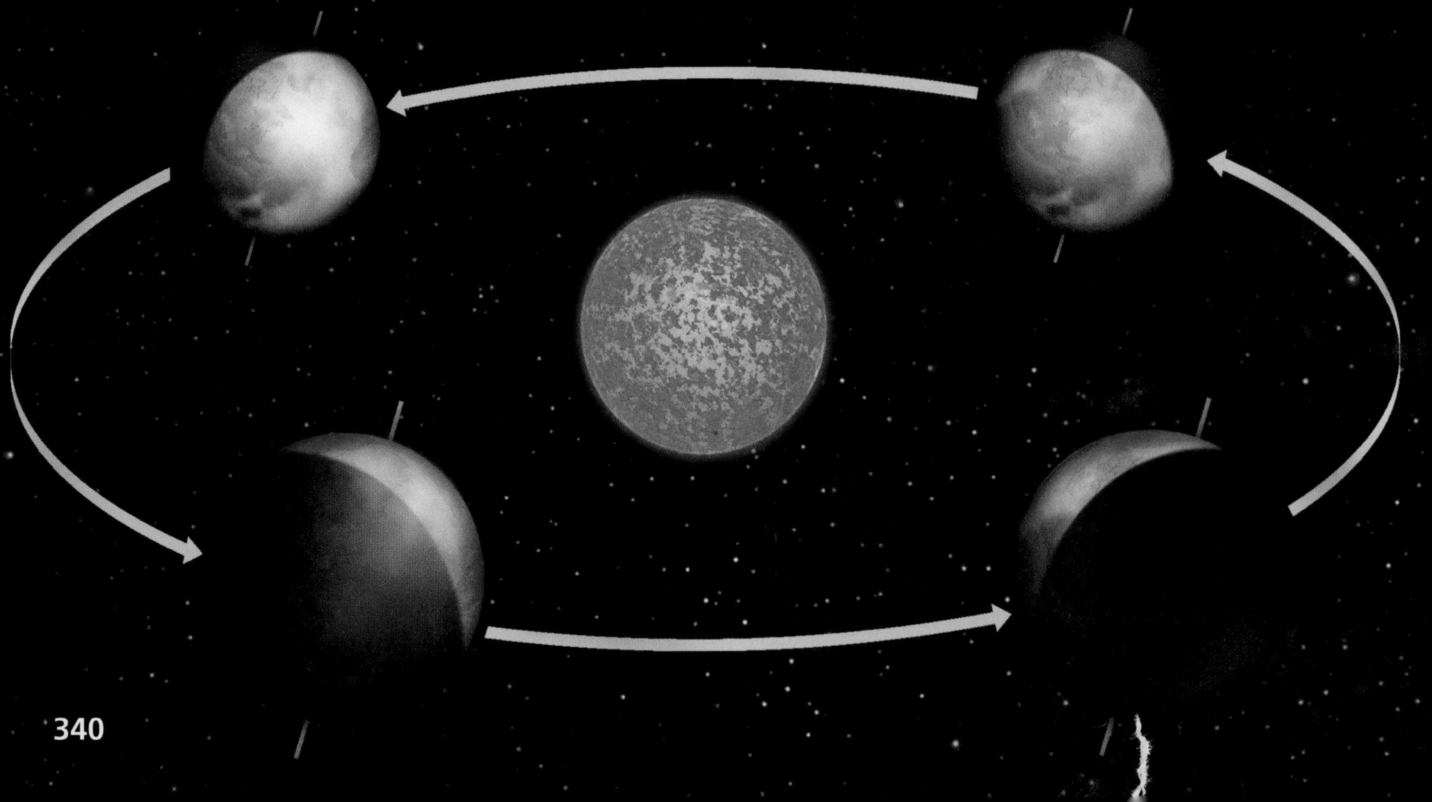

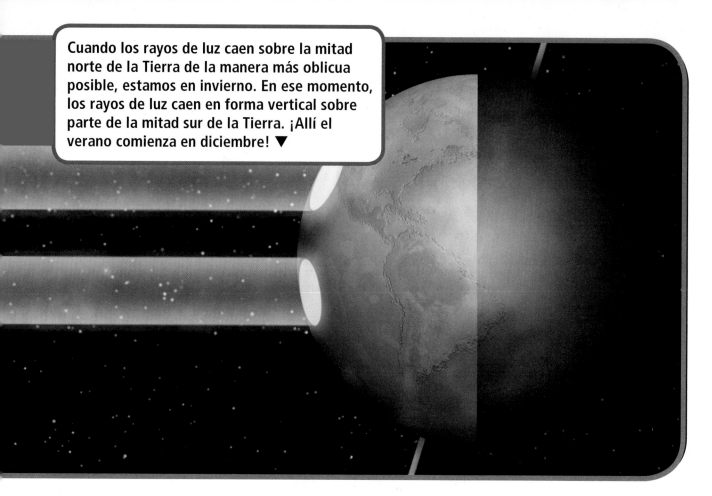

Cuando los rayos de luz caen sobre la mitad norte de la Tierra de la manera más oblicua posible, estamos en invierno. En ese momento, los rayos de luz caen en forma vertical sobre parte de la mitad sur de la Tierra. ¡Allí el verano comienza en diciembre! ▼

▲ Cuando los rayos de luz caen en forma vertical sobre parte de la mitad norte de la Tierra, estamos en verano. En ese momento, los rayos de luz caen sobre la mitad sur de la Tierra de la manera más oblicua posible. ¡Allí el invierno comienza en junio!

Mientras se traslada alrededor del Sol, la Tierra está inclinada sobre su eje. Eso hace que la parte de la Tierra que está inclinada en dirección al Sol en un momento esté inclinada en la dirección opuesta en otro. En los lugares donde los rayos del sol caen en forma vertical hace más calor que donde los rayos caen en forma oblicua.

En los lugares de la Tierra donde los rayos del sol caen en forma vertical, es verano. En los lugares donde caen en forma oblicua, es invierno.

 IDEA PRINCIPAL Y DETALLES ¿Cuál es la causa de las estaciones?

El día y la noche

La Tierra tarda un año en completar una vuelta alrededor del Sol, pero solo un día en rotar. Mientras rota, en la mitad de la Tierra que está de frente al Sol es de día. En la otra mitad de la Tierra, que no está de frente al Sol, es de noche.

Como en algunos lugares es de día cuando en otros es de noche, no puede ser la misma hora en todos lados. Las personas han dividido el mundo en zonas horarias, llamadas husos, de manera que los lugares que están cercanos unos a otros tienen la misma hora. Cuando son las 12 del mediodía en Orlando, Florida, son las 6 de la tarde en Madrid, España.

 IDEA PRINCIPAL Y DETALLES ¿Cuál es la causa de que haya días y noches?

Cuando en Columbus, Ohio, es de día...

...es de noche en París, Francia.

El Sol siempre ilumina una mitad de la Tierra mientras la otra mitad está a oscuras.

1. IDEA PRINCIPAL Y DETALLES Copia y completa el siguiente organizador gráfico.

> **Idea principal: La Tierra se mueve de dos maneras diferentes, la rotación y la Ⓐ _____.**

> **La Ⓑ_____ de la Tierra causa las estaciones.**

> **La Ⓒ_____ de la Tierra causa los días y las noches.**

2. RESUMIR Escribe un resumen de esta lección. Comienza con la siguiente oración: *La Tierra se mueve de dos maneras.*

3. SACAR CONCLUSIONES ¿Qué ocurriría con las estaciones si el eje de la Tierra no estuviera inclinado?

4. VOCABULARIO Dibuja y rotula un diagrama que muestre la traslación, la rotación y el eje de la Tierra.

Preparación para la prueba

5. Razonamiento crítico Mike vive en Chicago. A las 8:00 de la mañana, llama a un amigo que está en Australia. Se encuentra con que su amigo y la familia están durmiendo. ¿Por qué está durmiendo el amigo de Mike?

Enlaces

Redacción

Redacción informativa
Un día siempre tiene 24 horas, pero la duración de los tiempos diurno y nocturno cambian a lo largo del año. Investiga por qué ocurre esto. Luego, escribe un **informe** con tus resultados.

Matemáticas

Hacer una gráfica
A medida que cambian las estaciones, también lo hace el tiempo, incluyendo la temperatura. Investiga cuál es la temperatura media de cada mes en tu ciudad. Haz una gráfica de barras que muestre esa información.

 Para hallar otros enlaces y actividades, visita
www.hspscience.com

2

¿Cómo interaccionan la Tierra y la Luna?

Datos breves

El satélite de la Tierra La Luna está a unos 384,500 kilómetros (238,900 millas) de la Tierra. Si pudieras conducir hasta allí sin detenerte, el viaje te llevaría unos 180 días. En la sección "Investigación" descubrirás más cosas acerca de la Luna.

Las fases de la Luna

Materiales • linterna • pelota de voleibol

Procedimiento

1. Trabaja en grupos de tres. Usen la fotografía del Paso 1 para saber cómo ubicarse. Tu maestro oscurecerá el salón de clases. Uno de los integrantes del grupo sostendrá una pelota de voleibol en la posición 1. Otro la iluminará con una linterna. El tercero se parará en el medio, observará la pelota y hará un dibujo del lado iluminado de la pelota.

2. El compañero que sostiene la pelota se moverá a las posiciones 2, 3 y 4. El que está en el medio rotará para estar de frente al compañero que sostiene la pelota. Observa y registra la luz en cada posición.

3. Intercambien los roles, de manera que todos puedan observar el dibujo de la luz en la pelota.

Paso 1

Paso 2

Sacar conclusiones

1. ¿Qué parte de la pelota quedó iluminada en cada posición?

2. ¿Qué representa la pelota? ¿Y la linterna? ¿Y la persona que observa?

3. **Destreza de examinación** Si la pelota representa la Luna, ¿qué puedes inferir que representan las diferentes partes de la pelota iluminada?

Investiga más

Las fases de la Luna se continúan unas a otras siguiendo un patrón regular. **Predice** cuánto tiempo tardará la Luna en pasar por todas sus fases. Comprueba tu predicción.

VOCABULARIO

fases de la Luna
pág. 346

ciclo lunar pág. 347

eclipse lunar pág. 348

eclipse solar pág. 350

CONCEPTOS
CIENTÍFICOS

▶ qué son las fases
de la Luna

▶ cuál es la causa
de los eclipses

DESTREZA DE LECTURA

ORDENAR EN SECUENCIA

Busca las secuencias de las fases
de la Luna y de los eclipses.

Las fases de la Luna

Quizá hayas notado que la Luna no siempre se ve
igual. A veces se ve como un círculo, otras como un
medio círculo, otras como una delgada línea curva.
Las diferentes formas que vemos se llaman **fases de
la Luna**.

Este diagrama muestra la trayectoria que
sigue la Luna al trasladarse alrededor
de la Tierra. Las fotografías muestran
cómo se ve la Luna desde la Tierra en
las diferentes posiciones a lo largo del
trayecto.

En realidad, la Luna no cambia. De la misma manera que ocurre con la Tierra, una mitad de la Luna está siempre iluminada por el Sol. Así como la Tierra se traslada alrededor del Sol, la Luna se traslada alrededor de la Tierra. La Luna tarda 29 días en pasar por todas sus fases. Este patrón de fases se llama **ciclo lunar**. La fase que ves en determinado momento del ciclo depende de cuánto del lado iluminado de la Luna está de frente a la Tierra en ese momento.

 ORDENAR EN SECUENCIA ¿Qué fase viene después de la fase de Luna nueva?

cuarto menguante

Luna nueva

Luna llena

cuarto creciente

Durante un eclipse lunar total, la Luna puede parecer roja.

Los eclipses de Luna

¿Alguna vez hiciste figuras con la sombra de tus manos? Cuando colocas tus manos frente a una luz, la luz no puede atravesarlas, y entonces hacen sombra. De la misma manera, la Tierra hace sombra porque la luz del Sol no puede pasar a través de ella.

A veces, la Luna entra en la sombra de la Tierra. Esto ocasiona un eclipse lunar. Un **eclipse lunar** ocurre cuando la Tierra impide que la luz solar alcance la Luna. En un eclipse lunar, primero la Luna se oscurece al entrar en la sombra de la Tierra. Después, la Luna sale de la sombra y se ilumina nuevamente.

⭐ **ORDENAR EN SECUENCIA** ¿Cómo ocurre un eclipse lunar?

Modelo de un eclipse Haz con arcilla una pelota mediana y una pequeña. Apaga las luces, y sujeta la pelota mediana delante de una linterna. Pídele a un compañero que pase la pelota pequeña por detrás de la pelota mediana. ¿Qué ocurre? ¿Qué muestra esto?

348

Eclipses lunares

Los eclipses lunares solo pueden ocurrir durante la fase de Luna llena. A veces, la Luna llena atraviesa solo parte de la sombra de la Tierra. Esto ocasiona un eclipse lunar parcial. Otras veces, la Luna atraviesa toda la sombra de la Tierra. Esto ocasiona un eclipse lunar total. Abajo se muestran los pasos de un eclipse lunar total.

Comienzo

Medio

Final

Para hallar otros enlaces y actividades, visita
www.hspscience.com

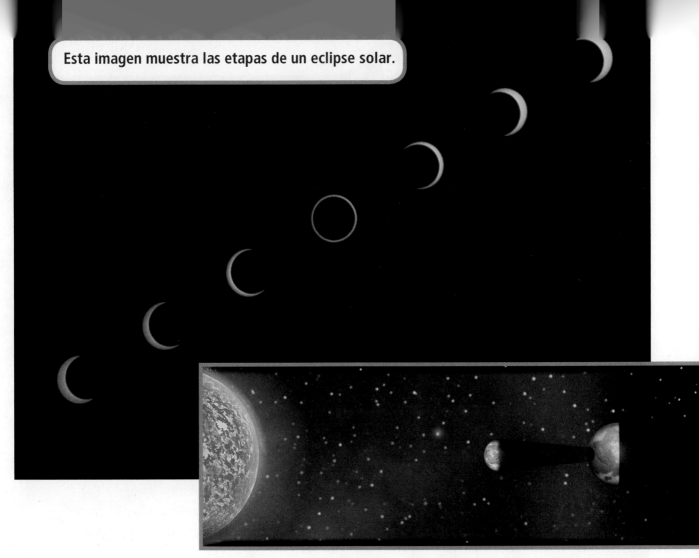

Esta imagen muestra las etapas de un eclipse solar.

▲ Durante un eclipse solar, la Luna pasa entre la Tierra y el Sol. Los eclipses solares solo pueden ocurrir durante la fase de Luna nueva.

Los eclipses de Sol

De la misma manera que la Tierra puede impedir que la luz solar llegue a la Luna, la Luna puede impedir que la luz solar llegue a la Tierra. Cuando la sombra de la Luna cae sobre la Tierra, se produce un **eclipse solar**.

Cuando la Luna se interpone entre el Sol y la Tierra, el cielo se oscurece durante unos minutos. Después, la Luna continúa moviéndose, y retorna la luz del día. Como la sombra de la Luna es pequeña, un eclipse solar puede ser visto solo desde algunos lugares de la Tierra por vez.

 ORDENAR EN SECUENCIA ¿Cómo se produce un eclipse solar?

1. ORDENAR EN SECUENCIA Copia y completa el siguiente organizador gráfico.

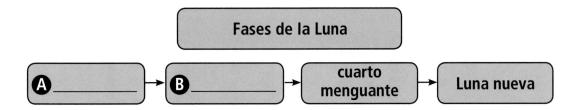

Fases de la Luna

A _____ → B _____ → cuarto menguante → Luna nueva

2. RESUMIR Usa las palabras de vocabulario para escribir un párrafo que resuma la lección.

3. SACAR CONCLUSIONES ¿Por qué un eclipse solar solo puede ocurrir durante la fase de Luna nueva?

4. VOCABULARIO Haz dibujos para ilustrar los términos *fase de la Luna, eclipse lunar* y *eclipse solar.* Asegúrate de rotular tus dibujos.

Preparación para la prueba

5. ¿Con qué frecuencia se repite el ciclo lunar?

   A. aproximadamente cada día

   B. aproximadamente cada 29 días

   C. aproximadamente cada semana

   D. aproximadamente cada año

Enlaces

Redacción

Redacción narrativa

Los astronautas pisaron la Luna por primera vez el 20 de julio de 1969. Investiga para aprender detalles de ese acontecimiento. Después, escribe un **cuento** sobre el alunizaje desde el punto de vista de uno de los astronautas.

Artes del Lenguaje

Vocabulario ilustrado

Busca en el diccionario las palabras *creciente* y *menguante*. Anota sus definiciones. Después, dibuja las fases de la Luna y rotula cada fase como *creciente* o *menguante*.

Para hallar otros enlaces y actividades, visita
www.hspscience.com

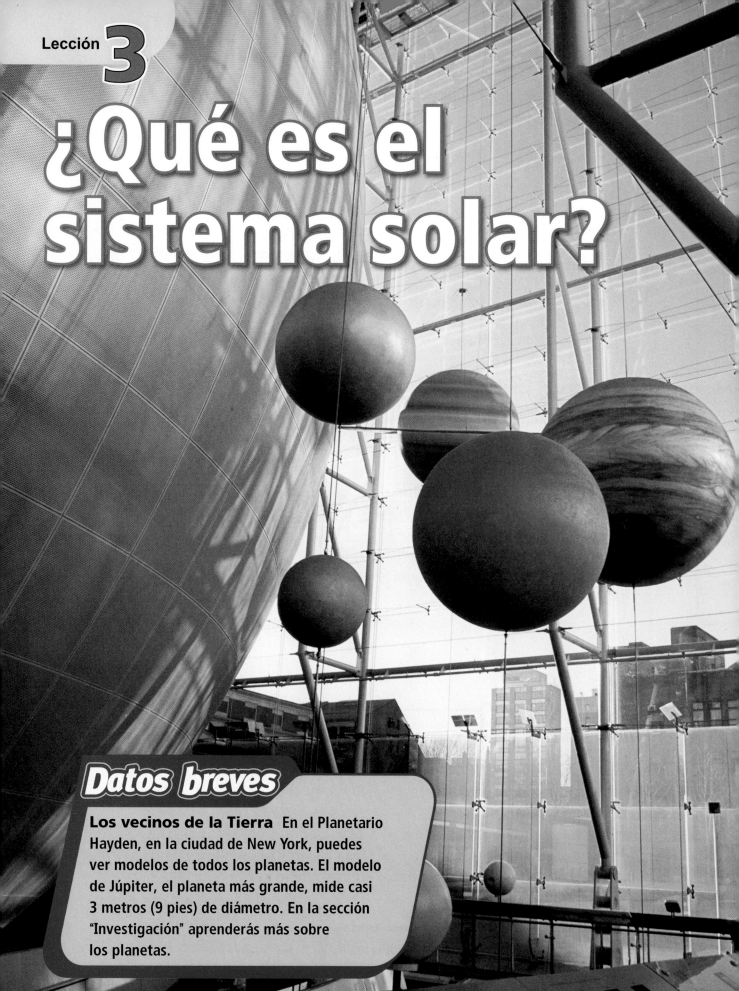

¿Qué es el sistema solar?

Datos breves

Los vecinos de la Tierra En el Planetario Hayden, en la ciudad de New York, puedes ver modelos de todos los planetas. El modelo de Júpiter, el planeta más grande, mide casi 3 metros (9 pies) de diámetro. En la sección "Investigación" aprenderás más sobre los planetas.

Los planetas

Materiales   • lápiz   • papel

Procedimiento

❶ Usa los números de la tabla "Datos de planetas" para hacer una lista de planetas según el orden de su distancia al Sol, desde el más cercano hasta el más lejano.

❷ Junto al nombre de cada planeta, registra su distancia al Sol.

Sacar conclusiones

1. ¿Qué planeta está más cerca del Sol?

2. ¿Qué planeta está más lejos del Sol?

3. ¿Cuántos planetas hay entre la Tierra y el Sol?

4. ¿Qué planetas son los vecinos más cercanos de la Tierra?

5. **Destreza de examinación** A veces, los científicos usan números para poner las cosas en orden. Haz una lista de otras maneras en que podrías ordenar los planetas.

Datos de planetas	
Planeta	**Distancia al Sol (en millones de kilómetros)**
Júpiter	778
Marte	228
Mercurio	58
Neptuno	4505
Plutón	5890
Saturno	1427
Tierra	150
Urano	2869
Venus	108

Paso 2

Investiga más

¿Cómo podrías usar números que te ayuden a planear un modelo del sistema solar? Planea una investigación simple para hacer el modelo.

VOCABULARIO

planeta pág. 354

órbita pág. 354

sistema solar pág. 354

estrella pág. 355

constelación pág. 360

CONCEPTOS CIENTÍFICOS

▶ cómo son los planetas

▶ cómo son otros tipos de cuerpos que hay en el sistema solar

DESTREZA DE LECTURA

COMPARAR Y CONTRASTAR

Busca maneras de comparar detalles acerca de los cuerpos del sistema solar.

[semejanzas]———[diferencias]

El sistema solar

En la Lección 1, aprendiste que la Tierra se traslada alrededor del Sol. La Tierra no es el único **planeta**, o gran cuerpo de roca o gases, que hace esto. Otros ocho planetas se trasladan alrededor del Sol. Cada planeta se traslada siguiendo una trayectoria llamada **órbita**. Muchos objetos pequeños también orbitan el Sol. El Sol, los planetas y esos objetos pequeños forman el **sistema solar**.

 COMPARAR Y CONTRASTAR ¿En qué se parecen los planetas? ¿En qué se diferencian?

Mercurio   Venus   Tierra   Marte

Júpiter

El Sol

El Sol es el centro del sistema solar. También es el objeto más grande del sistema solar. El Sol es una de las muchísimas estrellas que hay en el universo. Las **estrellas** son bolas calientes de gases brillantes, que emiten energía.

El Sol es la estrella que está más cerca de la Tierra. La energía de la luz del sol es muy importante para la vida en la Tierra: ayuda a que crezcan las plantas y mantiene el calor de la Tierra. Sin el Sol, la Tierra sería demasiado fría para que algo pudiera vivir en ella.

 COMPARAR Y CONTRASTAR ¿En qué se diferencian las estrellas de los planetas?

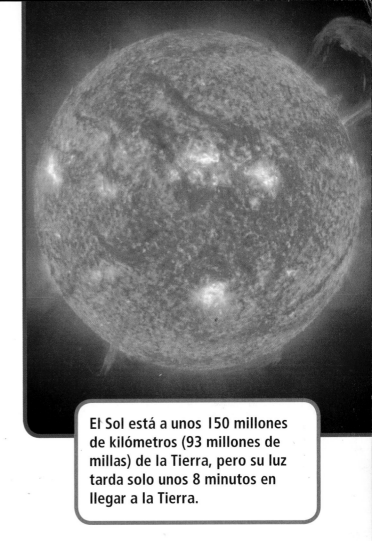

El Sol está a unos 150 millones de kilómetros (93 millones de millas) de la Tierra, pero su luz tarda solo unos 8 minutos en llegar a la Tierra.

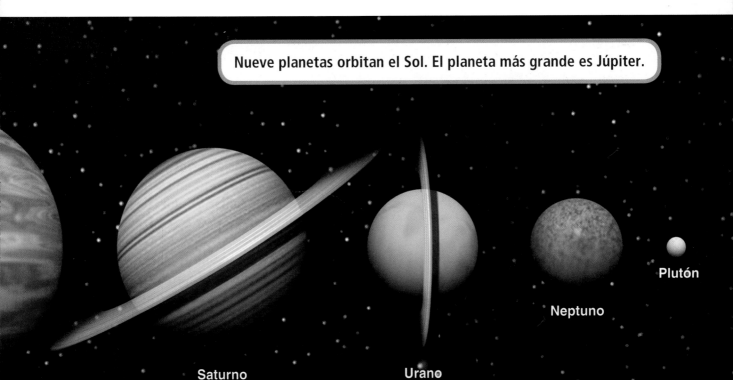

Nueve planetas orbitan el Sol. El planeta más grande es Júpiter.

Saturno

Urano

Neptuno

Plutón

Los planetas interiores

Los cuatro planetas más próximos al Sol se llaman *planetas interiores*. Los planetas interiores son Mercurio, Venus, la Tierra y Marte. A veces, por la noche, puedes ver Venus y Marte. Parecen estrellas, pero su luz es constante, es decir, no titila. Y si usas un telescopio, tal vez también puedas ver Mercurio.

Venus

Hecho curioso: Venus rota al revés, en comparación con los otros planetas. Es posible que alguna vez haya habido océanos en Venus, pero se han evaporado.
Duración del día: unos 243 días terrestres
Duración del año: unos 225 días terrestres
Lunas: ninguna
Superficie: rocosa, constantemente cubierta por una capa de espesas nubes
Diámetro: unos 12,000 kilómetros (7500 millas)

Mercurio

Hecho curioso: Durante el día, gran parte de la superficie de Mercurio está tan caliente que hasta el plomo podría derretirse. Sin embargo, es posible que haya hielo en sus polos.
Duración del día: unos 176 días terrestres
Duración del año: 88 días terrestres
Lunas: ninguna
Superficie: rocosa, con muchos cráteres
Diámetro: unos 4900 kilómetros (3100 millas)

La superficie de todos los planetas interiores es rocosa. Son más pequeños que la mayoría de los otros planetas. Los planetas interiores también son más calientes que los otros planetas, porque están más cerca del Sol.

 COMPARAR Y CONTRASTAR ¿En qué se diferencian los planetas interiores de los otros planetas?

Tierra

Hecho curioso: La Tierra es el único planeta del que se sabe que tiene agua en su superficie. El agua es necesaria para mantener la vida.
Duración del día: 24 días (1 día terrestre)
Duración del año: unos 365 días (1 año terrestre)
Lunas: 1
Superficie: en la mayor parte hay agua, con algunas áreas de tierra
Diámetro: unos 12,750 kilómetros (7900 millas)

Marte

Hecho curioso: Marte tiene el volcán más grande del sistema solar. También tiene hielo bajo su superficie.
Duración del día: unas 25 horas terrestres
Duración del año: 687 días terrestres (casi dos años terrestres)
Lunas: 2
Superficie: rocosa, con polvo rojo y sin agua
Diámetro: cerca de 6800 kilómetros (4200 millas)

Los planetas exteriores

Los cinco planetas que están más lejos del Sol se llaman *planetas exteriores*. Son Júpiter, Saturno, Urano, Neptuno y Plutón. Los planetas exteriores están formados principalmente de gases congelados. En su mayoría, son muy grandes y tienen muchas lunas.

 COMPARAR Y CONTRASTAR ¿En qué se asemejan la mayoría de los planetas exteriores?

Júpiter

Hecho curioso: En la Gran Mancha Roja de Júpiter, una inmensa tormenta que azota la superficie de este planeta, podría entrar dos veces un círculo del tamaño de la Tierra.
Duración del día: unas 10 horas terrestres
Duración del año: unos 12 años terrestres
Lunas: al menos 61
Superficie: no tiene superficie sólida
Diámetro: unos 143,000 kilómetros (88,900 millas)

Saturno

Hecho curioso: Saturno tiene un gran sistema de anillos que se extienden por aproximadamente 416,000 kilómetros (258,000 millas) desde su superficie.
Duración del día: unas 11 horas terrestres
Duración del año: unos 29 años terrestres
Lunas: al menos 33
Superficie: gases congelados
Diámetro: cerca de 120,000 kilómetros (74,600 millas)

Urano

Hecho curioso: Urano se inclina hacia un lado mientras orbita el Sol.
Duración del día: unas 17 horas terrestres
Duración del año: unos 84 años terrestres
Lunas: al menos 26
Superficie: gases congelados
Diámetro: unos 51,000 kilómetros (31,700 millas)

Neptuno

Hecho curioso: Neptuno es el planeta más lejano del Sol durante períodos de 20 años, cuando Plutón cruza su órbita.
Duración del día: unas 16 horas terrestres
Duración del año: unos 164 años terrestres
Lunas: al menos 13
Superficie: gases congelados
Diámetro: cerca de 55,500 kilómetros (34,500 millas)

Plutón

Hecho curioso: Plutón está compuesto de hielo. Tiene una luna que es casi tan grande como él.
Duración del día: unos 6 días terrestres
Duración del año: unos 248 años terrestres
Lunas: 1
Superficie: gases congelados
Diámetro: unos 2400 kilómetros (1500 millas)

Las Matemáticas en las Ciencias

Interpretar datos

¿Cuántos años terrestres dura un año, es decir, una traslación alrededor del Sol, en los planetas Mercurio, Venus, la Tierra, Marte y Júpiter?

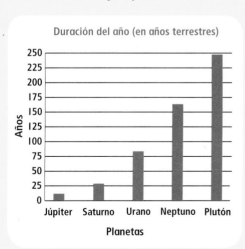

Duración del año (en años terrestres)

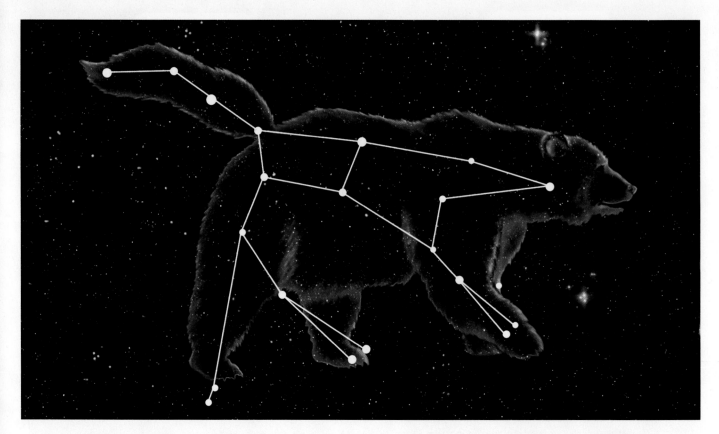

Las figuras que forman las estrellas

Cuando miras las estrellas, te das cuenta de que nadie, nunca, podría contarlas. Algunas son muy brillantes, mientras que otras son muy difíciles de ver. ¿Cómo se puede distinguir una estrella de otra? Una manera de hacerlo es mediante el uso de las constelaciones. Las **constelaciones** son grupos de estrellas que parecen formar figuras de animales, personas u objetos. Como las estrellas parecen moverse a través del cielo durante la noche, buscar las constelaciones ayuda a la gente a encontrar determinadas estrellas.

 COMPARAR Y CONTRASTAR Compara la manera en que la gente agrupa las estrellas con la manera en que agrupa los planetas.

▲ Según la estación del año, puedes ver diferentes constelaciones. Algunas constelaciones, como la Osa Mayor, se pueden ver durante todo el año.

Minilab

Buscar las constelaciones
Esparce frijoles secos sobre una hoja de papel. Busca las figuras que forman los frijoles. Dibújalas. ¿En que podría parecerse esta actividad a lo que hacía la gente hace mucho tiempo al mirar las estrellas?

1. COMPARAR Y CONTRASTAR Copia y completa el siguiente organizador gráfico.

	Planetas interiores	**Planetas exteriores**
En su mayoría, son de	roca	**A** _____
Cantidad de lunas	**B** _____	en su mayoría tienen muchas
Distancia del Sol	cerca	**C** _____
Tamaño	**D** _____	en su mayoría son grandes

2. RESUMIR Escribe un párrafo que describa el sistema solar.

3. SACAR CONCLUSIONES ¿En qué se asemejan la Tierra y Marte? ¿En qué se diferencian?

4. VOCABULARIO Escribe una oración usando los siguientes términos de vocabulario: *planetas*, *órbita* y *sistema solar*.

Preparación para la prueba

5. Razonamiento crítico A Stella le gusta mirar las estrellas. Después de hacerlo durante varias horas, nota que las estrellas parecen haberse movido en el cielo nocturno. ¿Por qué crees que las estrellas parecen moverse?

Enlaces

Redacción

Redacción descriptiva

Observa las estrellas y la Luna con alguno de tus padres o con alguien que te cuide. Escribe una **descripción** de lo que observas, incluyendo alguna constelación que hayas reconocido.

Salud

Luces nocturnas

La contaminación lumínica, o la excesiva presencia de luces en el medio ambiente, hace que resulte difícil ver las estrellas. La contaminación lumínica puede dañar la salud humana. Investiga las maneras en que las personas pueden disminuir la contaminación lumínica. Haz un folleto que muestre lo que aprendiste.

 Para hallar otros enlaces y actividades, visita
www.hspscience.com

escubren antiguo planeta

¿**A** que no adivinas qué han descubierto recientemente los científicos? Un planeta que ha existido por millones de años. Si te suena a algo muy antiguo, estás en lo cierto. El planeta que acaban de descubrir es dos veces más viejo que la Tierra. De hecho, es el planeta más antiguo que se conoce.

Pero no corras a echarle una ojeada: este planeta está demasiado lejos para ser visto. Los científicos lo descubrieron usando el telescopio espacial Hubble.

Un telescopio especial

El telescopio espacial Hubble es un tipo especial de telescopio. En lugar de estar situado en un observatorio, flota en el espacio a unas 375 millas de la Tierra. Como está en el espacio, puede tomar fotografías de estrellas y planetas que ningún otro telescopio puede tomar.

¿Cerca del final?

Dicen los científicos que el descubrimiento que hizo el telescopio Hubble es muy importante, porque permite pensar que los planetas se formaron mucho antes de lo que los expertos alguna vez imaginaron. "Esto significa que la vida podría haber surgido y después desaparecido ya hace 13 millones de años", afirmó un científico.

Sin embargo, es posible que los descubrimientos del Hubble se estén acercando al final. Este telescopio no fue diseñado para permanecer en el espacio para siempre. En el pasado, la agencia espacial NASA envió astronautas para reparar y mejorar el telescopio. Ahora, a menos que se envíe una nueva misión para hacer reparaciones, el telescopio podría dejar de funcionar.

En este momento hay científicos que preparan una misión de reparaciones. Las reparaciones y las mejoras serían hechas por robots, y de esta manera se podría mantener el Hubble en el espacio por varios años más.

► Cúmulo globular M4
Ubicación de enana blanca
HST
NOAO
Imágenes del telescopio espacial Hubble

PIENSA

1. ¿Qué puede enseñar el telescopio espacial Hubble a los científicos acerca del sistema solar?
2. ¿Por qué crees que los científicos quieren descubrir nuevos planetas?

De largo alcance

El Hubble también es mucho más grande que otros telescopios. Mide 13.2 metros (43.5 pies) de largo y unos 4.2 metros (14 pies) de diámetro máximo. En otras palabras, tiene aproximadamente el mismo tamaño que un gran camión tractor con remolque.

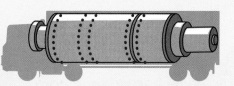

¡Investiga más! Visita
www.hspscience.com

Científica innovadora

Reva Kay Williams ha hecho carrera como científica innovadora. Se dice que alguien es innovador cuando es el primero en hacer algo en una determinada área. Williams ha hecho descubrimientos asombrosos, y también es la primera afroamericana en su campo de estudio.

Williams estudia una rama de la ciencia que se llama astrofísica. La *astrofísica* es el estudio de la astronomía y la física. La *astronomía* es el estudio de todo lo que hay en el espacio exterior, incluyendo las estrellas y las galaxias. La *física* es el estudio de cómo la energía y toda la materia que hay en la Tierra se afectan entre sí. Los científicos como Williams estudian cómo la energía y toda la materia que hay en el espacio se afectan una a la otra.

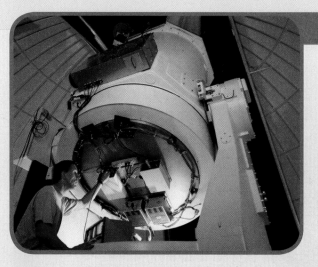

Carrera Astrónomos

Los astrónomos pasan la mayor parte del tiempo observando planetas y galaxias. Sin embargo, estos científicos también ayudan a resolver problemas en la Tierra. Además, pueden ayudar a los astronautas a prepararse para un viaje espacial.

¡Investiga más! Visita **www.hspscience.com**

¡Sí puedes!

Proyecto fácil y rápido

Amanecer, atardecer

Materiales
- nota autoadhesiva pequeña
- globo terráqueo
- linterna

Procedimiento

1. Escribe el nombre de tu ciudad en una nota autoadhesiva. Pégala sobre el estado en que vives, en el globo terráqueo.

2. Apaga las luces de la habitación. Ilumina el globo con la linterna.

3. Lentamente, haz girar el globo terráqueo en dirección opuesta a las agujas del reloj.

Sacar conclusiones

¿Qué ocurre con el lugar donde adheriste la nota? ¿Qué representa esto? Describe por qué, durante el día, el Sol parece moverse lentamente de este a oeste a través del cielo.

Planea tu propia investigación

Impacto de asteroide

Los asteroides son pedazos de roca que orbitan el Sol. ¿Qué crees que ocurre cuando golpean contra un planeta o contra una luna? Planea una investigación para descubrirlo. Puedes dejar caer guijarros sobre una bandeja con fécula de maíz y luego comparar esa superficie con la superficie de la Luna. Escribe un informe que describa lo que descubriste.

Repaso del vocabulario

Usa los términos de abajo para completar las oraciones. Los números de página te indican qué parte del capítulo debes mirar si necesitas ayuda.

eje pág. 338

traslación pág. 339

fase de la Luna pág. 346

ciclo lunar pág. 347

eclipse solar pág. 350

planeta pág. 354

sistema solar pág. 354

constelación pág. 360

1. Cada una de las etapas del ciclo lunar se llama _____.

2. Una vuelta de la Tierra alrededor del Sol se llama _____.

3. Un grupo de estrellas que parece formar una figura es una _____.

4. Cuando la sombra de la Luna cae sobre la Tierra, se produce un _____.

5. La línea imaginaria alrededor de la cual rota la Tierra es su _____.

6. Un gran cuerpo de roca o de gases que orbita el Sol es un _____.

7. El patrón de fases lunares se llama _____.

8. El Sol, los planetas y otros objetos que orbitan el Sol forman el _____.

Comprueba lo que aprendiste

Escribe la letra de la respuesta correcta.

9. ¿Qué causa las estaciones de la Tierra?

   A. la rotación de la Tierra

   B. la inclinación de la Tierra

   C. los eclipses solares

   D. el ciclo lunar

10. ¿Qué causa los días y las noches?

    F. la órbita de la Tierra

    G. la traslación de la Tierra

    H. la rotación de la Tierra

    J. la inclinación de la Tierra

11. **COMPARAR Y CONTRASTAR**

    Compara las cuatro regiones que aparecen en el siguiente diagrama.

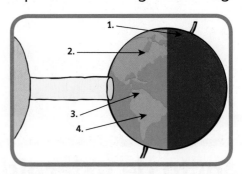

    ¿Cuál es la región más cálida?

    A. Región 1   **C.** Región 3

    B. Región 2   **D.** Región 4

12. ¿Cuánto dura aproximadamente el ciclo lunar?

    F. 29 días   **H.** 24 horas

    G. 365 días   **J.** 1 semana

13. ORDENAR EN SECUENCIA Las etapas de un eclipse lunar siguen una determinada secuencia. ¿Qué ocurre primero?

A. La Luna ingresa en la sombra de la Tierra.

B. La Luna sale de la sombra de la Tierra.

C. La Luna se oscurece.

D. La Luna es nuevamente iluminada por el Sol.

14. ¿Cuál está más cerca de la Tierra?

F. la Osa Mayor

G. el Gran Carro

H. la Estrella Polar

J. el Sol

15. ¿Cuál de las siguientes afirmaciones sobre Mercurio es verdadera?

A. Tiene mucha agua.

B. Está lejos del Sol.

C. Está hecho de gases congelados.

D. Es muy caliente.

16. ¿Cuál de las siguientes afirmaciones sobre Venus es verdadera?

F. Tiene dos lunas.

G. Es el planeta más cercano al Sol.

H. Su rotación es en dirección opuesta a las rotaciones de los otros planetas.

J. Su día dura solo 11 horas.

Destrezas de examinación

17. Infiere por qué hay animales y plantas en la Tierra, pero no en otros planetas del sistema solar.

18. Ordena los nombres de los planetas según su distancia al Sol, desde el más cercano hasta el más lejano.

Razonamiento crítico

19. ¿En qué se parece Plutón a un planeta interior?

20. Este diagrama muestra la posición de la Tierra en cada estación. Observa la parte de la Tierra donde está América del Norte. Explica por qué allí el día es más corto en invierno que en verano.

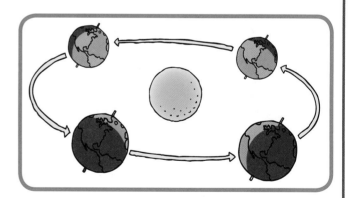

Investigar la materia y la energía

Capítulo 11 Propiedades de la materia

Capítulo 12 La energía

Capítulo 13 La electricidad y los imanes

Capítulo 14 El calor, la luz y el sonido

CIENCIAS FÍSICAS

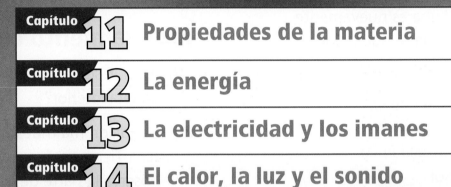

La fábrica de crayolas

PARA:	ryan@hspscience.com
DE:	stephanie@hspscience.com
TEMA:	Two Rivers Landing, Pennsylvania

Querido Ryan:

¿Alguna vez te preguntaste cómo se hacen las crayolas? Yo fui a Crayola Factory, la fábrica de crayolas, y aprendí todo lo que hacen allí. Es increíble ver cómo el líquido se transforma en una crayola sólida. Luego agregan color, y un arco iris de opciones cobra vida. Unas máquinas enormes hacen que todo parezca muy fácil.

Tu amiga,
Stephanie

El concurso de castillos de arena de Cannon Beach

○○○

PARA: david@hspscience.com

DE: kia@hspscience.com

TEMA: Oregon

Querido David:

¿Recuerdas cuando construíamos torres en nuestro arenero? Bueno, ¡mira estas esculturas de arena! Viene gente de todo el mundo a participar en esta competencia. Y no hacen solo castillos de arena. Como puedes ver, ¡este ganador hizo un camión de bomberos! Por suerte, le tomaron una foto: cuando sube la marea, el agua se lleva todas las esculturas.

Kia

¡Experimenta!

Moldear arena Jugar con la arena de la playa o en un arenero puede ser muy divertido. Pero transformar una pila de arena en una escultura no es nada fácil. ¿Qué puedes mezclar con la arena para que sea más fácil moldearla? Por ejemplo, ¿cuál es la cantidad ideal de agua que puedes agregar a la arena para que mantenga la forma que quieres darle? Planea y haz un experimento para descubrirlo.

Capítulo

11 Propiedades de la materia

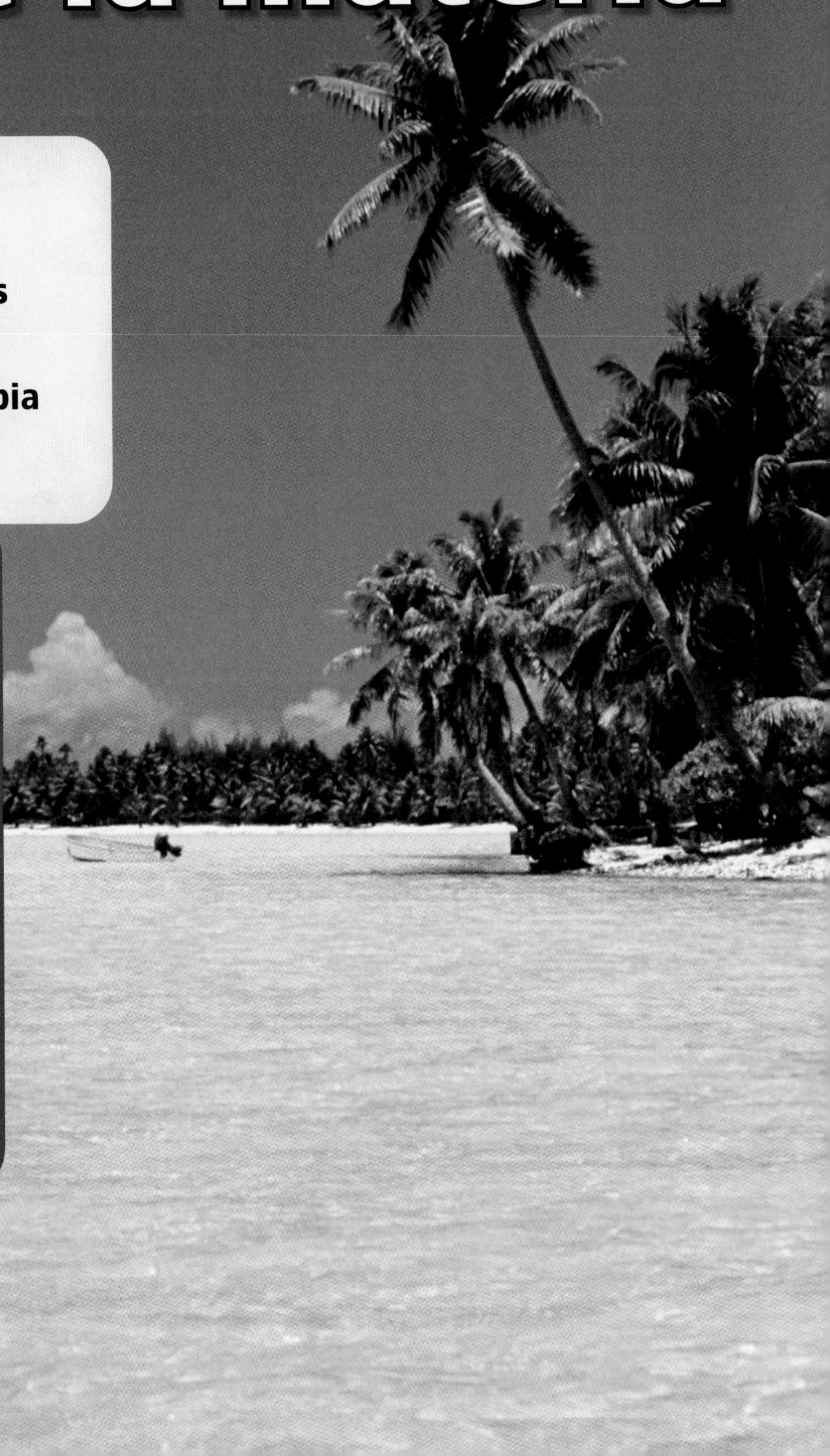

Lección 1 ¿Qué es la materia?

Lección 2 ¿Qué son los estados de la materia?

Lección 3 ¿Cómo cambia la materia?

Vocabulario

materia
propiedad física
masa
volumen
densidad
sólido
líquido
gas
evaporación
condensación
mezcla
solución

¿Qué te preguntas?

La materia es todo lo que ocupa espacio. ¿Qué materia puedes ver en esta foto? ¿Hay alguna materia que no puedas ver?

¿Qué es la materia?

Datos breves

Un montón de agua Un ser humano adulto necesita unos 10 vasos de agua por día. Parece mucho, pero para una vaca es poco. ¡Una vaca necesita al menos 400 vasos de agua por día! En la sección "Investigación" medirás el volumen del agua.

Medir el volumen

Materiales
- regla en centímetros
- taza para medir
- 3 recipientes transparentes de distintas formas
- agua
- cinta de enmascarar

Procedimiento

① Mide 100 mL de agua.

② Vierte el agua en uno de los recipientes transparentes.

③ Usa un pedazo de cinta de enmascarar para marcar el nivel del agua en el recipiente. Haz que el borde inferior de la cinta coincida con la línea del agua.

④ Repite los pasos 1 a 3 hasta que los tres recipientes contengan 100 mL de agua y los tres niveles estén marcados.

Sacar conclusiones

1. ¿Cuánta agua hay en cada recipiente?

2. Describe la altura del agua en cada recipiente. Explica por qué la altura del agua se ve distinta en cada recipiente.

3. **Destreza de examinación**
Los científicos usan datos y observaciones para predecir qué ocurrirá. ¿Qué predices que ocurrirá si viertes otra vez el agua de cada recipiente en la taza para medir?

Paso 2

Paso 3

Investiga más

Llena con agua tres recipientes de diferentes formas. **Predice** cuánta agua habrá en cada recipiente. **Mide** el agua que hay en cada recipiente. ¿Cuán acertadas fueron tus predicciones?

La lectura en las Ciencias

VOCABULARIO

materia pág. 374

propiedad física
    pág. 376

masa pág. 378

volumen pág. 379

densidad pág. 379

CONCEPTOS CIENTÍFICOS

▶ qué es la materia
▶ cómo se miden algunas propiedades físicas de la materia

DESTREZA DE LECTURA

IDEA PRINCIPAL Y DETALLES

Busca información sobre las propiedades de la materia.

La materia

Patinar sobre hielo puede ser muy divertido. Los patinadores se deslizan sobre el hielo, y sienten la brisa en las mejillas.

Todo lo que los patinadores ven y sienten es **materia**. La materia es cualquier cosa que ocupe espacio. El hielo, el agua y las nubes son materia. El aire que respiran los patinadores es materia. Y también los patinadores son materia.

¿Qué ejemplos de materia ves en esta fotografía? ▼

▲ ¿Hay en esta fotografía materia que no puedas ver?

Mira a tu alrededor. ¿Qué materia puedes ver? Tu pupitre y tus libros y los otros objetos que hay en la clase son materia. Tu maestro y tus compañeros son materia. Sabes que son materia porque ocupan espacio.

Ahora, mira hacia afuera. ¿Está lloviendo? ¿Hay sol? ¿Nieva? La lluvia, la nieve y el sol son diferentes tipos de materia. ¿Está soplando el viento? El aire es materia que no puedes ver. ¿Cómo sabes que el aire es materia? Porque ocupa espacio. Puedes ver cómo el aire mueve las hojas de los árboles. Puedes sentir el aire en tu piel.

 IDEA PRINCIPAL Y DETALLES ¿Qué es la materia?

Las propiedades físicas de la materia

Todo lo que puedes percibir de la materia mediante uno o más de tus sentidos es una **propiedad física**. Aquí hay algunas cosas que puedes percibir con tus sentidos:

Con la vista: los polluelos de pato son pequeños y amarillos. Puedes observar su tamaño y su color.

Con el oído: las campanas suenan. La lluvia tintinea sobre un techo de metal. Las hojas crujen con el viento.

Con el tacto: el hielo se siente duro y frío. Las mantas se sienten suaves. El papel de lija se siente áspero.

Con el olfato: el pan recién horneado huele delicioso. No así la basura en descomposición.

Con el gusto: una de las propiedades físicas de la comida es su sabor. El sabor puede ser dulce, salado, agrio o amargo.

▲ Esta piña se siente áspera por fuera. Pero el interior sabe dulce.

Tu sentido del tacto te dice que el gato es suave. ▼

Tu sentido del olfato te indica que hay palomitas de maíz en el envase. ▼

El color, el tamaño, la forma y la textura son propiedades físicas que puede tener la materia. La materia como el hule puede rebotar y estirarse. Otros tipos de materia, como la sal, se mezclan con el agua. Algunos metales se doblan con facilidad. Otros, como el acero, no lo hacen. Estos son solo algunos ejemplos de las muchas propiedades físicas de la materia. Piensa en las diferentes propiedades físicas de la materia que puedes encontrar en tu salón de clases.

⭐ **Destreza clave** **IDEA PRINCIPAL Y DETALLES** **Nombra dos propiedades físicas de la piña.**

Los platillos son brillantes. Además, producen un sonido diferente del de un tambor. ▼

El color es una propiedad que puedes percibir con los ojos. ¿Qué otras propiedades físicas tiene este vidrio? ▼

Medir la materia

Otra propiedad de la materia es la masa. La **masa** es la cantidad de materia que hay en una cosa. Puedes medir la masa usando una balanza. La masa, por lo general, se mide en gramos (g) o en kilogramos (kg). Un kilogramo equivale a 1000 gramos.

Imagina que tienes unas rodajas de manzana y ya sabes cuál es su masa. También tienes unas rodajas de naranja, y sabes cuál es su masa. Luego las mezclas para hacer una ensalada de frutas. ¿Cómo puedes calcular cuál es la masa de la ensalada sin usar una balanza? Si respondes "sumando las masas", ¡estás en lo cierto! La masa de dos o más cosas que están juntas es igual a la suma de sus masas.

Esta taza para medir y esta probeta miden el volumen del líquido en mililitros.

Míralo en detalle

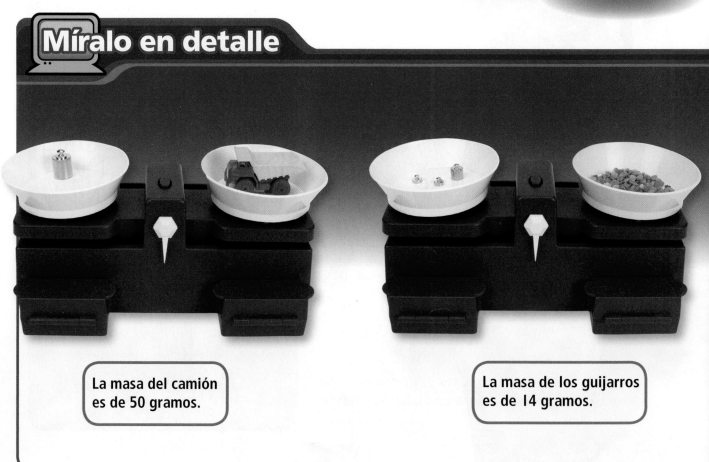

La masa del camión es de 50 gramos.

La masa de los guijarros es de 14 gramos.

Otra propiedad física de la materia es el volumen. El **volumen** es la cantidad de espacio que ocupa la materia. En la sección "Investigación" mediste 100 mL de agua: el volumen del agua era 100 mL.

La densidad es otra propiedad de la materia. La **densidad** es la masa de la materia en comparación con su volumen. Piensa en dos cajas idénticas. Llenas una caja con plumas y la otra con rocas. Las cajas tienen el mismo volumen, pero la que contiene rocas tiene mucha más masa: las rocas tienen mayor densidad que las plumas.

 IDEA PRINCIPAL Y DETALLES ¿Qué es la densidad?

Minilab

Comparar densidades

Llena una bolsa para emparedados con canicas. Llena otra con copos de algodón. Cierra las bolsas y mide la masa de cada una. ¿Cómo se comparan sus volúmenes? ¿Cómo se comparan sus densidades? ¿Qué materia es más densa, el algodón o las canicas?

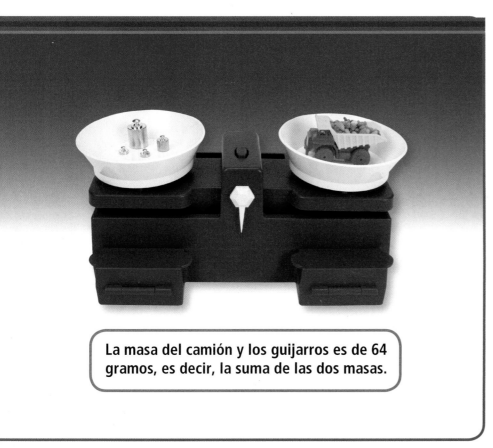

La masa del camión y los guijarros es de 64 gramos, es decir, la suma de las dos masas.

Hundirse y flotar

La capacidad de flotar de un objeto es, también, una propiedad física. Las barras de acero se hunden, pero los barcos de acero flotan. ¿Por qué?

Esto ocurre a causa de la densidad. La materia que es menos densa que el agua flota, pero la materia que es más densa que el agua se hunde.

¿Cómo podrías hacer que flote una barra de acero? Tendrías que cambiar su forma para que aumente su volumen. Si transformas una barra de acero en un barco, el volumen del acero cambia. La misma cantidad de acero, pero con la forma de un barco, ocupa más espacio. Si bien la masa no cambia, la misma masa con un volumen mayor es menos densa. Si el volumen del barco de acero es lo suficientemente grande, el barco podrá flotar.

⭐ **IDEA PRINCIPAL Y DETALLES** ¿Cuál es la diferencia entre un objeto que se hunde y uno que flota?

¿Cuáles de las bolas que se ven en esta fotografía son menos densas que el agua? ¿Cuáles son más densas? ¿Cómo lo sabes? ▼

1. IDEA PRINCIPAL Y DETALLES Copia y completa el siguiente organizador gráfico.

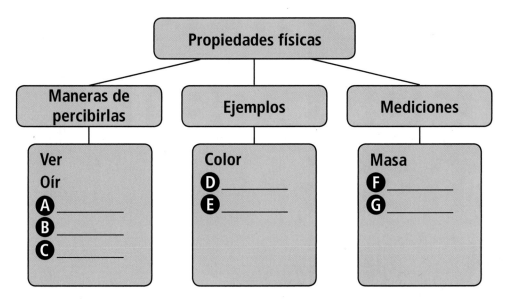

Propiedades físicas

Maneras de percibirlas	Ejemplos	Mediciones

Ver
Oír
A _____
B _____
C _____

Color
D _____
E _____

Masa
F _____
G _____

2. RESUMIR Usa el organizador gráfico que completaste para escribir un resumen de la lección.

3. SACAR CONCLUSIONES Tienes dos masas iguales, una de plumas y la otra de rocas. ¿Cuál tiene mayor volumen?

4. VOCABULARIO ¿En qué se diferencia el volumen de la masa?

Preparación para la prueba

5. Razonamiento crítico Un barco que llevaba demasiada carga se hundió. ¿Por qué?

A. Se había vuelto menos denso que el agua.

B. Su volumen era demasiado grande.

C. Aumentó su densidad.

D. Todas las cosas pesadas se hunden.

Enlaces

Redacción

Redacción informativa
Reúne cinco objetos del salón de clases. Escribe una **descripción** de las propiedades físicas de cada objeto. Luego, pídele a un compañero que identifique los objetos valiéndose solamente de tu descripción de las propiedades.

Música

Sinfonía de propiedades físicas
Usa los sonidos producidos por diferentes tipos de materia para crear una original sinfonía de propiedades físicas. Ejecuta tu sinfonía ante la clase.

 Para hallar otros enlaces y actividades, visita
www.hspscience.com

Lección 2

¿Qué son los estados de la materia?

Datos breves

La temperatura del agua La temperatura del agua disminuye a medida que te acercas al fondo del océano. En la sección "Investigación" aprenderás sobre la temperatura del hielo.

Temperatura y materia

Materiales
- 3 cubitos de hielo
- taza para medir
- frasco de plástico o vaso graduado
- termómetro
- agua caliente
- cuchara de plástico

Procedimiento

1. **Mide** con la taza 200 mL de agua caliente del grifo. Vierte el agua en el frasco o en el vaso graduado.

2. **Mide** la temperatura del agua con el termómetro. **Registra** los datos.

3. Agrega un cubito de hielo al agua. Revuelve con la cuchara de plástico. **Registra** lo que **observas**.

4. **Mide** otra vez la temperatura del agua. **Registra** los datos.

5. Repite dos veces los Pasos 3 y 4.

Sacar conclusiones

1. ¿Qué ocurrió con los cubitos de hielo cuando estaban en el agua?

2. ¿Qué ocurrió con la temperatura cada vez que agregaste un cubito de hielo?

3. **Destreza de examinación** Los científicos usan las gráficas de barras para **comunicar datos**. Haz una gráfica de barras para **comunicar** qué ocurrió con la temperatura del agua en esta actividad.

Paso 2

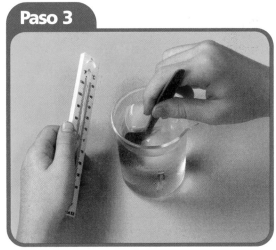

Paso 3

Investiga más

Coloca 100 mL de agua en un congelador. **Mide** su temperatura cada 10 minutos. **Comunica** los datos en una gráfica de barras. **Interpreta los datos**.

VOCABULARIO

sólido pág. 385

líquido pág. 386

gas pág. 387

evaporación pág. 388

condensación pág. 388

CONCEPTOS CIENTÍFICOS

▶ cuáles son los tres estados de la materia

▶ cómo la temperatura afecta los estados de la materia

DESTREZA DE LECTURA

COMPARAR Y CONTRASTAR

Encuentra qué semejanzas y qué diferencias hay entre los estados de la materia.

| semejanzas | diferencias |

Los estados de la materia

Ya has leído que la materia ocupa espacio. La materia también tiene formas diferentes, que se llaman *estados*. Los tres estados de la materia son el sólido, el líquido y el gas.

En la sección "Investigación" observaste cómo un cubito de hielo cambiaba de estado. Si hubieras hervido el agua, también habría cambiado a otro estado.

La cera de una vela también puede cambiar de estado. Para hacer una vela, la cera se derrite y se vierte en un molde. Al enfriarse y endurecerse, la cera cambia de estado.

 COMPARAR Y CONTRASTAR

¿En qué se asemejan el hielo y la cera de una vela?

¿Cuáles son algunos de los sólidos y algunos de los líquidos que aparecen en esta fotografía? ▶

Nombra los sólidos que ves en estas fotografías.

Los sólidos

Piensa cómo es un cubito de hielo. Un cubito de hielo es un sólido. Un **sólido** es materia con un volumen y una forma que permanecen iguales.

Los sólidos permanecen sólidos, a menos que algo, como el calor, los cambie. Cuando el hielo se calienta, se derrite y se convierte en un líquido. Cuando calientas materia, el movimiento de sus pequeñas partículas, o partes, se acelera.

Lo contrario también ocurre. Si quitas al agua una cantidad de calor suficiente, esta se congela. Cuando la materia se enfría, el movimiento de sus pequeñas partículas se hace más lento.

 COMPARAR Y CONTRASTAR ¿En qué se parecen todos los sólidos?

¿Es un sólido?
Toma una porción de mantequilla congelada y colócala en un plato. Registra tus observaciones de la mantequilla. Después, coloca el plato con la manteca bajo una lámpara. Enciende la lámpara y registra lo que ocurre con la mantequilla minuto a minuto. Escribe una descripción de los cambios que sufrió la mantequilla.

Los líquidos

Piensa en un vaso de agua. El agua que está en el vaso es un líquido. Un **líquido** es materia que tiene un volumen que permanece igual pero una forma que puede cambiar.

De la misma manera que un sólido, un líquido tiene un volumen que no cambia. Sin embargo, la forma de un líquido puede cambiar. Los líquidos toman la forma del recipiente que los contiene. El volumen del agua puede parecer grande en un recipiente alto y delgado. Pero en un recipiente bajo y ancho puede parecer pequeño.

Ya sabes que el agua es un líquido. La pintura, el jugo y el champú también son líquidos. ¿Cuáles son algunos de los líquidos que ves o usas todos los días?

▲ Este jabón es un líquido.

⭐ **COMPARAR Y CONTRASTAR** ¿En qué se diferencian los líquidos de los sólidos?

El vinagre y el aceite son líquidos que dan sabor a las ensaladas.

Al caer, el agua cambia de forma.

Las bebidas gaseosas contienen un gas llamado bióxido de carbono. Las burbujas que ves son burbujas de gas.

Los gases

El helio que está dentro de este globo es un gas. Un **gas** no tiene forma ni volumen definidos. Un gas ocupa todo el espacio que hay en un recipiente. Si inflas un globo, puedes ver que el aire se extiende hasta llenar todo el espacio en el interior del globo.

El aire que respiras es una mezcla de gases. Algunas cocinas funcionan con gas natural. Aunque no puedes ver el gas natural, puedes ver la llama azul cuando arde.

 COMPARAR Y CONTRASTAR ¿En qué se diferencian los gases de los sólidos y los líquidos?

Este globo está lleno de un gas llamado *helio*.

Cambios de estado

En la sección "Investigación", el calor hizo que el hielo sólido se convirtiera en agua líquida. El calor también puede transformar un líquido en un gas. Si dejas una taza con agua en un lugar donde hace mucho calor, después de uno o dos días la taza habrá quedado vacía. El líquido se convierte en gas, pero continúa siendo agua. El agua se traslada al aire en el proceso de **evaporación**. El hervor también hace que el agua se evapore, pero con mayor rapidez.

Cuando un gas se enfría, se convierte nuevamente en líquido. La transformación de un gas en líquido es la **condensación**. Ya has visto cómo ocurre este proceso: cuando el agua que está en el aire en forma de gas se transforma en líquido, llueve.

COMPARAR Y CONTRASTAR ¿En qué se asemejan la evaporación y la condensación? ¿En qué se diferencian?

Las Matemáticas en las Ciencias
Interpretar datos

Cambios de temperatura

¿A qué temperatura el hielo sólido se transforma en líquido?

°C

100

50

0

1. COMPARAR Y CONTRASTAR Copia y completa el siguiente organizador gráfico.

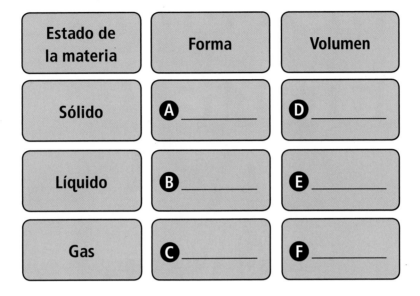

Estado de la materia	Forma	Volumen
Sólido	Ⓐ _____	Ⓓ _____
Líquido	Ⓑ _____	Ⓔ _____
Gas	Ⓒ _____	Ⓕ _____

2. RESUMIR Usa el organizador gráfico que completaste para escribir un resumen de la lección.

3. SACAR CONCLUSIONES Si la materia tiene un volumen definido pero no una forma definida, ¿en qué estado está?

4. VOCABULARIO Escribe una oración que explique cómo se relaciona la evaporación con un cambio de estado.

Preparación para la prueba

5. Razonamiento crítico Un objeto sólido se derrite hasta transformarse en un líquido. ¿Se agregó o se quitó calor para que se produzca este cambio? Explica tu respuesta.

Enlaces

Redacción

Redacción narrativa
Escribe un **cuento** acerca de un cubito de hielo que, a causa de los cambios de temperatura, va pasando por diferentes estados de la materia.

Matemáticas

Resolver un problema
María sacó una paleta helada del refrigerador a las 3:23 y la colocó sobre un plato. A las 3:35, la paleta helada era un charco de líquido. ¿Cuánto tiempo tardó la paleta en derretirse?

 Para hallar otros enlaces y actividades, visita
www.hspscience.com

¿Cómo cambia la materia?

Datos breves

¿Hasta dónde va a llegar? Uno de los castillos de arena más grandes del mundo tenía más de 20 metros (66 pies) de altura. Sus constructores tardaron más de tres semanas en hacerlo, modelando la arena con agua. En la sección "Investigación" trabajarás con arena y agua.

¿Se mezclará?

Materiales
- sal
- agua
- arena
- lupa pequeña
- cuchara de plástico
- taza para medir
- 2 frascos de plástico transparente
- cuchara de medir ($\frac{1}{4}$ de cuchara de té)

Procedimiento

❶ **Mide** 200 mL de agua. Vierte el agua en uno de los frascos.

❷ Llena la cuchara de medir de $\frac{1}{4}$ con arena. Agrega la arena al agua y revuelve. Usa la lupa para **observar** el contenido del frasco. **Registra** lo que **observas**.

❸ Repite el Paso 1, usando el otro frasco.

❹ Ahora llena la cuchara de medir con sal. Agrega la sal al agua y revuelve. Usa la lupa para observar el contenido del frasco. **Registra** lo que **observas**.

❺ Repite el Paso 4 hasta que veas que, después de haber revuelto, se acumula sal en el fondo del frasco. **Registra** el número de cucharaditas de sal que usaste en total.

Paso 2

Paso 4

Sacar conclusiones

1. ¿Qué **observaste** cuando revolviste la arena? ¿Y cuando revolviste la sal?

2. **Destreza de examinación** A veces, los científicos usan dibujos para **comunicar** los resultados de sus investigaciones. Haz dos dibujos para **comunicar** lo que ocurrió con la arena y la sal cuando las revolviste en el agua.

Investiga más

¿Qué **predices** que ocurrirá si dejas el vaso de agua salada en un lugar donde hace calor? Haz la prueba. ¿Fue correcta tu **predicción**?

VOCABULARIO

mezcla pág. 394

solución pág. 395

CONCEPTOS CIENTÍFICOS

▶ qué son los cambios físicos y los cambios químicos

▶ qué son las mezclas y qué son las soluciones

DESTREZA DE LECTURA

Destreza clave

IDEA PRINCIPAL Y DETALLES

Descubre cómo se producen los cambios físicos y los cambios químicos.

Idea principal

detalle detalle detalle

Cambios físicos

¿Qué es lo que puede cambiar y seguir siendo lo mismo? La respuesta es... la materia. Los cambios de la materia que no forman nuevos tipos de materia son cambios físicos.

Un ejemplo de cambio físico es el corte. Si cortas un pedazo de papel, el papel se hace más pequeño, pero sigue siendo papel. Cambia el tamaño, pero los pedazos de papel siguen siendo el mismo tipo de materia.

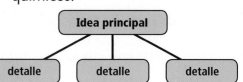

El hilo de lana se devana y luego se vende.

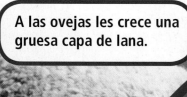

A las ovejas les crece una gruesa capa de lana.

▲ Una máquina hace hilos con la lana de la oveja.

392

Tejer un gorro de lana es otro ejemplo de cambio físico. En primavera se les corta a las ovejas la gruesa lana que las cubre. Eso no les duele, y antes del invierno les crece lana nueva. La lana se peina en hebras suaves, con las que se forman los hilos que luego se enrollan para hacer la lana que usamos para tejer. Después, un tejedor transforma esa lana en un gorro. En el gorro, la lana se ve diferente de cómo se veía en la oveja, pero sigue siendo lana: es el mismo tipo de materia.

IDEA PRINCIPAL Y DETALLES ¿Qué ocurre con la materia cuando se produce un cambio físico?

▲ La lana puede ser tejida a mano o a máquina.

La lana del gorro sufrió cambios físicos, pero continúa siendo lana.

Las mezclas

En la sección "Investigación" hiciste dos mezclas: una de agua con arena y otra de agua con sal. Una **mezcla** es una sustancia que está hecha de dos o más tipos de materia. Hacer una mezcla es producir un cambio físico. Juntas diferentes tipos de materia, pero no se forma un nuevo tipo de materia.

Separar las partes de una mezcla también es un cambio físico. Puedes separar la arena del agua si viertes la mezcla a través de un papel de filtro: el agua pasa y la arena queda. Puedes separar la sal del agua si dejas la mezcla en un lugar caliente: el agua se evapora, y queda la sal.

 IDEA PRINCIPAL Y DETALLES ¿Qué es una mezcla?

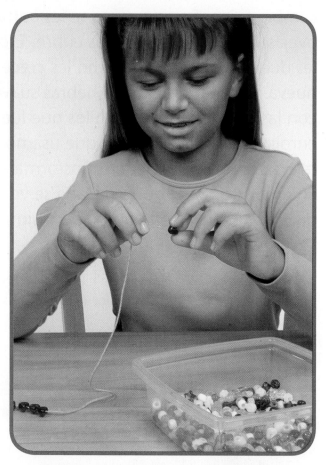

▲ Esta niña tiene una mezcla de cuentas.

Este tazón contiene una mezcla de cereal, fresas y bananas.

La solución de jugo en polvo con agua es muy sabrosa.

▲ La solución de detergente y agua deja la vajilla limpia.

Las soluciones

En la sección "Investigación", cuando revolviste por primera vez la sal en el agua, no podías ver la sal. La sal se disolvió, o se mezcló con el agua: hiciste una solución. Una **solución** es una mezcla en la que diferentes tipos de materia, al mezclarse, forman una sustancia homogénea. Tu mezcla de sal con agua era una solución. La mezcla de arena y agua no era una solución, porque la arena no se disolvió.

★ **IDEA PRINCIPAL Y DETALLES** ¿Por qué una solución es un tipo de mezcla?

Destreza clave

Los cambios químicos

Los cambios que forman un tipo diferente de materia son cambios químicos. Al cocinar, produces cambios químicos. Imagina que mezclas harina, azúcar, huevos, leche y manteca para hacer un pastel. Cuando el pastel está horneado, tiene propiedades que son totalmente distintas de las propiedades de sus ingredientes.

Cuando algo se quema, también sufre un cambio químico. Al quemarse, la madera se combina con el oxígeno del aire. Se forman cenizas y humo, que son tipos de materia diferentes de la madera. Y la madera no puede ser recuperada.

IDEA PRINCIPAL Y DETALLES Nombra al menos cuatro ejemplos de cambios químicos.

Minilab

Cambio químico

Vierte una cucharada de vinagre en un frasco. Agrega $\frac{1}{4}$ cuchara para té de bicarbonato de sodio y observa qué sucede. ¿Qué tipo de cambio tiene lugar? ¿Cómo lo sabes?

La putrefacción es un cambio químico.

La oxidación es un cambio químico. Se produce cuando el oxígeno del aire se combina con el hierro que contiene el metal.

1. IDEA PRINCIPAL Y DETALLES Copia y completa el siguiente organizador gráfico.

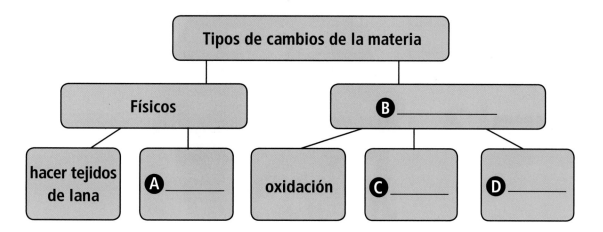

Tipos de cambios de la materia

Físicos — B _____

hacer tejidos de lana — A _____ — oxidación — C _____ — D _____

2. RESUMIR Usa el organizador gráfico que completaste para escribir un resumen de la lección.

3. SACAR CONCLUSIONES El señor González levantó una pared de ladrillos y argamasa. ¿El cambio que produjo fue físico o químico? Explica tu respuesta.

4. VOCABULARIO Explica por qué todas las soluciones son mezclas, pero no todas las mezclas son soluciones.

Preparación para la prueba

5. ¿Cuál de los siguientes es un cambio químico?
   - **A.** consumir gasolina al andar en automóvil
   - **B.** ponerse esmalte de uñas
   - **C.** trenzar tiras de papel
   - **D.** moler trigo para hacer harina

Enlaces

Redacción

Redacción informativa
Escribe un **párrafo** o dos en los que compares y contrastes mezclas y soluciones. Haz ilustraciones para aclarar la explicación.

Matemáticas

Resolver un problema
Una mezcla contiene el doble de cuentas rojas que de cuentas blancas. Hay seis cuentas blancas. ¿Cuántas cuentas rojas hay en la mezcla? Muestra en un papel cómo resolviste el problema.

Para hallar otros enlaces y actividades, visita
www.hspscience.com

¿Mejor que lo natural?

Reemplazar la naturaleza

Durante miles de años, la ropa se hizo usando materiales naturales, como algodón, lana y seda. Todos estos materiales se encuentran en la naturaleza. Por ejemplo, el algodón viene de una planta, la lana se saca de la oveja y a la seda la tejen los gusanos de seda.

Los primeros materiales sintéticos se produjeron hace menos de 100 años. Estos materiales, como el rayón, el nailon y el poliéster, se hicieron por primera vez en laboratorios. Hoy, los materiales sintéticos han reemplazado a las telas naturales para muchos fines.

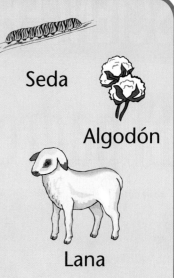

Seda

Algodón

Lana

Muchas veces, a los científicos se les ocurren nuevas ideas al observar la naturaleza. Por ejemplo, los fabricantes de trajes de baño hicieron una tela para los atletas de las Olimpíadas luego de estudiar la piel de los tiburones.

Recientemente, científicos de Turquía, un país europeo, también recurrieron a la naturaleza en busca de ideas. A partir de la observación de los nenúfares, se les ocurrió una idea para una nueva tela. Los nenúfares son plantas que crecen en las lagunas y tienen grandes hojas que flotan en la superficie del agua.

Observar los nenúfares

Los científicos se inspiraron en la impermeabilidad de las hojas de nenúfar. Querían fabricar un material que dejara deslizar el agua de la misma manera que lo hacen las hojas de esta planta.

Entonces comenzaron a trabajar con diferentes materiales, como el plástico, para obtener un nuevo tipo de material. Al igual que la planta, cuando este material se moja, el agua no lo penetra sino que se desliza por su superficie.

Este nuevo material es sintético. Decir que es "sintético" es otra forma de decir que fue hecho por personas y no por la naturaleza. Este nuevo material impermeable será de gran utilidad para mucha gente y especialmente para los bomberos, que necesitan mantenerse secos mientras trabajan.

Piensa

1. ¿Por qué crees que las personas comenzaron a hacer materiales sintéticos?
2. ¿Crees que los materiales sintéticos deberían reemplazar los materiales naturales? ¿Por qué?

¡Investiga más! Visita **www.hspscience.com**

El padre del barómetro

Barómetro moderno ▶

Evangelista Torricelli fue un científico que vivió hace unos 360 años. Se lo conoce especialmente por un invento que ayuda a predecir el tiempo. Ese invento es el barómetro.

Antes de Torricelli, la mayoría de las personas no sabían que el aire tiene peso. Esta idea se conoce como "presión atmosférica", es decir, la presión que ejerce el aire. El barómetro se usa para medir la presión atmosférica.

El barómetro de Torricelli era un tubo de vidrio que contenía un metal líquido llamado *mercurio*. Cuando la presión atmosférica estaba alta, en días de buen tiempo, el mercurio se movía hacia arriba dentro del tubo. Cuando la presión atmosférica estaba baja, normalmente en días tormentosos, el mercurio se movía hacia abajo.

Carrera   Experto en materiales

¿Cuánto tiempo crees que durarán las suelas de goma de tus tenis? Seguramente, un experto en materiales conoce la respuesta. Estos científicos estudian cómo reaccionan ante los cambios los diferentes materiales. Estudian cómo reaccionaría la goma ante el frío o cuánto tiempo pasará antes de que se gaste del todo.

 ¡Investiga más! Visita
www.hspscience.com

¡Sí puedes!

Proyecto fácil y rápido

¿Flota o se hunde?

Procedimiento

1. Predice si cada objeto flotará o se hundirá. Registra tus predicciones en una tabla de datos.

2. Prueba cada objeto. Registra tus resultados en la tabla de datos. ¿Eran correctas tus predicciones?

Materiales
- agua
- molde de plástico
- objetos pequeños

Sacar conclusiones

De acuerdo con tus datos, ¿qué objetos infieres que son menos densos que el agua? En tu tabla de datos, rodea con un círculo los nombres de esos objetos.

Planea tu propia investigación

Medir el volumen

Coloca una taza para medir dentro de un molde vacío. Con cuidado, llena la taza de agua hasta el borde. Coloca un objeto pequeño pero pesado dentro de la taza. Parte del agua se derramará en el molde. Vierte esa agua en otra taza para medir. La cantidad de agua equivale al volumen del objeto. Usa este procedimiento para medir y comparar los volúmenes de tres pequeños objetos. Muestra tus resultados en una gráfica de barras.

Repaso y preparación para la prueba

Repaso del vocabulario

Busca la definición que corresponda a cada uno de los términos que aparecen a continuación. Los números de página te indican qué parte del capítulo debes mirar si necesitas ayuda.

materia pág. 374

masa pág. 378

volumen pág. 379

densidad pág. 379

sólido pág. 385

líquido pág. 386

gas pág. 387

evaporación pág. 388

mezcla pág. 394

solución pág. 395

1. Mezcla en la cual todas las partes se combinan en forma homogénea.

2. Estado de la materia que no tiene forma ni volumen definidos.

3. Cantidad de materia que hay en una cosa.

4. Proceso en el cual el agua se traslada al aire.

5. Cantidad de espacio que ocupa la materia.

6. Estado de la materia en el cual el volumen permanece igual pero la materia adquiere la forma del recipiente que la contiene.

7. La masa de una cosa en comparación con su volumen.

8. Cualquier cosa que ocupa espacio.

9. Estado de la materia con forma y volumen que no cambian.

10. Sustancia que contiene dos o más tipos de materia.

Comprueba lo que aprendiste

Escribe la letra de la respuesta correcta.

11. **IDEA PRINCIPAL Y DETALLES** ¿Cuál de las siguientes afirmaciones respecto de estos dos frascos y su contenido es verdadera?

A. Tienen la misma masa.

B. Tienen el mismo volumen.

C. Tienen la misma densidad.

D. Tienen la misma materia.

12. COMPARAR Y CONTRASTAR ¿Qué estados de la materia tienen un volumen que no cambia?

   F. sólido y líquido

   G. líquido y gas

   H. sólido y gas

   J. sólido, líquido y gas

13. Sarah nota que una cerca de metal se siente fría y dura. ¿Qué está observando?

   A. cambios químicos

   B. densidades

   C. propiedades físicas

   D. estados de la materia

14. ¿Cuál de las siguientes mezclas es una solución?

   F. mantequilla de cacahuete y jalea

   G. sal y agua

   H. cereal y leche

   J. apio y zanahoria

15. ¿Cuál de los siguientes cambios es un cambio químico?

   A. disolver jabón en agua

   B. llenar un globo con aire

   C. rallar queso

   D. quemar madera

16. Una bola de arcilla se hunde en un molde con agua. ¿Qué cambio podría hacer que la arcilla flote?

   F. Quitar un poco de agua.

   G. Aumentar la densidad de la arcilla.

   H. Cambiar su forma.

   J. Agregar agua en el molde.

Destrezas de examinación

17. ¿Cómo podrías medir cuál de dos objetos tiene una masa más grande?

18. Hay dos cajas idénticas. Una está llena de libros y la otra está llena de cojines de espuma. ¿Qué caja, según tu predicción, tiene una masa más grande? Explica tu respuesta.

Razonamiento crítico

19. Puedes poner arena en un recipiente, y la arena tomará la forma del recipiente. ¿Por qué se considera que la arena es un sólido?

20. Tienes una mezcla de dos tipos de botones. Algunos son grandes; otros son pequeños.

Parte A ¿Cómo puedes separar la mezcla sin tener que sacar los botones uno por uno?

Parte B ¿Es una solución la mezcla de botones? Explica por qué sí o por qué no.

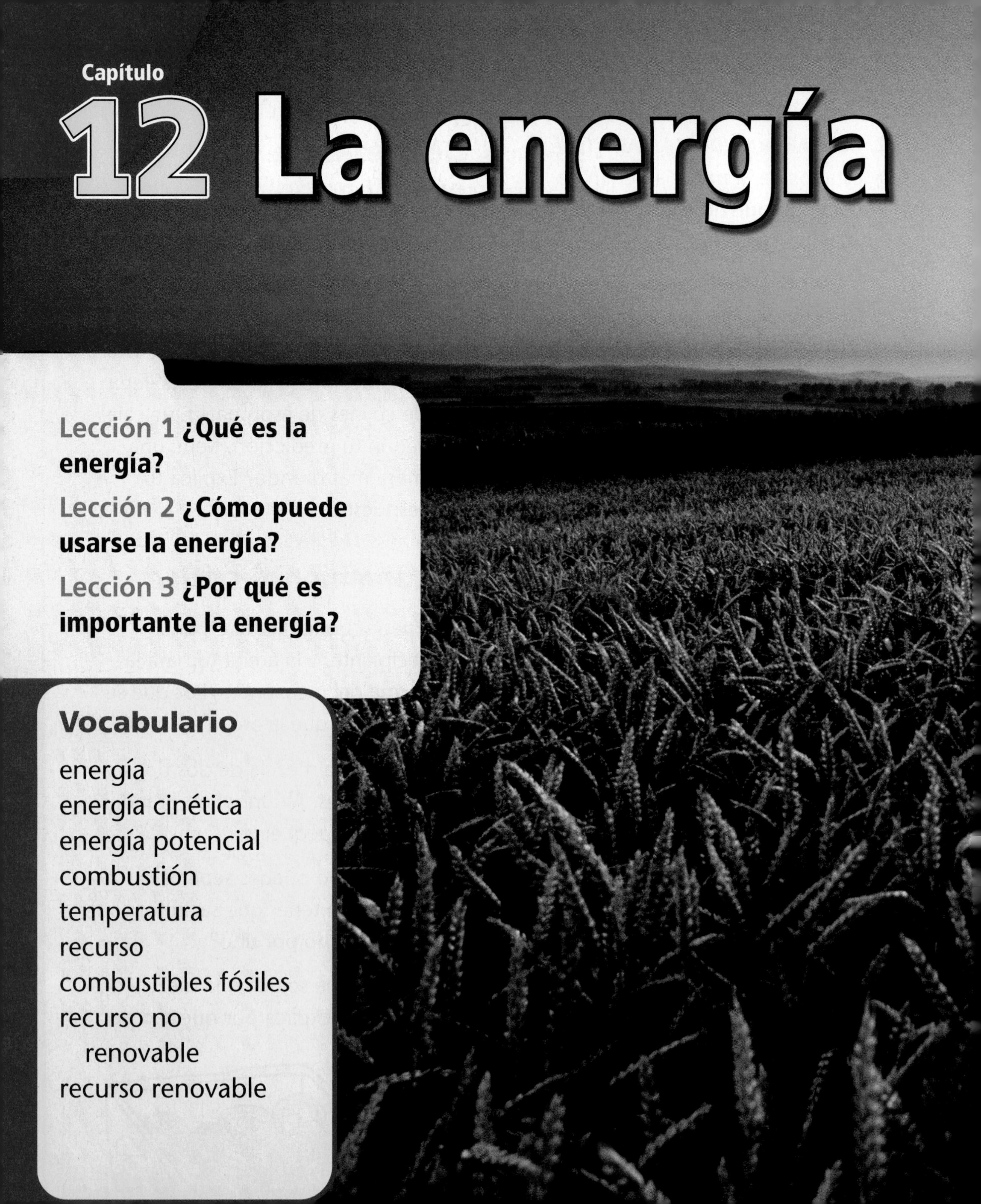

Lección 1 ¿Qué es la energía?

Lección 2 ¿Cómo puede usarse la energía?

Lección 3 ¿Por qué es importante la energía?

Vocabulario

energía
energía cinética
energía potencial
combustión
temperatura
recurso
combustibles fósiles
recurso no
   renovable
recurso renovable

¿ Qué te preguntas ?

La energía del sol ayuda a que el trigo crezca.
¿Qué otros tipos de energía conoces?

¿Qué es la energía?

Datos breves

Un verdadero espectáculo de luces
La gente usa sustancias químicas para hacer
fuegos artificiales. Las sustancias químicas
que se queman en los fuegos artificiales
liberan energía lumínica y energía sonora.
En la sección "Investigación" descubrirás
otra clase de energía.

Observar la temperatura

Materiales • termómetro • reloj

Procedimiento

1. Con tu grupo, encuentra un lugar al aire libre que esté soleado todo el día.

2. A la mañana, uno de los miembros del grupo colocará el termómetro sobre el suelo, hacia arriba.

3. Espera unos minutos hasta que el lector de temperatura deje de cambiar.

4. Cada miembro del grupo deberá leer y registrar la temperatura.

5. Observa el termómetro cada hora durante varias horas. Comunica tus observaciones en una gráfica lineal que represente el tiempo y la temperatura.

Paso 2

Paso 5

Sacar conclusiones

1. ¿Qué cambios observaste? ¿Cuál fue la causa de los cambios?

2. **Destreza de examinación** Los científicos usan sus observaciones para inferir por qué suceden las cosas. La temperatura ascendiente en el termómetro fue generada por la energía. ¿De dónde puedes inferir que provino la energía?

Investiga más

¿Piensas que verías cambios similares en un día nublado? Formula una hipótesis. Planea y haz una investigación simple para comprobarla.

Algunas fuentes de energía

Piensa en un automóvil que se mueve. Mientras el automóvil se desplaza, debe estar consumiendo energía. La gasolina se quema para proporcionar la energía que hace que el automóvil se mueva. La **energía** es la capacidad de hacer que algo se mueva o se transforme.

Ahora imagínate a un niño dando un paseo en bicicleta. La bicicleta está moviéndose, por lo que debe estar consumiendo energía. Pero, ¿de dónde? Los músculos del niño proporcionan la energía para pedalear la bicicleta. El movimiento de los pedales hace que la bicicleta se mueva.

El agua que se mueve proporciona la energía para hacer girar la rueda hidráulica.

El relámpago es un tipo de energía eléctrica.

El niño necesita energía para mover sus músculos. Esta energía proviene de los alimentos. Necesitas la energía de los alimentos para mover tus músculos. También necesitas energía para crecer y cambiar.

Una semilla brota y crece hasta convertirse en una planta. La energía que una planta necesita para crecer proviene de la luz solar.

La mayor parte de la energía que existe en la Tierra proviene del sol. La luz y el calor del sol proporcionan la mayor parte de la energía que necesitamos.

⭐ **Destreza clave** **COMPARAR Y CONTRASTAR** ¿En qué se diferencia la energía que usas para crecer de la energía que usa la semilla para crecer?

Sabes que hay energía sonora en este reloj porque el badajo está moviéndose.

¿Qué tipos de energía muestra esta fotografía?

La energía eléctrica hace que este letrero se encienda.

Formas de energía

Acabas de leer acerca de distintos tipos de energía. Todas las formas de energía pueden agruparse de dos maneras. La **energía cinética** es la energía del movimiento. Cualquier cosa que esté moviéndose tiene energía cinética. Un automóvil que se mueve tiene energía cinética. Un niño que baja por un tobogán tiene energía cinética. Una pierna que hace girar el pedal de una bicicleta tiene energía cinética. Si estas cosas no tuvieran energía cinética, no podrían moverse.

Un niño sentado en la parte de arriba de un tobogán no está moviéndose pero de todas maneras tiene energía. Tiene energía potencial. La **energía potencial** es la energía de posición. Cuando el niño se mueve, la energía potencial se transforma en energía cinética.

Al girar la manivela se ajusta un resorte dentro de la caja.

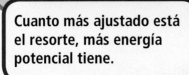

Cuanto más ajustado está el resorte, más energía potencial tiene.

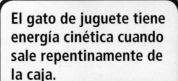

El gato de juguete tiene energía cinética cuando sale repentinamente de la caja.

Una pila tiene energía potencial. Esta energía puede transmitirse. Cuando la pila se usa para hacer que algo se mueva, libera energía cinética.

⭐ **COMPARAR Y CONTRASTAR** ¿Cuál es la diferencia entre energía cinética y energía potencial?

Minilab

Energía en movimiento

Sujeta una pelota de goma a 50 cm del piso. Déjala caer. ¿Cuán alto rebota? Ahora, deja caer la pelota desde 1 m, 1.5 m y 2 m de altura. Registra tus observaciones.

Míralo en detalle

Cómo funciona una pila

Dentro de la pila hay dos polvos. Cada uno se mezcla con un líquido para hacer una pasta. Las pastas se mantienen separadas mediante un tubo de tela.

Las dos pastas tienen energía potencial. Cuando colocas la pila en un circuito, la energía se transforma en corriente eléctrica.

Un extremo de la pila toca una de las pastas. El otro extremo se conecta al tubo de bronce.

polvo

tubo de bronce

tubo de tela

PILA

Para hallar otros enlaces y actividades, visita
www.hspscience.com

411

Cambios de la energía

Piensa en un libro sobre un estante. Tiene energía potencial. Ahora imagina que el libro se cae. Mientras cae, está moviéndose, de modo que tiene energía cinética. ¿De dónde provino la energía cinética? La energía potencial de la posición del libro se transformó en energía cinética.

Ahora coloca el libro otra vez sobre el estante. Cuando lo levantas, está moviéndose. Tiene energía cinética. Cuando está apoyado otra vez sobre el estante, tiene energía potencial. La energía cinética se transformó en energía potencial.

COMPARAR Y CONTRASTAR

¿De qué modo se diferencia la energía de un libro apoyado sobre un estante de la energía del libro que está cayendo?

Estos niños tienen energía cinética porque están saltando.

1. COMPARAR Y CONTRASTAR Copia y completa el siguiente organizador gráfico.

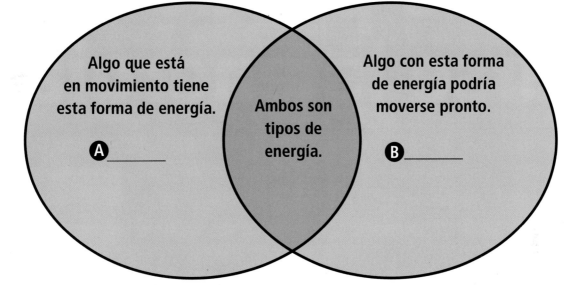

Algo que está en movimiento tiene esta forma de energía.

A _____

Ambos son tipos de energía.

Algo con esta forma de energía podría moverse pronto.

B _____

2. RESUMIR Escribe dos oraciones que expliquen de qué trata principalmente esta lección.

3. SACAR CONCLUSIONES Una bicicleta estacionada sobre su soporte tiene energía potencial. ¿De qué manera podrías transformar esa energía en energía cinética?

4. VOCABULARIO Usa cada uno de los términos de vocabulario de la lección en una oración que muestre de manera correcta su significado.

Preparación para la prueba

5. ¿Qué tipo de energía obtenemos del sol?
- **A.** potencial
- **B.** eléctrica
- **C.** solar
- **D.** cinética

Enlaces

Redacción

Redacción informativa
Escribe una **carta personal** contándole a un amigo o familiar lo que aprendiste acerca de las distintas formas de energía.

Educación Física

Uso de la energía
Elabora una rutina de ejercicios físicos de 30 segundos que use energía cinética y potencial. Haz tu rutina para la clase e identifica la forma de energía que tienes durante cada parte de la rutina.

 Para hallar otros enlaces y actividades, visita
www.hspscience.com

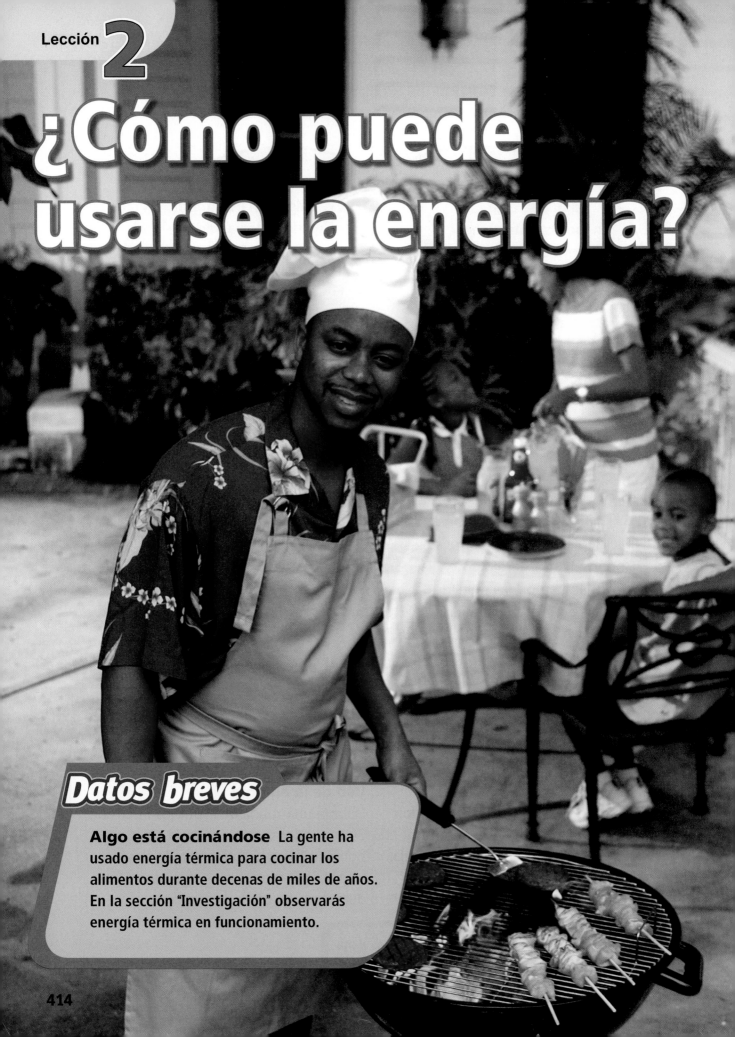

¿Cómo puede usarse la energía?

Datos breves

Algo está cocinándose La gente ha usado energía térmica para cocinar los alimentos durante decenas de miles de años. En la sección "Investigación" observarás energía térmica en funcionamiento.

Hace calor

Materiales
- cubitos de hielo
- termómetro
- vaso de plástico transparente

Procedimiento

1. Llena el vaso de plástico con cubitos de hielo. Coloca el termómetro en el vaso. Pon el vaso al sol.

2. Después de varios minutos, registra la temperatura dentro del vaso.

3. Continúa registrando la temperatura dentro del vaso cada media hora durante tres horas.

4. Haz una gráfica de barras para comunicar los datos de tu tabla.

Sacar conclusiones

1. ¿Qué observaste con respecto a la temperatura y al hielo? ¿Qué causó estos cambios?

2. **Destreza de examinación** Los científicos usan observaciones y datos para inferir por qué ocurren las cosas. ¿Qué puedes inferir que ocurre con un objeto expuesto al sol?

Paso 1

Paso 4

Investiga más

¿Qué piensas que sucede con la temperatura del agua en un congelador? **Formula una hipótesis. Luego, compruébala.**

VOCABULARIO

combustión pág. 417

temperatura pág. 418

CONCEPTOS CIENTÍFICOS

▶ cómo la gente usa la energía

DESTREZA DE LECTURA

IDEA PRINCIPAL Y DETALLES

Busca detalles sobre las formas en que la gente usa la energía.

El uso de la energía

La energía hace que las cosas se muevan o se transformen. Sin ella, no podríamos vivir.

El sol proporciona energía a las plantas para que crezcan. Cuando te alimentas de plantas, obtienes su energía. Después de comer, la energía de los alimentos se desplaza por tu cuerpo. La energía te mantiene sano y te ayuda a crecer.

La energía en tus músculos permite que te muevas. Cuando corres o saltas, la energía se mueve desde los músculos de tu pierna para hacer que tu cuerpo se mueva.

Se necesita mucha energía para hacer que este tren grande y pesado se mueva.

Las máquinas obtienen energía de muchos modos. Un modo de obtener energía es a partir de la combustión. **Combustión** es otra palabra para decir que algo "se quema". Cuando los combustibles se queman, liberan calor.

El motor de un automóvil quema gasolina. La gasolina libera energía que hace que el automóvil se desplace. Algunas cocinas queman gas. El gas libera energía que sirve para cocinar tus alimentos. La madera que se quema en una chimenea también libera energía.

IDEA PRINCIPAL Y DETALLES ¿Qué sucede durante la combustión?

¿De dónde proviene la energía que mueve al tren?

Minilab

La energía de los alimentos

Piensa acerca de todas las actividades que un estudiante como tú podría haber hecho esta mañana, como cepillarse los dientes o preparar la mochila. Los alimentos dan a las personas la energía necesaria para realizar estas actividades. Haz una lista de por lo menos 10 actividades que alguien puede hacer cada mañana. Explica cómo podría sentirse alguien si no contara con la energía de los alimentos.

Medir la energía

Has leído que existen diferentes tipos y usos de la energía. También existen distintas maneras de medirla. El modo en que se mide la energía depende del tipo de energía.

Probablemente hayas visto un termómetro como el que se muestra en esta página. Los termómetros se usan para medir la temperatura. La **temperatura** indica cuán caliente o frío es algo. Sin embargo, no toda la energía se mide con un termómetro. La velocidad del viento, por ejemplo, se mide con un anemómetro.

 IDEA PRINCIPAL Y DETALLES ¿Cuáles son algunos de los tipos de energía que pueden medirse?

Esta máquina mide la energía del viento.

Interpretar datos

Temperaturas diferentes
¿Qué requiere más energía térmica, derretir mantequilla o hervir agua?

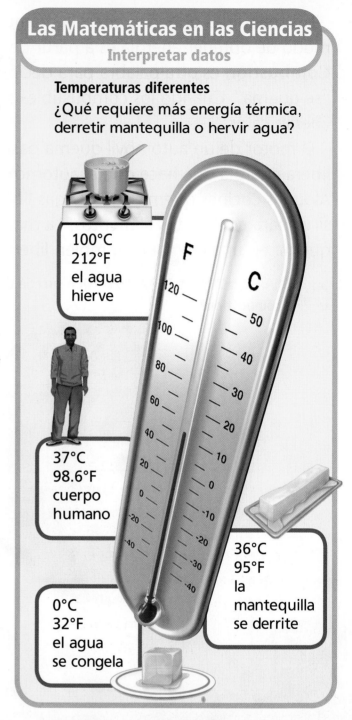

100°C
212°F
el agua hierve

37°C
98.6°F
cuerpo humano

36°C
95°F
la mantequilla se derrite

0°C
32°F
el agua se congela

¿Qué tipo de energía crees que mide este instrumento?

1. IDEA PRINCIPAL Y DETALLES Copia y completa el siguiente organizador gráfico.

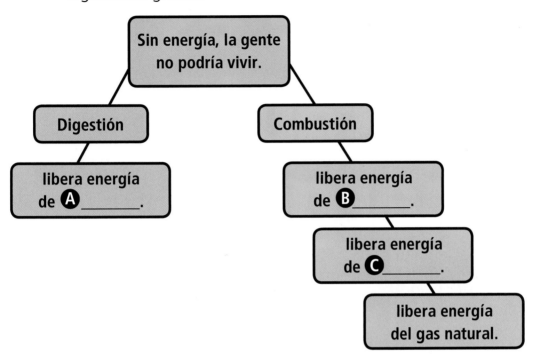

Sin energía, la gente no podría vivir.

Digestión

libera energía de **A**_____.

Combustión

libera energía de **B**_____.

libera energía de **C**_____.

libera energía del gas natural.

2. RESUMIR Escribe un resumen de esta lección expresando la idea más importante de cada página.

3. SACAR CONCLUSIONES Matt le cuenta a su amigo que usa la energía solar, incluso de noche. ¿Cómo puede ser esto?

4. VOCABULARIO ¿Cómo puedes definir el término *combustión*?

Preparación para la prueba

5. ¿Qué tipo de energía mide un termómetro?

A. energía eléctrica

B. energía térmica

C. energía lumínica

D. energía sonora

Enlaces

Redacción

Redacción informativa

Investiga cómo un instrumento para medir la luz mide la energía. Luego, escribe una descripción de lo que has aprendido. Muestra la **descripción** a un miembro de tu familia.

Matemáticas

Hacer una gráfica

La temperatura promedio del cuerpo humano es 37°C. Busca las temperaturas promedio del cuerpo de otros tres animales que elijas. Haz una gráfica de barras para mostrar tus descubrimientos.

Para hallar otros enlaces y actividades, visita
www.hspscience.com

¿Por qué es importante la energía?

Datos breves

Encender la noche Los lugares que usan más electricidad son los que se ven con mayor claridad en esta fotografía satelital. La electricidad se genera, en su mayor parte, por la combustión de petróleo, carbón y gas natural. En la sección "Investigación" explorarás otra fuente de energía.

Haz un molino de viento de papel

Materiales • papel blanco • regla • tijeras • tachuela • lápiz con borrador

Procedimiento

1 Dibuja un cuadrado de 12.75 cm con líneas punteadas y puntos, como se muestra en la fotografía.

2 Corta el cuadrado con las tijeras.

3 Corta a lo largo de las líneas punteadas hasta 1.25 cm del centro del cuadrado.

4 Toma cada punta que tiene un punto y dóblala hacia el centro del cuadrado para hacer un aspa.

5 CUIDADO: ¡Las tachuelas tienen puntas! Une las puntas dobladas en el centro y fíjalas con la tachuela al borrador del lápiz. Asegúrate de que las aspas giren sin dificultad.

6 Acabas de hacer un modelo de molino de viento. Coloca tu molino de viento donde haya una brisa fuerte, o sóplalo.

Paso 1

Paso 4

Sacar conclusiones

1. ¿Qué observaste cuando ubicaste el molino de viento de papel en la brisa?

2. **Destreza de examinación** Los científicos usan modelos que les ayudan a comprender procesos. ¿Cómo funciona un molino de viento? ¿Qué tipo de energía hace girar las aspas de un molino de viento?

Investiga más

Dobla cada punta hacia atrás en vez de hacia adelante. ¿Qué puedes predecir que ocurrirá con tu molino de viento cuando haya brisa? Pruébalo.

VOCABULARIO

recurso pág. 423

combustibles fósiles
   pág. 423

recurso no
   renovable pág. 424

recurso
   renovable pág. 424

**CONCEPTOS
CIENTÍFICOS**

▶ cuán importante
   es la energía

▶ por qué es importante
   ahorrar energía

DESTREZA DE LECTURA

IDEA PRINCIPAL Y DETALLES

Busca detalles sobre el ahorro
de energía.

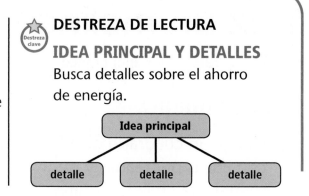

La importancia de la energía

Todos los seres vivos necesitan energía. Tú,
por ejemplo, estás creciendo. Cada día que pasa
te vuelves más grande y más alto, y eso requiere
energía. Para caminar, correr y jugar también
usamos energía. Incluso cuando estás dormido,
sigues respirando y tu corazón sigue latiendo.
También eso requiere energía.

Las comunidades también necesitan energía.
Usamos energía para cocinar. La usamos para
iluminar nuestros hogares y para que nuestros
automóviles funcionen.

IDEA PRINCIPAL Y DETALLES ¿Cuáles son tres formas
en que las comunidades usan la energía?

Estas personas están
consumiendo alimentos
que les dan energía.

Formas de ahorrar energía

El carbón, el petróleo y el gas natural son todos recursos energéticos. Un **recurso** es algo de la naturaleza que la gente puede usar. Los recursos energéticos se usan para producir energía.

El carbón, el petróleo y el gas natural se llaman **combustibles fósiles**. Provienen de los restos de animales y plantas de hace mucho tiempo. Los combustibles fósiles no pueden reemplazarse. Cuando se acaben, no habrá más. Por eso, es importante ahorrar estos recursos para que duren más. Ahorras recursos cuando reduces la cantidad de energía que usas.

⭐ **IDEA PRINCIPAL Y DETALLES** ¿Por qué es importante ahorrar energía?

▲ Este niño está reemplazando una bombilla vieja por una nueva. El nuevo tipo de bombilla emite la misma cantidad de luz que la vieja, pero usa menos energía.

Minilab

Ahorrar combustibles fósiles

Con un compañero, diseña y haz una tabla sobre combustibles fósiles. Haz una lista de tantos combustibles fósiles como puedas. Luego, incluye todas las formas que se te ocurran para que la gente use menos de cada combustible fósil. Muestra la tabla a tus compañeros de clase.

Otros recursos energéticos

Los combustibles fósiles tardaron millones de años en formarse. Se dice que son **recursos no renovables**, porque ya no pueden formarse. *No renovables* significa "que no pueden reemplazarse".

Algunos recursos son **recursos renovables**, o recursos que pueden reemplazarse. En la sección "Investigación" observaste que el viento puede mover cosas. El viento puede hacer girar molinos de viento para producir electricidad. La energía solar, o energía del sol, también puede usarse para producir electricidad.

⭐ **IDEA PRINCIPAL Y DETALLES** ¿Cuáles son tres recursos no renovables?

(Destreza clave)

Esta agua se entibia mediante energía geotérmica, o calor que proviene de las profundidades de la Tierra. Ese mismo calor proporciona energía a la ciudad.

1. IDEA PRINCIPAL Y DETALLES Copia y completa el siguiente organizador gráfico.

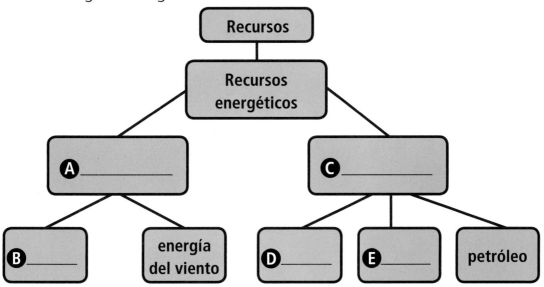

Recursos

Recursos energéticos

A. _____

B. _____ energía del viento

C. _____

D. _____ E. _____ petróleo

2. RESUMIR Usa el organizador gráfico que completaste para escribir un resumen de la lección.

3. SACAR CONCLUSIONES Cuando el agua de las cataratas del Niágara cae, hace funcionar máquinas que producen energía. ¿El agua en movimiento es un recurso energético renovable o no renovable? Explica tu respuesta.

4. VOCABULARIO Usa cada palabra de vocabulario de la lección en una oración que muestre de manera correcta su significado.

Preparación para la prueba

5. ¿Cuál de los siguientes es un recurso energético no renovable?
- **A.** electricidad
- **B.** carbón
- **C.** agua
- **D.** viento

Enlaces

Redacción

Redacción persuasiva
Algunas personas piensan que deberíamos depender más de los recursos energéticos renovables. Escribe una **carta** al periódico local manifestando tu opinión.

Literatura

Ahorrar recursos
Lee un libro sobre modos de ahorrar recursos. Escribe un resumen del libro para compartir con un niño de primer grado.

Para hallar otros enlaces y actividades, visita
www.hspscience.com

Con pilas incluidas

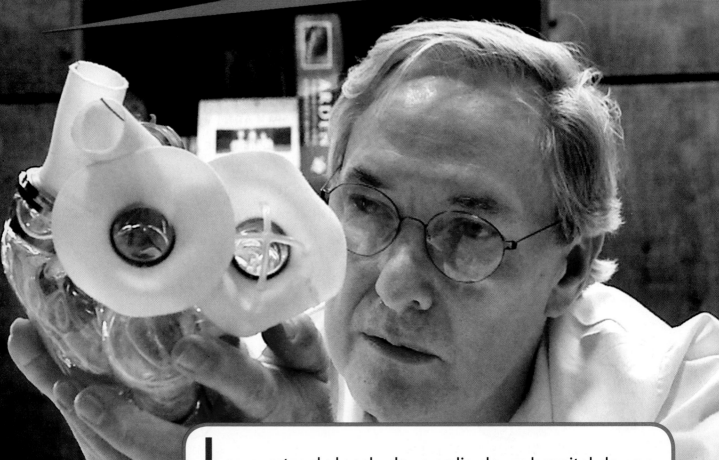

Las puertas de la sala de guardia de un hospital de una gran ciudad se abren de golpe. "¡Ataque cardíaco!", grita el médico. Pronto el paciente está en el quirófano. Los médicos deciden que no se puede esperar el corazón de un donante para hacer un transplante cardíaco. En lugar de eso, insertan un corazón artificial para salvar la vida del paciente.

426

Aunque todavía no ha ocurrido, este tipo de escena podría tener lugar si los creadores de *AbioCor* tienen éxito. *AbioCor* es un corazón artificial de unas dos libras de peso, que funciona a pilas.

Un salvavidas

Los científicos pasaron 30 años diseñando *AbioCor*. El corazón sustituto es distinto de otros tipos de dispositivos anteriores. Este dispositivo se adapta completamente dentro del cuerpo del paciente. No se necesitan cables que se conecten a través de la piel con una fuente de energía externa. De este modo, el paciente puede caminar libremente sin estar atado a ninguna máquina.

Aunque el corazón todavía no fue aprobado por el gobierno, se está probando en algunos pacientes. El primer paciente recibió un *AbioCor* hace alrededor de cuatro años. Los científicos esperan que el gobierno apruebe pronto el corazón para que pueda usarse en seres humanos.

PIENSA

1. ¿En qué otros dispositivos para salvar vidas podrían usarse pilas?

2. ¿Por qué los pacientes querrían un corazón sustituto que funciona a pilas en lugar de conectarse a una fuente de energía?

Cómo funciona

AbioCor obtiene la energía de dos pilas de litio. Una de las pilas se encuentra dentro del paciente y la otra, afuera. Cada pila tiene una serie de bobinas. La pila externa recarga constantemente la pila interna, enviando electricidad desde su bobina, a través de la piel, a la bobina de la pila interna.

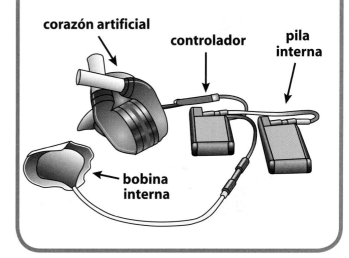

corazón artificial — controlador — pila interna — bobina interna

¡Investiga más! Visita **www.hspscience.com**

Una idea muy a mano

Ryan Patterson inventó un guante especial para ayudar a las personas sordas. Muchas personas sordas usan el lenguaje de señas para comunicarse. El guante puede transformar los movimientos del lenguaje de señas en letras escritas del alfabeto. Las letras del alfabeto aparecen en una pantalla.

Cada dedo del guante tiene un chip de computadora. Hay cables muy pequeños que van desde los dedos hasta una pequeña pantalla. Los chips transforman los movimientos de los dedos en letras del alfabeto. Las letras se muestran en la pantalla. Este joven inventor ha ganado muchos certámenes científicos nacionales.

Spin-In

¡Investiga más! Visita
www.hspscience.com

¡Sí puedes!

Proyecto fácil y rápido

La moneda que salta

Procedimiento

1. Coloca la botella en el congelador durante 10–15 minutos. Luego, sumerge la boca de la botella en el agua.

2. Humedece la moneda de 25¢ sumergiéndola en el agua. Coloca la moneda sobre la boca de la botella.

3. Coloca tus manos alrededor de la botella y mantenlas quietas. Registra tus observaciones.

Materiales

- botella de vidrio
- moneda de 25¢
- tazón pequeño con agua

Sacar conclusiones

¿Por qué piensas que sucedió esto con la moneda de 25¢?

Planea tu propia investigación

Aprende sobre la energía solar

¿Qué es la energía solar? ¿Cómo puedes medirla? ¿Puedes construir un dispositivo que use energía solar para obtener electricidad? Planea una o más investigaciones que te ayudarán a saber más acerca de la energía solar. Luego, reúne los materiales que necesites y haz tus investigaciones.

Repaso y preparación para la prueba

Repaso del vocabulario

Usa los términos de abajo para completar las oraciones. Los números de las páginas te indican qué parte del capítulo debes mirar si necesitas ayuda.

energía pág. 408

energía cinética pág. 410

energía potencial pág. 410

combustión pág. 417

recurso pág. 423

combustibles fósiles pág. 423

recurso no renovable pág. 424

recurso renovable pág. 424

1. El petróleo, el carbón y el gas natural son _____.

2. Se dice que un recurso que puede reemplazarse es un _____.

3. La energía de posición es _____.

4. La gasolina libera energía durante la _____.

5. Algo de la naturaleza que las personas pueden usar es un _____.

6. La capacidad de hacer que algo se mueva o se transforme es _____.

7. Se dice que un recurso que no puede reemplazarse es un _____.

8. La energía del movimiento es _____.

Comprueba lo que aprendiste

Escribe la letra de la respuesta correcta.

9. ¿De dónde proviene la energía que necesitas para crecer?

  A. de la energía potencial

  B. del alimento

  C. de los combustibles fósiles

  D. de la energía del viento

10. ¿Qué tipo de energía tiene un libro apoyado sobre un estante?

  F. energía potencial

  G. energía lumínica

  H. energía de la velocidad

  J. energía cinética

11. ¿Qué CD tiene energía cinética?

  A. CD 1   **C.** CD 3

  B. CD 2   **D.** CD 4

12. IDEA PRINCIPAL Y DETALLES

¿Qué instrumento mide el calor o el frío de una cosa?

F. un anemómetro

G. un instrumento para medir la luz

H. un instrumento para medir el sonido

J. un termómetro

13. ¿Qué tipo de energía necesita la gente para ver?

A. energía sonora

B. energía lumínica

C. energía cinética

D. energía eléctrica

14. COMPARAR Y CONTRASTAR ¿Qué recurso no puede reemplazarse?

F. aire

G. petróleo

H. agua

J. viento

15. ¿Qué recurso se reemplaza constantemente?

A. carbón

B. combustibles fósiles

C. gas natural

D. agua

16. ¿Qué tarda millones de años en formarse?

F. una planta

G. un combustible fósil

H. un requerimiento de energía

J. una fuente termal

Destrezas de examinación

17. Imagina que es una mañana soleada de julio en tu ciudad. ¿Qué hipótesis puedes formular sobre lo que sucederá con la temperatura? ¿Cómo podrías poner a prueba tu hipótesis?

18. Imagina que tienes dos cubitos de hielo. Colocas uno de los cubitos al sol y el otro a la sombra. Infiere qué sucederá con cada uno de los cubitos.

Razonamiento crítico

19. ¿Qué cambios puede ocasionar la energía solar a una persona que está tendida al sol?

20. Haz una lista de cinco maneras en que usas la energía en tu hogar.

13 La electricidad y los imanes

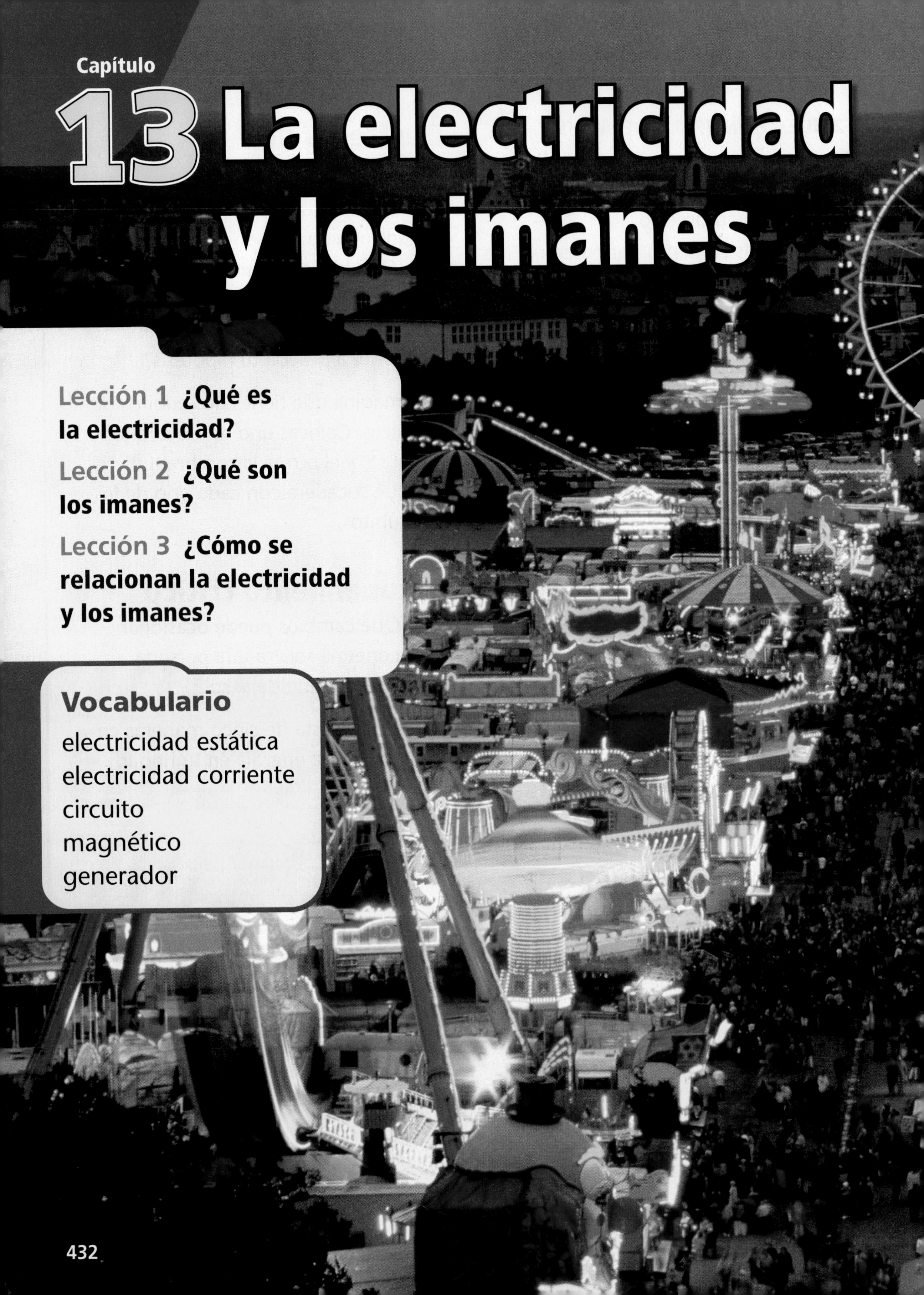

Lección 1 ¿Qué es la electricidad?

Lección 2 ¿Qué son los imanes?

Lección 3 ¿Cómo se relacionan la electricidad y los imanes?

Vocabulario

electricidad estática
electricidad corriente
circuito
magnético
generador

¿ Qué te preguntas ?

La electricidad se usa para iluminar este parque de diversiones. ¿Qué otros usos puede darse a la electricidad en un parque de diversiones?

433

¿Qué es la electricidad?

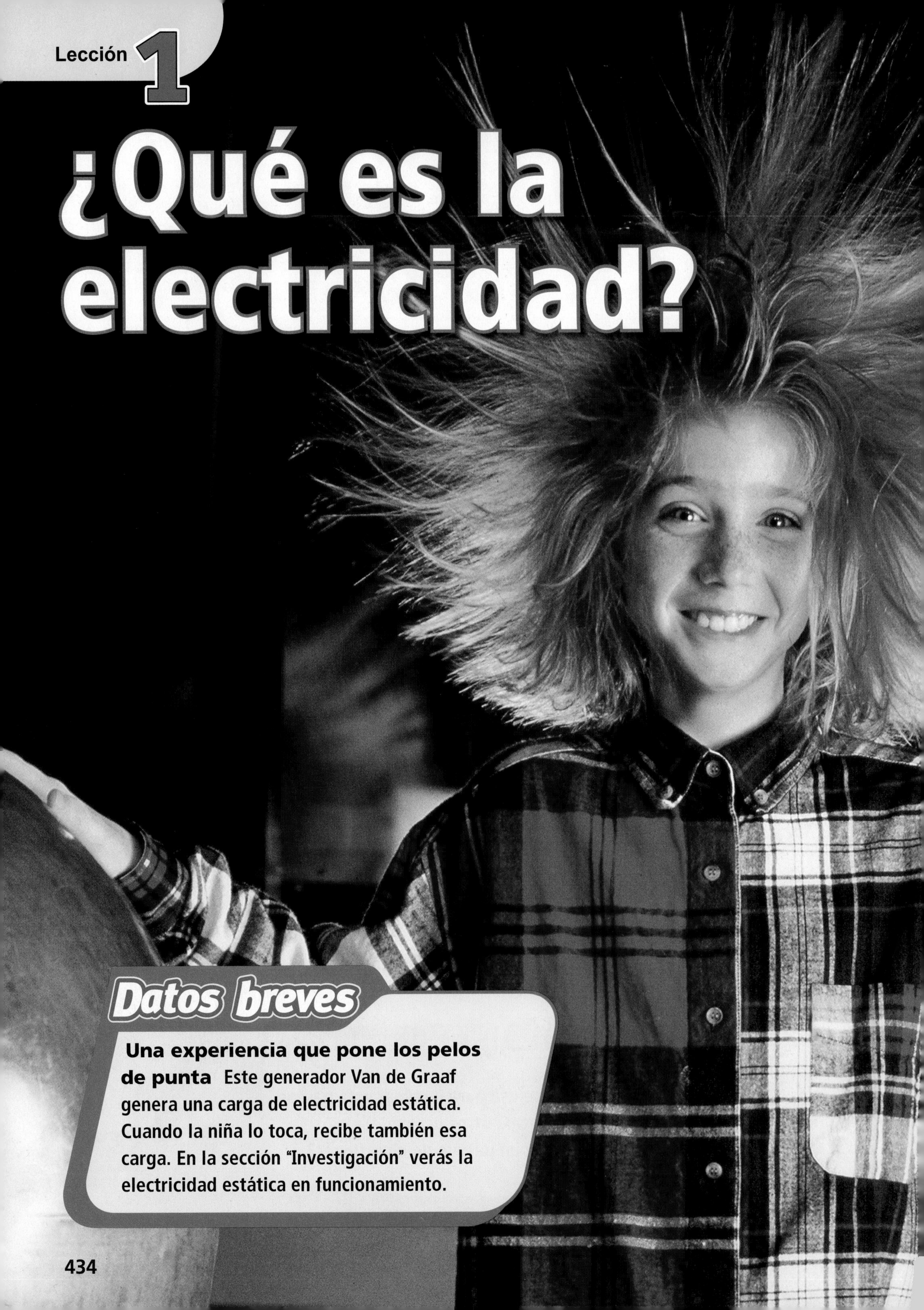

Datos breves

Una experiencia que pone los pelos de punta Este generador Van de Graaf genera una carga de electricidad estática. Cuando la niña lo toca, recibe también esa carga. En la sección "Investigación" verás la electricidad estática en funcionamiento.

434

Buscar electricidad estática

Materiales • papel de seda • peine • pedazo de lana (suéter o manta)

Procedimiento

1 Rompe en pequeños trozos, del tamaño de la yema de tus dedos, una hoja de papel de seda. Haz una pila con los trozos de papel.

2 Acerca el peine a la pila de papel. ¿Qué ocurre? **Registra** lo que **observas**.

3 Pasa el peine por tu pelo varias veces. Repite el Paso 2.

4 Frota el peine con tu mano. Repite el Paso 2.

5 Frota el peine con un pedazo de lana. Repite el Paso 2.

Sacar conclusiones

1. ¿Cómo cambió el efecto que produce el peine después de que lo pasaste por tu pelo? ¿Qué ocurrió cuando frotaste el peine con la lana?

2. **Destreza de examinación** Cuando **formulas una hipótesis**, usas observaciones o datos para explicar por qué ocurre algo. Formula una hipótesis para explicar qué ocurrió en esta investigación.

Paso 3

Paso 3

Investiga más

¿Obtienes el mismo resultado si frotas el peine con otros materiales, como seda o plástico para envolver? **Planea y haz un experimento** para comprobarlo.

VOCABULARIO

electricidad estática
pág. 436

electricidad corriente
pág. 437

circuito pág. 437

CONCEPTOS CIENTÍFICOS

▶ qué es la electricidad
▶ cómo se mueve la electricidad

DESTREZA DE LECTURA

Destreza clave

IDEA PRINCIPAL Y DETALLES

Busca distintos tipos de electricidad.

```
Idea principal
   /    |    \
detalle detalle detalle
```

Electricidad estática

En un día frío, puedes ver que el cabello de algunas personas se eriza. Esto se debe a la electricidad estática. La **electricidad estática** es una carga eléctrica que se genera en un objeto.

El rayo es un ejemplo de electricidad estática. La carga estática se genera en una nube y la electricidad corriente se desplaza a la tierra en forma de relámpago. Incluso puedes escuchar el chisporroteo.

Las Matemáticas en las Ciencias

Interpretar datos

¿Qué estado sufre la mayor cantidad de muertes por rayos? ¿Y la menor?

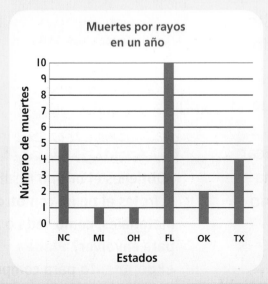

Muertes por rayos en un año

Número de muertes / Estados: NC, MI, OH, FL, OK, TX

Un relámpago tiene suficiente electricidad para mantener encendida una bombilla de 100 vatios durante tres meses.

En la batidora, la electricidad corriente pone en funcionamiento un motor que hace girar los batidores.

¿Qué sucede cuando enchufas una lámpara en un tomacorriente de pared? La electricidad fluye desde los cables del tomacorriente a través del enchufe hacia los filamentos de la bombilla. La electricidad que se mueve a través de un cable se llama **electricidad corriente**.

La bombilla de una lámpara se enciende solo cuando hay un circuito cerrado. Un **circuito** es el camino que recorre la electricidad. La electricidad se mueve desde el tomacorriente de pared, pasa por la bombilla y regresa a la pared.

Las personas usan la electricidad corriente para iluminar, calentar y enfriar los hogares, para poner en funcionamiento motores y cocinar alimentos. ¿Qué otros objetos conoces que funcionan a electricidad?

Minilab

Enciéndelo
Coloca una bombilla pequeña en un portalámparas. Conecta dos cables al portalámparas. Une los extremos sueltos de los cables a cada uno de los bornes de una batería. ¿Qué sucede?

 IDEA PRINCIPAL Y DETALLES ¿Qué es la electricidad corriente?

Cómo se mueve la electricidad

La electricidad se mueve a través de algunos materiales, pero no a través de otros. El material a través del cual la electricidad circula libremente se llama *conductor*. El alambre de cobre es un buen conductor.

El material a través del cual la electricidad no puede moverse fácilmente se llama *aislante*. La madera y el plástico son ejemplos de materiales aislantes. Como la electricidad puede ser peligrosa, las personas deben usar materiales aislantes para protegerse de accidentes.

IDEA PRINCIPAL Y DETALLES ¿Qué es un conductor? ¿Qué es un aislante?

¿Cómo se protege esta trabajadora? Busca conductores y aislantes en la ilustración.

438

1. IDEA PRINCIPAL Y DETALLES Copia y completa el siguiente organizador gráfico para identificar dos tipos de electricidad.

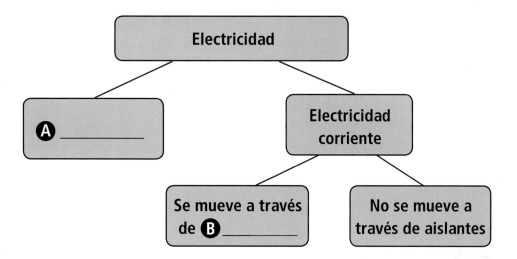

Electricidad

A _____

Electricidad corriente

Se mueve a través de B _____

No se mueve a través de aislantes

2. RESUMIR Usa el organizador gráfico para escribir un resumen de la lección.

3. SACAR CONCLUSIONES ¿Por qué a menudo los cables tienen una envoltura plástica?

4. VOCABULARIO Escribe una oración para describir qué es la *electricidad corriente*.

Preparación para la prueba

5. ¿Qué hace funcionar un horno?
- **A.** un imán
- **B.** la electricidad corriente
- **C.** un circuito abierto
- **D.** la electricidad estática

Enlaces

Redacción

Redacción informativa

Si se la usa incorrectamente, la electricidad puede ser peligrosa. Investiga diferentes maneras para protegerse de la electricidad. Usa tus conclusiones para escribir un folleto de **instrucciones**.

Matemáticas 9÷3

Resolver problemas

Imagina que la computadora de Sam está sobre un escritorio ubicado exactamente entre dos tomacorrientes de pared. Los tomacorrientes están a tres metros uno de otro. ¿Cuál es la menor cantidad de cable que Sam necesita para enchufar su computadora en uno de los tomacorrientes?

Para hallar otros enlaces y actividades, visita
www.hspscience.com

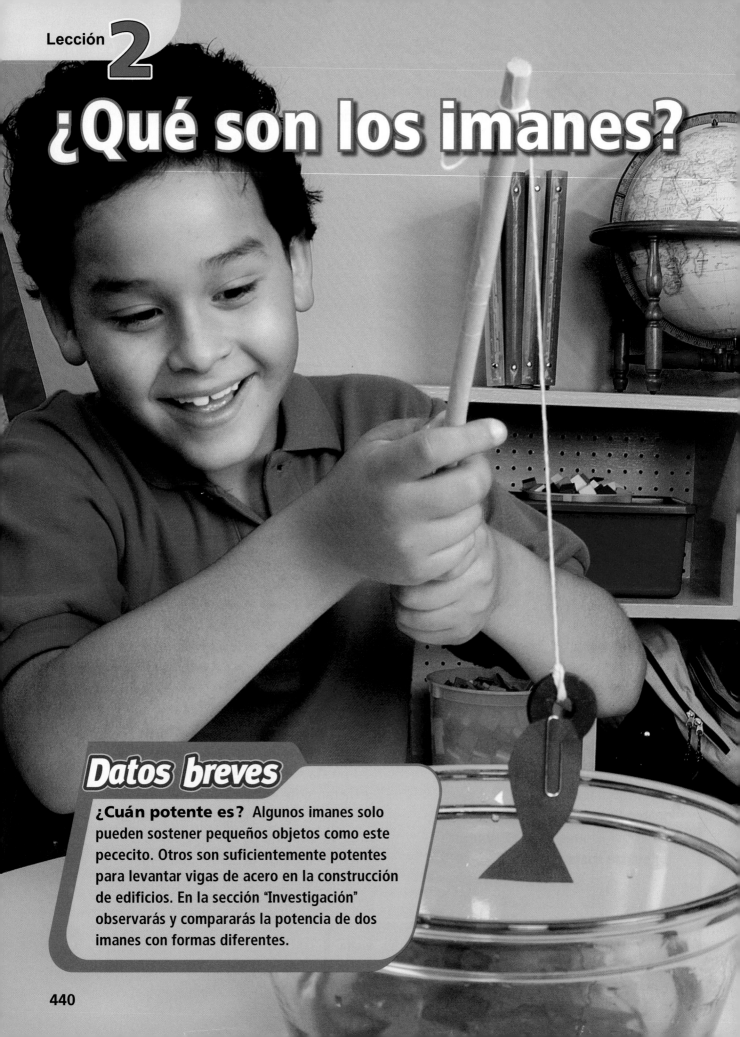

¿Qué son los imanes?

Datos breves

¿Cuán potente es? Algunos imanes solo pueden sostener pequeños objetos como este pececito. Otros son suficientemente potentes para levantar vigas de acero en la construcción de edificios. En la sección "Investigación" observarás y compararás la potencia de dos imanes con formas diferentes.

¿Qué imán es más potente?

Materiales • imán de barra • 10 a 20 clips metálicos • imán herradura

Procedimiento

1. Sujeta el imán de barra cerca de un clip. **Registra** qué ocurre.

2. Sujeta el imán herradura cerca de un clip. **Registra** qué ocurre.

3. Acerca un imán de barra a los clips para que recoja tantos clips como pueda. Cuéntalos. **Registra los datos.**

4. Repite el Paso 3 con el imán herradura. Cuenta los clips. **Registra los datos.**

Paso 2

Sacar conclusiones

1. ¿Qué imán es más potente? ¿Cómo lo sabes?

2. **Destreza de examinación** Los científicos pueden **comunicar** datos por medio de gráficas. Haz una gráfica de barras para mostrar cuántos clips sostuvo cada imán.

Datos de imanes

Tipo de imán	Cantidad de clips
Barra	
Herradura	

Investiga más

Si sujetas dos imanes juntos, ¿pueden levantar tantos clips como pueden hacerlo por separado? **Planea una investigación** para descubrirlo.

VOCABULARIO

magnético pág. 442

CONCEPTOS CIENTÍFICOS

▶ qué hacen los imanes

DESTREZA DE LECTURA

COMPARAR Y CONTRASTAR

Descubre cómo funcionan los imanes con formas diferentes.

semejanzas ——— diferencias

Imanes

En la sección "Investigación" usaste imanes para recoger clips. Los imanes están hechos de metal magnético. Los elementos **magnéticos** atraen objetos que tienen hierro en su composición. Los clips están hechos de acero, y el acero tiene hierro. Es por eso que los imanes atraen y sujetan los clips metálicos. Un imán no recogerá clips de plástico porque no contienen hierro.

▲ Esta roca se llama magnetita. Es naturalmente magnética.

▲ ¿Cómo se usan los imanes aquí?

Los imanes solo se atraerán cuando sus polos norte y sur se enfrenten. ¿Qué imanes se atraen? ¿Qué imanes se repelen?

Para hallar otros enlaces y actividades, visita www.hspscience.com

Todos los imanes tienen dos extremos llamados polos, un polo norte y un polo sur. Para ver cómo funciona un imán, usa dos imanes de barra. Sujeta los dos polos norte juntos. ¿Puedes juntarlos? Probablemente no. Los polos iguales se repelen. *Repeler* significa "separar". ¿Qué crees que ocurrirá si juntas los dos polos sur?

Ahora sujeta los polos opuestos, un polo norte y un polo sur. Ambos imanes se acercan, o *atraen*. Los polos opuestos de un imán se atraen.

 COMPARAR Y CONTRASTAR ¿En qué se asemejan todos los imanes?

Minilab

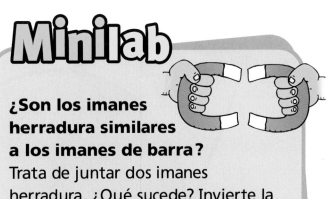

¿Son los imanes herradura similares a los imanes de barra?
Trata de juntar dos imanes herradura. ¿Qué sucede? Invierte la posición de uno de ellos e intenta nuevamente. ¿Qué sucede ahora? Explica lo que observas.

Algunos usos de los imanes

Los imanes tienen muchos usos. Pueden mantener cerradas las puertas de un armario o sujetar papeles en la puerta de una nevera. Es posible que algunos de tus juegos favoritos usen imanes.

Los imanes también pueden usarse para producir electricidad y clasificar metales para reciclarlos. Los motores, las computadoras y las brújulas también usan imanes.

Destreza clave

COMPARAR Y CONTRASTAR
¿Cuáles son algunos de los diferentes usos de los imanes?

Comenta cómo se usan los imanes en estas ilustraciones.

1. COMPARAR Y CONTRASTAR Copia y completa el siguiente organizador gráfico para comparar imanes.

En qué se asemejan los imanes	En qué se diferencian los imanes
A _____ **B** _____	**C** _____ **D** _____

2. RESUMIR Usa la información del organizador gráfico que completaste para escribir un resumen de la lección.

3. SACAR CONCLUSIONES Juan usa un imán de barra para recoger objetos en su cuarto. Explica por qué el imán que usa no recogerá su pelota de goma.

4. VOCABULARIO Escribe una oración para explicar el significado de *magnético*.

Preparación para la prueba

5. ¿De qué material debe ser un objeto para que pueda ser atraído por un imán?
   A. hierro
   B. plástico
   C. goma
   D. madera

Enlaces

Redacción

Redacción informativa
Algunos objetos son naturalmente magnéticos. Investiga acerca de la magnetita. Escribe una **descripción** de dos párrafos sobre tus descubrimientos.

Arte

Usos de los imanes
Haz una lista de por lo menos cinco maneras en que se usan los imanes en tu hogar o en tu salón de clases. Haz una ilustración para cada uno de los usos.

 Para hallar otros enlaces y actividades, visita
www.hspscience.com

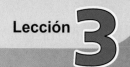

¿Cómo se relacionan la electricidad y los imanes?

Datos breves

Reciclaje Los americanos reciclan más de 13 millones de toneladas de chatarra cada año. Para clasificar la chatarra se usan electroimanes. En la sección "Investigación" aprenderás sobre la utilidad de los electroimanes.

Clasificación simple

Materiales
- tazón
- imán
- cronómetro
- clips metálicos
- cuentas de plástico

Procedimiento

1 Coloca un puñado de clips en el tazón. Agrega un puñado de cuentas y mézclalas con los clips.

2 Saca con tu mano todos los clips del tazón, asegurándote de no recoger ninguna de las cuentas. Usa el cronómetro para **medir** y **registrar** cuánto tiempo tardas en hacerlo.

3 Vuelve a poner los clips en el tazón. Mézclalos nuevamente con las cuentas.

4 Ahora usa un imán para sacar los clips. Usa el cronómetro para **medir** y **registrar** cuánto tiempo tardas en hacerlo.

Paso 2

Paso 4

Sacar conclusiones

1. ¿Cómo se **comparan** los dos tiempos? ¿Cuál es la manera más rápida de separar los clips metálicos de las cuentas plásticas?

2. Destreza de examinación Los científicos usan lo que saben para **inferir**, o concluir. Observa la ilustración de la página de la izquierda. ¿Qué cosas puedes **inferir** sobre el uso de un electroimán?

Investiga más

Mezcla varios objetos pequeños de metal. **Predice** qué objetos puedes separar usando un imán. Comprueba tu predicción.

VOCABULARIO

generador pág. 450

CONCEPTOS CIENTÍFICOS

▶ cómo funciona un electroimán

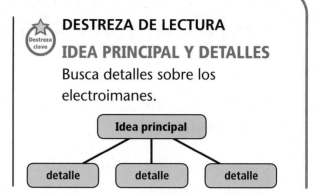

DESTREZA DE LECTURA

IDEA PRINCIPAL Y DETALLES

Busca detalles sobre los electroimanes.

Electroimanes

En un depósito de chatarra hay muchos automóviles reciclados. Estos automóviles no funcionan más, por eso nadie puede conducirlos o moverlos. Sin embargo, un imán muy potente unido a una grúa puede mover el carro. Juntos, la grúa y el imán pueden levantar un carro y colocarlo en otro lugar. Sin embargo, hay un problema: después de que el imán ha levantado al carro, ¿cómo hace para dejarlo en otro lugar? Una persona no puede separar el carro del imán. La fuerza del imán es demasiado grande.

¿Cómo sabe el niño que el tornillo no es magnético?

¿No sería útil un imán cuyo magnetismo pudiera activarse y desactivarse? En realidad, este imán existe: se llama electroimán. Este objeto metálico está hecho de hierro o acero, y su magnetismo puede ser activado o desactivado.

Es fácil hacer un electroimán. Un simple tornillo no es un imán. Sin embargo, el tornillo puede convertirse en un electroimán. Primero, enrosca un cable alrededor del tornillo. Luego, haz pasar electricidad corriente a través del cable. El tornillo se transforma en un imán que puedes activar o desactivar. Cuando el circuito eléctrico se interrumpe, el tornillo deja de ser un imán.

IDEA PRINCIPAL Y DETALLES ¿Cómo funciona un electroimán?

¿Cuál es la fuente de electricidad corriente que usa este electroimán?

Generadores

Un electroimán usa electricidad corriente para convertirse en un imán. Un generador hace lo contrario. Un **generador** usa un imán para producir electricidad.

¿Recuerdas el cable que fue tan importante en el electroimán? También es importante en un generador. Si acercas una bobina, o espiral de cable, a un imán, la electricidad corriente circulará a través del cable. Esta es una forma de generar electricidad.

⭐ **IDEA PRINCIPAL Y DETALLES** ¿De qué manera un imán genera electricidad corriente?

Minilab

Prepárate para una emergencia

Detalla un plan de emergencia que podría usar tu escuela si se cortara la electricidad. Escríbelo. ¿Tiene tu escuela un generador?

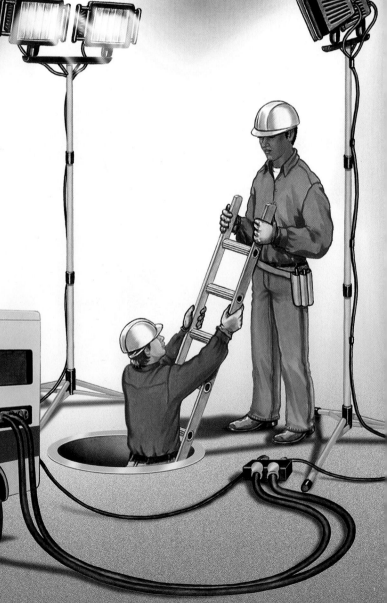

Encuentra el generador en esta ilustración. ¿Qué hace?

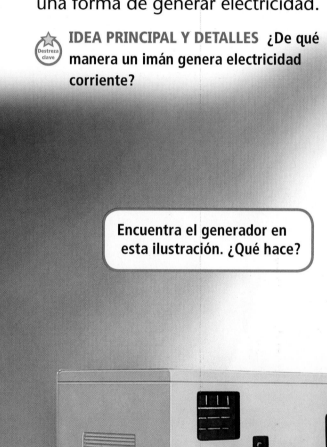

450

1. IDEA PRINCIPAL Y DETALLES Copia y completa el siguiente organizador gráfico.

> **Electroimán**

> **Qué es**
> **A** _____
> _____
> _____

> **Cómo funciona**
> **B** _____
> _____
> _____

2. RESUMIR Usa el organizador gráfico para escribir un resumen de la lección.

3. SACAR CONCLUSIONES ¿Por qué es importante que los hospitales tengan un generador de emergencia?

4. VOCABULARIO Escribe una oración para explicar cómo funciona un generador.

Preparación para la prueba

5. Razonamiento crítico ¿Qué tiene que hacer un imán para generar electricidad corriente?

Enlaces

Redacción

Redacción persuasiva
Escribe un **correo electrónico** al dueño de un comercio. Explícale los motivos por los cuales el comercio debería tener un generador.

Estudios Sociales

Inventar un generador
Investiga sobre los aportes de Nikola Tesla en la invención del generador. Muestra tus descubrimientos en un informe breve. Asegúrate de ilustrar tu informe.

Para hallar otros enlaces y actividades, visita
www.hspscience.com

SCIENCE Spin from WEEKLY READER®

Tecnología

¿Una nueva fuente de energía?

PELIGRO

Generador X

La mayoría de los generadores funcionan quemando combustibles como petróleo o carbón. Cuando se queman esos combustibles, se desprenden gases que contaminan el aire.

En Estados Unidos se consume mucha electricidad. Los televisores, las computadoras, las tostadoras y la iluminación consumen electricidad. Las compañías de energía eléctrica tienen que producir toda esa electricidad. Pero la producción de electricidad puede contaminar el aire.

Una compañía de energía eléctrica de Georgia tiene a prueba una forma de producir energía sin causar tanta contaminación.

Generar energía

Las compañías de energía eléctrica generan electricidad en las centrales eléctricas. Las centrales poseen inmensas máquinas llamadas generadores. Estas máquinas generan electricidad que luego es conducida a tu casa a través de cables.

En Georgia, la compañía analiza una mezcla de pasto y carbón que puede servir como combustible. El pasto, llamado *switchgrass*, es una clase de pasto de pradera que crece en el sur del país.

Para producir el combustible, la compañía mezcla *switchgrass* y carbón. Luego, esta mezcla es compactada en cubos. Al quemarse, los cubos producen la misma cantidad de energía que produciría un cubo de carbón. Sin embargo, los cubos de pasto contaminan menos el aire.

PIENSA

1. ¿Cómo se genera la electricidad?
2. ¿Cómo puedes reducir la cantidad de electricidad que usas?

¡Investiga más! Visita
www.hspscience.com

Mente matemática

Edith Clarke creció en Maryland a fines del siglo XIX. Estudió y disfrutó de las matemáticas toda su vida.

Uno de sus primeros trabajos fue como "computadora". Aunque esto pueda sonar extraño, es en realidad lo que Clarke hacía: resolver problemas matemáticos, o hacer *cómputos*, para otras personas. Esto fue mucho antes de que se inventaran las computadoras modernas.

Fue la primera mujer que estudió ingeniería eléctrica en una de las más prestigiosas escuelas de la nación. Después de granduarse, trabajó como profesora en la Universidad de Texas.

Clarke fue la primera persona en inventar un calculador gráfico. Este calculador ayudó a los ingenieros a resolver problemas de diseño eléctrico.

Profesión · Ingeniero eléctrico

¿Nunca te preguntaste cómo funcionan tus juegos electrónicos? Pregúntale a un ingeniero eléctrico. Los ingenieros eléctricos ayudan a diseñar, construir y probar equipos electrónicos. Existen muchas clases de ingenieros. Por ejemplo, un ingeniero en computación ayudó a diseñar la computadora que usas en la escuela.

¡Investiga más! Visita
www.hspscience.com

¡Sí puedes!

Proyecto fácil y rápido

Hacer un juego de pesca magnético

Procedimiento

1. Haz una "caña de pescar" atando un hilo en el extremo de una regla. Ata un imán al extremo del hilo.

2. Corta papeles con forma de peces. Pega clips metálicos en algunos de ellos.

3. Prueba el juego de pesca. ¿Cuáles son los peces que no puedes atrapar?

Materiales

- hilo
- regla
- imán
- papel
- clips metálicos

Sacar conclusiones

¿Cómo puedes hacer para que el juego de pesca funcione mejor? Predice cuáles podrían ser algunas maneras de mejorar el diseño. Comprueba tus predicciones.

Planea tu propia investigación

Electricidad estática

Genera electricidad estática frotando una tela de lana sobre un peine de goma dura durante un minuto. Apaga las luces de la habitación. Toca con el peine una bombilla que no se haya usado durante la última hora y que no esté conectada. ¿Qué sucede? Repite el procedimiento, tocando con el peine diferentes partes de la bombilla. ¿Cambiaron tus resultados?

Repaso y preparación para la prueba

Repaso del vocabulario

Usa los términos de abajo para completar las oraciones. Los números de página te indican qué parte del capítulo debes mirar si necesitas ayuda.

electricidad estática pág. 436
electricidad corriente pág. 437
circuito pág. 437
magnético pág. 442
generador pág. 450

1. Para hacer funcionar una máquina, la electricidad debe pasar a través de un _____ cerrado.

2. Una máquina que usa un imán para producir una corriente de electricidad se llama _____.

3. La corriente que se mueve por un cable se llama _____.

4. Un objeto que atrae el hierro es un _____.

5. La carga que se genera en un objeto se llama _____.

Comprueba lo que aprendiste

Escribe la letra de la respuesta correcta.

6. ¿Qué término describe mejor el cobre?

    A. circuito   **C.** aislante

    B. conductor   **D.** imán

7. **IDEA PRINCIPAL Y DETALLES**

¿Un rayo es un ejemplo de qué?

    F. un imán

    G. un electroimán

    H. electricidad estática

    J. un circuito

8. **COMPARAR Y CONTRASTAR** ¿Qué puede hacer un electroimán que no hacen otros imanes?

    A. conectarse y desconectarse

    B. trabajar como una bobina

    C. recoger objetos de metal

    D. generar electricidad

Usa la ilustración para responder las preguntas 9–10.

9. ¿Cómo se llaman los extremos de los imanes?

    F. circuitos   **H.** aislantes

    G. conductores   **J.** polos

10. ¿Qué ocurre con los imanes cuando se los sostiene de este modo?

    A. Se atraen.

    B. Generan electricidad estática.

    C. Forman un electroimán.

    D. Se repelen.

11. El Imán A levanta seis clips. El Imán B, ocho clips. ¿Qué conclusión sacas?

   F. El circuito en el Imán A se cortó.

   G. El Imán B es un electroimán.

   H. El Imán A es menos potente que el Imán B.

   J. Ambos imanes son poco potentes.

12. ¿Qué se produce cuando acercas una bobina a un imán?

   A. un tomacorriente

   B. electricidad

   C. un electroimán

   D. electricidad estática

13. Miguel enchufa su lámpara de escritorio en un tomacorriente. ¿Qué tipo de electricidad usa la lámpara?

   F. corriente   **H.** magnética

   G. rayo   **J.** estática

14. ¿Qué produce un generador?

   A. un imán

   B. un electroimán

   C. un circuito

   D. corriente eléctrica

15. Un imán atrae un objeto. ¿Qué debe contener el objeto?

   F. hierro   **H.** goma

   G. plástico   **J.** madera

16. ¿De qué es un ejemplo el plástico?

   A. conductor

   B. generador

   C. aislante

   D. imán

Destrezas de examinación

17. Diana quiere separar clips de metal de alfileres de metal. Usa un imán. Predice que sucederá y explica tu respuesta.

18. A pesar de sus intentos, Broke no puede juntar dos imanes herradura. Infiere qué podría hacer para que los imanes se atraigan.

Razonamiento crítico

19. Carson construyó un electroimán. Usó una batería, un clavo y un poco de cable. Su electroimán no funcionó. Explica por qué falló el electroimán de Carson.

20. Miguel sostuvo un imán a 2 cm sobre algunos alfileres de metal. Su imán levantó 8 alfileres. ¿Qué sucederá si Miguel sostiene el imán a 4 cm sobre los alfileres? ¿Por qué?

14 El calor, la luz y el sonido

Lección 1 ¿Qué es el calor?

Lección 2 ¿Qué es la luz?

Lección 3 ¿Cómo se relacionan la luz y el color?

Lección 4 ¿Qué es el sonido?

Vocabulario

temperatura	sombra
energía térmica	absorbida
calor	opaco
conducción	transparente
conductor	traslúcido
aislante	vibraciones
reflexión	intensidad sonora
refracción	tono

¿ Qué te preguntas ?

El calor, la luz y el sonido son clases de energía. ¿Qué ejemplos de energía puedes encontrar en la foto?

459

¿Qué es el calor?

Datos breves

Arriba y abajo Cada lámpara tiene una bombilla en su base. La energía de la bombilla calienta la burbuja viscosa, que entonces sube. Al enfriarse en la parte superior de la lámpara, la burbuja desciende. Esta es una de las formas de movimiento de la energía térmica. En la sección "Investigación" observarás otra forma.

¿Se calienta?

Materials
- taza de plástico con asa
- taza de cerámica con asa
- taza de metal con asa
- cuchara de plástico
- cuchara de madera
- cuchara de metal
- gafas protectoras
- agua caliente
- 3 vasos de poliestireno

Procedimiento

1 CUIDADO: **Usa gafas protectoras.**

2 Toca las tres cucharas. Registra tus observaciones.

3 CUIDADO: **Ten cuidado con el agua caliente.** Llena los tres vasos de poliestireno con agua caliente. Coloca una cuchara en cada vaso. Espera 1 minuto.

4 Toca suavemente cada cuchara. Registra tus observaciones.

5 Toca las tres tazas. Registra tus observaciones.

6 Llena todas las tazas con agua caliente. Toca con cuidado cada una de las asas cada 30 segundos durante 2 minutos. Registra lo que observas.

Sacar conclusiones

1. Compara tus observaciones de las cucharas y las tazas antes y después de haber colocado el agua.

2. **Destreza de examinación** Saca una conclusión acerca de la forma en que la energía térmica se mueve a través de diferentes sustancias. Escribe tu conclusión y compárala con la de un compañero.

Paso 2

Paso 6

Investiga más

Repite el experimento usando agua helada en lugar de agua caliente. Antes de agregar el agua, predice que ocurrirá en cada caso.

461

VOCABULARIO

temperatura pág. 462

energía térmica
   pág. 462

calor pág. 462

conducción pág. 463

conductor pág. 463

aislante pág. 464

CONCEPTOS CIENTÍFICOS

▶ cómo se transmite la energía térmica

DESTREZA DE LECTURA

IDEA PRINCIPAL Y DETALLES

Busca detalles sobre la transmisión de energía térmica.

Idea principal

detalle — detalle — detalle

Producir calor

Imagina que estás junto a una fogata. Si te sientas demasiado cerca, la temperatura de tu piel aumentará. La **temperatura** es la medida que indica cuán caliente o frío es algo. Sientes que te calientas cuando estás cerca del fuego porque la madera que se quema emite calor. La **energía térmica** es una forma de energía que se transmite entre objetos debido a las diferencias de temperatura. Se llama **calor** a esa transmisión de energía térmica. Si te calientas demasiado por el calor del fuego, puedes alejarte o verter agua sobre el fuego para detener el calor.

El calor también puede producirse de otras formas. Tus manos se calientan cuando las frotas. Si usas un bolso térmico, ciertas sustancias químicas se mezclan en su interior y emiten calor.

IDEA PRINCIPAL Y DETALLES ¿Qué es el calor?

Las Matemáticas en las Ciencias

Interpretar datos

Cuando estás al aire libre, puedes medir la temperatura sin usar un termómetro. Cuenta cuántos chirridos de grillo escuchas en un minuto y usa esta tabla. ¿Cuál sería la temperatura si contaras 140 chirridos?

Número de chirridos por minuto	Temperatura en grados Celsius
10	4°
40	8°
80	14°
120	19°
160	25°
200	31°

Conductores

Para cocinar un huevo, lo colocas en una sartén y luego pones la sartén sobre la hornilla. El calor del fuego calienta la sartén. Rápidamente el calor se transmite al huevo a través de la sartén. Esta transmisión de energía térmica entre objetos que están en contacto se llama **conducción**.

Las sartenes están hechas de metales como el hierro o el aluminio. El calor se transmite fácilmente a través de la mayoría de los metales. Un objeto que transmite fácilmente el calor se llama **conductor**.

⭐ **IDEA PRINCIPAL Y DETALLES** Nombra dos conductores.

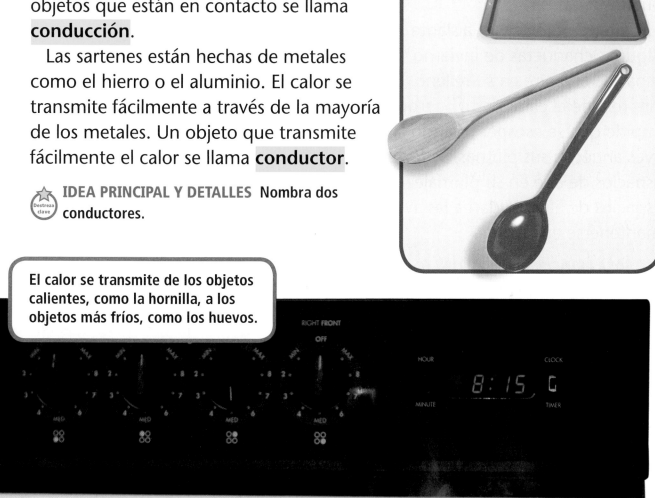

¿Cuáles de estos objetos son buenos conductores?

El calor se transmite de los objetos calientes, como la hornilla, a los objetos más fríos, como los huevos.

Aislantes

Para levantar una olla caliente, usas una manopla. Esta impide que el calor se transmita a tu mano. La manopla es un **aislante**, es decir, un objeto que no transmite bien el calor. La madera, la tela y el plástico son buenos aislantes.

El aire también es un aislante. Algunas chaquetas de invierno tienen espacios con aire en su relleno. El aire retiene el calor de tu cuerpo e impide que se escape. Cuando las aves ahuecan sus plumas, se forman espacios de aire en su plumaje. Los espacios de aire ayudan a las aves a mantenerse en calor.

IDEA PRINCIPAL Y DETALLES ¿Cuáles son dos ejemplos de buenos aislantes?

Sentir el calor

Pon pequeños trozos de mantequilla sobre una esponja, un pedazo de madera y una tapa de metal. Coloca los tres objetos flotando en un molde poco profundo de agua caliente. ¿Qué ocurre con la mantequilla? ¿Por qué?

El agua se filtra entre el traje de baño y la piel del niño. Esta agua se calienta y actúa como un aislante. ▼

La funda que cubre esta olla es aislante.

1. IDEA PRINCIPAL Y DETALLES Copia y completa el siguiente organizador gráfico.

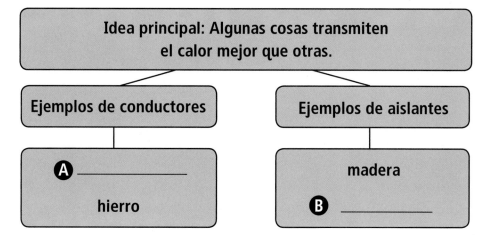

Idea principal: Algunas cosas transmiten el calor mejor que otras.

Ejemplos de conductores

Ejemplos de aislantes

A _____

hierro

madera

B _____

2. RESUMIR Escribe dos oraciones que expresen las ideas más importantes sobre el calor.

3. SACAR CONCLUSIONES Tasha tenía un vaso de poliestireno con chocolate caliente. El chocolate se mantenía caliente y el vaso no se calentaba tanto, y de esa manera Tasha podía sujetarlo. Explica por qué.

4. VOCABULARIO Usa las palabras de vocabulario de esta lección para hacer un crucigrama.

Preparación para la prueba

5. Razonamiento crítico ¿Cuál de estos materiales es un buen conductor?

A. aire
B. tela
C. cobre
D. madera

Enlaces

Redacción

Redacción descriptiva
Escribe una **descripción** acerca de la sensación de sentarse junto a una fogata. Incluye adjetivos que hagan interesante tu descripción.

Salud

Apagar un fuego
Estudia algunas formas de apagar el fuego. Prepara un folleto que muestre tus descubrimientos. Incluye ilustraciones.

Para hallar otros enlaces y actividades, visita
www.hspscience.com

¿Qué es la luz?

Datos breves

En busca del faro correcto Los marineros a veces usan la luz de un faro para saber dónde están ubicados cuando se acercan a la costa. En la sección "Investigación" descubrirás cómo viaja la luz.

¿Dónde está la luz?

Materiales • **objeto pequeño** • **linterna** • **cartulina grande**

Procedimiento

1. Coloca un objeto pequeño en el centro de tu escritorio.

2. Coloca una linterna sobre un borde del escritorio. Apunta la linterna en dirección al objeto.

3. Pídele a un compañero que sujete un pedazo de cartulina grande sobre el escritorio. La cartulina debe colocarse entre la linterna y el objeto.

4. Enciende la linterna. Observa el objeto. ¿La luz lo ilumina?

5. Pídele a tu compañero que deslice la cartulina a través del escritorio hasta que la luz ilumine el objeto. Observa y registra las posiciones del objeto, la linterna y la cartulina.

Sacar conclusiones

1. ¿Qué clase de línea dibujarías conectando el objeto y la luz?

2. **Destreza de examinación** Los científicos hacen inferencias, basándose en sus observaciones. Infiere cómo es la trayectoria de la luz entre la linterna y el objeto.

Paso 4

Paso 5

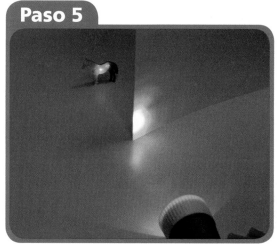

Investiga más

¿Se comporta la luz siempre de la misma manera? Escribe una hipótesis. Repite la actividad. Experimenta apuntando la linterna en dirección al objeto desde diferentes ángulos. Comprueba tu hipótesis.

VOCABULARIO

reflexión pág. 468

refracción pág. 469

sombra pág. 470

CONCEPTOS CIENTÍFICOS

▶ cómo es la trayectoria de la luz y cómo puede modificarse

DESTREZA DE LECTURA

ORDENAR EN SECUENCIA

Observa qué ocurre cuando la luz se mueve.

Formas en que se mueve la luz

En la actividad de la sección "Investigación" viste que la luz se mueve en línea recta. Cuando la luz choca contra un objeto, una parte rebota contra el objeto. El rebote de la luz contra un objeto se llama **reflexión**. Si el objeto es liso y brillante, la luz refleja en un patrón que puedes ver.

La reflexión en un espejo está invertida de izquierda a derecha. Todo se ve "al revés".

Puedes ver los árboles y las montañas reflejados en el lago.

La refracción hace que esta alcancía parezca rota.

La alcancía de la foto parece estar rota, pero no lo está. La luz se desvía cuando se mueve del agua al aire. La desviación de la luz cuando se mueve de un material a otro se llama **refracción**. La luz reflejada en la parte superior de la alcancía va directo a tus ojos. La luz reflejada en la parte inferior pasa primero a través del agua. La luz se desvía, o refracta, cuando sale del agua. Entonces, ves la alcancía en dos partes.

⭐ **Destreza clave** **ORDENAR EN SECUENCIA** ¿Qué ocurre con la luz después de que choca contra un objeto liso?

Minilab

¿Qué ves?
Escribe las letras mayúsculas A, B y C en una hoja. Coloca la hoja frente a un espejo y copia lo que ves en el espejo. Repite la experiencia con las palabras AVE y TOMA. ¿En qué se diferencian estas palabras?

Sombras

Piensa nuevamente en la actividad de la sección "Investigación". Cuando la cartulina estaba delante de la luz, una parte de tu escritorio estaba oscura. La cartulina bloqueaba la luz y producía una sombra. Una **sombra** es una zona oscura que se forma cuando un objeto impide el paso de la luz.

Cuando el objeto se mueve, su sombra también lo hace. Cuando moviste la cartulina, la sombra también se desplazó fuera del escritorio.

 ORDENAR EN SECUENCIA Un objeto impide el paso de la luz. ¿Qué ocurre luego?

Míralo en detalle

LAS SOMBRAS A LO LARGO DEL DÍA

El tamaño y la posición de las sombras cambian durante el día. Las sombras son más largas cuando el sol está bajo en el cielo. Por la mañana, las sombras apuntan en una dirección. Más tarde, apuntan en una dirección diferente. Observa la posición del sol y las sombras de la sombrilla y la pelota de playa.

Para hallar otros enlaces y actividades, visita
www.hspscience.com

1. ORDENAR EN SECUENCIA Copia y completa el siguiente organizador gráfico.

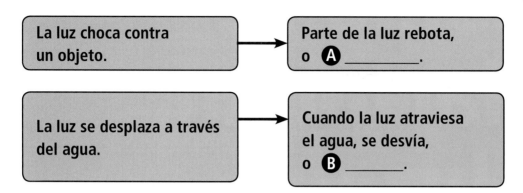

| La luz choca contra un objeto. | → | Parte de la luz rebota, o **A** _____. |

| La luz se desplaza a través del agua. | → | Cuando la luz atraviesa el agua, se desvía, o **B** _____. |

2. RESUMIR Escribe un resumen de esta lección comenzando con la siguiente oración: *La luz se mueve en línea recta.*

3. SACAR CONCLUSIONES ¿Por qué puedes ver tu reflejo en un espejo pero no en una pared de ladrillos?

4. VOCABULARIO Dibuja una imagen que ilustre cada palabra de vocabulario de esta lección. Intercambia las ilustraciones con un compañero. Escribe leyendas que acompañen las ilustraciones de tu compañero.

Preparación para la prueba

5. Razonamiento crítico
Si escribes la palabra AMA y la reflejas en un espejo, ¿se verá igual? Explica tu respuesta.

Enlaces

Redacción

Redacción narrativa
Escribe un **cuento** humorístico sobre un niño o una niña de cuatro años que acaba de descubrir su sombra. Incluye en tu cuento los datos que hayas aprendido sobre las sombras.

Estudios Sociales

Determinar la hora usando las sombras
Investiga cómo la gente ha utilizado las sombras y los relojes de sol para saber la hora. Escribe un informe para mostrar tus descubrimientos a tus compañeros.

 Para hallar otros enlaces y actividades, visita
www.hspscience.com

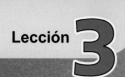
¿Cómo se relacionan la luz y el color?

Datos breves

Todos los colores Los colores del arco iris están siempre en el mismo orden. El rojo está arriba y el violeta está abajo. En la sección "Investigación" usarás un prisma para producir un espectro de colores.

Hacer un arco iris

Materiales
- prisma
- hoja de papel negro
- hoja de papel blanco
- cinta adhesiva
- hoja de papel rojo

Procedimiento

1. Haz un tajo estrecho en el pedazo de papel negro. Pégalo con cinta a la parte de abajo de una ventana. Baja la persiana para dejar pasar sólo un haz de luz estrecho.

2. Coloca el prisma en el haz de luz sobre la hoja de papel blanco. Gira el prisma lentamente hasta que produzca un arco iris sobre el papel.

3. Mira atentamente el papel. ¿Qué ves? **Registra** tus **observaciones**.

4. Repite los Pasos 2 y 3 usando la hoja de papel rojo.

Sacar conclusiones

1. ¿Cómo modifica un prisma la luz del sol?

2. ¿Qué diferencia había entre la luz que viste sobre el papel blanco y la luz que viste sobre el papel rojo?

3. **Destreza de examinación**
   Basándose en patrones o experiencias, los científicos **predicen** lo que puede ocurrir. ¿Qué puedes **predecir** que verías si usaras el prisma sobre un pedazo de papel azul?

Paso 2

Paso 3

Investiga más

Para descubrir si tu predicción es correcta, planea y haz una investigación simple. Recuerda usar papel azul.

VOCABULARIO

absorbida pág. 474

opaco pág. 475

transparente pág. 475

traslúcido pág. 475

CONCEPTOS CIENTÍFICOS

▶ cómo la luz afecta la forma en que se ven las cosas

DESTREZA DE LECTURA

CAUSA Y EFECTO Busca diferentes formas en que los materiales afectan a la luz.

Cómo detener la luz

Cuando la luz choca contra un objeto, parte de la luz se refleja. ¿Qué ocurre con el resto de la luz? Es **absorbida** o "tragada" por el objeto. Los objetos brillantes, como los espejos, reflejan la mayor parte de la luz que los choca contra ellos. Por el contrario, los objetos sin brillo y oscuros, como algunas rocas, absorben la mayor parte de la luz. La mayoría de los objetos reflejan parte de la luz y absorben el resto.

Las piedras son opacas.

Las canicas esmeriladas son traslúcidas.

Los objetos que no dejan pasar la luz son **opacos**. Los espejos, las rocas, los libros, los escritorios de madera y las personas son opacos.

Algunos objetos dejan pasar la mayor parte de la luz que choca contra ellos. Los objetos que dejan pasar la mayor parte de la luz son **transparentes**. El vidrio claro de las ventanas es transparente.

Los objetos que dejan pasar parte de la luz, como las bombillas esmeriladas, son **traslúcidos**. La luz pasa a través del vidrio de la bombilla. Sin embargo, no puedes ver lo que está en el interior de la bombilla.

 CAUSA Y EFECTO ¿Qué efecto tiene un objeto opaco sobre la luz?

Las canicas claras son transparentes.

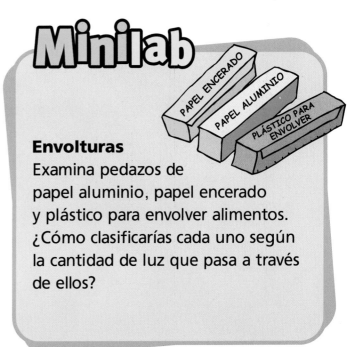

Minilab

Envolturas
Examina pedazos de papel aluminio, papel encerado y plástico para envolver alimentos. ¿Cómo clasificarías cada uno según la cantidad de luz que pasa a través de ellos?

Luz y color

¿Qué ves cuando colocas papel blanco frente a una luz blanca, como la luz de sol? Como la luz que choca contra el papel se refleja, el papel se ve blanco.

En la sección "Investigación", cuando la luz del sol atravesó el prisma, se transformó en luz de colores. ¿Pudiste observar en la actividad que la luz no atraviesa el prisma en línea recta? La luz se desvía mientras pasa a través del prisma. Esta desviación separa la luz en sus diferentes colores.

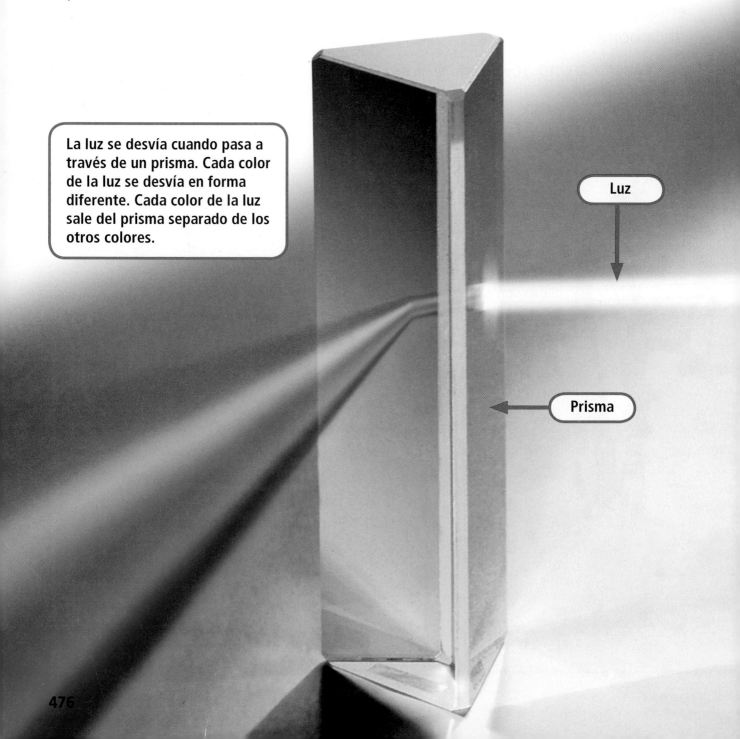

La luz se desvía cuando pasa a través de un prisma. Cada color de la luz se desvía en forma diferente. Cada color de la luz sale del prisma separado de los otros colores.

Luz

Prisma

Se necesita la luz solar y la lluvia para ver un arco iris en el cielo. Estas dos cosas no siempre ocurren al mismo tiempo. Por eso, no ves arco iris muy a menudo. Cuando llueve y luego sale el sol, las gotas de agua en el aire actúan como pequeños prismas que descomponen la luz blanca en los colores que la forman.

 CAUSA Y EFECTO ¿Qué efectos tiene un prisma sobre la luz blanca?

Cómo se forman los arco iris

Una gota de agua es como un pequeño prisma.

La luz blanca del sol choca contra las gotas de agua en el aire. La luz entra en cada gota de agua, se refracta y luego se refleja dentro de la gota. Cuando la luz atraviesa la gota, se separa en muchos colores.

◄ Los colores que la mayoría de la gente ve en un arco iris son rojo, anaranjado, amarillo, verde, azul y violeta.

Separar colores diferentes

¿Sabías que puedes hacer luz blanca? Puedes hacerlo iluminando con distintas luces al mismo tiempo sobre una misma superficie. La foto muestra tres luces iluminando una superficie blanca. Cada linterna tiene un filtro de un color diferente. Busca el lugar donde los tres colores iluminan el mismo punto. Juntas, las luces de color rojo, verde y azul producen luz blanca.

 CAUSA Y EFECTO ¿Qué efectos tienen la luz roja, la luz azul y la luz verde cuando las apuntas al mismo tiempo sobre una superficie blanca?

Los filtros de estas linternas dejan pasar solo un color cada uno. Estos tres colores pueden combinarse para producir luz blanca. ▼

478

1. CAUSA Y EFECTO Copia y completa el siguiente organizador gráfico.

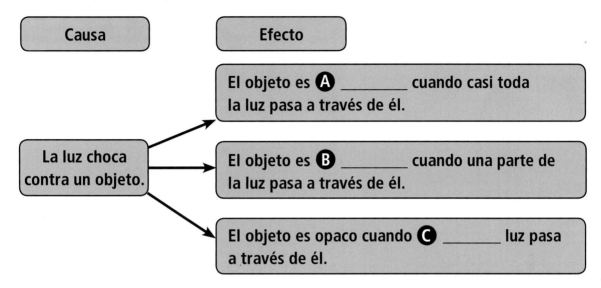

Causa

Efecto

La luz choca contra un objeto.

El objeto es **A** _____ cuando casi toda la luz pasa a través de él.

El objeto es **B** _____ cuando una parte de la luz pasa a través de él.

El objeto es opaco cuando **C** _____ luz pasa a través de él.

2. RESUMIR Escribe dos oraciones que expliquen de qué trata esta lección.

3. SACAR CONCLUSIONES Katie está regando su jardín. Usa una manguera con un rociador fino y, de pronto, ve un arco iris sobre el jardín. Explica qué ocurrió.

4. VOCABULARIO Escribe dos oraciones usando los términos de vocabulario de esta lección.

Preparación para la prueba

5. ¿Qué color verás si apuntas luces roja, verde y azul sobre el mismo punto de una hoja de papel blanco?

  A. negro

  B. morado

  C. blanco

  D. amarillo

Enlaces

Redacción

Redacción informativa
Escribe una **explicación** de cómo se forma un arco iris.

Matemáticas

Hacer una gráfica de colores favoritos
Usando los seis principales colores del arco iris, pregunta a 10 compañeros cuál es su color favorito. Muestra los resultados con una gráfica de barras. Colorea las barras para que coincidan con los colores elegidos.

 Para hallar otros enlaces y actividades, visita
www.hspscience.com

¿Qué es el sonido?

Datos breves

Sección de percusión Los instrumentos de percusión incluyen las maracas, los tambores y las panderetas. Estos instrumentos mantienen el ritmo de la música. En la sección "Investigación" harás un modelo de una maraca.

480

Haz una maraca

Materiales
- cinta de enmascarar
- engrapadora
- frijoles secos
- arroz seco
- rollo vacío de toallas de papel

Procedimiento

1. Aplasta un extremo del rollo de toallas de papel. Dóblalo y ciérralo con grapas. Coloca cinta sobre las grapas para proteger tus manos.

2. Coloca un puñado de arroz y frijoles secos dentro del rollo.

3. Aplasta el extremo abierto del rollo. No dejes que el arroz y los frijoles se caigan. Dobla el extremo del rollo y ciérralo con grapas. Cubre con cinta las grapas. ¡Has hecho una maraca!

4. Sacude suavemente la maraca un par de veces. Si pierde algunos frijoles o arroz, verifica los extremos y encíntalos nuevamente. **Observa** el sonido que produce.

5. Sacude la maraca con más fuerza. **Observa** el sonido que produce ahora.

Paso 2

Paso 3

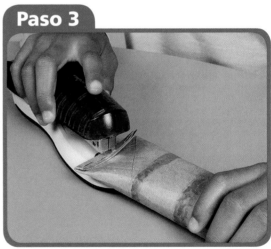

Sacar conclusiones

1. ¿Cómo produce sonido una maraca?

2. **Destreza de examinación** Los científicos **comparan** para aprender en qué se asemejan y en qué se diferencian las cosas. ¿Cómo se **comparan** los sonidos de los Pasos 4 y 5?

Investiga más

¿Cómo podrías cambiar el sonido de una maraca? Escribe una hipótesis. Luego, **planea y haz una investigación simple** para descubrirlo.

VOCABULARIO

vibraciones pág. 482

intensidad sonora
       pág. 482

tono pág. 483

**CONCEPTOS
CIENTÍFICOS**

▶ cómo se producen
y se desplazan los
sonidos

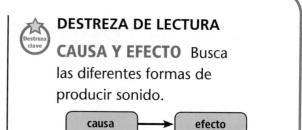

DESTREZA DE LECTURA

CAUSA Y EFECTO Busca
las diferentes formas de
producir sonido.

| causa | → | efecto |

Sonido

Cuando sacudes una maraca, puedes sentir movimientos de vaivén llamados **vibraciones**. La maraca también hace vibrar al aire. Tú oyes las vibraciones como un sonido.

Cuando sacudes la maraca con más fuerza, las vibraciones tienen más energía. El sonido es más intenso. La **intensidad sonora** es la cantidad de energía que tiene el sonido.

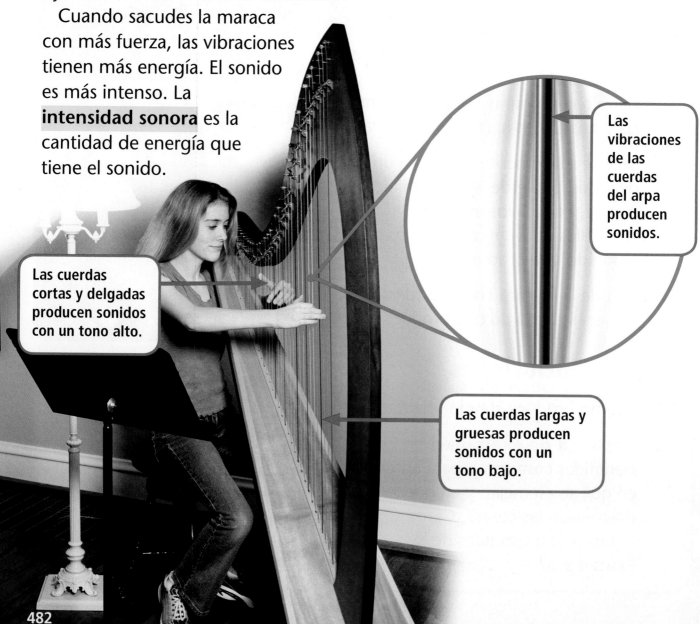

Las vibraciones de las cuerdas del arpa producen sonidos.

Las cuerdas cortas y delgadas producen sonidos con un tono alto.

Las cuerdas largas y gruesas producen sonidos con un tono bajo.

Las vibraciones también pueden producirse cuando se pulsa, se sopla o se golpea un instrumento musical. Cuando se pulsan las diferentes cuerdas de un arpa, pueden producir sonidos altos o bajos. El **tono** indica cuán alto o bajo es un sonido.

El aire no es la única clase de materia a través de la cual el sonido puede viajar. Otras clases de materia pueden transmitir el sonido mejor que el aire. El sonido se mueve más rápido y llega más lejos a través de líquidos y sólidos que a través del aire.

 CAUSA Y EFECTO ¿Cuál es la causa del sonido?

Cuando estás nadando bajo el agua, el sonido de un bote es mucho más fuerte.

483

Oír sonidos

Ya has leído que los sonidos provienen de los objetos que vibran. Pero los sonidos también pueden hacer que los objetos vibren. Tal vez hayas escuchado temblar las ventanas por el estruendo de un trueno. El sonido hizo vibrar las ventanas. Y tal vez te haya hecho vibrar también a ti.

Escuchas sonidos cuando las vibraciones se mueven a través del aire hasta tus oídos. Las vibraciones del aire hacen vibrar tus tímpanos, y entonces escuchas el sonido.

 CAUSA Y EFECTO ¿Qué efecto tienen las vibraciones del aire cuando llegan a tus oídos?

Orejas grandes

Párate a 3 metros (10 pies) de un compañero. Susúrrense el uno al otro. ¿Puedes oír ese débil sonido? Ahora, enrolla un pedazo de papel formando un cono. Coloca el cono cerca de tu oído, no directamente dentro de él. Escucha nuevamente mientras tu compañero susurra. ¿Puedes escucharlo mejor ahora? Explica las diferencias.

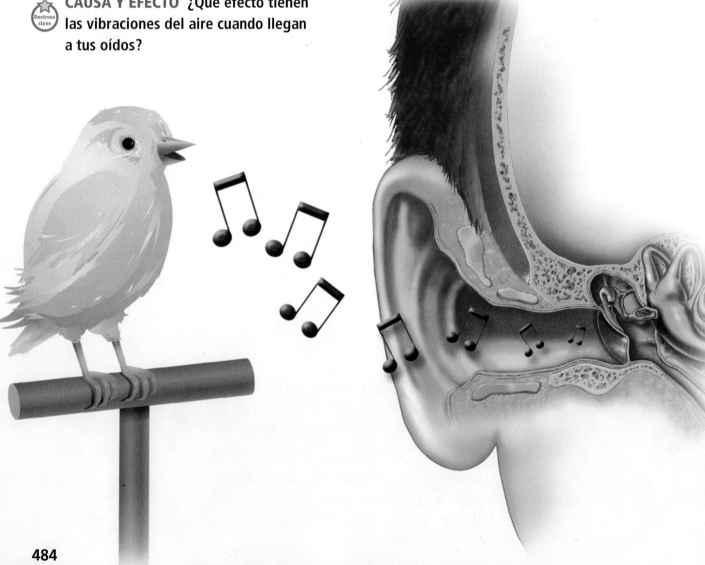

1. CAUSA Y EFECTO Copia y completa el siguiente organizador gráfico.

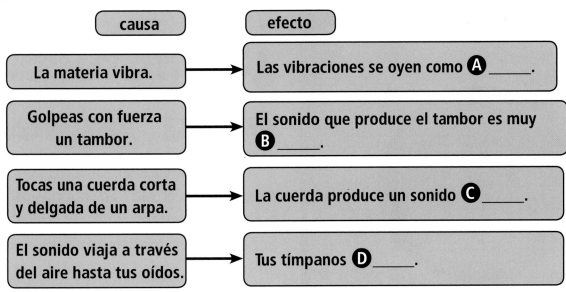

causa

efecto

La materia vibra. → Las vibraciones se oyen como **A** _____.

Golpeas con fuerza un tambor. → El sonido que produce el tambor es muy **B** _____.

Tocas una cuerda corta y delgada de un arpa. → La cuerda produce un sonido **C** _____.

El sonido viaja a través del aire hasta tus oídos. → Tus tímpanos **D** _____.

2. RESUMIR Usa el organizador gráfico que completaste para escribir un resumen de la lección.

3. SACAR CONCLUSIONES Si pulsas una cuerda de 20 cm bien estirada, ¿producirá un tono más alto o más bajo que una cuerda de 50 cm bien estirada?

4. VOCABULARIO Para cada término de vocabulario, menciona tres ejemplos que ayuden a explicar lo que significa.

Preparación para la prueba

5. ¿Cuál de las siguientes acciones **no** producirá vibraciones?

   A. soplar una trompeta

   B. escuchar una orquesta

   C. tocar una guitarra

   D. pulsar una tecla de un piano

Enlaces

Redacción

Redacción informativa
Escribe una **carta** a un amigo contándole sobre un tema musical que te guste. Usa algunas de las palabras del vocabulario que has aprendido en esta lección.

Música

Hacer tu propio instrumento musical
Haz un instrumento musical usando una caja de pañuelos de papel vacía y ligas de diferente grosor. Toca las "cuerdas" de tu instrumento y registra tus observaciones.

 Para hallar otros enlaces y actividades, visita www.hspscience.com

¿Semáforos en la escuela?

Verde significa avanzar y *rojo* significa detenerse, ¿verdad? En algunas escuelas, eso es exactamente lo que significa. Sin embargo, no estamos hablando de automóviles en la calle, sino de las voces de los estudiantes en las cafeterías.

Todos saben que las cafeterías de las escuelas pueden ser lugares ruidosos y que allí el sonido puede volverse muy intenso. Algunos directores de escuelas han encontrado una forma de manejar el problema: colocan *semáforos de conversación* en sus cafeterías.

Como un semáforo

El *semáforo de conversación* es un modelo igual a un semáforo de calle. Tiene circuitos computarizados en su interior que son sensibles al nivel de ruido de una sala. Según el nivel de ruido suba o baje, los circuitos cambian el color de la luz que se enciende.

Cuando las voces de los estudiantes están a niveles de conversación normales, se enciende la luz verde. Cuando el nivel de ruido aumenta, se enciende la luz amarilla. La luz amarilla advierte a los estudiantes que bajen la voz. El semáforo se pone en rojo y emite una señal sonora cuando el ruido se vuelve muy intenso.

Resultados silenciosos

Las escuelas informaron que el *semáforo de conversación* ha producido un gran cambio en el comportamiento de sus estudiantes durante la hora de almuerzo. Los *semáforos de conversación* permiten a los estudiantes controlar su propio nivel de ruido.

Cuando la luz amarilla se enciende, los estudiantes saben que tienen un minuto antes de que el semáforo se ponga en rojo. En algunas escuelas, nadie puede salir de la cafetería mientras la luz roja esté encendida, y eso puede acortar el recreo.

▲ Los semáforos pueden usarse también en el salón de clases.

PIENSA

1. ¿Cómo están conectados la luz y el sonido en un *semáforo de conversación*?
2. ¿Qué significan los tres colores?

¡Investiga más! Visita **www.hspscience.com**

487

Rebotando en las paredes

Cuando Amar Gopal Bose estaba en la universidad, decidió comprar un equipo de audio. Al llegar a su casa, Bose notó que no le gustaba la forma en que el equipo sonaba. Entonces, decidió estudiar el modo en que los altavoces producían sonido. Quería hacer un altavoz que sonara lo más parecido posible a la música en vivo.

Así, Bose inventó una nueva clase de altavoz. Los altavoces de Bose reflejaban el sonido en las paredes y el techo, exactamente igual como la música rebota en las paredes de una sala de conciertos. Bose siguió adelante y fundó la compañía Bose Corporation en 1964.

Profesión Técnico de sonido

Cuando estás en el cine, ves las imágenes. ¿Pero nunca has pensado en el sonido? Los técnicos de sonido son quienes llevan las explosiones y los gritos a la pantalla. Estos técnicos usan equipos especiales para grabar música, voces o efectos sonoros. Pueden trabajar en muchos lugares distintos, incluyendo estudios, estadios o incluso en la selva.

¡Investiga más! Visita
www.hspscience.com

¡Sí puedes!

Proyecto fácil y rápido

Derretir

Procedimiento

1. Elige tres lugares diferentes para dejar los cubitos de hielo. Predice cuál de los cubitos de hielo se derretirá más en 10 minutos.

2. Etiqueta tres vasos con las ubicaciones que usarás. Coloca un cubito de hielo en cada vaso.

3. Coloca los vasos en sus ubicaciones. Después de 10 minutos, observa los cubitos de hielo.

Materiales

- 3 cubitos de hielo del mismo tamaño
- 3 vasos de poliestireno

Sacar conclusiones

¿Qué cubito de hielo se derritió más? ¿Fue correcta tu predicción? ¿Qué conclusión puedes sacar a partir de tus observaciones?

Planea tu propia investigación

Cambio de color

Algunos materiales presentan diferentes colores bajo diferentes clases de luces. Haz una lista de las clases de luces que hay cerca de tu casa. No olvides las luces de la calle u otras luces exteriores. Diseña un experimento para ver cómo las distintas fuentes de luz afectan los colores que ves. Usa algo con muchos colores, como papel de regalo o una camisa de estampado brillante.

Repaso del vocabulario

Usa los siguientes términos para completar las oraciones. Los números de página te indican qué parte del capítulo mirar si necesitas ayuda.

conductor pág. 463

aislante pág. 464

reflexión pág. 468

refracción pág. 469

sombra pág. 470

absorbida pág. 474

opaco pág. 475

traslúcido pág. 475

vibraciones pág. 482

intensidad sonora pág. 482

tono pág. 483

1. El rebote de la luz en un objeto se llama _____.

2. La luz es "tragada", o _____, por algunos objetos.

3. Un objeto que no conduce bien el calor es un _____.

4. Un objeto que permite que pase una parte de la luz es _____.

5. Los movimientos de vaivén de la materia se llaman _____.

6. La zona oscura que se forma cuando un objeto bloquea la luz es una _____.

7. Un sonido puede tener un _____ alto o bajo.

8. La cantidad de energía que tiene un sonido es su _____.

9. Un objeto que no deja pasar la luz es _____.

10. Un material que permite que el calor se transmita fácilmente a través de él es un _____.

Comprueba lo que aprendiste

Escribe la letra de la respuesta correcta.

11. ¿Qué es lo que muestra esta imagen?

   A. conducción

   B. reflexión

   C. refracción

   D. vibración

12. Tamika tiene dos fotos de un árbol tomadas en diferentes días. Si compara las fotos, ¿qué puede observar para saber si las fotos fueron tomadas a la misma hora?

   F. el brillo de las reflexiones

   G. el tamaño de las reflexiones

   H. la dirección de las sombras

   J. la oscuridad de las sombras

13. ¿A través de cuál de estos materiales el sonido viaja más lentamente?

A. aire   **C.** acero

B. vidrio   **D.** agua

14. ¿Cuál de los siguientes objetos es transparente?

F.

G.

H.

J.

15. IDEA PRINCIPAL Y DETALLES

¿Cuál de estos materiales es un buen aislante?

A. aluminio   **C.** cobre

B. tela   **D.** acero

16. CAUSA Y EFECTO Cuando la luz atraviesa las gotas de agua en el aire, ¿qué aparece en el cielo?

F. un relámpago

G. una sombra

H. una tormenta

J. un arco iris

Destrezas de examinación

17. Jason estaba mirando una obra de teatro y vio que la camisa blanca de un actor cambiaba de color, de blanco a rojo y después a verde. ¿Qué puedes inferir acerca de las luces del escenario?

18. Te paras enfrente de un espejo y levantas tu mano derecha. Predice lo que verás en el espejo.

Razonamiento crítico

19. María sostiene un cubito de hielo. ¿El calor se transmite de su mano al cubito de hielo o del cubito de hielo a su mano? Explica tu respuesta.

20. La mayoría de las ollas y las sartenes están hechas de algún tipo de metal. Explica por qué están hechos de metal y no de madera o plástico.

Explorar las fuerzas y el movimiento

Capítulo 15 Las fuerzas y el movimiento

Capítulo 16 El trabajo y las máquinas

CIENCIAS FÍSICAS

○○○ **Faro Cape May**

PARA: sarah@hspscience.com

DE: jason@hspscience.com

TEMA: Cape May, New Jersey

Querida Sarah:

Mi familia fue a visitar el faro Cape May. La fuerza del mar dañó los dos primeros faros que allí se construyeron. Un tercer faro se construyó en 1859, y todavía sigue en pie. Su haz de luz se ve cada quince segundos. El faro usa una bombilla de 1,000 vatios, equivalente a la luz de 350,000 velas. ¡Esa sí que es una lamparilla!

Jason

Museo de St. Louis City

Querida Tina:

¿Intentaste alguna vez trepar por un resorte gigante y sinuoso? El museo de St. Louis City construyó uno, a manera de laberinto. ¡Me divertí mucho buscando la salida! Fue más difícil de lo que imaginas. La próxima vez que me visites, podríamos ver quién llega primero a la salida.

Tu amigo por correspondencia,

Bob

¡Experimenta!

Haz una pista de obstáculos Una pista de obstáculos está llena de fuerzas y movimientos. Para llegar a la meta, debes moverte hacia arriba y hacia abajo, atrás y adelante y a izquierda y derecha. Intenta construir una pista de obstáculos para una pelota. ¿Puedes controlar la velocidad a la que la pelota se mueve en la pista? ¿Cómo se mueve la pelota en diferentes direcciones? Planea y haz un experimento para descubrirlo.

Capítulo

15 Las fuerzas y el movimiento

Lección 1 ¿Qué es el movimiento?

Lección 2 ¿Qué son las fuerzas?

Lección 3 ¿Cómo se mueven las ondas?

Vocabulario

movimiento
distancia
velocidad
fuerza
gravedad
peso
onda
cresta
depresión
longitud de onda

Para construir un juego como este, se necesita comprender las fuerzas y el movimiento. ¿Qué hace que los columpios se alejen del poste central? ¿Qué los atrae nuevamente?

¿Qué es el movimiento?

Datos breves

Flipper veloz En un flipper, la pelota puede alcanzar una velocidad de ¡145 kilómetros (90 millas) por hora! La pelota se mueve en muchas direcciones. En la sección "Investigación" experimentarás con diferentes tipos de movimientos.

Haz que se mueva

Materiales   • arcilla o plastilina   • hilo (25 cm de largo)

Procedimiento

1. Moldea dos trozos de arcilla o plastilina. Con uno de los trozos, haz una pelota. Con el otro, haz un anillo.

2. Haz que la pelota se mueva en línea recta. Haz que se mueva a diferentes velocidades. Registra tus observaciones.

3. Haz que la pelota se mueva en zigzag. Registra tus observaciones.

4. Ata el hilo al anillo. Sujeta el hilo por su extremo. Balancea el anillo para que se mueva en vaivén y luego en círculos. Registra tus observaciones.

5. Comunica tus observaciones haciendo dibujos de cada movimiento.

Sacar conclusiones

1. Haz una tabla como la que se muestra aquí. Registra cómo hiciste para mover los objetos.

2. **Destreza de examinación** Cuando interpretas datos, explicas lo que el dato significa. ¿Qué hiciste para que los objetos se movieran en diferentes direcciones?

Paso 4

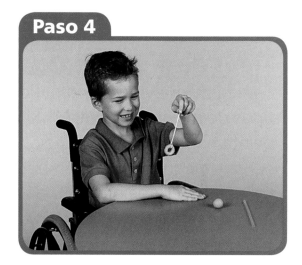

Tabla de movimiento

Patrón del movimiento	Forma de empujar o jalar el objeto
en línea recta y rápido	
en línea recta y lento	
en zigzag	
en vaivén	
en círculos	

Investiga más

Planea un experimento con un objeto diferente, moviéndolo solo y con el hilo. Intenta moverlo de la misma manera en la que moviste la pelota y el anillo.

VOCABULARIO

movimiento pág. 499

distancia pág. 500

velocidad pág. 502

CONCEPTOS CIENTÍFICOS

▶ qué es el movimiento

▶ cómo la distancia y el tiempo influyen en la velocidad

 DESTREZA DE LECTURA

COMPARAR Y CONTRASTAR

Busca diferentes maneras de describir cómo se mueven los objetos.

[semejanzas]————[diferencias]

Tipos de movimiento

Imagina que estás en el patio de recreo. ¿Qué tipos de movimiento ves? Una niña arroja una pelota hacia adelante. La pelota describe una curva y luego cae. Un niño bota su pelota de básquetbol. La pelota va hacia arriba y hacia abajo. Algunos niños corren rápido y en zigzag mientras juegan a la pega. Otros se balancean en vaivén en los columpios o hacia arriba y hacia abajo en los subibajas. Algunos otros dan vueltas en el carrusel.

Movimiento en línea recta

Puedes observar muchas clases de movimientos en el patio de recreo. La próxima vez que estés allí, piensa acerca de todas las maneras en que te mueves.

Movimiento en vaivén

Movimiento en zigzag

Movimiento en círculos

Un objeto puede moverse en una dirección o cambiar de dirección. Los objetos pueden moverse rápida o lentamente.

Cada objeto tiene una ubicación, o posición. El autobús escolar se detiene en la misma posición cada día, entonces sabes dónde esperarlo. Conoces la posición de la cafetería en tu escuela. La posición de la cafetería no cambia. ¿Cuál es tu posición en este momento?

El **movimiento** es un cambio de posición. Para llegar a la cafetería, necesitarás cambiar de posición. Es decir, necesitarás *moverte*. Cuando montas tu bicicleta por la calle, la bicicleta cambia de posición. Está en movimiento. Si estacionas la bicicleta, ya no cambia de posición. Ya no está más en movimiento.

⭐ Destreza clave **COMPARAR Y CONTRASTAR** ¿En qué se diferencian los distintos tipos de movimiento? ¿En qué se asemejan todos los tipos de movimiento?

Movimiento rápido y movimiento lento

499

Distancia, dirección y tiempo

Imagina que estás de viaje con tu familia y preguntas cuánto más tienes que viajar para llegar a la próxima ciudad. Lo que deseas saber es la distancia. La **distancia** es cuán lejos está un lugar de otro.

La distancia se mide a menudo en pulgadas, yardas o millas. Los científicos usan unidades de centímetros, metros y kilómetros. Puedes usar una regla para medir distancias.

Es importante conocer la dirección del movimiento. El automóvil de tu familia está viajando hacia el *este*, desde Chicago a New York. Tu amigo arroja una pelota hacia *arriba*.

Las Matemáticas en las Ciencias
Interpretar datos

El gráfico muestra la velocidad promedio de diferentes razas de perros. ¿Cuánto más rápido es el cocker spaniel que el basset hound?

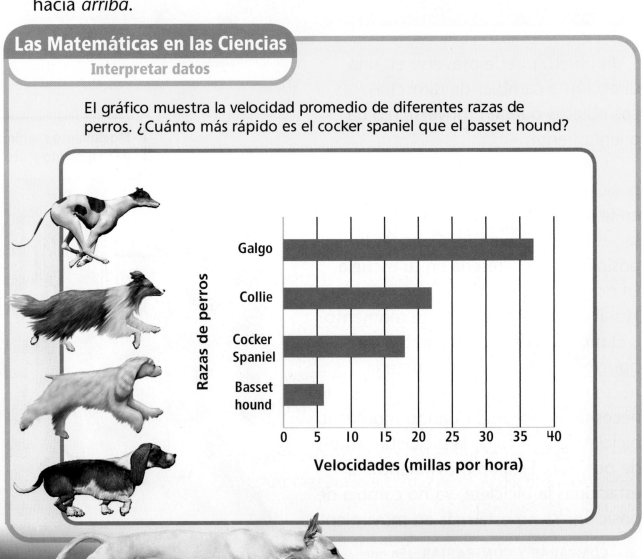

◀ El galgo es un corredor muy veloz. Puede recorrer una gran distancia en poco tiempo.

▲ Esta patinadora sobre hielo avanza muy rápido. Recorre una gran distancia en poco tiempo. Su dirección cambia a medida que toma las curvas de la pista.

El tiempo es otro de los aspectos importantes del movimiento. El tiempo mide cuánto tarda un objeto en moverse. Algo que se mueve rápido recorre una gran distancia en poco tiempo. ¡Un estudiante veloz de tercer grado puede correr 50 metros en 10 segundos! ¡Un caracol necesita una hora para recorrer la misma distancia!

En las ciencias, el tiempo a menudo se mide en segundos. Minutos, horas, días y años son otras unidades de tiempo.

⭐ **COMPARAR Y CONTRASTAR** Estás caminando desde la escuela hacia tu casa. Tu padre conduce desde tu casa hacia la escuela. ¿En qué se diferencia tu movimiento del movimiento de tu padre?

▲ El movimiento de la miel es lento. Su dirección es recta y hacia abajo.

501

Velocidad

La **velocidad** es la distancia que recorre un objeto en determinada cantidad de tiempo. Imagina que un león corre 80 kilómetros (50 mi) en una hora. Puedes hallar su velocidad usando el tiempo y la distancia.

Imagina que algunas cosas recorren la misma distancia en diferente tiempo. Sus velocidades serían diferentes. Un niño de tercer grado que corre 50 metros llanos tiene más velocidad que un caracol que recorre 50 metros.

¿Qué se puede decir de dos objetos que recorrieron distancias diferentes en el mismo tiempo? El objeto que viajó más lejos tuvo una velocidad mayor.

COMPARAR Y CONTRASTAR Imagina que una cebra corre 15 kilómetros en una hora y que un oso pardo corre 10 kilómetros en una hora. ¿Qué animal tiene mayor velocidad?

Minilab

Llegar rápido

Usa una regla de un metro para medir 10 metros. Marca la distancia con cinta adhesiva. Usa un cronómetro para medir cuánto tardas en recorrer la distancia caminando. Luego, toma el tiempo que tardas gateando. ¿Fue mayor tu velocidad gateando o caminando?

Los aleteos de un colibrí duran menos de un segundo.

Las plantas giran hacia el sol tan lentamente que no puedes ver su movimiento. Este movimiento se mide en días.

1. COMPARAR Y CONTRASTAR Copia y completa el siguiente organizador gráfico.

Tipos de movimiento	En línea recta	En zigzag	En círculos	En vaivén
Ejemplo	**A** _____	**B** _____	**C** _____	**D** _____

2. RESUMIR Usa las palabras de vocabulario para escribir un resumen de la lección.

3. SACAR CONCLUSIONES Para ir de un lugar a otro, ¿sería más rápido moverse en zigzag o caminar en línea recta? ¿Por qué?

4. VOCABULARIO Escribe un juego de preguntas y respuestas que use todos los términos de vocabulario.

Preparación para la prueba

5. ¿Qué cambia cuando un objeto se mueve?
   A. su dirección
   B. su altura
   C. su posición
   D. su forma

Enlaces

Redacción

Redacción informativa
Escribe un párrafo que **describa** los tipos de movimiento que ves cuando sales al recreo. Describe las velocidades y las distancias de las personas y de las cosas que observas.

Matemáticas

Resolver problemas
Usa una regla de un metro para medir la distancia entre dos paredes opuestas del salón de clases. Si cruzas el salón de clases cuatro veces, ¿qué distancia habrás caminado?

Para hallar otros enlaces y actividades, visita
www.hspscience.com

¿Qué son las fuerzas?

Datos breves

Súper trineos En los juegos olímpicos, ¡los trineos descienden la pista a velocidades que llegan a 145 kilómetros (90 mi) por hora! Estos niños no van tan rápido, pero se divierten mucho. En la sección "Investigación" verás cómo la altura del punto de partida influye en la velocidad.

504

Rampa de velocidad

Materiales • libros   • bandeja para hornear galletas   • bloque
   • regla en centímetros   • moneda de 1¢   • goma de borrar

Procedimiento

1 Haz una tabla como la que se muestra.

2 Apila los libros hasta alcanzar unos 5 cm de alto. Registra la altura de la pila.

3 Trabaja con un compañero. Coloca un extremo de la bandeja sobre los libros para construir una rampa.

4 Coloca la moneda de 1¢, el bloque y la goma en la parte superior de la rampa. Sujeta los objetos para que no se muevan. Deja que los objetos se deslicen al mismo tiempo.

5 Registra qué tan rápido se desliza cada objeto. Usa términos como *más rápido, más lento, no se movió.*

6 Agrega libros para que la rampa tenga unos 10 cm de alto. Repite los Pasos 2 a 5.

7 Agrega libros para que la rampa tenga unos 15 cm de alto. Repite los Pasos 2 a 5.

Tabla de velocidad		
	Altura de los libros	Velocidad
Moneda de 1¢		
Bloque		
Goma		

Paso 3

Sacar conclusiones

1. Compara las velocidades de los objetos al deslizarse. Registra tus observaciones.

2. **Destreza de examinación** Cuando infieres, haces un pronóstico basándote en lo que observas. Infiere por qué cambia la velocidad a la que se deslizan los objetos.

Investiga más

Predice de qué manera cambiarán tus resultados si cubres con aceite la bandeja para hornear galletas. Inténtalo. Registra tus observaciones.

VOCABULARIO

fuerza pág. 506

gravedad pág. 510

peso pág. 510

CONCEPTOS CIENTÍFICOS

▶ cuáles son los tipos de fuerzas

▶ qué hacen las fuerzas

DESTREZA DE LECTURA

Destreza clave

IDEA PRINCIPAL Y DETALLES Busca detalles que describan las fuerzas.

Idea principal

detalle — detalle — detalle

Tipos de fuerzas

Para mover una pelota, puedes arrojarla, patearla o golpearla con un bate. Cualquier forma de empujar o jalar es una **fuerza**. Debes ejercer fuerza sobre un objeto para moverlo. Un objeto se mantendrá en movimiento hasta que otra fuerza lo detenga. Cuando atrapas una pelota en movimiento, la fuerza de tu mano detiene la pelota.

La *fricción* es una fuerza que frena las cosas o que disminuye su movimiento. Cuando dos objetos se frotan entre sí, se produce fricción. La mayoría de las superficies ásperas producen mayor fricción que las superficies lisas. Puedes deslizarte con mayor facilidad sobre el hielo que sobre la tierra o el pasto.

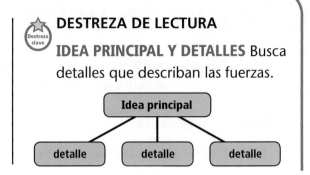

El cohete es empujado hacia arriba por la fuerza de sus motores.

▲ Cuando abres un cajón, usas una fuerza de jalar.

Fuerzas en acción

Cuando el lagarto basilisco corre rápido en el agua, parece desplazarse sobre ella. Si la fuerza que lo impulsa hacia delante dejara de actuar, el lagarto comenzaría a hundirse.

Para hallar otros enlaces y actividades, visita
www.hspscience.com

Las fuerzas también hacen que los objetos cambien de dirección. Para que la bicicleta doble, ejerces fuerza sobre el manubrio. Cuando empujas hacia abajo un extremo del subibaja, el otro extremo sube.

Algunas fuerzas ni siquiera tienen que tocar el objeto. Un imán puede usarse para empujar o jalar objetos hechos de hierro o acero. Este tipo de fuerza se llama fuerza magnética. Un imán puede jalar un clavo.

IDEA PRINCIPAL Y DETALLES Un imán levanta clips. ¿Qué tipo de fuerza es?

Minilab

Clips asombrosos
Coloca un poco de agua en un vaso y luego, con cuidado, un clip sobre la superficie del agua. Observa. Examina la tensión superficial. Luego, explica por qué el clip no se hunde.

Formas en que las fuerzas cambian el movimiento

Tres factores influyen en el movimiento de un objeto.

- la intensidad de la fuerza
- la dirección de la fuerza
- la masa del objeto

Cuanto mayor es la fuerza, mayor es el cambio en el movimiento. Si lanzas despacio una pelota, la pelota no se mueve rápido ni llega lejos. Si la lanzas con fuerza, la pelota se mueve más rápido y llega más lejos. Aplicas más fuerza sobre la pelota cuando la lanzas lo más fuerte que puedes.

Si un objeto no está moviéndose y una fuerza lo empuja o lo jala, el objeto se moverá en la dirección en la que fue empujado o jalado. Cuando jalas un objeto hacia arriba, lo levantas. Cuando empujas un objeto hacia la derecha, se mueve hacia la derecha.

Cuanto más pequeña es la masa de un objeto, más fácil es moverlo. Se necesita menos fuerza para levantar un lápiz que un libro. El lápiz tiene menos masa que el libro.

El hombre empuja el cochecito en la dirección en que quiere que se dirija.

508

▲ Cada una de estas personas ejerce una fuerza para mover el bote. Cuando las fuerzas actúan en la misma dirección, se suman convirtiéndose en una fuerza mayor. La suma de todas las fuerzas se llama fuerza neta.

Puedes sumar todas las fuerzas que empujan o jalan un objeto. La suma de esas fuerzas se llama fuerza neta. Imagina que tú y un amigo empujan una puerta en la misma dirección. La fuerza neta sobre la puerta equivale a tu empuje más el empuje de tu amigo.

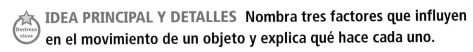 **IDEA PRINCIPAL Y DETALLES** Nombra tres factores que influyen en el movimiento de un objeto y explica qué hace cada uno.

Cuando fuerzas iguales actúan en direcciones opuestas, se anulan. La fuerza neta es cero.

Gravedad

Cuando lanzas una pelota al aire, sabes que caerá. La **gravedad** es la fuerza que atrae dos objetos uno hacia el otro. La pelota regresa a la Tierra porque la gravedad de la Tierra la atrae.

Entre la mayoría de los objetos, la gravedad es una fuerza muy débil. No se siente la fuerza de gravedad entre tu escritorio y tú. Pero la gravedad de la Tierra es muy fuerte. Esto sucede porque la Tierra es muy grande.

La fuerza de gravedad depende de la masa de cada objeto. El **peso** es la medida de la fuerza de gravedad que actúa sobre un objeto. Los objetos de masa grande tienen mayor peso.

 IDEA PRINCIPAL Y DETALLES ¿A qué puede atraer con más fuerza la gravedad, a un caballo o a un cachorro? ¿Cómo lo sabes?

¿Por qué cae el agua luego de ser lanzada con fuerza desde la fuente?

¡La fuerza de gravedad atrae los carritos de la montaña rusa hacia la Tierra en un viaje emocionante!

1. IDEA PRINCIPAL Y DETALLES Copia y completa el siguiente organizador gráfico.

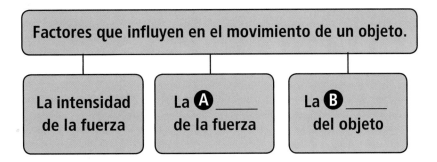

Factores que influyen en el movimiento de un objeto.

| La intensidad de la fuerza | La **A** _____ de la fuerza | La **B** _____ del objeto |

2. RESUMIR Escribe un resumen de la lección. Comienza con la siguiente oración: *El movimiento de un objeto cambia debido a que una fuerza lo empuja o jala.*

3. SACAR CONCLUSIONES ¿Por qué, cuando montas en bicicleta, es más fácil bajar una colina que subirla?

4. VOCABULARIO Haz oraciones con los términos *fuerza, gravedad* y *peso.*

Preparación para la prueba

5. Razonamiento crítico
Imagina que pateas una pelota de costado. ¿En qué dirección se moverá? Explica tu respuesta.

Enlaces

Redacción

Redacción narrativa
La Luna es más pequeña que la Tierra, por lo tanto la gravedad de la Luna es más débil que la de la Tierra. Escribe un **cuento breve** sobre un día en la Luna. ¿De qué manera la menor gravedad afectaría tus movimientos?

Educación Física

Experimentar con las fuerzas
Consigue pelotas de diferentes deportes. Arrójalas con diferentes cantidades de fuerza. Empújalas en diferentes direcciones. Luego, escribe un párrafo que describa tus observaciones.

Para hallar otros enlaces y actividades, visita
www.hspscience.com

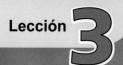
¿Cómo se mueven las ondas?

Datos breves

¡Ondas! Las ondas del agua pueden ser diminutas, como estas ondas en un estanque. Las olas del océano, que también son ondas, son más grandes. La ola más grande que pudo medirse alcanzó 520 metros (1700 pies) de alto. En la sección "Investigación" verás cómo se mueven dos tipos diferentes de ondas.

Dos tipos de ondas

Materiales
- cuerda de aproximadamente 2 metros de largo
- juguete de resorte

Procedimiento

1 Sujeta uno de los extremos de la cuerda. Tu compañero sujetará el otro extremo. Deja que la cuerda cuelgue libremente entre ustedes.

2 Mueve uno de los extremos de la cuerda suavemente hacia arriba y hacia abajo mientras tu compañero sujeta y mantiene quieto el otro extremo. Luego, mueve la cuerda más rápidamente. Observa lo que sucede.

3 Coloca el juguete de resorte sobre una mesa o en el piso. Haz que tu compañero sostenga y mantenga uno de los extremos quieto. Empuja el otro extremo del juguete unos 10 cm hacia tu compañero. Luego, jala y empuja el extremo hacia atrás y hacia adelante. Observa lo que sucede.

4 Registra tus observaciones haciendo diagramas para los Pasos 2 y 3.

Paso 2

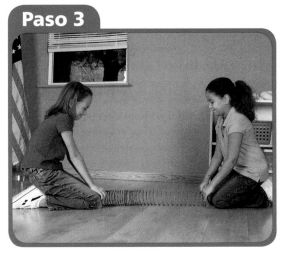

Paso 3

Sacar conclusiones

1. ¿De qué manera la fuerza que aplicaste sobre la cuerda la afectó? ¿Qué sucedió cuando la moviste más rápidamente?

2. **Destreza de examinación** Cuando comparas cosas, buscas ver en qué se asemejan. Compara los movimientos de las ondas en la cuerda con las ondas en el juguete.

Investiga más

¿Qué predices que sucederá cuando muevas el juguete de resorte de la misma manera que moviste la cuerda? Inténtalo y observa.

VOCABULARIO

onda pág. 514

cresta pág. 516

depresión pág. 516

longitud de onda
   pág. 516

**CONCEPTOS
CIENTÍFICOS**

▶ cuáles son los tipos
   de ondas

▶ cómo se miden las
   ondas

DESTREZA DE LECTURA

IDEA PRINCIPAL Y DETALLES

Busca tipos de ondas y partes de
una onda.

Tipos de ondas

Aunque vivas lejos de las olas del océano,
muchos otros tipos de ondas te rodean. La luz se
desplaza en forma de ondas, y también el sonido.
Las microondas cocinan tu alimento. El doctor usa
ondas de rayos X para tomar imágenes del interior
de tu cuerpo.

Una **onda** es una perturbación que viaja a través
de la materia o el espacio. Las ondas alteran la
materia al provocar su movimiento. Esto sucede
porque las ondas transportan energía. Las ondas
pueden viajar a través de sólidos, líquidos y gases.
Algunas ondas pueden incluso viajar en el vacío.

**Las ondas alteran las
partículas de agua.** ▼

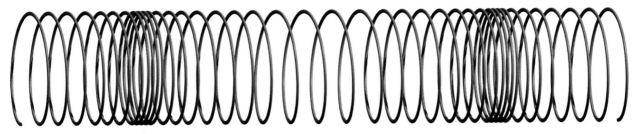

▲ Un juguete de resorte que se contrae y expande produce una onda hacia atrás y hacia adelante.

Las ondas sonoras de este xilófono llevan energía sonora a tus oídos. Las ondas sonoras se desplazan hacia atrás y hacia adelante. ▶

Las ondas se producen cuando algo vibra. Las cosas que vibran se mueven en vaivén, hacia atrás y hacia adelante. Cuando hablas, tus cuerdas vocales vibran rápidamente para producir ondas sonoras.

Existen dos tipos de ondas. Algunas ondas se mueven hacia arriba y hacia abajo. Las ondas de radio y las ondas de luz son algunos ejemplos de este tipo de ondas. Algunas ondas, como las ondas sonoras, se mueven hacia atrás y hacia adelante.

IDEA PRINCIPAL Y DETALLES
¿Qué es una onda?

Minilab

¡Muévela!
Esparce algunas migas de pan sobre un molde de aluminio para tarta. Luego, coloca junto al molde una bandeja para hornear galletas. Golpea la bandeja con una cuchara grande de madera. Observa las migas. ¿Qué hace que se muevan?

Medir ondas

Hay partes de las ondas que se pueden medir. La **cresta** es el punto más alto de la onda. La **depresión** es el punto más bajo de la onda. Cuanto mayor es la distancia entre estos dos puntos, más grande es la onda y más energía transporta.

Las fuerzas influyen en la cantidad de energía que transportan las ondas. Una roca que se arroja en un estanque producirá ondas más grandes que un guijarro. Imagina que golpeas fuertemente un tambor. El sonido es más fuerte que si lo golpeas suavemente.

Los científicos también miden otras características de las ondas. La **longitud de onda** es la distancia desde un punto de la onda al mismo punto de la onda siguiente.

La longitud de onda se puede medir como la distancia desde una cresta a la cresta siguiente o desde una depresión a la depresión siguiente.

 IDEA PRINCIPAL Y DETALLES ¿Qué medida indica cuánta energía transporta una onda?

Medir ondas es fácil si las imaginas como si fueran colinas y valles. ▼

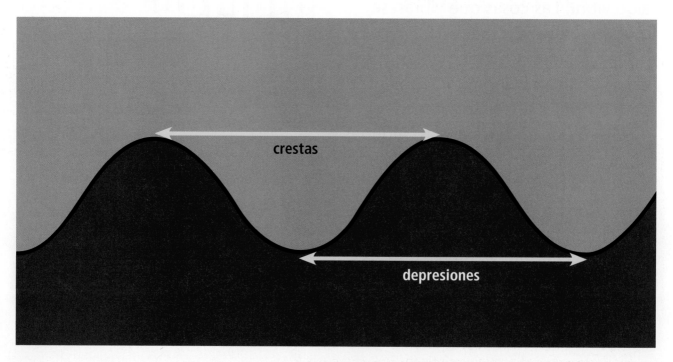

crestas

depresiones

1. IDEA PRINCIPAL Y DETALLES Copia y completa el siguiente organizador gráfico.

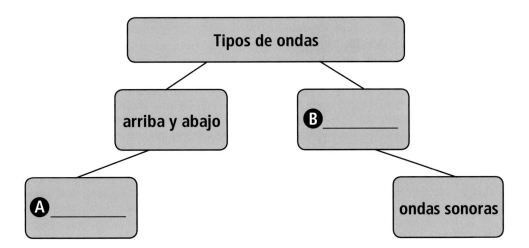

Tipos de ondas

arriba y abajo

B _____

A _____

ondas sonoras

2. RESUMIR Escribe dos oraciones sobre el tema principal de esta lección.

3. SACAR CONCLUSIONES ¿Por qué las olas del océano pueden erosionar las rocas de la playa?

4. VOCABULARIO Haz un juego de preguntas y repuestas que incluya cada término de vocabulario de esta lección. Provee las respuestas.

Preparación para la prueba

5. ¿Cómo puede medirse la longitud de una onda?

   A. desde la depresión a la cresta

   B. desde la cresta a la longitud de onda

   C. desde la cresta a la depresión

   D. desde la cresta a la cresta siguiente

Enlaces

Redacción

Redacción narrativa

Imagina que eres una onda. Escribe una **descripción** de ti mismo. Indica qué tipo de onda eres, cómo te mueves y cómo se mide tu energía. Describe cómo puede cambiar la cantidad de energía que transportas.

Matemáticas

Medir la longitud de onda

Mira las dos ilustraciones de ondas. Mide sus longitudes. ¿Cuánto más larga es la onda A que la onda B?

A.

B.

 Para hallar otros enlaces y actividades, visita
www.hspscience.com

Levantar vuelo

Michael Moshier siempre creyó que podría volar. Ahora, muchas otras personas también creen que él puede hacerlo.

No mucho tiempo atrás, Moshier voló a una altura de aproximadamente 60 cm (2 pies). Esto podría parecer poco, pero lo consiguió sin más ayuda que una mochila voladora de su invención, a la que llamó *SoloTrek*.

Hacia arriba

SoloTrek era lo que los científicos llaman un prototipo, o una versión de prueba. Su peso es aproximadamente 147 kg (325 libras) y puede decirse que es una máquina voladora personal. La máquina se eleva en el aire por acción de dos propulsores, llamados conductos, que fuerzan el aire en la dirección a la que apuntan. Por ejemplo, si el piloto inclina los conductos hacia delante, la aeronave vuela hacia delante. Si los conductos se inclinan hacia arriba, la aeronave se eleva.

Más grande y mejor

A partir del prototipo *SoloTrek*, la compañía *Trek Aerospace* construyó otros vehículos de prueba para transportar personas o carga. Una nueva máquina, llamada *Dragonfly*, mide 4 m (13.1 pies) de largo y puede llevar 205 kg (450 libras) de carga, es decir, aproximadamente el peso de cinco estudiantes de tercer grado. La máquina puede volar a una velocidad máxima de 378 km (235 millas) por hora.

Volar solo

Dragonfly está siendo probado en dos versiones: con piloto y sin piloto. Algún día, la versión sin piloto podría ser usada por militares o bomberos para transportar suministros a zonas peligrosas.

La compañía que fabrica *SoloTrek* tiene depositadas grandes esperanzas en sus máquinas. Militares o bomberos podrían ser los primeros compradores. La compañía espera que las familias puedan algún día comprar estas máquinas voladoras personales para recorrer la ciudad. Tal vez, cuando tengas edad suficiente, podrás llevar a tus niños a practicar fútbol en tu propia aeronave personal.

PIENSA

1. Durante su prueba de vuelo, ¿cómo se puso *SoloTrek* en movimiento?
2. ¿Cómo usarías tu propia aeronave personal?

235 mph

450 libras

¡Investiga más! Visita **www.hspscience.com**

519

LOS NIÑOS TOMAN VUELO

Michael Zollars, de 10 años, realizó recientemente el paseo de su vida. Junto a un piloto, voló en un pequeño avión. "¡Fue divertido!", dijo Michael. "Pude tomar los controles por un rato".

Michael participó del programa Águilas Jóvenes. El objetivo del programa era permitir que cerca de un millón de niños pudieran realizar vuelos gratis en aviones privados. El programa finalizó el 17 de diciembre de 2003, día del centésimo aniversario del primer vuelo a motor realizado por los hermanos Wright. Wilbur y Orville Wright construyeron su primer aeroplano a motor, el *Flyer*, en 1903 y lo probaron en Kitty Hawk, North Carolina.

1903	1927	1939	1958	1961	1969
Los hermanos Wright realizan su primer vuelo en un avión a motor.	Charles Lindbergh realiza su primer vuelo sin escalas a través del océano Atlántico.	Primer vuelo exitoso de un avión a chorro.	Comienza el servicio de pasajeros a través del océano Atlántico con aviones con motor a reacción.	Rusia envía el primer hombre al espacio.	Astronautas de Estados Unidos llegan a la Luna.

¡Investiga más! Visita
www.hspscience.com

¡Sí puedes!

Proyecto fácil y rápido

Fuerza neta

Procedimiento

1. Coloca el libro sobre una mesa o en el piso. Empújalo por uno de sus costados. ¿Cómo se mueve?

2. Empuja el libro sobre el lado más cercano al que acabas de empujar. ¿Cómo se mueve?

3. Empuja sobre ambos lados al mismo tiempo. ¿En qué dirección se mueve el libro?

Materiales
• libro

Sacar conclusiones

¿Por qué el libro se movió en una nueva dirección en el Paso 3? ¿Qué crees que habría sucedido si empujabas el libro sobre los lados opuestos?

Planea tu propia investigación

Fricción

La fricción es una fuerza que no puedes ver. Hace que los objetos disminuyan su marcha cuando dos superficies se frotan entre sí. Planea una investigación para hallar más información sobre la fricción. Encuentra algunas superficies que sean lisas y otras rugosas. Luego, elige un objeto y trata de moverlo a través de las diferentes superficies. ¿Qué superficie provoca más fricción? ¿La superficie lisa o la rugosa?

Repaso del vocabulario

Usa los términos de abajo para completar las oraciones. Los números de página te indican qué parte del capítulo debes mirar si necesitas ayuda.

movimiento pág. 499
distancia pág. 500
velocidad pág. 502
fuerza pág. 506
gravedad pág. 510
peso pág. 510
onda pág. 514
cresta pág. 516
depresión pág. 516
longitud de onda pág. 516

1. La _____ es el punto más alto de una onda.

2. El _____ es un cambio de posición.

3. La medida de la fuerza de gravedad que actúa sobre un objeto es el _____ del objeto.

4. Cualquier forma de empujar o jalar es una _____.

5. La distancia entre una cresta y la cresta siguiente es la _____.

6. La distancia que recorre un objeto en un determinado período es su _____.

7. Una perturbación que viaja a través de la materia o el espacio es una _____.

8. El punto más bajo de una onda es la _____.

9. La fuerza que atrae dos objetos es la _____.

10. Cuan lejos llega un objeto es la ____.

Comprueba lo que aprendiste

Escribe la letra de la respuesta correcta.

11. Un niño empuja una caja que está sobre el piso. La caja se mueve a la derecha. ¿En qué dirección probablemente empuja el niño?
   A. hacia la izquierda
   B. hacia la derecha
   C. hacia abajo
   D. hacia arriba

12. ¿Qué transportan las ondas de un lugar a otro?
   F. energía
   G. movimiento
   H. velocidad
   J. longitud de onda

13. COMPARAR Y CONTRASTAR Dos caballos jalan de una carreta en la misma dirección y con la misma fuerza. ¿Cómo se compara la fuerza neta con la fuerza de cada uno de los caballos?

A. La fuerza neta es el doble de la fuerza de cada caballo por separado.

B. La fuerza neta es la mitad de la fuerza de cada caballo por separado.

C. La fuerza neta es igual a la fuerza de cada uno de los caballos por separado.

D. La fuerza neta es cero.

14. IDEA PRINCIPAL Y DETALLES Además del tiempo, ¿qué otra cosa debes conocer para calcular la velocidad?

F. la distancia   H. el movimiento

G. la fuerza   J. la longitud de onda

15. En la fotografía, las dos niñas empujan el baúl con igual fuerza. ¿En qué dirección se moverá?

A. Se moverá hacia la derecha.

B. Se moverá hacia la izquierda.

C. No se moverá.

D. Se moverá lentamente.

16. ¿Qué fuerza mantiene a tu libro sobre tu escritorio?

F. la electricidad

G. la gravedad

H. el magnetismo

J. la tensión superficial

Destrezas de examinación

17. Interpreta los datos que se muestran en la ilustración. ¿Qué onda tiene la menor longitud de onda? ¿Cómo lo sabes?

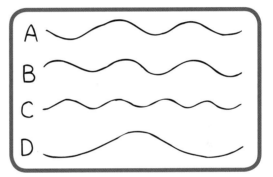

18. Compara dos diferentes tipos de onda.

Razonamiento crítico

19. Mira alrededor de tu cuarto. Encuentra tres objetos que puedan moverse y describe sus movimientos. Indica cuáles son las fuerzas que se necesitan para mover esos objetos.

20. Pesa algunos objetos de tu salón de clases. Registra sus pesos. ¿Qué objeto es jalado más fuertemente por la gravedad? ¿Cómo lo sabes?

Capítulo

16 El trabajo y las máquinas

Lección 1 **¿Qué es el trabajo?**

Lección 2 **¿Cuáles son algunas máquinas simples?**

Lección 3 **¿Cuáles son algunas otras máquinas simples?**

Vocabulario

trabajo
máquina simple
palanca
fulcro
rueda y eje
polea
plano inclinado
cuña
tornillo

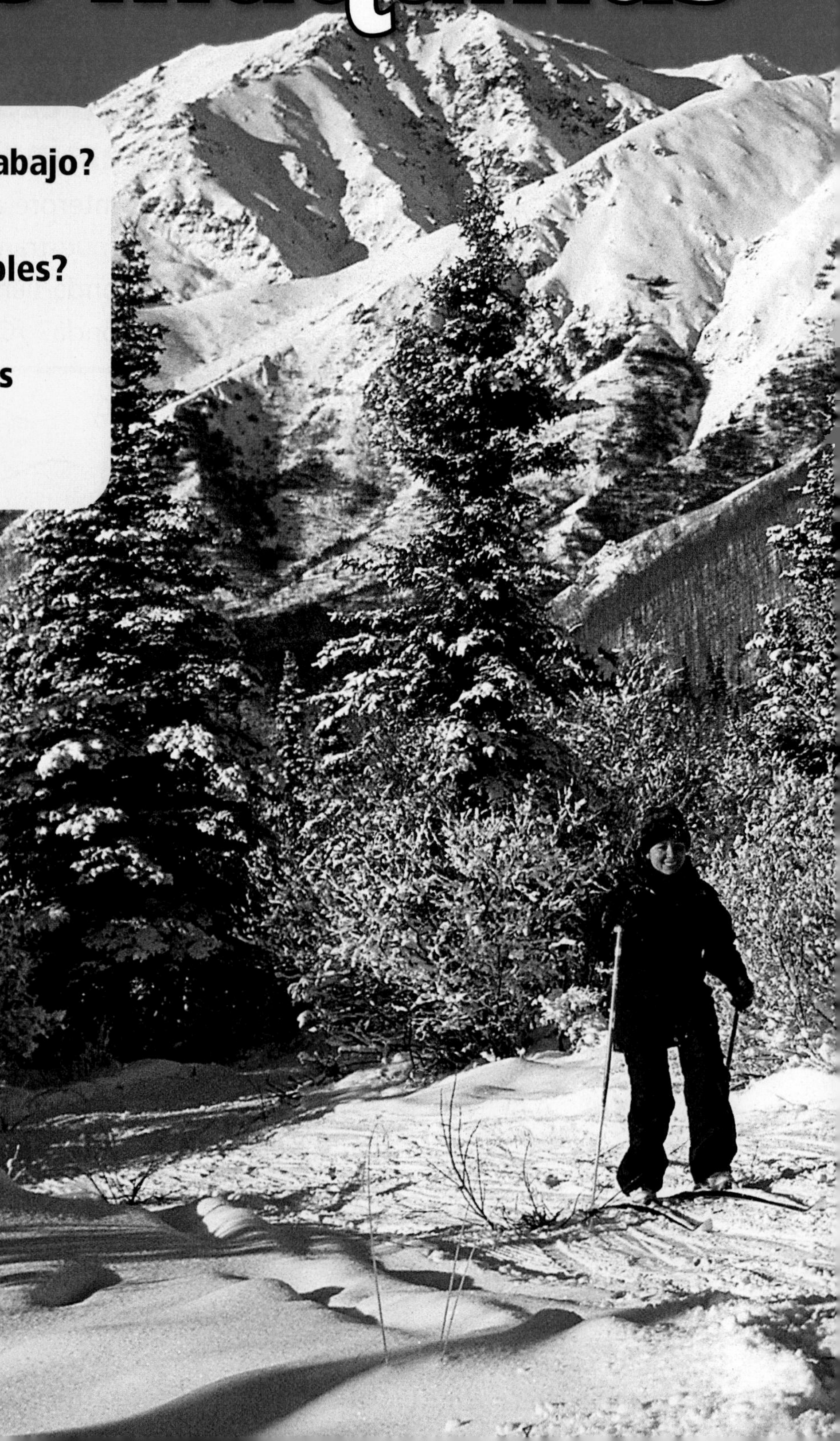

¿ Qué te preguntas ?

Pueden encontrarse máquinas simples en todas partes. ¿Qué máquinas simples puedes ver en esta fotografía? ¿En qué otras puedes pensar?

¿Qué es el trabajo?

Datos breves

¡Trabajo pesado! Esta niña pesa menos que el perro. Sin embargo, hace trabajo y usa máquinas simples para jalar al perro por el parque. En la sección "Investigación" usarás trabajo para mover un objeto.

Trabaja conmigo

Materiales
- gafas protectoras
- ficha del juego de damas
- papel para gráficas
- pajita para beber

Procedimiento

1 CUIDADO: Colócate las gafas protectoras. Trabaja con un compañero. Marca una línea de partida en el papel para gráficas. Ubica la ficha sobre el papel, detrás de la línea de partida.

2 Coloca un extremo de la pajita en tu boca y haz que el otro extremo toque el borde de la ficha. Sopla fuerte a través de la pajita.

3 Vuelve a colocar la ficha en el mismo punto sobre el papel. Haz que tu compañero presione sobre la ficha mientras repites el Paso 2. Registra tus observaciones.

Sacar conclusiones

1. ¿Soplaste con la misma fuerza sobre la ficha en cada oportunidad? Explica tu respuesta.

2. ¿Obtuviste resultados parecidos o diferentes en cada oportunidad? Explica tu respuesta.

3. **Destreza de examinación** A menudo, los científicos miden durante sus experimentos. ¿Cómo podrías usar el papel para gráficas para medir cuánto se movió la ficha?

Paso 2

Paso 3

Investiga más

Predice qué efecto tendría en tus resultados usar una pila de dos fichas en cada prueba. ¡Inténtalo!

VOCABULARIO

trabajo pág. 530

CONCEPTOS CIENTÍFICOS

▶ qué entienden los científicos por trabajo

DESTREZA DE LECTURA

Destreza clave

IDEA PRINCIPAL Y DETALLES

Busca detalles sobre trabajo.

Diferentes tipos de trabajo

La palabra *trabajo* se usa todo el tiempo. Los científicos también la usan, pero te sorprendería saber lo que significa trabajo para ellos.

Imagina que tu maestra te pide que resuelvas mentalmente un problema de matemáticas. Te sientas a pensar, y encuentras la respuesta. Tu maestra te felicita: ¡Buen trabajo! Sin embargo, un científico diría que no hiciste ningún trabajo.

Imagina ahora que quieres abrir un frasco. Haces fuerza sobre la tapa, pero no se mueve. Sientes que haz hecho mucho trabajo. Sin embargo, otra vez, los científicos dirían que lo que has hecho no es trabajo.

¿Es trabajo?

$3 + 5 - 2 + 1 = ?$

◀ Resolver un problema de matemáticas no es lo que los científicos llaman trabajo.

Si la tapa no se mueve, no estás haciendo ningún trabajo. ▶

Ahora, imagina que estás jugando al fútbol. Un jugador te pasa la pelota. A medida que la pelota se acerca, llevas tu pierna hacia atrás y luego pateas la pelota. La pelota vuela hacia arriba y adelante. ¡Haces un gol!

El público aplaude, y tú piensas: "Esto es divertido." No crees haber hecho ningún trabajo. Sin embargo, para un científico, has realizado trabajo.

 IDEA PRINCIPAL Y DETALLES ¿Qué ejemplo muestra lo que los científicos llaman trabajo?

Patear una pelota puede parecer un juego, pero los científicos dirían que es trabajo.

529

Un tipo de trabajo

Los científicos dicen que hay **trabajo** solamente cuando se usa una fuerza para mover un objeto. Si no usas una fuerza, no trabajas. Si nada se mueve, no has realizado trabajo.

¿Recuerdas el problema de matemáticas? Pensaste mucho para resolverlo, pero no moviste nada. Para un científico, entonces, no hiciste trabajo.

Ahora piensa cuando intentaste abrir el frasco. Aplicaste mucha fuerza sobre la tapa, pero la tapa no se movió. Por lo tanto, para un científico, no hiciste ningún trabajo.

¿Y el partido de fútbol? Tus músculos usaron fuerza para levantar tu pierna. Tu pie usó fuerza para patear la pelota. Para un científico, eso fue trabajo.

 IDEA PRINCIPAL Y DETALLES ¿Qué debe suceder para que haya trabajo? ¿De qué manera el niño en esta ilustración realiza trabajo?

¿Cómo puedes explicar que se aplicó trabajo sobre la pelota?

Medir el trabajo

Imagina que quieres mover un canasto lleno de juguetes de un lado a otro de la habitación. Para mover un canasto tan pesado, necesitarás usar mucha fuerza.

Si no puedes mover el canasto por ti mismo, deberás pedirle ayuda a un amigo. Así la fuerza sería lo suficientemente grande como para moverlo. También podrías sacar la mitad de los juguetes y entonces mover el canasto.

¿Cómo podrías medir la cantidad de trabajo que has hecho? Necesitarías medir la fuerza que usaste y la distancia que se movió el objeto.

⭐ **Destreza clave** **IDEA PRINCIPAL Y DETALLES** ¿Qué dos medidas indican la cantidad de trabajo que se ha hecho?

¿Qué ilustración muestra a la niña haciendo trabajo? ▶

lleno, no se mueve

medio lleno, se mueve

1. IDEA PRINCIPAL Y DETALLES Copia y completa el siguiente organizador gráfico.

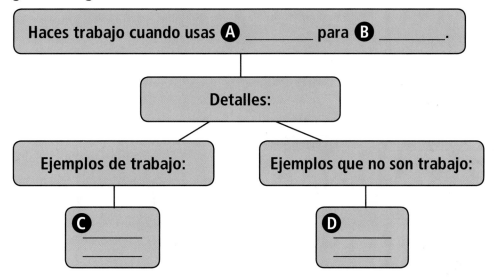

Haces trabajo cuando usas **A** _____ para **B** _____.

Detalles:

Ejemplos de trabajo:

C _____

Ejemplos que no son trabajo:

D _____

2. RESUMIR Usa el organizador gráfico para escribir un resumen de la lección.

3. SACAR CONCLUSIONES Heather quiere llevar su cesto de ropa sucia hasta la lavadora. El cesto es muy pesado y no puede levantarlo. ¿Qué puede hacer para llevarlo?

4. VOCABULARIO Escribe un ejemplo de trabajo.

Preparación para la prueba

5. ¿Cuál de las siguientes actividades **no** es un ejemplo de trabajo?

A. sentarse y leer

B. jugar a "buscar y traer" con el perro

C. jalar una silla a través de la habitación

D. empujar una caja de libros por el piso

Enlaces

Redacción

Redacción informativa
Piensa en los trabajadores de la comunidad. Menciona dos o tres tipos de empleos donde se hagan cosas que los científicos llamarían trabajo. Escribe una **descripción** de cómo las actividades de los trabajadores incluyen trabajo.

Arte

Arte del trabajo
Haz una ilustración de alguien realizando trabajo. Luego, en la parte de atrás del papel, haz una lista de las formas en que tú has realizado trabajo mientras hacías la ilustración.

Para hallar otros enlaces y actividades, visita
www.hspscience.com

2

¿Cuáles son algunas máquinas simples?

Datos breves

La importancia de las palancas Usamos palancas para hacer muchas cosas. ¿Sabías que el cascanueces es una palanca? En la sección "Investigación" aprenderás más acerca de la importancia de las palancas.

La ayuda de las máquinas simples

Materiales
- cuchara de medir
- 2 platos de cartón
- tapa de frasco
- arroz blanco y arroz integral, sin cocinar
- pinza

Procedimiento

1 Mide una cucharada grande de arroz blanco. Colócala en la tapa de frasco. Haz lo mismo con el arroz integral.

2 Mezcla los dos tipos de arroz dentro de la tapa.

3 Usa tus dedos para separar los tipos de arroz. **Registra** tus observaciones.

4 Vuelve a colocar el arroz que separaste en la tapa. Mézclalo nuevamente.

5 Ahora, usa la pinza para separar los tipos de arroz. **Registra** tus observaciones.

Paso 3

Paso 5

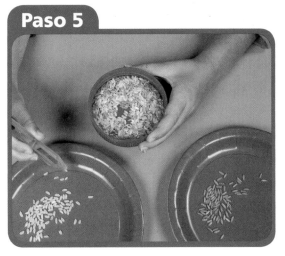

Sacar conclusiones

1. ¿Qué forma de separar el arroz fue más fácil? ¿Por qué?

2. ¿Qué es más seguro para manipular alimentos, usar tus dedos o una pinza?

3. **Destreza de examinación**
   Si el tiempo fuera importante para completar esta tarea, ¿habría alguna diferencia si usaras los dedos o la pinza? Repite la investigación y **mide** el tiempo.

Investiga más

Has medido cuánto se tarda en separar el arroz. Haz una gráfica de barras para **comparar** tu tiempo con el de 4 compañeros. ¿Hubo diferencias? ¿Por qué?

VOCABULARIO

máquina simple
   pág. 537
palanca pág. 538
fulcro pág. 538
rueda y eje pág. 540
polea pág. 542

CONCEPTOS CIENTÍFICOS

▶ qué son las máquinas simples

▶ de qué manera las palancas, las ruedas y ejes y las poleas facilitan el trabajo

DESTREZA DE LECTURA

Destreza clave

IDEA PRINCIPAL Y DETALLES
Busca detalles.

Idea principal
detalle · detalle · detalle

Máquinas simples

Imagina que el césped está cubierto de hojas secas. Tu trabajo consiste en juntarlas. Tomas un puñado de hojas y las pones en una bolsa de basura. Luego levantas otro puñado de hojas, luego otro y después otro más. ¡Esto llevará mucho tiempo!

El trabajo se haría más rápido si usaras una máquina. Una máquina es cualquier cosa que cambia la forma de realizar un trabajo. Por ejemplo, una sopladora de hojas es una máquina que permite juntar las hojas de manera fácil y rápida.

Otros ejemplos de máquinas son los automóviles, los lavaplatos y las bicicletas. Estas máquinas tienen muchas partes. Todas las partes juntas hacen que la máquina funcione.

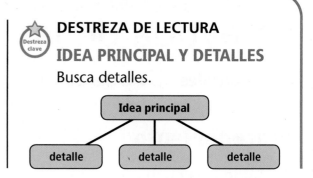

La sopladora de hojas tiene un motor. El motor suministra la fuerza para hacer el trabajo.

Pero no todas las máquinas tienen muchas partes. Si no tienes una sopladora de hojas, podrías usar un rastrillo para juntarlas. Aunque no tenga motor, un rastrillo también es una máquina. Un rastrillo es un ejemplo de máquina simple.

Una **máquina simple** tiene pocas partes móviles, o no tiene ninguna. El rastrillo no tiene partes móviles. Para usar una máquina simple solo aplicas una fuerza. Para usar el rastrillo, lo jalas con una mano.

⭐ **IDEA PRINCIPAL Y DETALLES** ¿Qué es una máquina simple?

◀ Con el rastrillo, el niño es quien ejerce la fuerza para que se realice el trabajo.

Las Matemáticas en las Ciencias

Interpretar datos

Gavin rastrilló todas las hojas del jardín. Luego las desparramó otra vez y usó una sopladora de hojas. ¿Cuánto tiempo podría haber ahorrado usando la sopladora de hojas la primera vez?

Juntar hojas	
Sopladora de hojas	🍂
Rastrillo	🍂 🍂 🍂

Clave: Cada 🍂 = 1 hora

La palanca

Un rastrillo es una palanca. Una **palanca** es una barra que pivota, o gira, sobre un punto fijo. Un punto fijo es un punto que no se mueve. El punto fijo de una palanca se llama **fulcro**.

Piensa en la forma en que sostienes el rastrillo cuando lo usas. Una mano sostiene el extremo del mango. Esa mano permanece quieta: es el fulcro. La otra mano jala la parte central del mango. El extremo del rastrillo junta las hojas.

Tu mano mueve la parte central del mango del rastrillo una cierta distancia. El extremo del rastrillo se mueve una distancia mayor, y así junta más hojas. Eso hace que el trabajo sea más fácil.

¿Todas las palancas trabajan de esta manera? No, pero una escoba y una caña de pescar son palancas que trabajan de esta manera. También tu brazo es una palanca. Y la articulación del codo es el fulcro.

Una escoba es una palanca que te ayuda a limpiar. ¿Dónde está el fulcro? ▼

fulcro

Minilab

Yo me pregunto

¿Dónde conviene colocar las manos cuando usas la escoba? Trata de colocar ambas manos en la parte superior del mango y luego en la parte inferior. ¿Qué ocurrirá si separas tus manos? ¿De qué forma podrías barrer más hojas?

Una pala es una palanca que cambia la dirección y la intensidad de una fuerza. Empujas sobre el mango con una cierta fuerza. Una fuerza mayor mueve la hoja de la pala hacia arriba, levantando la roca.

fulcro

Las palancas trabajan de diferentes maneras, dependiendo de dónde esté el fulcro y dónde apliques la fuerza. En la sección "Investigación" usaste una pinza. El fulcro de la pinza está en la bisagra.

Imagina que quieres mover una roca grande. Empujas la hoja de la pala por debajo de la roca. El suelo es el fulcro. Empujas sobre el mango hacia abajo y la hoja de la pala sube, levantado la roca. Una barreta funciona de la misma manera. Un cascanueces es también una palanca. Su fulcro está donde sus brazos se conectan. Cuando empujas al mismo tiempo los extremos de los brazos, uno contra otro, la fuerza rompe la nuez que está ubicada entre ellos.

fulcro

▲ Un cascanueces no cambia la dirección de la fuerza que aplicas. Aumenta la intensidad de esa fuerza.

⭐ **Destreza clave** **IDEA PRINCIPAL Y DETALLES** ¿Por qué el rastrillo, la pala y el cascanueces se consideran palancas?

La rueda y eje

Otro tipo de máquina simple es la rueda y eje. La **rueda y eje** consiste en una rueda y un eje que están conectados de tal forma que giran juntos.

Sabes que una bicicleta tiene ruedas y tal vez sepas que tiene ejes. Sin embargo, debido a que las ruedas y los ejes no están conectados y no giran juntos, no es lo que los científicos llamarían una máquina simple.

El picaporte de la puerta que se muestra en esta página es un ejemplo de rueda y eje. La rueda es el picaporte, y la varilla que está conectada al picaporte es el eje. El picaporte y la varilla forman una máquina simple, ya que están conectados y giran juntos.

Míralo en detalle

Rueda y eje:
El picaporte de la puerta

El picaporte es una rueda. La varilla conectada a ella es un eje. Al girar el picaporte, el eje también gira. Cuando esto ocurre, retraes el pistillo y la puerta se abre.

Para hallar otros enlaces y actividades, visita
www.hspscience.com

▲ Sin un destornillador sería muy difícil ajustar tornillos.

El mango del destornillador es la rueda que hace girar la varilla de metal, o eje. ▼

rueda

eje

El destornillador es otro ejemplo de rueda y eje. La varilla de metal es el eje. El mango es la rueda. A la varilla de metal le resultaría muy difícil girar por sí misma. Deberías ejercer mucha fuerza. El mango te permite girar la varilla de metal con menos fuerza, haciendo más fácil el trabajo.

 IDEA PRINCIPAL Y DETALLES ¿De qué manera la rueda y eje facilita el trabajo?

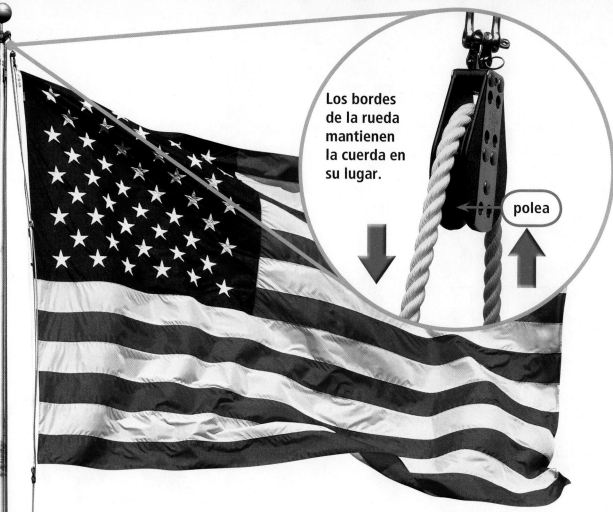

Los bordes de la rueda mantienen la cuerda en su lugar.

polea

cuerda

◄ Jalas la cuerda hacia abajo y la bandera sube.

La polea

Algunos pozos antiguos tienen otro tipo de máquina simple. Un balde está atado a una cuerda. La cuerda es parte de una máquina simple llamada polea. Una **polea** es una rueda con una cuerda a su alrededor. Jalas un extremo de la cuerda en una dirección y el otro extremo se mueve en la dirección opuesta.

En el pozo, el balde está atado a uno de los extremos de la cuerda. Sería difícil levantar el balde jalando la cuerda. Con la polea, puedes jalar hacia abajo, lo cual es más fácil, y entonces el balde sube.

Algunas cortinas y persianas tienen poleas. También los mástiles de las banderas. No sería cómodo trepar hasta el tope del mástil para izar la bandera. Si usas una polea, no tienes que hacerlo.

IDEA PRINCIPAL Y DETALLES ¿Cómo trabaja una polea?

Destreza clave

1. IDEA PRINCIPAL Y DETALLES Copia y completa el siguiente organizador gráfico.

Idea principal: Una máquina simple es una herramienta que trabaja solo cuando una fuerza actúa sobre ella.

Palanca	Rueda y eje	Polea

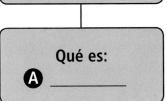 Qué es:

A _____

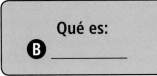 Qué es:

B _____

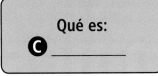 Qué es:

C _____

2. RESUMEN Escribe una oración que explique la información más importante de esta lección.

3. SACAR CONCLUSIONES ¿Qué máquina simple puedes usar para mover una canasta de frutas desde el piso a una casita en un árbol?

4. VOCABULARIO Escribe un ejemplo de cada clase de máquina simple que aprendiste en esta lección.

Preparación para la prueba

5. ¿Qué máquina simple usarías para abrir una lata de pintura?

   A. palanca

   B. palanca y polea

   C. polea

   D. rueda y eje

Enlaces

Redacción

Redacción informativa
Escribe a un niño de primer grado con **instrucciones** para izar una bandera usando una polea. Haz ilustraciones para acompañar tus instrucciones.

Salud

Las palancas del cuerpo
Encuentra un diagrama de un brazo humano, cópialo y rotúlalo para mostrar de qué manera el brazo trabaja como una palanca. ¿Qué otras partes del cuerpo trabajan de esa manera?

 Para hallar otros enlaces y actividades, visita
www.hspscience.com

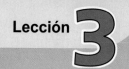

¿Cuáles son algunas otras máquinas simples?

Datos breves

¡Cuidado! Alguien que pesca en el hielo debe tener mucho cuidado cuando camina sobre el hielo para hacer una perforación con un taladro. Para soportar el peso de un adulto, el hielo debe tener un espesor de al menos 5 centímetros (2 pulg). En la sección "Investigación" medirás una fuerza usando una báscula de resorte.

Ayuda si está inclinado

Materiales
- gafas protectoras
- carro de juguete
- cinta métrica
- báscula de resorte
- hilo
- tabla
- silla

Procedimiento

1 **CUIDADO:** Colócate gafas protectoras. Usa la tabla para hacer una rampa desde el piso al asiento de la silla. Mide la distancia desde el piso a la silla. **Mide** en línea recta y a lo largo de la rampa. **Registra** ambas distancias.

Datos del trabajo					
	Distancia (cm)	Tiempo	Fuerza (newtons)	Iguales	Trabajo (newton-cm)
Sin rampa		x		=	
Con rampa		x		=	

2 Ata el hilo al carro de juguete. Une la báscula al hilo.

3 Sujeta el carro a la báscula y levántalo desde el piso en línea recta al asiento de la silla. **Registra** la fuerza que indica la báscula.

4 Sujeta el carro a la báscula y lentamente jálalo hacia arriba por la rampa, desde el piso hasta el asiento de la silla. **Registra** la fuerza que indica la báscula.

Sacar conclusiones

1. ¿De qué manera la rampa influyó en la fuerza que se necesita para levantar el carro?

2. ¿De qué manera la rampa afectó la distancia?

3. **Destreza de examinación** Los científicos **interpretan datos** para sacar conclusiones. ¿Qué conclusiones puedes sacar de tus datos?

Paso 4

Investiga más

¿Qué puede influir en la fuerza que se necesita para levantar el carro? **Planea y haz una investigación simple** para comprobar algunas variables.

VOCABULARIO

plano inclinado
   pág. 546

cuña pág. 548

tornillo pág. 550

**CONCEPTOS
CIENTÍFICOS**

▶ cómo se usan los
planos inclinados, las
cuñas y los tornillos

**DESTREZA DE LECTURA
COMPARAR Y CONTRASTAR**

Busca semejanzas y diferencias
entre los planos inclinados, las
cuñas y los tornillos.

(semejanzas)———(diferencias)

El plano inclinado

Imagina que quieres alcanzar la cima de esta colina.
Podrías tomar un sendero directo para subir la colina.
Eso resultaría más fácil que escalar un precipicio, pero
aun así llegarías muy cansado a la cima.

En cambio, podrías subir por un sendero que rodee la
colina. El sendero es más largo que la ruta directa, pero
es más fácil subir por una pendiente suave.

Ambas rutas son planos inclinados. Un **plano
inclinado** es una máquina simple que permite mover
y levantar cosas con mayor facilidad.

> Subir por el sendero directo no requiere mucho
> tiempo pero sí mucho trabajo. Tomar el sendero
> sinuoso requiere menos trabajo pero más tiempo.

rampa

Imagina que necesitas poner una caja de libros sobre un estante. Intentas levantar la caja, pero es demasiado pesada. Entonces, apoyas una tabla contra el estante y arrastras la caja hasta el extremo de la tabla. Un fuerte empujón mueve la caja hacia arriba por la rampa. Poco después, y con mucho menos esfuerzo, la caja está sobre el estante.

En este caso, usaste la tabla como una rampa. Una rampa es un ejemplo de plano inclinado. Las rampas se usan para retirar más fácilmente cosas de sótanos o para subir cosas a camiones.

▲ Es más fácil empujar este sillón por la rampa, hacia arriba, que levantarlo directamente hasta el camión.

COMPARAR Y CONTRASTAR
Destreza clave
¿En qué se parece una rampa a un sendero que sube una colina?

Una rampa puede facilitar la entrada a edificios de personas con discapacidades físicas. ▶

La cuña

Imagina que quieres poner una rodaja de tomate en tu emparedado. ¿Cómo puedes hacer para cortar una fina rodaja de un tomate entero? Es fácil: usas un cuchillo afilado. Para cortar el tomate, presionas el cuchillo hacia abajo. El cuchillo parte el tomate en dos trozos. En un instante, tienes una rodaja.

El cuchillo es una máquina simple a la que se llama cuña. Una **cuña** está compuesta por dos planos inclinados que, puestos uno contra otro, forman un ángulo agudo. Las cuñas se usan para hacer que dos cosas se separen o para partir una cosa en dos.

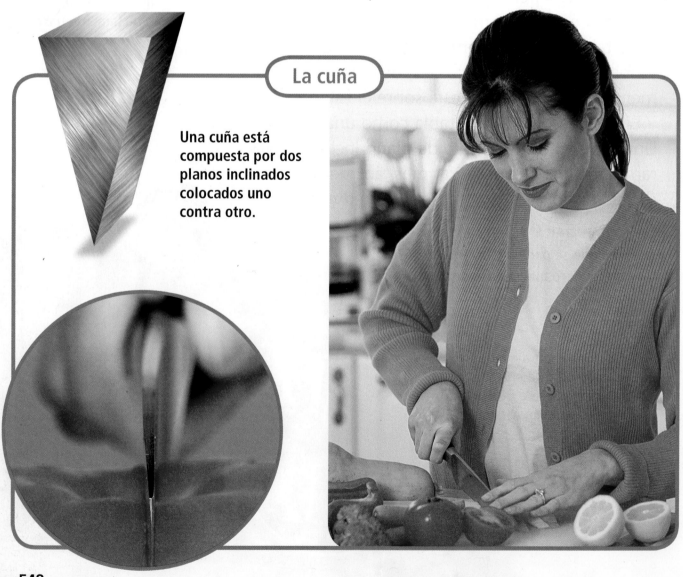

La cuña

Una cuña está compuesta por dos planos inclinados colocados uno contra otro.

Es fácil de observar la forma de cuña de esta hacha.

Un cincel también es una cuña. Este hombre usa un cincel para separar pequeños trozos de piedra caliza de la piedra principal.

Un hacha también es una cuña. Puede partir un tronco en dos trozos.

La hoja del hacha es similar a dos rampas. Para mover algo sobre la rampa, empujas un objeto hacia arriba. Para mover una cuña hacia abajo a través de un objeto, empujas la cuña hacia abajo. En ambos casos, algo se desliza a lo largo de una rampa.

 COMPARAR Y CONTRASTAR ¿En qué se asemejan una cuña y un plano inclinado? ¿En qué se diferencian?

El tornillo

Imagina que quieres sujetar dos trozos de madera. Podrías usar un clavo pero, al ser liso, el clavo podría salirse de la madera. Sería mejor usar un tornillo.

Un **tornillo** es una máquina simple que haces girar para levantar un objeto o sostener dos o más objetos juntos. Es como un clavo con rosca alrededor. La rosca hace que sea más difícil quitar el tornillo de la madera.

Un clavo entra directamente en la madera. Un tornillo da vueltas sobre su eje mientras penetra. Al entrar en la madera, un tornillo recorre más distancia que un clavo pero requiere mucho menos fuerza.

 COMPARAR Y CONTRASTAR ¿En qué se asemejan un tornillo y un plano inclinado? ¿En qué se diferencian?

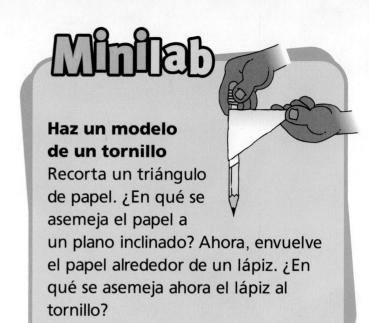

Algunos tornillos tienen roscas muy separadas. Otros tienen roscas que están más juntas y que se enrollan más veces alrededor del tornillo. Es más fácil hacer girar estos tornillos, pero requiere más tiempo. ▼

La rosca del tornillo mantiene unidas las piezas de madera.

1. COMPARAR Y CONTRASTAR Copia y completa el siguiente organizador gráfico.

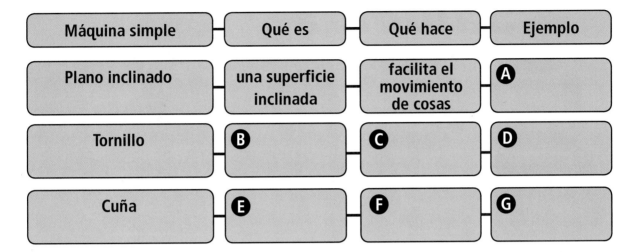

Máquina simple	Qué es	Qué hace	Ejemplo
Plano inclinado	una superficie inclinada	facilita el movimiento de cosas	**A**
Tornillo	**B**	**C**	**D**
Cuña	**E**	**F**	**G**

2. RESUMEN Usa el organizador gráfico para escribir un resumen de la lección.

3. SACAR CONCLUSIONES Matthew está armando un banco. Explica por qué sería mejor usar tornillos en lugar de clavos.

4. VOCABULARIO Escribe un párrafo en el que uses correctamente los términos *plano inclinado*, *cuña* y *tornillo*.

Preparación para la prueba

5. Tu amigo vive en la cima de una colina. ¿Qué máquina simple usarías para llegar a su casa?

  A. plano inclinado
  B. polea
  C. cuña
  D. palanca

Enlaces

Redacción

Redacción narrativa
Escribe un **cuento** acerca de un lugar imaginario en donde no existieran las máquinas simples. Tu cuento puede ser gracioso o serio. Recuerda elegir un nombre para tu lugar.

Estudios Sociales

Pirámides egipcias
Lee acerca de cómo los antiguos egipcios construían las pirámides. Investiga qué máquinas creen los científicos que usaban los egipcios y cómo las usaban.

Para hallar otros enlaces y actividades, visita
www.hspscience.com

Saluda a ASIMO

¿Te gustaría tener en tu casa un robot que te ayude, por ejemplo, a limpiar tu cuarto? Esa realidad puede estar mucho más cerca de lo que crees. Te presentamos a ASIMO, el robot humanoide más avanzado del mundo.

Este robot de 4 pies y 115 libras es casi como un humano. Balanceándose sobre sus dos piernas, ASIMO puede caminar, subir escaleras y hasta bailar. Este robot tiene dos brazos y dos manos, de manera que puede dar apretones de mano, sostener objetos, encender la luz y abrir puertas. Puede también reconocer rostros y voces.

Los científicos esperan que ASIMO sea capaz de ayudar en las tareas del hogar como, por ejemplo, sacar la basura.

Los ingenieros de una compañía japonesa tardaron más de 16 años en desarrollar a ASIMO. Su objetivo era construir un robot que mejorara la vida de las personas. "ASIMO fue creado con el propósito de ayudar, algún día, a las personas que lo necesiten", afirmó Koichi Amemiya, presidente de la compañía.

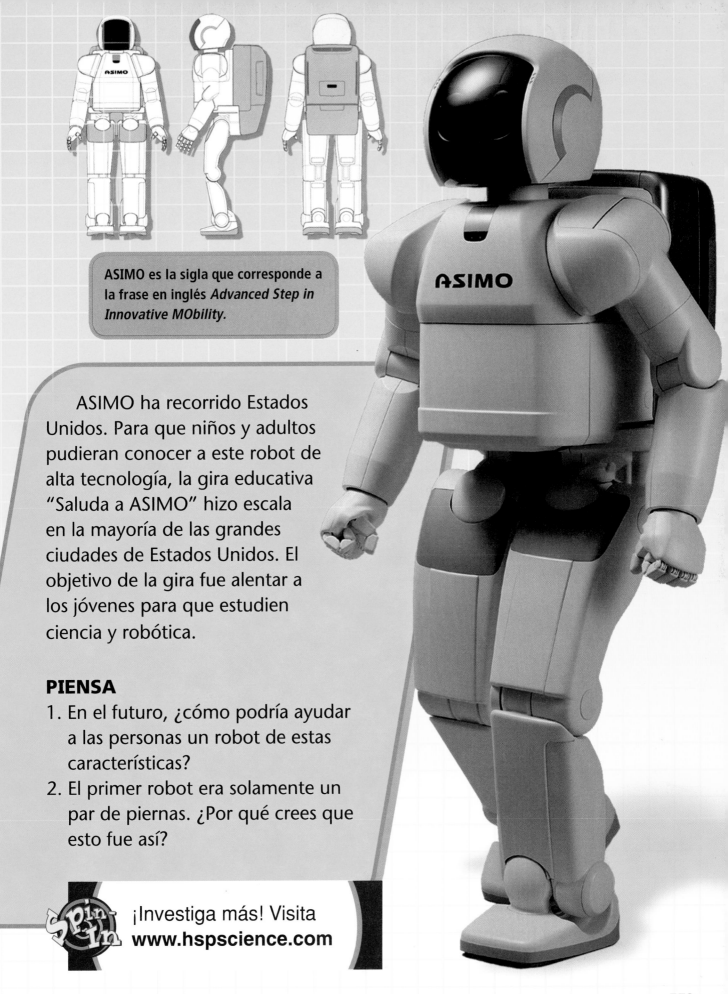

ASIMO es la sigla que corresponde a la frase en inglés *Advanced Step in Innovative MObility.*

ASIMO ha recorrido Estados Unidos. Para que niños y adultos pudieran conocer a este robot de alta tecnología, la gira educativa "Saluda a ASIMO" hizo escala en la mayoría de las grandes ciudades de Estados Unidos. El objetivo de la gira fue alentar a los jóvenes para que estudien ciencia y robótica.

PIENSA

1. En el futuro, ¿cómo podría ayudar a las personas un robot de estas características?
2. El primer robot era solamente un par de piernas. ¿Por qué crees que esto fue así?

Spin-In ¡Investiga más! Visita **www.hspscience.com**

Bicicletas y bates de béisbol

Ya sabes lo difícil que es conducir tu bicicleta cuando llevas muchas cosas. Quizás alguna vez hayas intentado ir en bicicleta a tu práctica de béisbol o softbol llevando tu guante y tu bate. Si no tienes una canasta, ¿qué puedes hacer?

Hay algo que puede ayudarte. Gracias a Austin Meggitt, un niño de nueve años, puedes conducir sin peligro y llevar tu equipo de béisbol. Austin inventó un portaequipaje que puede colocarse en el manubrio de cualquier bicicleta. El portaequipaje tiene un lugar para colocar un bate de béisbol, un guante y una pelota. El portaequipaje se sujeta al manubrio con tornillos y abrazaderas. Este invento permite al conductor tener las dos manos en el manubrio y conducir con total seguridad.

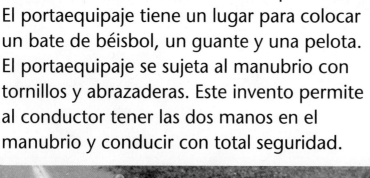

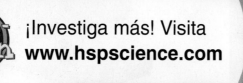

¡Investiga más! Visita
www.hspscience.com

¡Sí puedes!

Proyecto fácil y rápido

Hacer un elevador

Procedimiento

1 Pega con cinta adhesiva la rueda de la polea a la parte de abajo de una caja.

2 Pasa el hilo por la rueda.

3 Con cinta adhesiva, pega un vaso de cartón a cada extremo del hilo.

4 Coloca monedas de 1¢ en un vaso y luego en el otro. Observa cómo se mueve tu elevador.

Materiales

- 2 vasos de cartón
- monedas de 1¢
- cinta adhesiva
- hilo
- polea
- caja

Sacar conclusiones

¿Cómo influye el equilibrio del peso en el movimiento de tu elevador?

Planea tu propia investigación

¿Cómo funciona una cuña? ¿Cómo funciona una palanca? ¿Diferentes palancas funcionan de diferentes maneras? ¿Cómo construirías un modelo de cada una de estas máquinas simples? Haz bocetos con ideas de cómo construir cuñas y palancas con bloques de madera. Luego, usa tus bocetos como guías para construir máquinas simples.

Repaso y preparación para la prueba

Repaso del vocabulario

Usa los términos de abajo para completar las oraciones. Los números de página te indican qué parte del capítulo debes mirar si necesitas ayuda.

trabajo pág. 530
máquina simple pág. 537
palanca pág. 538
fulcro pág. 538
polea pág. 542
plano inclinado pág. 546
cuña pág. 548
tornillo pág. 550

1. La _____ es una rueda con una cuerda a su alrededor.

2. La _____ es una barra que pivota, o gira, sobre un punto fijo.

3. Una _____ está compuesta por dos planos inclinados que, puestos uno contra otro, forman un ángulo agudo.

4. Cualquier cosa que facilite el trabajo y tenga pocas partes o ninguna parte que se mueva es una _____.

5. _____ es usar la fuerza para mover un objeto.

6. Una superficie inclinada que facilita el movimiento de un objeto es un _____.

7. Cuando usas una pala para desenterrar un objeto, el suelo actúa como _____.

8. Las roscas que se enrollan alrededor de un eje forman un _____.

Comprueba lo que aprendiste

Escribe la letra de la respuesta correcta.

9. **IDEA PRINCIPAL Y DETALLES** ¿Cuál de los siguientes es un ejemplo de trabajo?
   A. sostener una pelota de béisbol
   B. colocar tu vianda en la lonchera
   C. empujar contra una pared
   D. pensar en la tarea

10. **COMPARAR Y CONTRASTAR** Compara las máquinas simples. ¿Cuál de los siguientes objetos **no** es una palanca?
   F. escoba   **H.** rastrillo
   G. barreta   **J.** rampa

11. ¿Cómo se usa el destornillador en este dibujo?
   A. como una palanca
   B. como un plano inclinado
   C. como una cuña
   D. como una rueda y eje

12. ¿Qué tipo de máquina simple es un cascanueces?

  F. eje

  G. plano inclinado

  H. palanca

  J. tornillo

13. ¿Qué tipo de máquina simple puedes usar para subir una lata de pintura a un segundo piso mientras te encuentras en la planta baja?

  A. polea

  B. plano inclinado

  C. cuña

  D. rueda y eje

14. ¿Qué máquina simple está formada por un plano inclinado que se enrolla alrededor de un eje?

  F. fulcro

  G. tornillo

  H. cuña

  J. rueda y eje

15. Leo usa un cincel para tallar un trozo de madera. ¿Qué máquina simple está usando?

  A. palanca

  B. polea

  C. rampa

  D. cuña

16. ¿Cuál de estos objetos del patio de recreo es un ejemplo de palanca?

  F. escalera

  G. subibaja

  H. tobogán

  J. columpio

Destrezas de examinación

17. Tu maestro te pide que uses objetos del salón de clases para armar una máquina simple. Ves una regla y una goma de borrar. ¿Qué dos máquinas simples podrías construir usando estos elementos? Haz un dibujo que muestre esas dos máquinas simples. **Compara** tus máquinas simples.

18. Pateaste una pelota de fútbol lo más lejos que pudiste. Explica cómo podrías usar una cuerda para saltar para **medir** la distancia hasta el lugar donde enviaste la pelota.

Razonamiento crítico

19. Angie y su familia llegaron tarde al aeropuerto. Deben apresurarse para tomar el avión. ¿Está haciendo Angie algún trabajo cuando jala su maleta hacia arriba por la rampa? Explica tu respuesta.

20. En esta ilustración, Kyle está empujando una pila grande de periódicos hacia arriba por una rampa. ¿Qué podría hacer para reducir la cantidad de fuerza que tiene que aplicar?

Referencias

Contenido

Manual de la salud

Tu piel. R1

Tu aparato digestivo R2

Tu aparato circulatorio R4

Tu sistema óseo. R6

Tu sistema muscular R8

Tus sentidos R10

Tu sistema inmunitario R12

Cómo mantenerse sano R14

Manual de Lectura para las Ciencias

Identificar la idea principal y los detalles R16

Comparar y contrastar R18

Causa y efecto R20

Ordenar en secuencia R22

Sacar conclusiones R24

Resumir R26

Manual de Matemáticas para las Ciencias　　R28

La seguridad en las Ciencias .R36

Glosario R37

Índice R46

Tu piel

La piel es el órgano más grande de tu cuerpo. Le proporciona a tu cuerpo una cubierta protectora resistente. Te protege de las enfermedades. La piel también te da el sentido del tacto que te permite sentir la presión, las texturas, la temperatura y el dolor. Además, produce sudor para ayudar a tu cuerpo a controlar su temperatura. Cuando juegas mucho o haces ejercicios físicos, tu cuerpo produce sudor, que te enfría cuando se evapora. El sudor de la piel también ayuda a tu cuerpo a eliminar el exceso de sal y otros desechos.

▼ La piel es el órgano más grande del cuerpo.

Epidermis
La parte superior de la epidermis está formada por muchas capas de células de piel muertas. Las células de la parte inferior de la epidermis están constantemente generando células nuevas.

Poro
Estos diminutos orificios de la superficie de la piel llegan hasta la dermis.

Glándula sudorípara
Las glándulas sudoríparas producen el sudor, que contiene agua, sal y diversos desechos.

Glándula sebácea
Las glándulas sebáceas producen una grasa que mantiene tu piel tersa y suave.

Dermis
La dermis es mucho más gruesa que la epidermis. Está compuesta de fibras fuertes y flexibles.

Folículo capilar
Cada folículo capilar tiene un músculo que puede contraerse y hacer que el pelo se "pare de punta".

Tejido adiposo
Esta capa de tejido que está debajo de la dermis almacena alimento, proporciona calor y une la piel a los huesos y los músculos que están debajo.

El cuidado de tu piel

- Para proteger tu piel y mantenerla sana, debes lavar todos los días tu cuerpo, incluyendo el pelo y las uñas. Eso ayuda a eliminar los gérmenes, el exceso de grasas y de sudor, y las células muertas de la epidermis, o capa exterior de la piel. Como durante el día tocas muchas cosas, debes lavarte las manos con agua y jabón en forma frecuente.

- Si te cortas o te raspas, debes lavarte la herida de inmediato y cubrirla con una venda estéril para evitar una infección.

- Protégete la piel de cortes y raspaduras usando un equipo de seguridad adecuado.

- Cuando estás al sol, protege tu piel contra quemaduras usando ropa protectora y pantalla solar.

Tu aparato, o sistema, digestivo está formado por órganos conectados que descomponen los alimentos que comes y eliminan los desechos sobrantes que tu cuerpo no necesita.

De la boca al estómago

La digestión comienza cuando masticas la comida. Al masticarla, la deshaces y la mezclas con saliva. Cuando tragas, la comida ablandada baja por tu esófago hasta tu estómago, donde se mezcla con jugos digestivos. Estos son ácidos potentes que continúan el proceso de descomponer la comida en nutrientes que tu cuerpo necesita para mantenerse sano. Tu estómago disuelve la comida y la transforma en un líquido espeso.

El intestino delgado y el hígado

La comida sale de tu estómago y pasa a tu intestino delgado. Este órgano es un tubo largo que está justo debajo de tu estómago. Tu hígado es un órgano que envía bilis

a tu intestino delgado para continuar el proceso de digerir las grasas de la comida. Las paredes del intestino delgado están cubiertas por millones de protuberancias pequeñas, con forma de dedo, llamadas vellosidades. Cuando la comida pasa por el intestino delgado, los diminutos vasos sanguíneos de esas vellosidades absorben los nutrientes.

El intestino grueso

Cuando la comida termina de atravesar tu intestino delgado, pasa al intestino grueso. Este órgano de tu sistema digestivo absorbe el agua de la comida. Los desechos restantes se mantienen allí hasta que vas al baño.

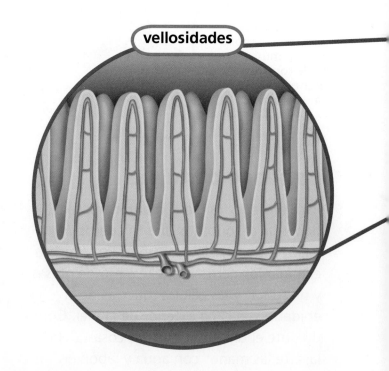

vellosidades

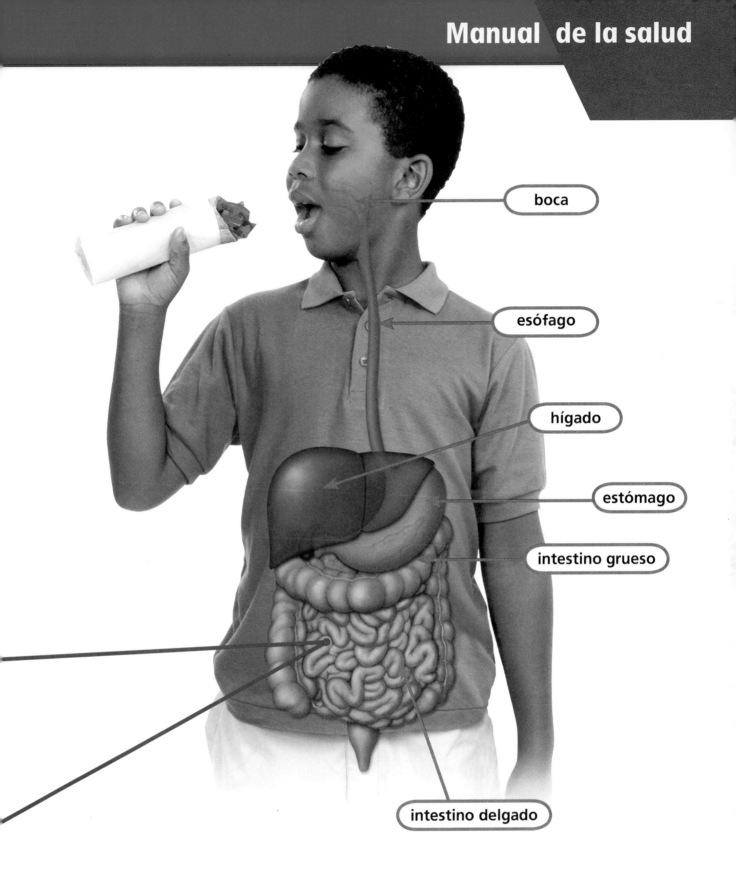

boca

esófago

hígado

estómago

intestino grueso

intestino delgado

Tu aparato circulatorio

Tu aparato, o sistema, circulatorio lleva a cada célula de tu cuerpo los nutrientes que tu sistema digestivo obtiene de la comida y el oxígeno que tus pulmones obtienen del aire que respiras. Al circular por tu cuerpo, la sangre ayuda también a combatir infecciones, a controlar tu temperatura y a eliminar desechos de tus células.

vena

corazón

arteria

El corazón y los vasos sanguíneos

El corazón es el órgano que bombea la sangre por tu sistema circulatorio. Es un músculo fuerte que late continuamente. Cuando haces ejercicio, tu corazón se ajusta para latir más rápido y suministrar así la energía y el oxígeno que tus músculos necesitan para trabajar de manera más intensa.

La sangre de tu corazón es bombeada a través de venas hasta tus pulmones, donde libera dióxido de carbono y recoge oxígeno. La sangre vuelve entonces hasta tu corazón para ser bombeada a través de las arterias a todas las partes de tu cuerpo.

La sangre

La sangre de tu sistema circulatorio es una mezcla de fluidos y células especializadas. La parte líquida y acuosa de tu sangre se llama plasma. El plasma permite a esas células de tu cuerpo llegar por tus vasos sanguíneos a todas las partes de tu cuerpo. También cumple un papel importante al ayudar a tu cuerpo a controlar tu temperatura.

Células de la sangre

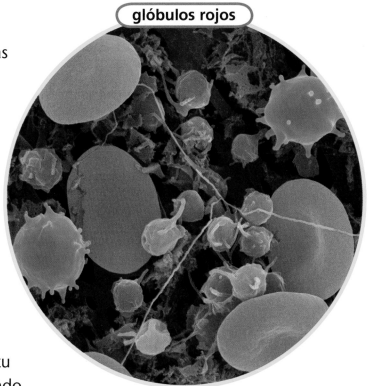

glóbulos rojos

Hay tres tipos principales de células en tu sangre. Cada tipo de célula de tu sistema circulatorio cumple un papel especial para que tu cuerpo se mantenga sano y en forma.

Los **glóbulos rojos** son las células más numerosas de tu sangre. Transportan el oxígeno desde tus pulmones a todo tu cuerpo. También llevan el dióxido de carbono desde las células hasta tus pulmones, para que puedas exhalarlo.

Los **glóbulos blancos** ayudan a tu cuerpo a combatir las infecciones cuando te enfermas.

Las **plaquetas** ayudan a tu cuerpo a dejar de sangrar cuando te haces un corte u otra herida. Las plaquetas se amontonan tan pronto como comienzas a sangrar. Ese grupo pegajoso de plaquetas atrapa glóbulos rojos y forma un coágulo de sangre. El coágulo de sangre se endurece para producir una costra que sella el corte y permite que tu cuerpo comience a sanar la herida.

El cuidado de tu sistema circulatorio

- Come alimentos con bajo contenido de grasas y alto contenido de fibras. La fibra ayuda a eliminar sustancias que pueden llevar a que se acumule grasa en los vasos sanguíneos.

- Come alimentos con alto contenido de hierro para ayudar a tus glóbulos rojos a transportar el oxígeno.

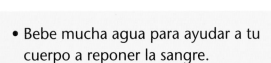

- Bebe mucha agua para ayudar a tu cuerpo a reponer la sangre.

- Evita el contacto con la sangre de otra persona.

- Haz ejercicio regularmente para mantener fuerte tu corazón.

- Nunca fumes o consumas tabaco.

Tu sistema óseo está formado por todos los huesos de tu cuerpo. Esas partes fuertes y duras de tu cuerpo protegen tus órganos internos, te ayudan a moverte y te permiten sentarte y pararte.

Tu sistema óseo trabaja junto a tu sistema muscular para sostener y dar forma a tu cuerpo.

Tu sistema óseo incluye más de 200 huesos. Estos huesos tienen muchas formas y tamaños diferentes.

El cráneo

Los huesos planos y anchos de tu cráneo se encajan firmemente entre sí para proteger tu cerebro. Los huesos de la parte frontal de tu cráneo le dan forma a tu cara y permiten a los músculos de tu rostro expresar tus pensamientos y emociones.

La columna vertebral

Tu columna vertebral, o espina dorsal, está formada por casi dos docenas de huesos pequeños y redondos. Esos huesos encajan entre sí y conectan tu cabeza con tu pelvis. Cada uno de esos huesos, o vértebras, tiene un pequeño agujero redondo en el centro, lo que le da la forma de una rosquilla. Tu médula espinal es un cordón de nervios que lleva información hasta tu cerebro y desde él al resto de tu cuerpo. Tu médula espinal se extiende a través de los agujeros de tus vértebras desde el cerebro, bajando por tu espalda, hasta la cadera. Entre todas las vértebras hay un disco blando y flexible de cartílago. Esto te permite doblar y torcer tu columna vertebral. Tu columna vertebral, tu pelvis y los huesos de tus piernas trabajan juntos para que puedas pararte, sentarte o moverte.

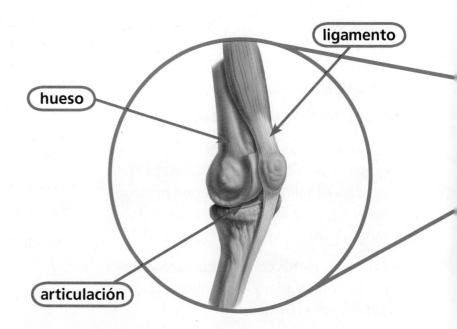

ligamento

hueso

articulación

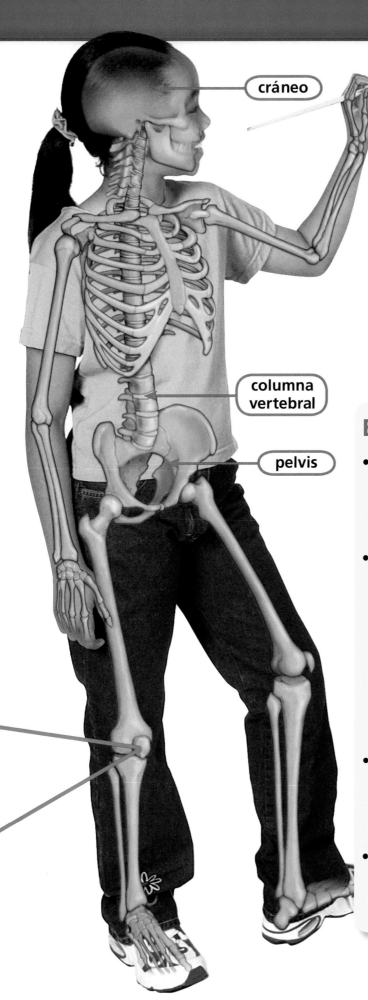

cráneo

columna vertebral

pelvis

El cuidado de tu sistema óseo

- Usa casco y equipo de seguridad adecuado siempre que practiques algún deporte, que patines, o que andes en bicicleta o en patineta.

- Tus huesos están compuestos principalmente de calcio y otros minerales. Para mantener tu sistema óseo fuerte y ayudar a que se desarrolle, debes comer alimentos que tengan alto contenido de calcio, como la leche, el queso y el yogur. Las verduras verde oscuro con hojas, como el brócoli, la espinaca y la col verde también son buenas fuentes de calcio.

- Haz ejercicios para ayudar a tus huesos a mantenerse fuertes y sanos. Descansa mucho para ayudar a que tus huesos crezcan.

- Párate y siéntate en una buena postura. Al sentarte encorvado, tensionas tus músculos y tus huesos.

Tu sistema muscular

Los músculos son partes del cuerpo que producen movimiento al contraerse y relajarse. Todos los músculos de tu cuerpo forman el sistema muscular.

Músculos voluntarios e involuntarios

Los **músculos voluntarios** son los músculos que usas para mover tus brazos y piernas, tu cara, tu cabeza y tus dedos. Puedes hacer que esos músculos se contraigan o se relajen y de esa manera controlar el movimiento de tu cuerpo.

Los **músculos involuntarios** son responsables de movimientos que normalmente no puedes ver ni controlar. Esos músculos incluyen tu corazón y los músculos que controlan tu estómago y tu sistema digestivo, tu diafragma y tus párpados. Tu corazón late y tu diafragma regula tu respiración sin que pienses en ellos. No puedes detener la acción de estos músculos.

Cómo te ayudan los músculos a moverte

Todos los músculos jalan cuando se contraen. Mover tu cuerpo en más de una dirección requiere más de un músculo. Para extender un brazo o para recogerlo, usas un par de músculos. Cuando un músculo se contrae para extender tu brazo, el otro se relaja y se estira. Cuando recoges tu brazo, esos músculos invierten sus funciones.

Tus músculos te permiten hacer muchas cosas. Los músculos largos de tus piernas te permiten caminar y correr. Los músculos diminutos de tu cara te permiten sonreír.

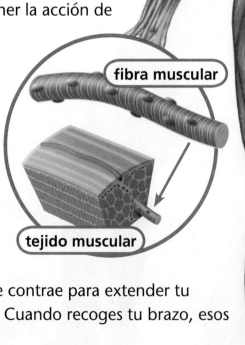

fibra muscular

tejido muscular

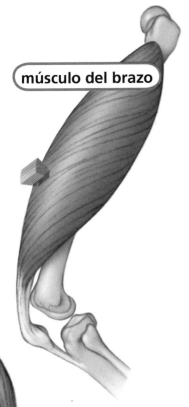

músculo del brazo

Los músculos y los huesos

Los músculos que te permiten mover tu cuerpo trabajan con tu sistema óseo. Los músculos de tus piernas que te permiten patear una pelota o montar una bicicleta jalan los huesos y las articulaciones de tus piernas y de la parte inferior de tu cuerpo. Tus músculos se conectan con tu sistema óseo mediante tejidos fuertes, parecidos a cuerdas, llamados tendones.

Tu tendón de Aquiles, justo encima de tu talón, conecta los músculos de tu pantorrilla con el hueso de tu talón. Cuando contraes esos músculos, el tendón jala el hueso del talón y te permite pararte en punta de pie, saltar o pedalear con fuerza tu bicicleta.

El cuidado de tu sistema muscular

- Estira y calienta siempre los músculos antes de hacer ejercicio o practicar un deporte. Hazlo trotando lentamente o caminando durante cinco o diez minutos. Eso lleva sangre fresca y oxígeno a tus músculos y ayuda a evitar heridas o dolores.

- Sigue una dieta equilibrada para que tus músculos tengan los nutrientes que necesitan para crecer y mantenerse fuertes.

- Bebe mucha agua cuando haces ejercicio o practicas un deporte. Eso ayuda a tu sangre a eliminar desechos de los músculos y ayuda a desarrollar resistencia.

- Siempre haz un poco de enfriamiento después de hacer ejercicio. Camina o trota lentamente durante cinco o diez minutos para permitir que el ritmo de tus latidos disminuya y que tu respiración vuelva a la normalidad. Eso ayuda a evitar el dolor y la rigidez después de que tus músculos trabajan intensamente.

- Deja de hacer ejercicio si sientes dolor en los músculos.

- Descansa mucho antes y después de trabajar intensamente con los músculos. Necesitan tiempo para recuperarse del trabajo.

Los ojos y la visión

Los ojos te permiten ver la luz que reflejan las cosas que te rodean. Este diagrama muestra cómo funciona el ojo. La luz entra a través de la superficie exterior transparente, llamada córnea, y pasa por la pupila. El cristalino desvía la luz que entra para enfocarla sobre la retina. La retina envía señales nerviosas a través del nervio óptico. Tu cerebro usa las señales para formar una imagen. Eso es lo que tú "ves".

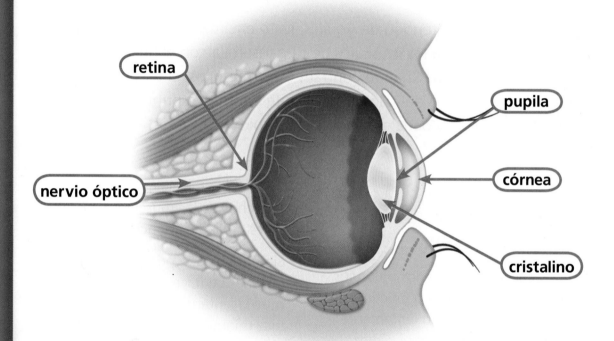

retina

pupila

nervio óptico

córnea

cristalino

El cuidado de tus ojos

• Debes hacerte controlar la vista por un médico todos los años. Di a tus padres o a tu médico si tu visión se vuelve borrosa o si estás teniendo dolores de cabeza o dolor en los ojos.

• Nunca te toques ni te frotes los ojos.

• Cuando usas herramientas o practicas deportes, usa gafas protectoras.

• Cuando nadas, usa gafas de natación para proteger tus ojos del cloro contaminantes u otras sustancias que haya en el agua.

• Usa gafas de sol para proteger tus ojos de las luces muy potentes. Mirar directamente una luz fuerte o al sol puede dañar tus ojos de manera permanente.

Los oídos y la audición

El sonido viaja en ondas a través del aire. Cuando algunas de esas ondas entran en tu oído, escuchas un sonido. Este diagrama muestra el interior de tu oído.

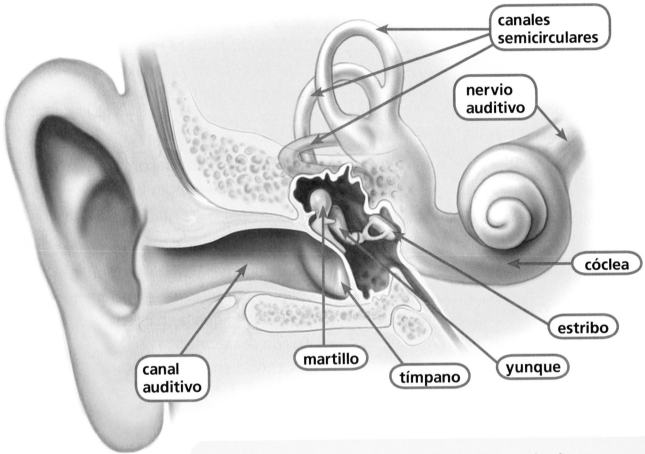

canales semicirculares

nervio auditivo

cóclea

estribo

yunque

tímpano

martillo

canal auditivo

El cuidado de tus oídos

- Nunca metas nada en tus oídos.

- Cuando practicas deportes, usa un casco que te cubra las orejas.

- Mantén tus orejas abrigadas en invierno.

- Evita los sonidos fuertes y no escuches música a muy alto volumen.

- Si te duelen, si supuran o si tienes alguna pérdida de audición, haz que un médico revise tus oídos.

- Usa tapones para los oídos cuando nadas. El agua en los oídos puede producir infecciones.

El sistema inmunitario y el endocrino

Agentes patógenos y enfermedades

Tal vez conozcas a alguien que haya tenido un resfrío o una gripe este año. Esas enfermedades son causadas por gérmenes llamados agentes patógenos. Las enfermedades se propagan cuando los agentes patógenos pasan de una persona a otra.

Tipos de agentes patógenos

Hay cuatro tipos de agentes patógenos: virus, bacterias, hongos y protozoos. Los virus son el tipo de agentes patógenos más pequeños. Son tan pequeños que solo pueden observarse con microscopios electrónicos muy potentes. Los virus causan muchos tipos de enfermedades, entre ellas los resfríos, la gripe y la varicela. Los virus necesitan usar células vivas para reproducirse.

Las bacterias son organismos unicelulares diminutos que viven en el agua, en el suelo y en casi todas las superficies. La mayoría de las bacterias solo pueden verse con un microscopio. No todas las bacterias causan enfermedades. Tu cuerpo necesita algunos tipos de bacteria para funcionar bien.

El tipo más común de infección causada por hongos es el pie de atleta. Se trata de una infección de la piel entre los dedos de los pies, que provoca ardor y picazón. La tiña es otra infección de la piel causada por un hongo. Hace que aparezcan en la piel manchas redondas que provocan picazón.

Los protozoos son el cuarto tipo de agentes patógenos. Son organismos unicelulares ligeramente más grandes que las bacterias. Cuando se desarrollan en los alimentos o en el agua potable, pueden causar enfermedades.

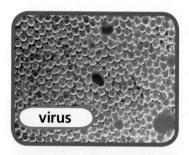
virus

hongos

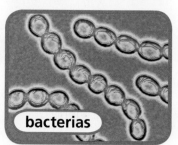
bacterias

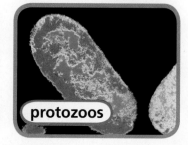
protozoos

Combatir la enfermedad

Los agentes patógenos que pueden provocarte una enfermedad están en todas partes. Cuando te enfermas, puede tratarte un médico. Además, puedes practicar hábitos útiles para protegerte a ti y a los demás de la propagación de los agentes patógenos y de las enfermedades que pueden causar.

La mejor manera de evitar la propagación de agentes patógenos es lavarte las manos con agua caliente y jabón. Eso quita los gérmenes de tu piel. Debes lavarte las manos con frecuencia. Hazlo siempre antes y después de comer, después de tocar animales y después de usar el baño. Evita tocarte la boca, los ojos y la nariz. Nunca compartas sombreros, peines, vasos o pajitas para beber. Si te cortas o te raspas, pueden entrar agentes patógenos en tu cuerpo. Es importante lavar cuidadosamente con agua y jabón los cortes y los raspones. Luego, cubre la lastimadura con una venda estéril.

Cuando estás enfermo, debes evitar propagar agentes patógenos a otras personas. Cúbrete la nariz y la boca cuando estornudas o toses. No compartas nada que haya tocado tu boca o tu nariz. No vayas a la escuela hasta que tu médico u otro adulto te diga que estás suficientemente bien como para regresar a clase.

Aunque hay agentes patógenos a nuestro alrededor, la mayoría de las personas solo se enferma de vez en cuando, porque el cuerpo tiene sistemas que lo protegen de los agentes patógenos. Esas defensas evitan que entren agentes patógenos en tu cuerpo.

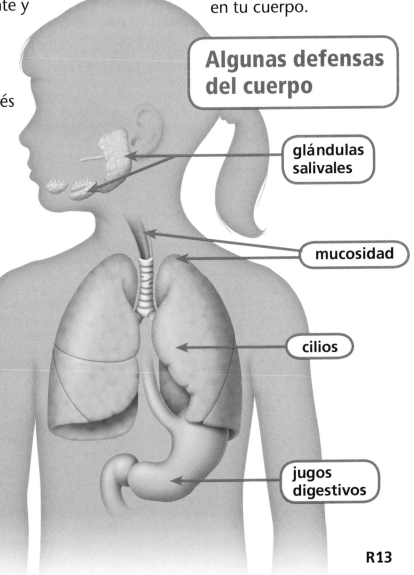

Algunas defensas del cuerpo

glándulas salivales

mucosidad

cilios

jugos digestivos

Sigue una dieta equilibrada

Comer los alimentos que tu cuerpo necesita para crecer y combatir las enfermedades es lo más importante que puedes hacer para mantenerte sano. Una dieta equilibrada de alimentos saludables proporciona energía a tu cuerpo. Los sistemas de tu cuerpo necesitan nutrientes para funcionar adecuadamente y trabajar juntos.

Elegir alimentos poco saludables puede llevar a que aumentes de peso en forma excesiva y que te falte energía. La inactividad y la mala comida pueden hacer que te enfermes con mayor frecuencia. Además, los alimentos poco saludables pueden producir enfermedades no transmisibles. A diferencia de las enfermedades transmisibles, que son causadas por gérmenes, las enfermedades no transmisibles se producen porque los sistemas de tu cuerpo no están funcionando correctamente.

Haz ejercicios regularmente

El ejercicio mantiene tu cuerpo sano. El ejercicio regular ayuda a tu corazón, tus pulmones y tus músculos a mantenerse fuertes. Ayuda a tu cuerpo a digerir la comida. También lo ayuda a combatir las enfermedades. Hacer ejercicios para mantener tu cuerpo fuerte ayuda además a prevenir las lesiones cuando practicas deportes.

El ejercicio hace que tu cuerpo descanse mejor. Dormir lo suficiente prepara a tu cuerpo para el día siguiente. Permite que tus músculos y huesos se desarrollen y se recuperen del ejercicio. El descanso también te ayuda a mantener la mente alerta para aprender y jugar.

Identificar la idea principal y los detalles

Destreza clave

Este Manual de lectura para las Ciencias da sugerencias para usar las Destrezas de lectura que ves a lo largo de este libro. Muchas lecciones de este libro de ciencias están escritas de manera que puedas comprender las ideas principales y los detalles que las respaldan. Puedes usar un organizador gráfico como el siguiente para mostrar una idea principal y los detalles.

> **Idea principal:** La idea más importante de un texto seleccionado
>
> **Detalle:** Información que dice más cosas sobre la idea principal
>
> **Detalle:** Información que dice más cosas sobre la idea principal
>
> **Detalle:** Información que dice más cosas sobre la idea principal

Sugerencias para identificar la idea principal y los detalles

- Para hallar la idea principal, pregunta: *¿De qué se trata principalmente este párrafo?*

- Recuerda que la idea principal no siempre se expresa en la primera oración.

- Busca detalles que respondan las preguntas *¿Quién? ¿Qué? ¿Dónde? ¿Cuándo? ¿Por qué?* y *¿Cómo?* Usa las ilustraciones como pistas para ayudarte a descubrir la idea principal.

Ejemplo:

Idea principal

> El suelo es un recurso importante. Las plantas que comes se cultivan en el suelo. Los animales como las vacas y las gallinas también comen plantas que crecen en el suelo. Además, las plantas que usamos para obtener madera crecen en el suelo.

Detalle

> **Idea principal:** El suelo es un recurso importante.
>
> **Detalle:** Las plantas que comes crecen en el suelo.
>
> **Detalle:** Los animales comen plantas que crecen en el suelo.
>
> **Detalle:** Las plantas de las que se obtiene madera crecen en el suelo.

Más acerca de la idea principal y los detalles

A veces, la idea principal de un párrafo se encuentra al final en lugar de estar al comienzo. Si la idea principal no está expresada en el párrafo, busca detalles para deducirla. Observa el siguiente organizador gráfico. ¿Cuál crees que es la idea principal?

Idea principal:

Detalle:
La capa del suelo que está en la superficie se llama capa superior. Está compuesta de humus.

Detalle:
El subsuelo es la siguiente capa del suelo. Está compuesto de rocas pequeñas.

Detalle:
La capa de más abajo se llama lecho de roca. Es principalmente roca sólida.

A veces, la idea principal de un párrafo contiene detalles de diferentes tipos. En el siguiente párrafo, identifica si los detalles proporcionan motivos, ejemplos, hechos, pasos o descripciones.

Agricultores y científicos han descubierto un tipo de suelo que resulta mejor para cultivar plantas. Es el suelo que contiene una mezcla equilibrada de arena, arcilla y humus. El suelo con esa mezcla puede retener la cantidad adecuada de agua. Además, contiene suficientes nutrientes.

Practica la destreza

Lee el siguiente párrafo. Usa las "Sugerencias para identificar la idea principal y los detalles" para responder las preguntas.

El suelo ayuda a todos los seres vivos a satisfacer sus necesidades. Proporciona un hogar para algunos animales y plantas. Además, el suelo se usa para cultivar plantas comestibles. Se usa también para producir recursos tales como árboles que sirven para obtener madera y papel.

1. ¿Cuál es la idea principal del párrafo?

2. ¿Qué detalles de apoyo brindan más información?

3. ¿Qué detalles responden algunas de las preguntas *¿Quién? ¿Qué? ¿Dónde? ¿Cuándo? ¿Por qué?* y *¿Cómo?*

Comparar y contrastar

Algunas lecciones están escritas para ayudarte a ver en qué se asemejan y en qué se diferencian las cosas. Puedes usar un organizador gráfico como el siguiente para comparar y contrastar.

Tema: Nombra las dos cosas que comparas y contrastas.

Semejanzas	**Diferencias**
Haz una lista de aspectos en que las cosas se asemejan.	Haz una lista de aspectos en que las cosas se diferencian.

Sugerencias para comparar y contrastar

- Para comparar, pregunta: *¿En qué se asemejan las cosas?*

- Para contrastar, pregunta: *¿En qué se diferencian las cosas?*

- Cuando comparas, busca palabras y frases guía como *similar, parecido, ambos, lo mismo que, también* y *asimismo*.

- Cuando contrastas, busca palabras y frases guía como *a diferencia de, en cambio, sin embargo* y *pero*.

Ejemplo:

Comparación

Ambos animales, el perro y el gato, han vivido junto a los seres humanos durante miles de años. Esos compañeros cuadrúpedos comparten nuestros hogares y nuestra comida. Son diferentes en muchos aspectos. Los gatos ayudan a mantener animales como los ratones y las ratas lejos de la casa. Los perros nos advierten del peligro. A los gatos les gusta dormir, pero los perros prefieren jugar.

Contraste

Esto es lo que podrías registrar en el organizador gráfico:

Tema: Perros y gatos

Semejanzas	**Diferencias**
Viven con el hombre, tienen cuatro patas y comparten nuestra comida.	Los gatos cazan ratones, los perros ladran ante el peligro. Los gatos duermen mucho, los perros juegan mucho.

Más acerca de comparar y contrastar

Puedes comprender mejor la información nueva sobre ciertas cosas cuando sabes en qué se asemejan y en qué se diferencian. Usa el organizador gráfico de la página R18 para ordenar la siguiente información nueva sobre perros y gatos.

Gatos	Les gusta el pescado	Temen a los perros	Trepan a los árboles	Muy independientes
Perros	Les gusta la carne	Ladran a perros desconocidos	Corren muy rápido	Vienen cuando los llamas

A veces, un párrafo compara y contrasta más de un tema. En el siguiente párrafo, se ha subrayado la frase donde se comparan dos cosas. Halla las frases que contrastan dos cosas.

> **Ambos, los primeros barcos y los primeros aviones, se propulsaban usando partes de madera.** **Para mover los primeros barcos por el agua, se usaban remos de madera. Para propulsar por el aire los primeros aviones, se usaban hélices de madera. La madera es un material fuerte y flexible que es fácil transformar en herramientas. Un remo puede mover un bote por el agua con impulsos individuales, pero la hélice de un avión debe girar constantemente para mantener el avión en vuelo.**

Practica la destreza

Lee el siguiente párrafo. Usa las "Sugerencias para comparar y contrastar" para responder las preguntas.

> **Ambos, los barcos y los aviones, parecen flotar con facilidad. Sin embargo, el agua es mucho más densa que el aire. Los barcos flotan en el agua porque su peso se reparte en el fondo del barco. Los aviones son sostenidos por el aire que pasa por debajo de sus alas. Los barcos pueden flotar cuando no están moviéndose. En cambio, los aviones deben moverse todo el tiempo hacia delante. Eso produce la fuerza de levantamiento debajo de sus alas.**

1. ¿Cuál es una de las semejanzas entre los barcos y los aviones?

2. ¿Cuál es una de las diferencias entre los barcos y los aviones?

3. ¿Cuáles son dos palabras guía que te ayudaron a identificar semejanzas y diferencias?

Causa y efecto

Algunas lecciones de este libro de ciencias están escritas para ayudarte a comprender por qué ocurren los hechos. Puedes usar un organizador gráfico como el siguiente para mostrar la relación entre causa y efecto.

Causa:	**Efecto:**
Una causa es la razón, o el motivo, de que algo ocurra.	Un efecto es lo que ocurre.

Sugerencias para identificar causa y efecto

- Para hallar un efecto, pregunta: *¿Qué ocurrió?*

- Para hallar una causa, pregunta: *¿Por qué ocurrió?*

- Recuerda que los eventos pueden tener más de una causa o un efecto.

- Busca palabras y frases guía, como *porque, como resultado, por esa razón* y *debido a* para ayudarte a identificar causas y efectos.

Ejemplo:

Efecto

El geco es un lagarto pequeño. Puede trepar paredes y caminar cabeza abajo sin caerse. Los científicos han descubierto cómo hacen los gecos para adherirse tan bien a las cosas. Tienen millones de pelos diminutos en sus patas. Los pelos tienen puntas planas que se pegan a casi todas las superficies. Por esa razón, los gecos pueden caminar por un cielo raso sin caerse.

Causa

Esto es lo que podrías registrar en el organizador gráfico:

Causa:	**Efecto:**
Los gecos tienen en sus patas diminutos pelos con puntas planas que se pegan a casi todas las superficies.	Los gecos pueden trepar paredes y caminar cabeza abajo.

Más acerca de causa y efecto

Los eventos pueden tener más de una causa o de un efecto. Por ejemplo, imagina que el párrafo de la página R20 incluyera la siguiente oración: "Eso ayuda al geco a escapar de los predadores". Podrías entonces identificar dos efectos relacionados con los gecos y sus patas adhesivas.

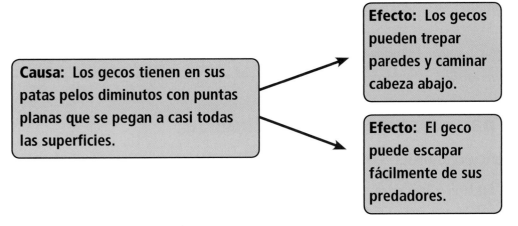

Causa: Los gecos tienen en sus patas pelos diminutos con puntas planas que se pegan a casi todas las superficies.

Efecto: Los gecos pueden trepar paredes y caminar cabeza abajo.

Efecto: El geco puede escapar fácilmente de sus predadores.

Algunos párrafos contienen más de una causa y efecto. En el párrafo que sigue, se ha subrayado una causa y su efecto. Busca la segunda causa y su efecto.

> Las aves tienen el cuerpo cubierto de plumas. Las plumas mantienen a las aves abrigadas y secas. Las plumas también brindan al cuerpo de las aves una superficie suave sobre la cual el aire puede fluir fácilmente. Otra cosa que ayuda a las aves a volar son sus huesos. Los huesos de las aves están llenos de bolsas de aire. Como resultado, las aves son muy livianas, y eso las ayuda a volar.

Practica la destreza

Lee el siguiente párrafo. Usa las "Sugerencias para identificar causa y efecto" para ayudarte a responder las preguntas.

> La mariposa virrey podría ser una comida sabrosa para un ave. Pero la mariposa virrey se parece mucho a la mariposa monarca. Las aves a menudo confunden la virrey con la monarca, cuyo sabor no les gusta. Debido a esto, las aves no suelen atacar a la mariposa virrey.

1. ¿Qué causa que las aves no coman mariposas virrey?

2. ¿Cuál es el efecto de que la mariposa virrey se parezca a la mariposa monarca?

3. Nombra una palabra guía que te ayudó a identificar una causa o un efecto.

Ordenar en secuencia

Algunas lecciones de este libro de ciencias están escritas para ayudarte a comprender el orden en el que ocurren los eventos. Puedes usar un organizador gráfico como el siguiente para mostrar una secuencia.

I. Lo que ocurrió primero	**2. Lo que ocurrió después**	**3. Lo que ocurrió por último**

Sugerencias para comprender la secuencia

- Presta atención al orden en que ocurren los eventos.

- Recuerda fechas y horarios para ayudarte a comprender la secuencia.

- Busca palabras guía como *primero, después, luego, último* y *finalmente.*

- A veces, es útil agregar tus propias palabras "ordenadoras de tiempo" para ayudarte a comprender la secuencia.

Ejemplo:

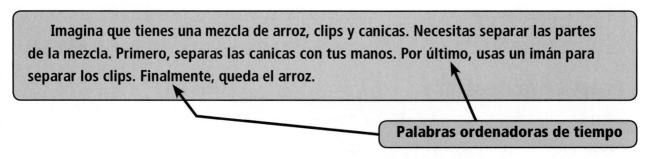

Imagina que tienes una mezcla de arroz, clips y canicas. Necesitas separar las partes de la mezcla. Primero, separas las canicas con tus manos. Por último, usas un imán para separar los clips. Finalmente, queda el arroz.

Palabras ordenadoras de tiempo

Esto es lo que podrías registrar en el organizador gráfico:

I. Primero, separas las canicas a mano.	**2. Luego, usas un imán para separar los clips.**	**3. Finalmente, queda el arroz.**

Más acerca de ordenar en secuencia

A veces, la información se ordena en secuencia por fechas. Usa un organizador gráfico como el siguiente para ordenar la secuencia en que se congela y se derrite el agua de un estanque.

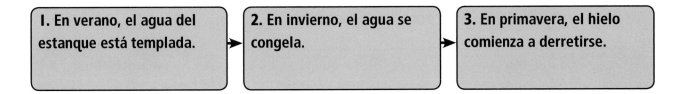

| 1. En verano, el agua del estanque está templada. | → | 2. En invierno, el agua se congela. | → | 3. En primavera, el hielo comienza a derretirse. |

Cuando no haya palabras ordenadoras de tiempo, agrega tus propias palabras. Observa la palabra ordenadora de tiempo subrayada en el párrafo de abajo. ¿Cuántas otras palabras ordenadoras de tiempo puedes agregar para ayudarte a comprender la secuencia?

> Cuando cocinas, haces nuevas clases de materia. <u>Primero,</u> se mezcla harina, huevos, leche y aceite para hacer masa de crepas. La masa se calienta al fuego. La masa se cocina y se convierte en crepas. Las crepas nunca volverán a ser harina, huevos, leche y aceite.

Practica la destreza

Lee el siguiente párrafo. Usa las "Sugerencias para comprender la secuencia" para responder las preguntas.

> Un perno de hierro brillante fue dejado al aire libre. Estuvo expuesto a la lluvia y al aire húmedo. Después de unos días, el perno comenzó a perder el brillo. Después de una semana, se volvió de un color café anaranjado. Un mes más tarde, cuando lo recogieron, el perno café anaranjado estaba escamado y blando. El material café anaranjado era óxido. Cuando un metal se oxida, pierde parte de su fuerza.

1. ¿Qué es lo primero que ocurrió en esta secuencia?

2. ¿Aproximadamente cuánto tiempo llevó el proceso?

3. ¿Qué cuatro palabras guía te ayudaron a identificar la secuencia en este párrafo?

Sacar conclusiones

Al final de cada lección de este libro de ciencias, se te pedirá que saques conclusiones. Para sacar conclusiones, usa la información del texto que estás leyendo y lo que ya sabes. Sacar conclusiones puede ayudarte a comprender lo que lees. Puedes usar un organizador gráfico como el siguiente.

| **Lo que leo** Haz una lista de hechos tomados del texto. | + | **Lo que sé** Haz una lista de ideas relacionadas que ya sabes. | = | **Conclusión:** Combina lo que acabas de leer en el texto con lo que ya sabes. |

Sugerencias para sacar conclusiones

- Para sacar conclusiones, pregunta: *¿En qué información del texto necesito pensar?*

- Para sacar conclusiones, pregunta: *¿Qué cosas realmente sé que podrían ayudarme a sacar una conclusión?*

- Asegúrate de que tu conclusión tenga sentido.

Ejemplo:

> Los astronautas que llegaron a la Luna dejaron huellas. En la Luna no hay agua. Además, hay muy poco aire. Sin aire, no hay viento ni erosión. Por lo tanto, las huellas que los astronautas dejaron en la Luna todavía están allí.

Esto es lo que podrías registrar en el organizador gráfico:

| **Lo que leo** Los astronautas dejaron huellas en la Luna. En la Luna no hay erosión. | + | **Lo que sé** En la Tierra, las huellas serían borradas por el viento o la lluvia. | = | **Conclusión:** Las huellas dejadas en la Luna estarán allí por mucho tiempo. |

Más acerca de sacar conclusiones

Información del texto   Tu propia experiencia

Lo que leo Los astronautas dejaron huellas en la Luna. En la Luna no hay erosión.	+	**Lo que sé** En la Tierra, las huellas serían borradas por el viento o la lluvia.	=	**Conclusión:** Las huellas dejadas en la Luna estarán allí por mucho tiempo.

A veces, un párrafo puede no contener información suficiente para sacar una conclusión que tenga sentido. Lee el párrafo de abajo. Piensa en una conclusión correcta que podrías sacar. Luego, piensa en una conclusión incorrecta.

> Comenzando a contar desde el Sol, Venus es el segundo planeta. Tiene aproximadamente el mismo tamaño que la Tierra. Venus es seco y está cubierto de nubes espesas. Esas nubes espesas atrapan el calor y hacen que la superficie del planeta sea muy caliente.

Practica la destreza

Lee el siguiente párrafo. Usa las "Sugerencias para sacar conclusiones" para responder las preguntas.

> Los planetas exteriores son Júpiter, Saturno, Urano, Neptuno y Plutón. Cuatro de esos planetas son grandes esferas compuestas principalmente de gases. Se los llama "gigantes de gas". Júpiter es el gigante de gas más grande. Su atmósfera es muy activa.

1. ¿Qué conclusión sacaste sobre los planetas exteriores?

2. ¿Qué información de tu experiencia personal te ayudó a sacar esa conclusión?

3. ¿Qué información del texto usaste para sacar esa conclusión?

Resumir

Vuelve a contar lo que acabas de leer. Usa la idea principal y solo los detalles más importantes.

Sugerencias para resumir

- Para escribir un resumen, pregunta: *¿Cuál es la idea más importante o lo más importante del párrafo?*

- Asegúrate de que los detalles que incluyes sean cosas que el lector necesita saber.

- Haz tu resumen más corto que el texto que leíste.

- Escribe el resumen con tus propias palabras. Asegúrate de poner los eventos en orden.

Ejemplo:

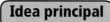

Idea principal

Los peces son un tipo de grupo animal. Viven toda su vida en el agua. Los peces tienen branquias que usan para extraer oxígeno del agua. Tienen el cuerpo cubierto de escamas. Las escamas son láminas pequeñas, delgadas y planas, que ayudan a proteger al pez. Los peces también tienen aletas que usan para moverse en el agua.

Detalle

Idea principal: Los peces son un tipo de grupo animal.

Detalle: Los peces tienen branquias que usan para extraer oxígeno.	**Detalle:** Están cubiertos de escamas.	**Resumen:** Los peces son un grupo animal. Tienen branquias, el cuerpo cubierto de escamas y aletas.

Esto es lo que podrías registrar en el organizador gráfico:

Idea principal:		Detalle:		Resumen:
Los peces son un tipo de grupo animal.	+	Los peces tienen branquias que usan para extraer oxígeno. Están cubiertos de escamas.	=	Los peces son un grupo animal. Tienen branquias, el cuerpo cubierto de escamas y aletas.

Más acerca de resumir

A veces, un párrafo tiene detalles que no son lo suficientemente importantes para incluirlos en un resumen. ¿Qué pasaría si el párrafo de la página R26 incluyera una oración sobre el color y el tamaño de las escamas de los peces? Tendrías que dejar esos detalles fuera del resumen. No serían necesarios para comprender la idea principal.

Practica la destreza

Lee el siguiente párrafo. Usa las "Sugerencias para resumir" para responder las preguntas.

Los anfibios son animales que comienzan su vida en el agua y pasan a tierra al hacerse adultos. Los anfibios ponen sus huevos en el agua. Los huevos permanecen allí hasta que la cría sale del cascarón. Los anfibios jóvenes, como los renacuajos, viven en el agua. Respiran por medio de branquias. A medida que crecen, desarrollan pulmones. Cuando ya tienen pulmones, sus branquias desaparecen. Los renacuajos también desarrollan otras partes del cuerpo, como las patas. Estas los ayudan a vivir en tierra. La mayoría de los anfibios adultos viven en tierra.

1. Si un amigo te preguntara de qué trata este párrafo, ¿qué información incluirías? ¿Qué dejarías fuera?

2. ¿Cuál es la idea principal del párrafo?

3. ¿Qué dos detalles incluirías en un resumen del párrafo?

Usar tablas, diagramas y gráficas

Cuando haces investigaciones en ciencias, recopilas, organizas, presentas e interpretas datos. Las tablas, los diagramas y las gráficas son buenas maneras de organizar y presentar tus datos para que otros puedan comprenderlos e interpretarlos.

Las tablas, diagramas y gráficas de este manual te ayudarán a leer y comprender datos. También puedes usar la información para elegir la mejor manera de presentar los datos, de modo que puedas usarlos para sacar conclusiones y hacer predicciones.

Leer una tabla

Una clase de tercer grado está estudiando los diferentes animales marinos. Quieren descubrir cómo varían los largos de sus cuerpos. La tabla muestra algunos de los datos que los estudiantes han recopilado.

LARGO DE ANIMALES MARINOS ← Título

Animal	Largo (en pies)
Tiburón ballena	60
Tiburón blanco	40
Delfín mular	10
Calamar gigante	55
Ballena gris	50

← Encabezados

← Datos

Cómo leer una tabla

1. **Lee** el título para descubrir de qué trata la tabla.
2. **Lee** los encabezados para descubrir qué información se proporciona.
3. **Estudia** los datos. Busca patrones.
4. **Saca conclusiones.** Si presentas los datos en una gráfica, puedes ver los patrones con facilidad.

Al estudiar la tabla, puedes ver el largo de diferentes animales marinos. Pero imagina que los estudiantes quieren buscar patrones en los datos. Podrían decidir presentar los datos de una manera diferente, como, por ejemplo, en una gráfica de barras.

Leer una gráfica de barras

Los datos de esta gráfica de barras son los mismos que los de la tabla. La gráfica de barras se usa para comparar los datos sobre diferentes eventos o grupos.

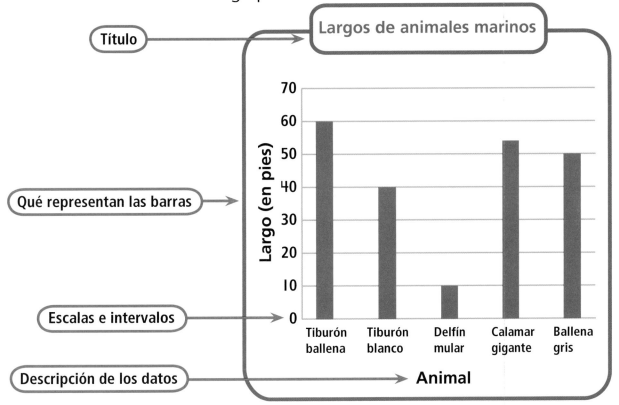

Título

Qué representan las barras

Escalas e intervalos

Descripción de los datos

Largos de animales marinos

Largo (en pies)

Tiburón ballena · Tiburón blanco · Delfín mular · Calamar gigante · Ballena gris

Animal

Cómo leer una gráfica de barras

1. **Observa** la gráfica para determinar de qué tipo de gráfica se trata.

2. **Lee** la gráfica. Usa los rótulos para guiarte.

3. **Analiza** los datos. Estudia las barras para comparar las medidas. Busca patrones.

4. **Saca conclusiones.** Hazte preguntas como las que aparecen a la derecha.

Practica la destreza

1. ¿Qué largo tiene la ballena gris?

2. ¿Cuánto más largo que el tiburón blanco es el tiburón ballena?

3. ¿Qué dos animales marinos varían en largo aproximadamente 40 pies?

4. **Predice** ¿Cuál de estos animales marinos podrías encontrar en el acuario de un zoológico?

5. ¿La gráfica de barras fue una buena elección para presentar estos datos? Explica tu respuesta.

Leer una gráfica lineal

La tabla de la derecha presenta datos sobre temperaturas mensuales en Anchorage, Alaska.

TEMPERATURAS EN ANCHORAGE, ALASKA	
Mes	Temperatura normal en grados Fahrenheit
Agosto	55
Septiembre	50
Octubre	35
Noviembre	20
Diciembre	15

Estos son los mismos datos presentados en una gráfica lineal. La gráfica lineal se usa para mostrar cambios a lo largo del tiempo.

Título

Qué representan las líneas

Escalas e intervalos

Descripción de los datos

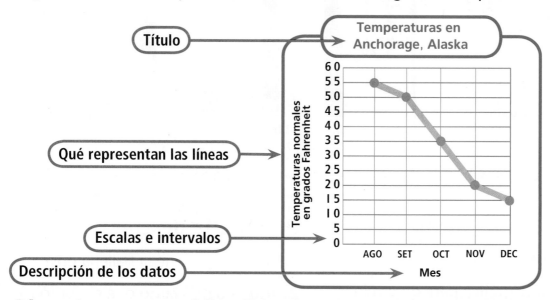

Cómo leer una gráfica lineal

1. **Observa** la gráfica para determinar de qué tipo de gráfica se trata.

2. **Lee** la gráfica. Usa los rótulos para guiarte.

3. **Analiza** los datos. Estudia los puntos a lo largo de las líneas. Busca patrones.

4. **Saca conclusiones.** Hazte preguntas como las de la sección "Practica la destreza" para ayudarte a sacar conclusiones.

Practica la destreza

1. ¿En qué mes la temperatura normal es de 35 grados?

2. **Predice** ¿Cómo cambiará la temperatura de diciembre a agosto?

3. ¿La gráfica lineal fue una buena elección para presentar estos datos? Explica por qué.

Leer una gráfica circular

Una familia fue a una isla para avistar aves. Contaron 50 aves en la isla. Quieren saber qué aves vieron con mayor frecuencia. Clasificaron las aves por medio de una tabla. Estos son los datos que recopilaron.

Avistamiento de aves	
Ave	**Cantidad observada**
Pelícano	4
Águila calva	1
Águila pescadora	10
Garceta	15
Lavandera	20

La gráfica circular muestra los mismos datos que la tabla. La gráfica circular puede usarse para presentar los datos como un todo formado por diferentes partes.

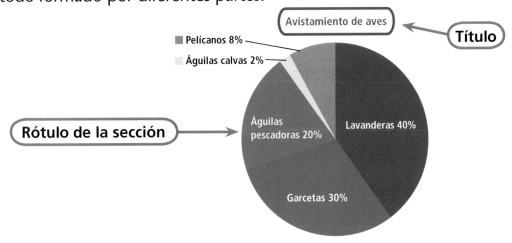

Cómo leer una gráfica circular

1. **Observa** el título de la gráfica para saber qué tipo de información se muestra.

2. **Lee** la gráfica. Observa el rótulo de cada sección para ver qué información se muestra.

3. **Analiza** los datos. Compara el tamaño de las secciones para determinar cómo se relacionan.

4. **Saca conclusiones.** Hazte preguntas como las que aparecen a la derecha.

Practica la destreza

1. ¿Qué tipo de ave vieron con mayor frecuencia?

2. **Predice** Si regresaran a la isla dentro de un mes, ¿deberían esperar ver un águila calva?

3. ¿La gráfica circular fue una buena elección para presentar estos datos? Explica por qué.

Usar medidas métricas

Una medida es un número que representa una comparación de algo que se está midiendo con una unidad de medida. Cuando trabajan, los científicos usan muchos instrumentos diferentes para medir objetos y sustancias. Los científicos casi siempre usan el sistema métrico para hacer sus mediciones.

Medir la longitud en unidades métricas

Cuando mides una longitud, hallas la distancia entre dos puntos. La distancia puede ser en línea recta, en línea curva o alrededor de un círculo. La tabla muestra las unidades métricas de longitud y cómo se relacionan.

Medidas equivalentes
1 centímetro (cm) = 10 milímetros (mm)
1 decímetro (dm) = 10 centímetros (cm)
1 metro (m) = 1000 milímetros
1 metro = 10 decímetros
1 kilómetro (km) = 1000 metros

Puedes usar estas comparaciones para ayudarte a comprender el tamaño de cada unidad métrica de longitud.

Un **milímetro (mm)** es aproximadamente el grosor de una moneda de diez centavos.

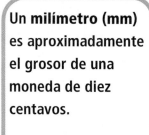

Un **centímetro (cm)** es aproximadamente el ancho de tu dedo índice.

Un **decímetro (dm)** es aproximadamente el ancho de la mano de un adulto.

Un **metro (m)** es aproximadamente el ancho de una puerta.

A veces, puedes tener que cambiar las unidades de longitud. El siguiente diagrama muestra cómo multiplicar y dividir para cambiar a unidades más grandes y más pequeñas.

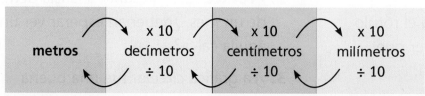

Para cambiar unidades más grandes a unidades más pequeñas, necesitas más de las unidades pequeñas. Por lo tanto, multiplica por 10, 100 o 1000.

Ejemplo: 500 dm = ___ cm

Medir la capacidad en unidades métricas

Cuando mides la capacidad, hallas la cantidad que puede tener un recipiente cuando está lleno. La tabla muestra las unidades métricas de capacidad y cómo se relacionan.

Un **mililitro (mL)** es la cantidad de líquido que puede llenar parte de un gotero.

Un **litro (L)** es la cantidad de líquido que puede llenar una botella de plástico.

Puedes usar la multiplicación para cambiar litros a mililitros.

Puedes usar la división para cambiar mililitros a litros.

2 L = ___ mL

Piensa: Hay 1000 mL en 1 L.

2L = 2 x 1000 = 2000 mL

Por lo tanto, 2 L = 2000 mL.

4000 mL = ____ L

Piensa: Hay 1000 mL en 1 L.

4000 ÷ 1000 = 4

Por lo tanto, 4000 mL = 4 L.

Practica la destreza

Completa. Indica si multiplicas o divides por 10, 100 o 1000.

1. 4 L = ___ mL

2. 5000 mL = ___ L

3. 3000 mL = ___ L

4. 6 L = ___ mL

Medir la masa

La materia es de lo que están hechos todos los objetos. La masa es la cantidad de materia que contiene un objeto. Las unidades métricas de masa son el gramo (g) y el kilogramo (kg).

Puedes usar estas comparaciones para ayudarte a comprender la masa de algunos objetos de todos los días.

Un clip es aproximadamente **1 gramo (g)**.	Una rebanada de pan de trigo son aproximadamente **20 gramos**.	Una caja de 12 crayolas son aproximadamente **100 gramos**.	Un trozo grande de queso es aproximadamente **1 kilogramo (kg)**.

Puedes usar la multiplicación para cambiar kilogramos a gramos.

Puedes usar la división para cambiar gramos a kilogramos.

2 kg = ___ g
Piensa: Hay 1000 g en 1 kg.
2 kg = 2 x 1000 = 2000 g

Por lo tanto, 2 kg = 2000 g.

4000 g = ____ kg
Piensa: Hay 1000 g en 1 kg.
4,000 ÷ 1000 = 4
Por lo tanto, 4000 g = 4 kg.

Practica la destreza

Completa. Indica si multiplicas o divides por 1000.

1. 2000 g = ___ kg

2. 3000 g = ____ kg

3. 4 kg = ____ g

4. 7 kg = ____ g

Sistemas de medidas

Medidas SI (métrico)

Temperatura
El hielo se derrite a 0 grado Celsius (°C).
El agua se congela a 0°C.
El agua hierve a 100°C.

Longitud y distancia
1000 metros (m) = 1 kilómetro (km)
100 centímetros (cm) = 1 metro (m)
10 milímetros (mm) = 1 centímetro (cm)

Fuerza
1 newton (N) = 1 kilogramo x
    1 metro/segundo/segundo (kg-m/s^2)

Volumen
1 metro cúbico (m^3) = 1 m x 1 m x 1 m
1 centímetro cúbico (cm^3) =
    1 cm x 1 cm x 1 cm
1 litro (L) = 1000 mililitros (mL)
1 cm^3 = 1 mL

Superficie
1 kilómetro cuadrado (km^2) =
                1 km x 1 km
1 hectárea = 10,000 m^2

Masa
1000 gramos (g) = 1 kilogramo (kg)
1000 miligramos (mg) = 1 g

Velocidad (métrica y común)
k/h = kilómetros por hora
m/s = metros por segundo
mi/h = millas por hora

Medidas comunes

Volumen de líquidos
2 t = 1 pinta (pt)
2 pt = 1 cuarto (ct)
4 ct = 1 galón (gal)

Temperatura
El hielo se derrite a 32 grados Fahrenheit (°F).
El agua se congela a 32°F.
El agua hierve a 212°F.

Longitud y distancia
12 pulgadas (pulg) = 1 pie
3 pies = 1 yarda (yd)
5280 pies = 1 milla (mi)

Peso
16 onzas (oz) = 1 libra (lb)
2000 libras = 1 tonelada (T)

La seguridad en las Ciencias

Hacer investigaciones en ciencias puede ser muy divertido, pero debes tener en cuenta la seguridad. Estas son algunas reglas que debes seguir.

1. **Sé previsor.** Estudia los pasos de la investigación para saber qué esperar. Si tienes alguna pregunta, dirígete a tu maestro. Asegúrate de que comprendes toda la información sobre protección y las recomendaciones sobre seguridad.

2. **Sé cuidadoso.** Mantén limpia tu área de trabajo. Si tienes cabello largo, recógelo para que no te moleste. Si tienes puesto algo con mangas largas, recógelas también para mantenerlas alejadas del área del experimento.

3. **¡Ay!** Si te cortas, derramas algo o lo rompes, avisa inmediatamente a tu maestro.

4. **Cuida tus ojos.** Usa gafas protectoras cuando te lo indiquen. Si algo entra en tus ojos, avisa inmediatamente a tu maestro.

5. **¡Puaj!** Nunca comas o bebas nada durante las actividades de ciencias.

6. **Ten cuidado con la electricidad.** Sé especialmente cuidadoso si usas algún aparato eléctrico. Asegúrate de que los cables eléctricos estén en un lugar seguro, donde no puedas tropezarte con ellos. Nunca desenchufes un aparato tirando del cable.

7. **Mantén la limpieza.** Cuando hayas terminado, deja limpio el lugar de trabajo. Retira todos los elementos y pasa un trapo. Lávate las manos.

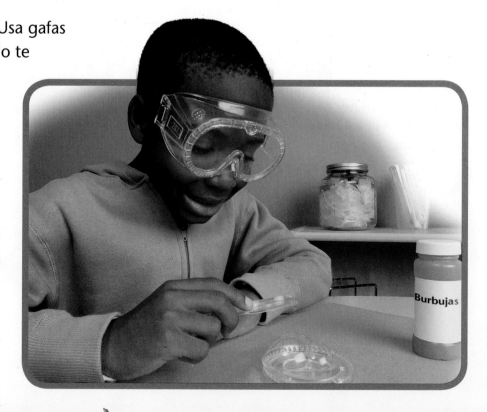

Visita el Glosario de Ciencias en Multimedia para ver ilustraciones de estas palabras y escuchar su pronunciación.
www.hspscience.com

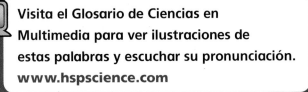

Glosario

El número de página (entre paréntesis) al final de la definición de cada término te indica en que lugar de este libro de tercer grado encontrarás ese término definido.

A

absorbido Que es "tragado" por un objeto **(474)**

accidente geográfico Una de las formas naturales de la superficie terrestre **(232)**

adaptación Cualquier característica que ayuda a una planta o un animal a subsistir **(142)**

agua dulce Agua que contiene muy poca sal **(307)**

agua subterránea Reserva de agua que se encuentra en el subsuelo **(308)**

aislante Objeto que no trasmite bien el calor **(464)**

anemómetro Instrumento meteorológico que mide la velocidad del viento **(325)**

anfibio Tipo de vertebrado que tiene piel húmeda y que, cuando es adulto, desarrolla patas **(101)**

arcilla Suelo formado por granos de roca diminutos **(275)**

arena Suelo formado por partículas de roca que puedes ver a simple vista **(275)**

atmósfera Aire que rodea la Tierra **(322)**

ave Tipo de vertebrado que tiene plumas **(99)**

B

bosque Ecosistema donde crecen muchos árboles **(138)**

C

cadena alimentaria Camino que recorre el alimento al pasar de un ser vivo a otro **(172)**

caducifolia Relativo a las plantas que pierden sus hojas todos los años en la misma época **(67)**

calor Movimiento de energía térmica de un objeto caliente a otro más frío **(462)**

camuflaje Formas, colores y patrones que disfrazan a un animal y lo ayudan a esconderse **(146)**

cañón Valle de paredes empinadas **(234)**

carnívoro Animal que come otros animales **(167)**

célula Unidad diminuta que forma cada una de las partes de un organismo **(34)**

ciclo de vida Serie de cambios que atraviesa un organismo durante su vida **(40)**

ciclo del agua Movimiento del agua desde la superficie terrestre hasta al aire y luego nuevamente a la Tierra **(318)**

ciclo lunar Patrón de fases de la Luna **(347)**

circuito Camino que recorre la electricidad **(437)**

clorofila Sustancia verde que se encuentra dentro de las hojas y ayuda a las plantas a usar la energía de la luz **(75)**

combustibles fósiles Recursos provenientes de restos de animales y plantas que vivieron hace mucho tiempo **(423)**

combustión Palabra que significa que algo se quema **(417)**

comunidad Todas las poblaciones de organismos que conviven en un ecosistema **(128)**

condensación Proceso por el cual un gas, como el vapor de agua, se transforma en líquido **(316, 388)**

conducción Movimiento del calor entre objetos que están en contacto **(463)**

conductor Objeto que transmite fácilmente el calor **(463)**

conservación Ahorro de recursos por medio de su uso razonable **(288)**

constelación Grupo de estrellas que parecen formar figuras de animales, personas u objetos **(360)**

consumidor Ser vivo que se alimenta de otros seres vivos para obtener energía **(165)**

contaminación Cualquier material dañino que se encuentre en el medio ambiente **(282)**

cresta Punto más alto de una onda **(516)**

cuña Máquina simple compuesta por dos planos inclinados que, puestos uno contra otro, forman un ángulo agudo **(548)**

densidad Masa de la materia en comparación con su volumen **(379)**

depredador Animal que caza a otro para alimentarse **(176)**

depresión Punto más bajo de una onda **(516)**

descomponedor Ser vivo que disuelve organismos muertos para alimentarse **(165)**

desierto Ecosistema muy seco **(134)**

distancia Medida que indica cuán lejos está un lugar de otro **(500)**

eclipse lunar Evento que ocurre cuando la Tierra impide que la luz solar alcance la Luna **(348)**

eclipse solar Evento que ocurre cuando la sombra de la Luna cae sobre la Tierra **(350)**

ecosistema Seres vivos y cosas sin vida que interaccionan en un determinado medio ambiente **(128)**

eje Línea imaginaria que atraviesa la Tierra por su centro **(338)**

electricidad corriente Electricidad que se mueve a través de un cable **(437)**

electricidad estática Carga eléctrica que se genera en un objeto **(436)**

energía Capacidad de hacer que algo se mueva o se transforme **(408)**

energía cinética Energía del movimiento **(410)**

energía potencial Energía de posición **(410)**

energía térmica Forma de energía que se transmite entre objetos debido a las diferencias de temperatura **(462)**

erosión Movimiento de roca meteorizada **(242)**

estrella Bola caliente de gases brillantes que emite energía **(355)**

evaporación Proceso por el cual el agua líquida se transforma en vapor de agua **(317, 388)**

examinación Pregunta que se hace acerca de algo, o estudio de algo en detalle **(4)**

experimento Prueba que se hace para descubrir si una hipótesis es acertada o no **(21)**

fases de la Luna Diferentes formas que adopta la Luna en el cielo cuando se la observa desde la Tierra **(346)**

formular Elaborar un plan para hacer algo **(16)**

fósil Huella o resto de un ser vivo que murió hace mucho tiempo **(216)**

fotosíntesis Proceso por medio del cual las plantas producen azúcar **(74)**

fuerza Cualquier forma en que se empuja o se jala algo **(506)**

fulcro Punto fijo de una palanca **(538)**

gas Tipo de materia que no tiene forma ni volumen definidos **(387)**

generador Aparato que usa un imán para producir una corriente de electricidad **(450)**

glaciar Inmenso bloque de hielo en movimiento **(244, 308)**

gravedad Fuerza que atrae dos objetos entre sí **(510)**

hábitat Lugar del ecosistema donde vive una determinada población **(129)**

herbívoro Consumidor que solo come plantas **(166)**

heredar Tener una característica transmitida por los padres **(44)**

hibernar Entrar en un estado parecido al sueño durante el invierno **(144)**

hipótesis Respuesta posible a una pregunta, que puede ser puesta a prueba para saber si es acertada **(21)**

hoja Parte de la planta que nace del tallo y donde la planta produce su alimento **(58)**

humus Componente del suelo que está formado por partes de plantas y animales muertos **(272)**

I

inferir Usar datos y conocimientos previos para sacar una conclusión sobre algo **(13)**

instinto Conducta que un animal practica sin que se la hayan enseñado **(142)**

intensidad sonora Cantidad de energía que tiene un sonido **(482)**

inundación Gran cantidad de agua que cubre tierras que normalmente están secas **(252)**

invertebrado Animal que no tiene columna vertebral **(106)**

investigación Estudio que hace un científico **(20)**

L

larva Etapa de metamorfosis completa que se produce después de que un organismo ha salido del huevo **(43)**

limo Suelo compuesto de granos de roca demasiado pequeños para verlos a simple vista **(275)**

líquido Tipo de materia cuyo volumen permanece igual pero cuya forma puede cambiar **(386)**

llanura Área ancha y plana de la superficie terrestre **(235)**

longitud de onda Distancia desde un punto de una onda al mismo punto de la onda siguiente **(516)**

M

magnético Que atrae objetos que tienen hierro en su composición **(442)**

mamífero Tipo de vertebrado que tiene pelo o piel y da a luz a sus crías **(98)**

máquina simple Herramienta con ninguna o pocas partes móviles, que las personas usan para hacer trabajo **(537)**

marga Suelo compuesto por una mezcla de humus, arcilla, limo y arena **(276)**

masa Cantidad de materia que hay en un objeto **(378)**

materia Cualquier cosa que ocupe espacio **(374)**

medio ambiente Todos los seres vivos y las cosas sin vida que rodean a un ser vivo **(127)**

meseta Área plana, más elevada que la tierra que la rodea **(236)**

metamorfosis Conjunto de cambios de apariencia que experimentan algunos organismos **(42)**

meteorización Proceso por el cual la roca se desintegra en trozos más pequeños **(240)**

método científico Plan organizado que usan los científicos para hacer un estudio **(20)**

mezcla Sustancia que está hecha de dos o más tipos de materia **(394)**

migrar Viajar de un lugar a otro, y luego regresar **(145)**

mimetismo Imitación de la apariencia de otro animal **(146)**

mineral Objeto sólido producido por la naturaleza y que nunca tuvo vida **(198)**

montaña Lugar de la superficie terrestre que es mucho más alto que la tierra que lo rodea **(233)**

movimiento Cambio de posición **(499)**

ninfa Estado de metamorfosis completa en el cual el organismo está envuelto en una crisálida **(43)**

nutrientes Partes del suelo que ayudan a que las plantas crezcan y se mantengan saludables **(58)**

omnívoro Consumidor que come tanto plantas como animales **(168)**

onda Perturbación que viaja a través de la materia o el espacio **(514)**

opaco Relativo a objetos que no dejan pasar la luz **(475)**

órbita Trayectoria que sigue un planeta alrededor del Sol **(354)**

organismo Ser vivo **(32)**

oxígeno Gas que las plantas liberan en el aire y que los seres humanos necesitan para vivir **(89, 322)**

palanca Máquina simple formada por una barra que pivota, o gira, sobre un punto fijo **(538)**

perennifolia Relativo a las plantas que se mantienen verdes y producen alimento durante todo el año **(67)**

peso Medida de la fuerza de gravedad que actúa sobre un objeto **(510)**

pez Tipo de vertebrado que obtiene oxígeno por medio de branquias y pasa toda su vida en el agua **(102)**

pinza Instrumento que se usa para levantar y sujetar objetos **(5)**

pirámide alimentaria Diagrama que muestra cómo se usa la energía en una cadena alimentaria **(174)**

planeta Gran cuerpo de roca o gases que se encuentra en el espacio **(354)**

plano inclinado Máquina simple que permite mover y levantar cosas con mayor facilidad **(546)**

población Grupo de organismos de la misma especie que viven en el mismo lugar **(128)**

polea Máquina simple formada por una rueda con una cuerda a su alrededor **(542)**

pradera Zona de tierra que es generalmente calurosa en verano y fría en invierno. La planta principal de este tipo de ecosistema es el pasto **(135)**

precipitación Agua que cae a la Tierra en forma de lluvia, nieve, aguanieve o granizo **(318)**

presa Animal que es cazado por un depredador **(176)**

productor Ser vivo que elabora su propio alimento **(165)**

propiedad física Todo lo que puede percibirse de la materia mediante uno o más de los sentidos **(376)**

raíz Parte de la planta que crece bajo tierra y toma agua y nutrientes del suelo **(58)**

reciclar Modificar un recurso y usar los materiales que lo componen para hacer algo nuevo **(292)**

recurso Material que se encuentra en la naturaleza y es usado por los seres vivos **(151, 264, 423)**

recurso no renovable Recurso que, una vez agotado, no puede reemplazarse en el lapso de una vida humana **(268, 424)**

recurso reciclable Recurso que puede usarse una y otra vez **(267)**

recurso renovable Recurso que puede reemplazarse en el lapso de una vida humana **(266, 424)**

red alimentaria Cadenas alimentarias que se superponen **(180)**

reducir Usar menos cantidad de un recurso **(290)**

reflexión Rebote de la luz contra un objeto **(468)**

refracción Desviación de la luz cuando se mueve de un material a otro **(469)**

reptil Tipo de vertebrado que tiene la piel seca y recubierta de escamas **(100)**

reutilizar Usar un recurso una y otra vez **(291)**

roca ígnea Roca que alguna vez se fundió, para luego enfriarse y endurecerse **(206)**

roca metamórfica Roca que ha sufrido cambios debido al calor y la presión **(207)**

roca sedimentaria Roca formada a partir de materiales que se asentaron en capas, y que se comprimieron y se endurecieron **(207)**

roca Sólido formado naturalmente a partir de uno o más minerales **(202)**

rotación Movimiento giratorio de la Tierra alrededor de su eje **(338)**

rueda y eje Máquina simple formada por una rueda y un eje que están conectados de tal forma que giran juntos **(540)**

semilla Primera etapa en el crecimiento de muchas plantas **(65)**

sistema solar El Sol, los planetas y sus lunas, y otros objetos más pequeños que orbitan el Sol **(354)**

sólido Tipo de materia que tiene un volumen y una forma que permanecen iguales **(385)**

solución Mezcla en la que diferentes tipos de materia forman una sustancia homogénea **(395)**

sombra Zona oscura que se forma cuando un objeto impide el paso de la luz **(470)**

tallo Parte de la planta que crece en la tierra y ayuda a sostener la planta **(58)**

temperatura Medición que indica cuán caliente o frío es algo **(325, 418, 462)**

terremoto Estremecimiento de la superficie de la Tierra que se produce por los movimientos de la corteza terrestre **(248)**

tiempo Lo que ocurre en la atmósfera en un determinado momento y lugar **(324)**

tono Medida que indica cuán alto o bajo es un sonido **(483)**

tornillo Máquina simple que se hace girar para levantar un objeto o para sostener dos o más objetos juntos **(550)**

trabajo Uso de una fuerza para mover un objeto **(530)**

translúcido Relativo a los objetos que dejan pasar solo una parte de la luz **(475)**

transparente Relativo a los objetos que dejan pasar la mayor parte de la luz **(475)**

traslación Movimiento de la Tierra alrededor del Sol **(339)**

valle Región baja que se encuentra entre formaciones más altas, como las montañas **(234)**

variable Algo que se modifica durante una examinación o experimento científico **(15)**

velocidad Distancia que recorre un objeto en determinada cantidad de tiempo **(502)**

vertebrado Animal que tiene columna vertebral **(97)**

vibración Serie de movimientos en vaivén **(482)**

volcán Abertura en la superficie terrestre por la cual fluye lava **(250)**

volumen Cantidad de espacio que ocupa la materia **(379)**

Índice

A

Abejas, 112

AbioCor (**corazón artificial**), 426–427

Absorción de la luz, 474

Accidentes geográficos
características de la superficie, 232
definición de, 232
llanuras, 235
mesetas, 236
montañas, 233
valles, 234

Adaptaciones, 142, 143

Agentes patógenos, R12–13

Agua
cambios de estado en el, 316–317
ciclo del agua, 318
como necesidad de los animales, 90
contaminación del, 284
diferentes estados del, 314–315
dulce, 307–309
importancia del, 306–307
inundaciones, 252
para las plantas, 75
salada, 310
y la erosión, 242

Agua dulce, 307–309
ecosistemas de, 137

Agua salada, 310

Agua subterránea, 308

Águilas, 170

Águilas Jóvenes (**programa**), 520

Aire
como aislante, 464
como recurso reciclable, 267
contaminación del, 283

Aislantes, 438, 464

Alce, 152

Aligátores, 100, 152, 180

Alimento
energía del, 416
para animales, 91
producir y obtener, 164
productores, consumidores y descomponedores, 165

Almejas coquina, 110

Almizclera, 181

Altavoces (sonido), 488

Amemiya, Koichi, 552

Anemómetro, 325, 418

Anémonas, 183

Anémonas de mar, 111

Anfibios, 101

Animales
adaptación de los, 142
agua para los, 90
alimento para los, 91, 164
camuflaje de los, 146
células de los, 35
ciclos de vida de los, 42–43
como consumidores y descomponedores, 165
crecimiento y cambio en los, 42–43
defensas de los, 182–183
en la cadena alimentaria, 173, 176
hibernación, 144
migración de, 145
necesidades de los, 88
oxígeno para los, 89
refugio para los, 92
Ver también Invertebrados; Seres vivos; Vertebrados

Año, 339

Arañas, 107, 109
cuerpo de las, 109
de la banana, 109
seda producida por, 114–115

Árboles, 64–65
plantar, 46–47

Arbustos, 64–65

Arces, 66

Arces de azúcar, 70

Arcilla, suelos de, 275

Arco iris, 472, 477

Ardillas, 138

Arena, 275

Arrastre, 242, 243

Ártico, cadena alimentaria del, 186–187

ASIMO (robot), 552–553

Astrofísicos, 364

Astrónomos, 364

Atmósfera, 322

Atracción (polos), 443

Audición, 484, R11

Aves, 99
en la cadena alimentaria, 175
migración de las, 145

Azúcar (producida por plantas), 74

B

Babosas de mar, 110

Balanzas, 8

Ballenas grises, 145

Barómetros, 400

Básculas de resorte, 7

Bose, Amar Gopal, 488

Bosques, 138

Bosques tropicales lluviosos, 138

Botánicos, 80

Branquias, 102

Bromelias, 143

Búhos, 138, 173

Bulbos, 41

Burbujas, 10, 18

Butte, 236

C

Cabra montés, 130
Cactos, 60, 134
Cadenas alimentarias, 172–173
    contaminación en las, 186–187
    depredadores y presas, 176
    pirámides alimentarias, 174–175
Caduca, bosques de hoja, 138
Caducifolias, plantas, 67
Cajas de aumento, 5
Calamares, 110
Calcita, 207
Calculadoras, 454
Calentamiento global, 283
Calor
    aislantes, 464
    conductores del, 463
    definición de, 462
    producción de, 462
    Ver también Energía térmica
Camaleones, 146
Cambios físicos, 392–393
    mezclas, 394
    soluciones, 395
Cambios químicos, 396
Camuflaje, 146
    de las torres de telefonía celular, 154–155
Cangrejo herradura, 107
Cangrejos azules, 111
Canguros, 98
Cañones, 234
Capa superior del suelo, 273
Caracoles, 110
Características, 44
Características heredadas, 44
Carbón, 268, 423
Cardo, 70
Carnívoros, 167
Carson, Rachel, 156

Casas en los acantilados, 204
Castillos de arena, 390
Castores, 140
Causa y efecto, R20–21
Células, 34
Centavos para proteger a los perros policía, 116
Cerdos, 98
Cerezo, 68
Chícharos, 70
Chimpancés, 168
Ciclo de las rocas, 210–211
Ciclo del agua, 318
Ciclo lunar, 347
Ciclos de vida, 40
    de las plantas, 40–41
    de los animales, 42–43
Científico ambientalista, 156
Cintas métricas, 6
Circuito (eléctrico), 437
Cirros, 323
Citoplasma, 34, 35
Clarke, Edith, 454
Clasificación, 14
Clorofila, 75
Cloroplastos, 34
Cobre, 199
Cocinar, 396
Colibríes, 161, 166, 502
Color(es)
    la luz y los, 476–477
    producir, 478
Combustibles fósiles, 423, 424
Combustión, 417
Comparar, 14
    burbujas de colores, 19
    cómo llega la luz solar a la Tierra, 337
    en el manual de lectura, R18–19
    hogares de los animales, 87
    la contaminación y las plantas, 279
    luz para las plantas, 73

    maracas, 481
    necesidades de las plantas, 55
    tipos de ondas, 513
Computadoras, 454
Comunicar, 22
    basura reciclada, 287
    cómo medir el viento, 321
    imanes, 441
    mezclas, 391
    redes alimentarias, 179
    temperatura y materia, 383
Comunidades, 128–129
Condensación, 316–317, 388
Conducción, 463
Conductores
    del calor, 463
    eléctricos, 438
Coníferas, 69
Coníferas, bosque de, 138
Conservación, 288–289
Constelaciones, 360
Consumidores, 165
    carnívoros, 167
    herbívoros, 166
    omnívoros, 168
Contaminación, 151, 289
    de la tierra, 282
    definición de, 282
    del agua, 284
    del aire, 283
    en cadenas alimentarias, 186–187
Contrastar (lectura), R18–19
Controlar variables, 15
Corales, 106
Corazón artificial, 426–427
Corrientes (oceánicas), 328–329
Corteza terrestre, 202, 232
    los terremotos y la, 248
Cresta (de las ondas), 516
Cuartos de la Luna, 347
Cuarzo, 198–200
Cuchillos, 548
Cúmulos, 323
Cuñas, 548–549

Datos, 13
  interpretar, 239, 497, 545
  recopilar, 305, 325
Delfín de nariz de botella, 136
Densidad, 379, 380
Depredadores, 176
Depresión (de las ondas), 516
Descomponedores, 165, 173
Desiertos, 134
  plantas en los, 60
Desprendimientos, 249
Destornilladores, 541
Destrezas con números.
  Ver Usar números
Destrezas de examinación,
  12–17.
  Ver también destrezas
  específicas
Detalles (lectura), R16–17
Día, 342
Diamantes, 198
Dientes, 168
Dieta, R14
Dióxido de carbono, 75
Dirección (movimiento),
  500–501, 507
  fuerza y, 508
Distancia, 500
***Dragonfly* (máquina**
  voladora), 519
Dunas, 243

Eclipses
  lunares, 348–349
  solares, 350
Ecosistemas
  cambios en los, 150–152
  de agua dulce, 137
  de agua salada, 136
  de bosque, 138

  de desierto, 134
  de pradera, 135
  definición de, 128
  partes de los, 128–129
Eje de la Tierra, 338
Electricidad, 420
  corriente, 437
  electroimanes, 446, 448–449
  estática, 436
  generador de combustible,
    453
  generadores, 450
  movimiento de la, 438
Electroimanes, 446, 448–449
Empleados de viveros, 80
Energía
  ahorro de, 423
  cambios en la, 412
  cinética, 410–412
  de las ondas, 516
  de las plantas, 74
  definición de, 408
  del alimento, 164
  formas de, 410–411
  fuentes de, 408–409, 423–424
  generadores de, 453
  geotérmica, 424
  granjas de viento, 294–295
  importancia de la, 422
  medición de la, 418
  potencial, 410–412
  térmica, 462.
    Ver también Energía térmica
    uso de la, 416–417
Energía cinética, 410–412
Energía del viento, 424
  como recurso renovable,
    294–295
Energía potencial, 410–412
Energía solar, 416, 424
Energía térmica, 414, 462
  estados del agua y la, 316, 317
  Ver también Calor
Energía, fuentes de, 408–409,
  423–424
Enfermedades, R12–13

Envoltorios comestibles, 78–79
Erosión, 242–243
Escamas (peces), 102
Esporas, 69
Estaciones, 340–341
Estados de la materia, 384–388
  cambios en los, 388
  gases, 387
  líquidos, 386
  sólidos, 385
Estratos, 323
Estrellas de mar, 111
Estrellas, 355
  constelaciones, 360
Evaporación, 317, 388
Examinación, 4
  definición de, 4
  destrezas de, 12–16
  instrumentos para la, 4–7
Experimentos, 21
Expertos en materiales, 400

Fallas, 248
Fases de la Luna, 346–347
Flamencos, 85
Flipper, 496
Flores, 65
  plantas con, 68
Florida, 310
Flotación, 380
Focas, 30
Formular, 16
Formular una hipótesis
  sobre la electricidad
    estática, 435
Fósiles, 195, 216–217
  aprender de los, 220
  combustibles, 423, 424
  definición de, 216
  en La Brea, 222–223
  formación de, 218–219
  de plantas, 217
Fotosíntesis, 74–75

Frailecillos, 176
Fricción, velocidad del movimiento y, 506–507
Frondas, 66
Fuegos artificiales, 406
Fuerza magnética, 507
Fuerza neta, 509
Fuerza(s)
    cambios en el movimiento y las, 508–509
    definición de, 506
    gravedad como, 510
    para mover objetos, 532
    tipos de, 506–507
Fulcro, 538, 539

Gacelas, 183
Gansos canadienses, 145
Garrapata del ciervo, 109
Garrapatas, 109
Garzas, 180
Garzas azules, 188
Gas natural, 423
Gases, 387
    vapor de agua, 314–315
Gavilanes de cola roja, 167
Generador Van de Graaff, 434
Generadores, 450, 453
    de Van de Graaff, 434
    de viento, 262
Geotérmica, energía, 424
Girasoles, 165
Glaciares, 244, 308
Golfo de México, 310
Goteros, 5
Gráficas circulares, R31
Gráficas de barras, R29
Gráficas lineales, R30
Grafito, 198, 199
Gramos (g), 378
Gran Cañón, 234, 236
Grandes Llanuras, 235
Granito, 212
Granjas de viento, 294–295

Gravedad, 510
Guacamayo rojo y azul, 130
Guante para el lenguaje de señas, 428
Guepardos, 176, 183
Gusanos, 111, 112
Gusto, 376

Hábitats, 129, 130, 152
Hacer ejercicios, R15
Hacer experimentos, 21
Hacer un modelo, 16
    de cadenas alimentarias, 171
    de cómo mantener el calor, 95
    de fósiles, 215
    de la formación de montañas, 231
    de las fases de la Luna, 345
    de molinos, 421
    de roca, 205
    de volcanes, 247
Hachas, 549
Halcones, 176
Halita, 199
Helechos, 66, 69
Hematita, 199, 201
Herbívoros, 166, 174, 175, 184
Herencia, 44
Hibernación, 144
Hierbas, 64–65
    en la cadena alimentaria, 175
Hierro, 199
Hillman, Stacey, 116
Hipótesis, 21
Hojas, 58–59, 66–67
Humanoides (robots), 552–553
Humus, 272–273
Hundimiento, 380

Ideas principales, R16–17
Identificar variables, 15

Iguanas, 100
Imanes, 440, 442–443
    usos de los, 444
Impresiones, 216
Inferir, 13
    calor del sol, 415
    cómo se ocultan los insectos, 141
    condensación en terrarios, 313
    crecimiento de la semilla, 39
    electroimanes, 447
    hogares de los animales, 31
    la trayectoria de la luz, 467
    medio ambientes, 125
    observar la temperatura, 407
    raíces, 133
    rampas de velocidad, 505
Ingenieros eléctricos, 454
Innovadores, 364
Insecto palo, 146
Insectos, 108
    como presas, 183
Instintos, 142
Instrumentos de medición, 6–8
Instrumentos de percusión, 480
Instrumentos, 2, 8
    para la examinación científica, 4–7
Intensidad sonora, 482
Interpretar datos, 13
    sobre el agua en acción, 239
    sobre el movimiento de objetos, 497
    sobre planos inclinados, 545
Inundaciones, 252
Invertebrados, 106–112
    almejas, 110
    arañas, 109
    calamares, 110
    caracoles, 110
    garrapatas, 109
    importancia de los, 112
    insectos, 108
Investigación, 20–22

Jirafas, 91
Júpiter, 352, 354 358

Kaplan, David, 115
Kenya, plantar árboles en, 46–47
Kilogramos (kg), 378
Koalas, 127

La Brea (Los Angeles), 222–223
Laberintos, 62
Lagartijas, 173
Lagarto basilisco, 507
Lago Powell, 309
Larva, 43
Lava, 250, 251
Lecho rocoso, 273
Lentes de aumento, 36
Leopardos, 167
Libélulas, 167
Liebres americanas, 142
Limo, 275
Linces rojos, 174
Líquidos, 386
   agua, 314–317
Llanuras costeras, 235
Lluvia, 322
Lobos, 167
Lombrices de tierra, 112, 165
Longitud de onda, 516
Luna, 335, 344
   eclipses de, 348–349
   fases de la, 346–347
Luna llena, 347, 349
Lupas, 4
Luz
   absorción de la, 474
   color y, 476–478
   movimiento de la, 468–469
   sombras y, 470
Luz solar, 476

Maathai, Wangari, 46–47
Magnetita, 442
Magnolia, árboles de, 67
Maíz, plantas de, 173
Mamíferos, 98
Manto (de la Tierra), 202
   volcanes y el, 250
Mapas meteorológicos, 326
Máquinas simples, 525, 536–537
   cuñas, 548–549
   palancas, 534, 538–539
   planos inclinados, 546–547
   poleas, 542
   rueda y eje, 540–541
   tornillos, 550
Máquinas, energía para las, 417.
   Ver también Máquinas
      simples
Marga, 276
Mariposas monarca, 104, 145
Mariposas, ciclo de vida de las, 43
Mármol, 212
Marte, 356, 357
Masa, 378
   cambios en el movimiento
      y en la, 508
   fuerza de la gravedad y, 510
   medición de la, R34
Materia, 374–375
   cambios de estado en la, 388
   cambios físicos en la, 392–393
   cambios químicos en la, 396
   definición de, 374
   estados de la, 384–387
   medición de la, 378
   mezclas de, 394
   propiedades físicas de la,
      376–377
   soluciones de la, 395

McHugh, Tara, 78–79
Mediciones, 2, 13
   de burbujas, 3
   de energía, 418
   de ondas, 516
   de trabajo, 527, 532
   medidas comunes, R35
   medidas métricas (SI),
      R32–35
Medio ambiente(s), 126–127
   protección del, 288–292
   Ver también Ecosistemas
Medusa, 106
Meggitt, Austin, 554
Membranas celulares, 34, 35
Mercurio, 356
Mesa, 236
Mesetas, 236
Metales, 268
Metamorfosis, 42
Meteorización, 240–241
Meteorólogos, 330
Método científico, 20–22
Métrico (sistema de medidas),
      R32–35
   medidas de capacidad, R33
   medidas de longitud, R32
Mezclas, 394
Miami, Florida, 280
Microscopios, 8
Migración, 145
Mimetismo, 146
Minerales, 198–201
   definición de, 198
   dureza de los, 196, 200
   identificar, 200–201
Minería, 280, 281
Mochila voladora, 518–519
Mochuelo duende, 88
Mohs, escala de, 200
Moldes, 217
Monos, 96
Montañas, 233
Monte Etna, 246
Monte Saint Helens, 150
Mosher, Michael, 518

Movimiento del Cinturón Verde, 46–47

Movimiento
  definición de, 499
  dirección del, 500–501
  distancia, 500
  fuerza y cambios en el, 508–509
  tiempo del, 501
  tipos de, 498–499
  velocidad del, 502

Murciélagos de la fruta, 94

Murciélagos, 92, 94

Museo de la Basura (Connecticut), 296

Naranjos, 70, 278

Nenúfares, 60, 129

Neptuno, 358, 359

Nieve, 322

Noche, 342

Nubes, 322–323

Núcleo (células), 34, 35

Núcleo (de la Tierra), 202

Nutrición, R2–3, R14

Ñu, 183

Observación, 20
  dientes, 163
  extraer recursos, 263
  formas de las burbujas, 11
  tierra, 271

Océano Atlántico 310

Océano Pacífico, 310

Océanos
  agua salada en los, 310
  corrientes en los, 328–329

Oídos humanos, R11

Ojos, humanos, R10

Olfato, 376

Omnívoros, 168

Ondas
  definición de, 514
  medición, 516
  olas, 512
  tipos de, 514–515

Ondas de luz, 515

Ondas de radio, 515

Ondas sonoras, 515

Opacos (objetos), 475

Órbitas, 354

Ordenar en secuencia, R22–23

Ordenar, 14
  análisis de minerales, 197

Organismos, 32.
  Ver también Seres vivos

Oro, 198, 199

Ortiz, Rosa, 80

Orugas, 166

Osa Mayor (constelación), 360

Oso pardo de Alaska, 86

Osos hormigueros, 178

Oxígeno
  como necesidad de los animales, 89
  definición de, 89
  en la atmósfera, 322
  para la fotosíntesis, 75

Palancas, 534, 538–539

Palmito, 67

Pandas, 88

Panteras, 152

Papel, reciclado de, 296

Pared celular, 34

Parque Nacional Arches (Utah), 134

Parque Nacional Everglades, 123

Patos, 152

Patterson, Ryan, 428

Peces, 97, 102

Pelícanos, 91

Perennifolias, plantas, 67, 138

Perez, Tatiana, 296

Perezosos, 29

Perros de la pradera, 127

Perros policía, 116

Perros, ciclo de vida de los, 42

Peso, 510

Petirrojos, 92

Petróleo, 423
  contaminación causada por el, 284

Pez roca, 146

Picaportes, 540

Piedra caliza, 218

Pilas, 411

Pinos, 66

Pinzas, 5

Pirámides alimentarias, 174–175

Pizarra, 212

Planear experimentos, 21

Planetario Hayden, (ciudad de New York), 352

Planetas, 354
  exteriores, 358–359
  interiores, 356–357
  más antiguo, 362

Planos inclinados, 546–547

Plantas
  adaptaciones de las, 143
  alimento producido por las, 164
  árboles, 64–65
  arbustos, 64–65
  ayudas y prejuicios, 76
  células de las, 34
  ciclos de vida de las, 40–41
  como productores, 165
  con flores, 68
  crecimiento y cambio de las, 40–41
  energía almacenada por, 74
  hojas de las, 66–67
  medio ambientes de las, 60
  movimiento de las, 502

necesidades de las, 56–57

partes de las, 58–59

pastos, 64–65

semillas de las, 70

sin flores, 69

Ver también Seres vivos

Plutón, 358, 359

Pluviómetro, 325

Población, 128–129

Poleas, 542

Polemonio, plantas de, 68

Polillas, 146

Polos (imanes), 443

Portaequipaje para bicicleta,
554

Posición (de objetos), 499

Pradera, 135

Precipitación, 318

Predecir, 14

arco iris, 473

cambios en el medio
ambiente, 149

el tiempo, 326

formas de burbujas, 11

medición del volumen, 373

Presa, 176, 182, 183

Presas, 254–255

Presa Hoover, 148

Presa Tres Gargantas (China),
254–255

Presentar datos, 13

*Primavera silenciosa (Rachel
Carson),* 156

Prismas, 476

Productores, 165, 172–175

en redes alimentarias, 180

Profesiones

astrónomo, 364

científico ambientalista, 156

empleado de un vivero, 80

experto en materiales, 400

ingeniero eléctrico, 454

meteorólogo, 330

técnico de sonido, 488

vulcanólogo, 256

Pronóstico del tiempo, 326

Propiedades físicas

de la materia, 376–377

de los minerales, 200–201

flotación y hundimiento, 380

masa, 378

volumen, 379

Proyectos de Ciencias

amanecer y atardecer, 365

cadenas alimentarias, 189

cambios de color, 489

cambios en el paisaje, 257

componentes de la tierra, 157

crecimiento de la papa, 49

crecimiento de las ranas, 49

cultivar plantas comestibles,
81

derretir el hielo, 489

ecosistemas, 157

electricidad estática, 455

energía solar, 429

estación meteorológica, 331

fricción, 521

fuerza neta, 521

hacer elevadores, 555

hundir y flotar, 401

impacto de un asteroide, 365

juego de pesca magnético, 455

las branquias de la carpa
dorada, 117

medir el volumen, 401

minerales en la arena, 225

modelos de fósiles, 225

nubes en un frasco, 331

planta de tratamiento
de agua, 297

reciclar, 297

respirar, 117

sacudir la Tierra, 257

un nuevo comienzo para
las plantas, 81

Puente Rainbow (Utah), 229

Pulmones

en mamíferos, 98

en reptiles, 100

Pulpo, 183

R

Raíces de apoyo, 143

Raíces, 58, 59

Rampas, 547.

Ver también Planos inclinados

Ranas arborícolas, 97

Ranas, 101

Ratones, 182

Raya, 201

Rayos, 436

Reciclar, 286, 292, 296

imanes usados para, 444, 446

Recopilar datos, 13

sobre el agua, 305

sobre el tiempo, 325

Recursos no renovables,
268, 424

Recursos renovables, 266, 424

Recursos, 264–265

conservación de, 288–292

de la tierra, 280–281

definición de, 264, 423

energía, 423, 424

no renovable, 268, 424

reciclable, 267, 291

renovable, 266, 424

uso que les dan las
personas, 151

Redes alimentarias, 180–181

cambios en las, 184

defensas de los animales,
182–183

Reducir el uso de recursos, 290

Reflexión, 468

Refracción, 469

Refugio (para animales), 92

Registrar datos, 13

Reglas, 6

Relaciones de espacio/tiempo,
15

Renacuajos, 101

Repeler (polos), 443

Reptiles, 100

Resumir, R26–27

Richter, Charles, 256
Ríos, 137
Robles, 66
Robots, 552–553
Rocas ígneas, 206, 208, 210–211, 218
Rocas metamórficas, 207–212, 218
Rocas sedimentarias, 207–212
  fósiles, 218, 219
Rocas, 202
  ciclo de las rocas, 210–211
  definición de, 202
  erosión de las, 242–243
  formación de las, 208–209
  ígneas, 206, 208, 210–211, 218
  metamórficas, 207–212, 218
  meteorización de las, 240–241
  sedimentarias, 207–212, 218, 219
  usos de las, 212
Rotación (de la Tierra), 338
Rueda y eje, 540–541
Ruido (en las cafeterías escolares), 486–487
Ruido, semáforos de conversación y el, 486–487

Sacar conclusiones, 22
  crecimiento de semillas de frijoles, 63
  criadero de lombrices, 105
  electroimanes, 447
  en la lectura, R24–25
Sal, 199
Salamandras, 35, 101
Saltamontes, 175, 181
  ciclo de vida de los, 43
Sangre, R5
Sapos de la caña, 184
Saturno, 358
Savage, Shaymus, 48
Seda, 114–115

Seguridad, R36
Semáforos de conversación, 486–487
Semilla de luna, 80
Semillas, 65, 68, 70
Sentidos, 376
Seres vivos
  cosas sin vida y, 32–33
  hábitats de los, 130
  herencia, 44
  medio ambiente de los, 126–127
  modificación de los ecosistemas causada por, 150–151
  necesidades básicas de los, 56–57
  observar, 36
  partes de los, 34–35
  supervivencia de los, 142–143
Serpientes, 97, 146, 182
Shaw, Chris, 223
Sismólogos, 256
Sistema circulatorio, R4–5
Sistema digestivo, R2
Sistema muscular, R8–9
Sistema óseo, R6–7
Sistema solar, 354
  planetas exteriores, 358–359
  planetas interiores, 356–357
  Sol, 355
Smith, Samantha, 187
Sol, 355
  eclipses solares, 350
  energía del, 409
Sólidos, 385
  hielo, 314–315
SoloTrek (mochila voladora), 518–519
Soluciones, 395
Sombras, 470
Sonido, 482–483
  audición, 484
Subsuelo, 273
Suelo
  capas del, 272–273

  erosión del, 242–243
  importancia del, 276
  inundaciones y el, 252
  tipos de, 274–275
Switchgrass (pasto), 453

Tablas (lectura), R28
Tacto, 376
Tallos, 58, 59
Tazas de medir, 7
Técnicos de sonido, 488
Telas sintéticas, 398–399
Telescopio espacial Hubble, 362–363
Temperatura, 418
  cambios de estado y de, 388
  datos meteorológicos sobre la, 325
  definición de, 462
Tensión superficial, 507
Termómetros, 6, 418
Terremotos, 248–249, 256
Tiburones, 48
Tiempo (meteorológico)
  definición de, 324
  patrones del, 324
  predecir el, 326
  recopilar datos sobre el, 325
  y la atmósfera, 322–323
Tiempo
  unidades de, 501
  y movimiento, 501
Tierra (planeta), 356, 357
  capas de la, 202, 232
  el día y la noche, 342
  estaciones, 340–341
  movimiento de la, 338–339
  superficie cubierta por agua, 306–307
Tierra (suelo)
  contaminación de la, 282
  usos de la, 280–281
Tigres, 98

Tono, 483
Tornillos, 550
Torres de telefonía celular, 154–155
Torricelli, Evangelista, 400
Tortugas, 128, 181
Trabajo, 526
    diferentes tipos de, 528–529
    medición del, 532
Transparentes (objetos), 475
Traslación (de la Tierra), 339
Traslúcidos (objetos), 475
Triceratops, 219
Trineos, 504
Tubérculos, 41
Tucanes, 96
Tulipanes, 54
Tundra, 132
Turbinas, 254
    granjas de viento, 295

Unidades de tiempo, 501
Urano, 358, 359
Usar números, 13
    para ordenar planetas, 353

Vacas, 166
Vaciado, 217
Vacuolas, 34, 35
Valles, 234
Vapor de agua, 314
    en la atmósfera, 322
Variables, 15
Veletas, 320
Velocidad, 502
Venus, 356
Vertebrados, 96–97
    anfibios, 101
    aves, 99
    mamíferos, 98
    peces, 102
    reptiles, 100
Vertederos de residuos, 282
Vibraciones, sonido, 482–484
Vieira, 106
Viento, erosión producida por el, 243
Visión humana, R10
Vista, 376
Volcanes, 208, 246, 250–251
Volumen, 379
Vulcanólogo, 256

Wang, Bin, 330
Williams, Deshanique, 188
Williams, Reva Kay, 364
Wright, Wilbur y Orville, 520

Zarigüeyas, 182
Zollars, Michael, 520
Zorrillos, 182

Photo Credits

Page Placement Key: (t) top, (b) bottom, (l) left, (r) right, (c) center, (bg) background, (fg) foreground

Cover: (front) Frans Lanting/Minden Pictures; (back) (bg) Renee Lynn/Stone/Getty Images; (back) (inset) William Ervin/SPL/Photo Researchers;

Front End Sheets: Page 1 Klein/Peter Arnold; Page 2 (t) Tom Brakefield/Corbis; (b) Norbert Wu/ Minden Pictures; Page 3 (t) Frans Lanting/Minden Pictures; (b) Tom Ulrich/Stone/Getty Images; (bg for all) Tony Craddock/Photo Researchers;

Title Page: Frans Lanting/Minden Pictures;

Copyright Page: (bg) Renee Lynn/Stone/Getty Images; (inset) Frans Lanting/Minden Pictures;

Back End Sheets: Page 1 (t) Stuart Westmorland/The Image bank/Getty Images; (b) Tom Brakefield/ Corbis; Page 2 (t) Michael & Patricia Fogden/Minden Pictures; (b) Renne Lyn/Stone/Getty Images; Page 3 (t) Peter Weimann/Animals Animals/Earth Scenes; (c) & (b) Courtesy of Jerry Jennings at Emerald Forest Bird Gardens-Photography by Paul Bratescu; (bg for all) Tony Craddock/Photo Researchers;

Table of Contents:
v Michael & Patricia Fogden/Minden Pictures; vi Rob C. Williamson/Index Stock Imagery; ix Paul A. Souders/Corbis;

Unit A:
26 Michael T. Sedam/CORBIS; 27 Dennis Cox/D.E. Cox Photo Library, All Rights Reserved; 28 Getty Images; 30 Fred Bruemmer/Peter Arnold, Inc.; 32 Photolibrary.com pty.ltd/Index Stock Imagery; 33 Larry Lefever/Grant Heilman Photography; 34 (t) Carolina Biological/Visuals Unlimited; 34 (b) Kevin R. Morris/Bohemian Nomad Picturemakers/Corbis; 35 (t) Carolina Biological/Visuals Unlimited; 35 (b) Gary Meszaros/Bruce Coleman, Inc.; 36 (b) Ed Reschke/Peter Arnold, Inc.; 36 (cr) Konrad Wothe/Minden Pictures; 36 (tr) Mark Moffett/Minden Pictures; 36 (bl) Michael S. Yamashita/Corbis; 38 Roy Morsch/Corbis; 40 J. Douillet/Peter Arnold, Inc.; 41 (l) Ferrer & Sostoa/ Age Fotostock America; 41 (r) Royalty-free/Corbis; 42 (br) E.A. Janes/Age Fotostock America; 42 (tl) Jane Burton/Bruce Coleman, Inc.; 42 (tr) Photodisc Green (Royalty-free)/Getty Images; 42 (bl) Photodisc Red (Royalty-free)/Getty Images; 44 (br) D. Robert & Lorri Franz/Corbis; 44 (tr) Kit Houghton/Corbis; 44 (l) Lindy Craig/Grant Heilman Photography; 46 AFP/Newscom; 47 Courtesy LaMotte Company, chestertown, MD; 48 (b) Tom Beneit/Superstock; 52-53 Zoran Milich/Masterfile; 54 John McAnulty/Corbis; 60 (t) Royalty-Free/Corbis; 60 (b) David Young-Wolff/ PhotoEdit/PictureQuest; 62 Estock Photo; 64 (inset) George Harrison/Grant Heilman Photography; 64 (b) Kent Foster/Bruce Coleman, Inc.; 65 Martin Fox/Index Stock Imagery/PictureQuest; 66 (t) Martin B. Withers; Frank Lane Picture Agency/Corbis; 66 (cr) Michael P. Gadomski/Dembinsky Photo Associates; 66 (cl) Phil Degginger/Bruce Coleman, Inc.; 66 (b) Randy M. Ury/Corbis; 67 (t) Ed Kanze/Dembinsky Photo Associates; 68 (l) R-R/S/Grant Heilman Photography; 68 (c) Skip Moody/Dembinsky Photo Associates; 68 (r) C-JG/Grant Heilman Photography; 69 (l) Grant Heilman Photography; 69 (r) Bruce Coleman, Inc.; 70 (t) C-MON/Grant Heilman Photograpy; 70 (cl) Michael P. Gadomski/Dembinsky Photo Associates; 70 (cr) Michelle Garrett/Corbis; 70 (bl) Randall B. Henne/Dembinsky Photo Associates; 72 Royalty-Free/Corbis; 74 Patti McConville/ Dembinsky Photo Associates; 76 (b) C-TB/Grant Heilman Photography; 76 (t) Getty Images; 76 (cl) John Robinson/Peter Arnold; 76 (cr) Larry West/Bruce Coleman, Inc.; 78 USDA/ARS; 80 (tr) Courtesy Rosa Ortiz; 80 (inset) Robert Holmgren/Peter Arnold; 80 (bl) Galen Rowell/Corbis; 81 (bg) Lew Robertson/PictureArts/Corbis; 84-85 Mark J. Thomas/Dembinsky Photo Associates; 86 Getty Images; 88 (r) John Cancalosi/Nature Picture Library; 88 (l) John Giustina/Bruce Coleman, Inc.; 89 ZSSD/Minden Pictures; 90 (t) BIOS/Peter Arnold; 90 (b) Royalty-Free/Corbis; 91 Getty Images; 91 (inset) Steve Kaufman/Peter Arnold; 92 (b) Darren Bennett/Animals Animals; 92 (t) Michael & Patricia Fogden/Corbis; 94 Theo Allofs/Corbis; 96-97 (bg) Norman O. Tomalin/Bruce Coleman, Inc.; 96 (l) Staffan Widstrand/Corbis; 96 (r) Wolfgang Kaehler/Corbis; 97 (t) Getty Images; 97 (br) Bruce Coleman, Inc.; 97 (bl) Joe McDonald/Bruce Coleman, Inc.; 98 (t) Bruce Coleman, Inc.; 98 (bl) David Fritts/Animals Animals; 98 (br) Thomas Mangelsen/Minden Pictures; 99 (tl) Thomas D. Mangelsen/Peter Arnold; 99 (tr) Tim Davis/Corbis; 99 (c) Tom Vezo/Minden Pictures; 99 (b) Diane Miller/Monsoon Images/PictureQuest; 100 (t) Zigmund Leszczynski/Animals Animals; 100 (c) Getty Images; 100 (b) George McCarthy/Corbis; 101 (r) John Burnley/Bruce Coleman, Inc.; 101 (l) T. Young/Tom Stack & Associates; 102 (t) Getty Images; 102 (c) Getty Images; 102 (b) Scott Kerrigan/Corbis; 104 Frans Lanting/Minden Pictures; 106 (t) Jesse Cancelmo/Dembinsky Photo Associates; 106 (bl) Getty Images; 418 (br) Sue Scott/Peter Arnold; 107 (t) Dwight Kuhn; 107 (bl) Douglas P. Wilson; Frank Lane Picture Agency/Corbis; 107 (br) Larry West/Bruce Coleman, Inc.; 108 (tl) Thomas Boyden/Dembinsky Photo Associates; 108 (r) CISCA CASTELIJNS/FOTO NATURA/Minden Pictures; 108 (bg) Craig Aurness/Corbis; 108 (bl) Skip Moody/Dembinsky Photo Associates; 109 (t) Donald Specker/Animals Animals; 109 (b) Larry West/Bruce Coleman, Inc.; 110 (tr) Gordon R. Williamson/Bruce Coleman, Inc.; 110 (cr) Getty Images; 110 (bl) Gail M. Shumway/Bruce Coleman, Inc.; 110 (br) Priscilla Connell/Index Stock Imagery; 111 (tr) Getty Images; 111 (cl) Fred Bavendam/Minden Pictures; 111 (bl) E. R. Degginger/Bruce Coleman, Inc.; 112 (t) ABPL/Roger De La Harpe/Animals Animals; 112 (b) David M. Dennis/Animals Animals; 114 (t) Lightwave Photography/Animal Animals; 115 (t) OSF/Bernard GI/Animals Animals; 116 Naples Daily News/Chris Suppa; 117 (bg) Ralph A. Clevenger/Corbis; 119 (l) Michael & Patricica Fogden/Minden Pictures; 119 (r) Theo Allofs/Corbis;

Unit B:
120-121 © OKLAHOMA TOURISM; 121 Joel Sartore/Grant Heilman Photography; 122-123 Gail M. Shumway/Bruce Coleman, Inc.; 124 Richard T. Nowitz/Corbis; 126-127 Claudia Adams/ Dembinsky Photo Associates; 126 (inset) R-GH/Grant Heilman Photography; 127 (t) John Cancalosi/Nature Picture Library; 127 (inset) Tim Fitzharris/Minden Pictures; 130 (b) Mary Clay/ Dembinsky Photo Associates; 130 (t) Royalty-Free/Corbis; 132 Stefan Meyers/Animals Animals/ Earth Scenes; 134 Photodisc Green (Royalty-free)/Getty Images; 135 Jim Brandenburg/Minden Pictures; 136 Flip Nicklin/Minden Pictures; 137 Getty Images; 138 (b) Nancy Rotenberg/Animals Animals/Earth Scenes; 138 (inset) OSF/M. Hamblin/Animals Animals/Earth Scenes; 138 (t) Roger Wilmshurst; Frank Lane Picture Agency/Corbis; 140 Yva Momatiuk/John Eastcott/Minden Pictures; 142 (b) Barbara Von Hoffmann/Animals Animals/Earth Scenes; 142 (inset) Steve Kaufman/Corbis; 143 (c) Gary Braasch/Corbis; 143 (l) I-JG/Grant Heilman Photography; 143 (r) Nancy Rotenberg/ Animals Animals/Earth Scenes; 144 Breck P. Kent/Animals Animals/Earth Scenes; 145 (l) Alan G. Nelson/Animals Animals/Earth Scenes; 145 (r) Stephen Dalton/Animals Animals/Earth Scenes; 146 (tl) Carl Roessler/Bruce Coleman, Inc.; 146 (tr) Anthony Bannister/Gallo Images/Corbis; 146 (bl) Martin Withers/Dembinsky Photo Associates; 146 (br) Breck P. Kent/Animals Animals/Earth Scenes; 148 Michael E. Lubiarz/Dembinsky Photo Associates; 150 (t) Gary Braasch/Corbis; 150 (b) David Muench/Corbis; 150 (inset) Dennis MacDonald/Index Stock Imagery/PictureQuest; 151 (r) Smith Aerial Photos; 151 (l) Smith Aerial Photos; 152 (t) Getty Images; 152 (c) Raymond Gehman/Corbis; 152 (bl) Royalty-Free/Corbis; 152 (br) Dominique Braud/Animals Animals/Earth Scenes; 154 Index Stock/Picture Quest; 155 Marianna Day Massey/Corbis; 156 (t) AP/Wide World Photos/Bob Schultz; 156 (b) royalty-free/corbis; 157 (bg) Getty Images; 160-161 Michael & Patricia Fogden/Minden Pictures; 162 Getty Images; 164 Ed Reschke/Peter Arnold; 166 (t) Fred Unverhau/ Animals Animals; 166 (c) Yva Momatiuk/John Eastcott/Minden Pictures; 166 (b) Stephen Frink/ Corbis; 167 (t) Bruce Coleman, Inc.; 167 (b) Bruce Coleman, Inc.; 168 (tl) Bruce Coleman, Inc.; 168 (inset) Getty Images; 168 (tr) Konrad Wothe/Minden Pictures; 170 Getty Images; 172 (r) C. Allan Morgan/Peter Arnold; 172-173 (bg) I-R/S/Grant Heilman Photography, Inc.; 172 (l) R-GH/Grant Heilman Photography, Inc.; 173 (r) Bruce Coleman, Inc.; 173 (l) John Cancalosi/Peter Arnold; 174 Kevin Schafer/Peter Arnold; 176 (t) Frans Lanting/Minden Pictures; 176 (b) Gerard Lacz/Animals Animals; 178 Tom Brakefield/Corbis; 182-183 (t) Kennan Ward/Corbis; 182 (c) Joe McDonald/ Corbis; 182 (bl) Pete Oxford/Nature Picture Library; 182 (br) Tom Brakefield/Corbis; 183 (tr) Fred Bavendam/Peter Arnold; 183 (b) Sea Images, Inc./Animals Animals; 184 Getty Images; 186 Hinrich Baesemann/UCEP/Peter Arnold Inc.; 188 (t) Courtesy Stephanie Larsen; 188 (bl) Shmeul Thaler/ Index Stock; 188 (br) Index Stock;

Unit C:
192 Lee Foster/Lonely Planet; 193 Ursillo/Robertstock.com; 194-195 Layne Kennedy/Corbis; 198 (t) Breck P. Kent Photography; 198 (cl) Barry Runk/Stan/Grant Heilman Photography; 198 (cr) Breck P. Kent/Smithsonian Institute; 198 (bl) Th Foto-Werbung/Science Photo Library/Photo Researchers; 198 (bc) Albert Copley/Visuals Unlimited; 198 (br) Edward R. Degginger/Bruce Coleman, Inc.; 199 (tl) Breck P. Kent Photography; 199 (tc) John James Wood/Index Stock Imagery; 199 (tr) Mark Schneider/Visuals Unlimited; 199 (bl) Jose Manuel Sanchis Calvete/Corbis; 194 (tl) Paul Silverman/Fundamental Photographs; 194 (tc) Cabisco/Visuals Unlimited; 200 (tr) Getty Images; 202 (t) Bob Daemmrich Photography; 202 (cl) Mark A. Schneider/Visuals Unlimited; 202 (c) Breck P. Kent Photography; 202 (cr) Breck P. Kent Photography; 202 (bl) Sinclair Stammers/Science Photo Library/Photo Researchers; 202 (br) Wally Eberhart/Visuals Unlimited; 204 Tom Bean/Corbis; 206 (r) Doug Sokell/Visuals Unlimited; 207 (t) Wally Eberhart/Visuals Unlimited; 207 (cl) Barry Runk/ Stan/Grant Heilman Photography; 207 (cr) Barry Runk/Stan/Grant Heilman Photography; 208 Jim Sugar/Corbis; 209 (t) Grant Heilman/Grant Heilman Photography; 209 (b) Ben S. Kwiatkowski/ Fundamental Photographs; 210 Rob C. Williamson/Index Stock Imagery; 212 (t) Bob Rashid/Brand X Pictures/Alamy Images; 214 Albert Copley/Visuals Unlimited; 216 (t) Layne Kennedy/Corbis; 216 (b) Dick Roberts/Visuals Unlimited; 217 (b) Francesc Muntada/Corbis; 217 (t) Ken Lucas/Visuals Unlimited; 217 (c) Sylvester Allred/Fundamental Photographs; 219 (t) Kevin Schafer/Corbis; 220 (b) Richard T. Nowitz/Corbis; 220 (t) Sternberg Museum of Natural History; 222 Philip James Corwin/Corbis; 223 AP/Wide World Photos; 224 (t) Courtesy the Ravin Family; 224 (b) Maurice Nimmo/Frank Lane Picture Agency/Corbis; 228-229 David Muench/Corbis; 230 Mark Turner/ Turner Photographics; 232-233 Kevin R. Morris/Corbis; 233 (inset) Jean Guichard/Corbis; 234 (inset) ArtPhoto/Diomedia/Alamy Images; 235 Photodisc Red (Royalty-free)/Getty Images; 236 Getty Images; 238 Gavriel Jecan/Corbis; 240 (b) Chris Bell/Lonely Planet Images; 240 (inset) E.R. Degginger/Color-Pic; 242 (t) Dick Roberts/Visuals Unlimited; 242 (b) Gordana Uzelac/Domedia/ Alamy Images; 243 (t) Annie Griffiths Belt/Corbis; 243 (inset) Science VU/Visuals Unlimited; 244 (b) Bernhard Edmaier/Science Photo Library/Photo Researchers; 244 (inset) George Wilder/Visuals Unlimited; 246 Alfio Scigliano/Sygma/Corbis; 248 Roger Ressmeyer/Corbis; 249 Roger Ressmeyer/ Corbis; 250 Amos Nachoum/Corbis; 251 (t) Michael S. Yamashita/Corbis; 251 (b) Roger Ressmeyer/ Corbis; 252 (t) Bill Ross/Corbis; 252 (b) Philip Wallick/Corbis; 254 Getty; 255 AP/Wide World Photos; 256 (t) Bettman/Corbis; 256 (b) Getty; 257 (bg) Jim Sugar/Corbis; 260-261 Jan Butchofsky-Houser/Corbis; 262 ML Sinibaldi/Corbis; 264 (inset) Fred Bavendam/Minden Pictures; 264 (b) Larry Lefever/Grant Heilman Photography; 265 (inset) Lou Jacobs, Jr./Grant Heilman Photography; 265 (r) Tom Campbell/Index Stock Imagery; 266 David Whitten/Index Stock Imagery; 267 Jean-Michel Bertrand/Index Stock Imagery; 268 (inset) Getty Images; 268 (b) Mike Dobel/Masterfile; 270 PhotoDisc Blue (Royalty-Free)/Getty; 272 Gary Braasch/Corbis; 274 (b) Getty Images; 275 Royalty-Free/Corbis; 276 Joel W. Rogers/Corbis; 278 Eunice Harris/Index Stock Imagery; 280-281 David R. Frazier Photolibrary, Inc.; 281 (inset) PhotoDisc Green(Royalty-Free)/Getty Images; 282 Getty Images; 283 (l) Chase Swift/Corbis; 283 (r) Douglas Slone/Corbis; 284 (b) Bettmann/Corbis; 284 (inset) J. Watney/Photo Researchers; 288-289 Norbert Wu/Minden Pictures; 290 (c) Getty Images; 294-295 Roy Ooms/Masterfile; 296 Bill Walter/Weekly Reader; 297 (bg) Getty Images;

Unit D:
300 (b) www.niagarafallslive.com; 301 (cr) Chip Cooper/University of Alabama; 302-303 Guy Motil/ Corbis; 304 Volvox/Index Stock Imagery; 306 Francisco Erizel/Bruce Coleman, Inc./PictureQuest; 307 Ray Ellis/Photo Researchers; 308-309 Steve Vidler/Superstock; 309 (inset) Getty Images; 310 Corbis; 264 Getty Images; 314 J. David Andrews/Masterfile; 315 Royalty-Free/Corbis; 316 (bg) J.A. Kraulis/Masterfile; 320 Jeff Greenberg/PhotoEdit; 322 Willie Holdman/Imagestate; 325 (l) Peter West/National Science Foundation; 325 (r) Simon Fraser/CGBAPS/Photo Researchers; 326 (c) 2004 www.ACCUWEATHER.com; 330 (t) International Pacific Research Ctr. Univ of Hawaii; 331 (b) Getty; 331 (bg) Larry Lee Photography/Corbis; 334-335 NASA-HQ-GRIN; 336 George H.H. Huey/ Corbis; 342 (l) Jeff Greenberg/Index Stock Imagery; 342 (r) Thomas Craig/Index Stock Imagery; 344 David Nunuk/Photo Researchers; 347 (t) Dr. Fred Espenak/Photo Researchers; 347 (cl) Eckhard Slawik/Photo Researchers; 347 (cr) Eckhard Slawik/Photo Researchers; 347 (b) J. Sanford/Photo Researchers; 348 John Sanford/Photo Researchers; 350 Dr. Fred Espenak/Photo Researchers; 352 Geray Sweeney/Corbis; 355 NASA-JPL; 356 (t) NASA-JPL; 356 (b) USGS/Photo Researchers; 357 (b) NASA-JPL; 358 (b) NASA-JPL; 358 (t) NASA-JPL; 359 (tr) NASA-HQ-GRIN; 359 (b) NASA-JPL; 359 (tl) STSI/NASA/Photo Researchers; 362-363 NASA; 364 (t) Dr. Floyd James/North Carolina ANT State Univ.; 364 (b) D. Parker/Photo Researchers; 365 (bg) NASA/Science Photo Library;

Unit E:
368 AP/Wide World Photos; 369 Gibson Stock Photo; 370-371 Royalty-Free/Corbis; 374 Nancy Sheehan/Index Stock Imagery; 375 Rick Doyle/Corbis; 376 (br) Getty Images; 376 (bl) Getty Images; 377 (r) Min Roman/Masterfile; 382 Getty Images; 384 Getty Images; 385 (tr) Alamy Images; 385 (l) Getty Images; 385 (br) Joseph Sohm/ChromoSohm Inc./Corbis; 386 (b) Dennis Degnan/Corbis; 390 Zoran Milich/Masterfile; 392 (b) Klaus-Peter Wolf/Animals Animals; 392 (c) Tim Wright/Corbis; 394 (b) Getty Images; 396 (b) Owen Franken/Corbis; 398 Corbis; 400 (t) Art resource; 400 (b) Stone/Getty; 401 (bg) Royalty-Free/Corbis; 406 Getty Images; 408 (l) Hubert Stadler/Corbis; 408 (c) Getty Images; 408-409 Getty Images; 409 (t) Brand X Pictures/Creatas Royalty Free Stock Resources; 409 (b) Robert Harding World Imagery/Getty Images; 412 Ed Bock/Corbis; 416-417 Lloyd Sutton/ Masterfile; 417 (inset) Colin Garratt; Milepost 92 1/2 /Corbis; 418 (l) David Young-Wolff/PhotoEdit;

420 Getty Images; 422 Getty Images; 424 Bob Krist/Corbis; 426 KRT/Newscom; 428 Intel Corp/
Newscom; 429 (bg) Christopher J. Morris/Corbis; 432 Getty Images; 434 Paul A. Souders/Corbis;
436 William Koplitz/Index Stock Imagery; 442 (t) Sinclair Stammers/Science Photo Library/Photo
Researchers; 446 Jeremy Walker/Science Photo Library/Photo Researchers; 452 Corbis (RF); 453
David Muench/Corbis; 454 (t) Walter PO. Reuther Library, Wayne State University; 454 (b) Corbis;
455 (bg) Digital Vision (Royalty-free)/Getty Images; 458 Mary Kate Denny/PhotoEdit; 466 Getty
Images; 468 (b) Getty Images; 472 Getty Images; 476 ThinkStock LLC/Index Stock Imagery; 482
Getty Images; 487 (t) KRT/Newscom; 487 (b) courtesy Talk Light; 488 (t) Courtesy Bose © Courtesy
Bose.; 488 (b) Think Stock/Index Stock; 489 (bg) Getty Images;

Unit F:
492 Grace Davies/Omni-Photo Communications; 493 City Museum; 494-495 Getty Images; 496
Getty Images; 498 (l) Bob Daemmrich/PhotoEdit; 500 Martin Rugner/Age Fotostock America; 501
(inset) Getty Images; 501 (t) Getty Images; 502 (l) Maryann Frazier/Photo Researchers; 502 (r) Joe
McDonald/Corbis; 504 Ariel Skelley/Corbis; 506 (r) NASA; 507 McDonald Wildlife Photography/
Animals Animals/Earth Scenes; 507 (inset) McDonald Wildlife Photography/Animals Animals/
Earth Scenes; 509 Bill Varie/Corbis; 510 (l) David Ball/Corbis; 510 (r) Getty Images; 512 RF/Getty
Images; 516 Walter Bibikow/Age Fotostock America; 518 AP/Wide World Photos; 520 (t) © EAA
2003; 524-525 Kevin Smith/Alaska Stock Images/PictureQuest; 528 (l) Comstock Images; 529 (r)
Royalty-Free/Corbis; 529 (inset) Royalty-Free/Corbis; 537 (inset) David Young-Wolff/Photo Edit;
541 (r) Getty Images; 542 (l) Jerry Amster/SuperStock; 542 (inset) Stephen Frisch/Stock, Boston
Inc./PictureQuest; 544 Alden Pellett/The Image Works; 547 (b) Superstock; 548 (r) Index Stock
Imagery, Inc.; 549 (inset) Annie Griffiths Belt/Corbis; 549 (t) Index Stock Imagery, Inc.; 552-553 ©
Honda Corp.; 554 Courtesy of Ann Meggitt; 555 (bg) Steven James Haggard/Mira.com;

Health Handbook
R5 Dennis Kunkel/Phototake; R12 (t) CNRI/Science Photo Library/Photo Researchers; R12 (tc)
A. Pasieka/Photo Researchers; R12 (bc) CNRI/Science Photo Library/Photo Researchers; R12 (b)
Custom Medical Stock Photo; R15 (inset) David Young-Wolff/PhotoEdit; R15 (b) Bill O'Connor/
Peter Arnold, Inc.;

**All other photos © Harcourt School Publishers. Harcourt Photos provided by the Harcourt
Index, Harcourt IPR, and Harcourt photographers; Weronica Ankarorn, Victoria Bowen, Eric
Camden, Doug Dukane, Ken Kinzie, April Riehm, and Steve Williams.**

Características Al igual que tus uñas, el pico del tucán está hecho de una proteína llamada queratina.

Conducta La mayoría de los tucanes son muy sociables. Es común ver de 6 a 12 aves adultas posadas en el mismo árbol.

HÁBITAT El tucán hace su nido en los huecos de los árboles.

MOVIMIENTO El pico del tucán es hueco. Si fuera sólido sería muy pesado y no le permitiría volar.